谨以此书献给

为西藏公路发展事业作出贡献的决策者、建设者、管理者

"十三五"国家重点图书出版规划项目

中国高速公路建设实录

Record of Highway Construction in
Xizang

西藏公路建设实录

西藏自治区交通运输厅

人民交通出版社股份有限公司
China Communications Press Co.,Ltd.

内 容 提 要

本书是《中国高速公路建设实录》系列丛书之西藏卷。全书共七篇，分别为：西藏经济社会与综合交通体系发展、西藏公路建设及公路运输、西藏公路建设发展成就、西藏公路建设管理地方法规、西藏公路建设科技成果与应用、西藏公路文化建设和公路建设项目。结尾附有西藏公路建设大事记、后记。

本书全面系统总结了西藏公路建设发展成就，详细记述了西藏公路建设过程中的管理经验、科技创新、文化传承以及项目建设实情，具有很强的史料价值，可供交通运输建设行业相关人员阅读、学习与查询参考。

图书在版编目(CIP)数据

西藏公路建设实录／西藏自治区交通运输厅组织编写．— 北京：人民交通出版社股份有限公司，2019.12
ISBN 978-7-114-15001-2

Ⅰ.①西… Ⅱ.①西… Ⅲ.①高速公路—道路建设—西藏 Ⅳ.①U412.36

中国版本图书馆 CIP 数据核字(2018)第 208872 号

"十三五"国家重点图书出版规划项目
中国高速公路建设实录

书　名：	西藏公路建设实录
著 作 者：	西藏自治区交通运输厅
责任编辑：	刘永超　黎小东
责任校对：	张　贺
责任印制：	刘高彤
出版发行：	人民交通出版社股份有限公司
地　　址：	(100011)北京市朝阳区安定门外外馆斜街 3 号
网　　址：	http://www.ccpress.com.cn
销售电话：	(010)59757973
总 经 销：	人民交通出版社股份有限公司发行部
经　　销：	各地新华书店
印　　刷：	北京雅昌艺术印刷有限公司
开　　本：	787×1092　1/16
印　　张：	21.25
字　　数：	408 千
版　　次：	2019 年 12 月　第 1 版
印　　次：	2019 年 12 月　第 1 次印刷
书　　号：	ISBN 978-7-114-15001-2
定　　价：	190.00 元

(有印刷、装订质量问题的图书,由本公司负责调换)

《西藏公路建设实录》
编纂工作委员会

主　　　任：永　吉
常务副主任：葛裕涛
副　主　任：吴春耕　　占　堆　　陈　朝　　冯振中
　　　　　　徐文强　　卫　强　　边巴次仁　次旦卓嘎
　　　　　　孙　波　　陆爱本
成　　　员：向毓志　　胡登奎　　李　杰　　次德吉
　　　　　　扎西罗布　张成斌　　赵伟文　　李素萍
　　　　　　格　桑　　唐定荣　　王　东　　米玛次仁
　　　　　　西绕多吉　尼玛卓玛　田庆潮　　次仁拉姆
　　　　　　钟　建　　高永利　　梁　洪　　郭迎春
　　　　　　扎西江村　陆久全　　刘　刚
联　系　人：扎西桑珠　何宗蔚　　米　玛
承 编 单 位：《中国公路》杂志社
执 行 主 编：刘传雷
编　　　辑：王　硕　　孙　婧　　张春伟　　范圆圆
　　　　　　朱雅峰　　苗挺节　　王　珏　　吴　翰

序
Preface

西藏和平解放以来,特别是改革开放40年来,西藏现代交通运输事业从无到有,从小到大,从线到网,从单一公路交通方式到综合交通全面发展,发生了历史性的飞跃。

西藏交通的跨越式发展,离不开"两路"精神的指引,离不开党中央、国务院的特殊关怀,离不开交通运输部等国家有关部委和全国兄弟省市的大力支持和无私援助及自治区党委、政府的坚强领导和精心部署,更离不开西藏各族同胞的共同努力和一代代交通人的奋斗。

以1954年12月川藏、青藏公路通车为起点,西藏公路交通事业的发展为西藏现代交通事业日后的跨越奠定了坚实的基础,也树立了永恒不倒的精神丰碑。以此为起点,经历无数艰辛努力,跨越60多年,取得无数辉煌成就,截至2017年底,西藏公路通车总里程已达到8.99万公里,与20世纪50年代的公路交通状况相比,已不可同日而语。

当然,西藏公路交通是在极其落后的基础上起步的。长时间以来,西藏公路交通以川藏(南线、北线)、青藏、新藏、滇藏为主要通道。它们承担了西藏交通运输的主要任务,也经历了恶劣气候、复杂地质条件长时间、不间断的考验,可以说,西藏公路是建设起来的,更是养护出来的。一次次应急抢通、一次次改造、一次次大修,是西藏公路长久以来的状态。

这是西藏公路的特殊情况,也是西藏公路的不易之处——在面对不间断的自然破坏的同时,公路交通的发展水平不断得以提升,不管是公路的总里程、通达率,还是公路的技术水平和舒适度,都在快速地提高。

2011年7月17日,拉萨至贡嘎机场高速公路正式竣工通车,时任中共中央政治局常委、国家副主席、中央军委副主席习近平,率出席西藏和平解放60周年庆祝活动的中央代表团全体成员出席通车典礼,并为公路通车剪彩。这标志着西藏结束了没有高速公路的历史,同时开启了西藏现代化交通建设的序幕,雪域高原驶入了高速公路时代。

党的十八大以来,西藏自治区强力推进公路交通建设,制定了《西藏自治区交通超常规发展方案》,建成了米林至巴宜、拉萨至林芝、贡嘎机场至泽当、日喀则机场至日喀则市高等级公路和拉萨市环城路。开工建设那曲至拉萨、昌都至邦达机场高等级公路,加快推进昌都至德格、昌都至俄洛桥、川藏公路、拉萨至日喀则、日喀则至吉隆口岸等高等级公路前期工作,具备条件适时开工建设。截至2017年底,西藏一级及以上公路通车里程由2012年的37公里增加到660公里,进出藏大通道高等级化步伐加快迈进。

当前,高等级公路为代表的公路基础设施建设已成为西藏经济和社会快速健康发展的缩影,也成为西藏广大人民群众最直接感受到的改革开放成果之一。660公里的西藏高等级公路、8.99万公里的公路网提高了西藏公路运输的效能和服务水平,为地方经济社会发展创造了良好的条件,发挥了"先行"作用。在拉动内需、辐射藏区发展、促进城乡一体化、改变人们生活方式等诸多方面,公路,特别是高等级公路所具有的外溢效应和辐射作用,已经为众人所熟知。

编撰这本书,就是要回望西藏公路之前走过的历程,以便让人们更好地了解西藏交通。由此而言,该书具有重要的文献价值和资料价值。

该书细致地记录了西藏公路建设发展的轨迹,并全面梳理了其中脉络。首先,该书通过展现西藏经济社会与综合交通体系发展成就,继而从一个侧面反映了西藏和平解放和改革开放以来交通运输事业取得的丰硕成果。书籍出版恰逢改革开放40周年,可以说,该书在重要的时间节点为这个伟大的国度、伟大的民族团结写下一个闪亮的时代注脚。注脚的背景有西藏交通行业的巨大跨越,有西藏的辉煌发展,更有我国改革开放和中华民族伟大复兴的时代大潮。

其次,该书系统记录了西藏公路发展的历程和经验。在这里,我们可以看到西藏公路是如何艰难起步,艰辛养护,再到日渐通畅、安全、高效的路网运行现状。这是实录,也是见证和推动。同时,该书比较全面、系统地梳理了西藏公路建设发展中的宝贵经验,全面展示了西藏公路在发展理念、建设管理制度及建设体制机制等方面的进步、特色和亮点，重点突出了西藏公路事业自身发展的动力和轨迹、国家的关注和支持、兄弟省份的援助和扶持；前期发展的艰辛、养护管理的艰苦、科技创新的支撑、高等级公路建设的拓展等方面的实践。从中，我们能看到整个行业勇于探索、砥砺奋进的历程和众多建设者、管理者开拓的身影。

再次，该书作为建设文献有重点地展示了西藏级公路建设科技创新和文化传承。可以说，短短几十年来，西藏公路建设者和养护者克服了高原缺氧，攻克了多年冻土区公路、桥梁建设和养护等多项技术难题，这些建设成就，凝聚了西藏交通管理者和建设者的智慧和辛勤汗水。书中着重展示了青藏高原公路建设方面的科技创新成果，展示了西藏公路建设发展中的文化内涵，积极弘扬"老西藏"和"两路"精神，使隐含在西藏公路中的开拓精神和行业文脉依稀可见。尽管这里没有太多人物具象，但是我们清楚每一公里西藏公路背后有多少勇于担当的业主方、风里来雨里去的规划设计单位、风餐露宿的建设者、恪尽职守的监理方和勇于创新的科技工作者，又有多少人披星戴月地养护与默默无闻地职守……

同时，书中集中反映出党和国家领导集体的英明领导和特殊关怀，交通运输部等国家有关部委和全国兄弟省份的大力支持和无私援助，自治区党委、政府的坚强领导和精心部署，西藏交通运输事业不断发展壮大的光辉历程和取得的辉煌成就。彰显了西藏交通人传承弘扬"两路"精神，特别是时刻牢记习近平总书记2014年8月6日为纪念川藏、青藏公路通车60周年作出的"一不怕苦、二不怕死，顽强拼搏、甘当路石，军民一家、民族团结"的重要批示精神，不断开创西藏公路交通运输事业新局面的进取理念、奉献品质、时代风采和精神风貌。书中展示了公路交通在西藏经济社会发展中所发挥的改革创新、脱贫攻坚、维稳固边、应急处突等不可替代的重要作用；揭示了只有在中国共产党的领导下，只有在社会主义祖国大家庭的温暖怀抱中，西藏交通运输事业才能从小到大，由大到强；西藏才能跨越发展，走向繁荣；西藏人民才能脱贫致富，与全国人民一道全面建成小康社会。

站在新的起点上，我们将更加紧密地团结在以习近平为核心的党中央周围，把党的十九大精神和习近平总书记治边稳藏重要战略思想作为各项工作的根本遵循，聚焦自治区党委、政府的工作大局，创新引领新常态，抢抓区域发展新机遇，为西藏经济社会发展服好务，当好"先行"。

希望本书有资于交通后来者以借鉴。

坚信西藏交通事业在习近平新时代中国特色社会主义思想的指引下,一定会紧跟共和国前进的步伐,再创辉煌!

《西藏公路建设实录》编纂工作委员会

2018年9月

《西藏公路建设实录》是交通运输部组织编写的《中国高速公路建设实录》丛书之一。鉴于西藏高速公路里程较少，重要的公路交通依旧以国道为主要通道的特殊情况，本书取名为"西藏公路建设实录"。

西藏地处地球"第三极"，交通、电力等基础设施是制约西藏发展的最大"瓶颈"之一。西藏现代交通起步于"两路"（川藏公路、青藏公路），这是突破瓶颈的开始，之后经历的无数艰辛困苦、经过无数人的艰苦付出，西藏公路交通得以在"短短几十年、跨越上千年"的辉煌中发挥支撑作用。编撰出版该书的目的在于展现西藏公路建设发展的历程和成就，以及公路交通对促进当地经济社会发展、服务改革开放和民族团结、维护祖国统一、富民兴藏等方面做出的重要贡献，在反映交通基础设施建设情况的同时，也充分体现西藏在贯彻中央一系列重大方针政策方面取得的成绩。

基于以上目的，该书在和平解放、改革开放、西部大开发以及中央连续六次西藏工作座谈会的时代大背景下，展现西藏公路取得的成就。本书简要介绍了当前西藏经济社会发展状况、综合交通及物流和公路运输的状况，重点展现了西藏公路建设发展的历程和阶段成就、公路养护、公路作用、法治建设、科技创新、公路文化建设等方面的内容，并详细介绍了川藏公路北线、南线（国道317、318线西藏段），青藏公路西藏段（国道109线西藏段），新藏公路西藏段（国道219线西藏段），滇藏公路西藏段（国道214线西藏段）以及拉萨至贡嘎机场高等级公路、国道318线林芝至拉萨高等级公路、墨脱公路等路线的建设、改建等重要的情况。

本书参考《西藏公路交通史》（1999年版）和《西藏自治区公路交通志》（2007年版）的论述，将西藏公路发展历程分为从无到有的艰苦开创时期（1951.5—

1960.12)、巩固完善稳步发展时期(1961.1—1966.7)、在曲折中前行的十多年(1966.8—1978.12)、改革开放开拓振兴时期(1979—2000年)、跨越式发展时期(2001—2011年)、砥砺奋进的五年(2012—2017年)等不同的发展阶段,直观展现了西藏公路阶段性、跨越式的发展轨迹,突出了各阶段的特征,并以此呼应改革开放、西藏发展的光辉历程。

作为实录型文献资料,对西藏公路建设经验的总结是本书的重要组成部分。作为情况极为特殊的省份,本书总结了西藏在艰难条件下公路建设的经验、现代公路建设管理体制改革探索、工程项目管理、科研技术的创新与突破等多个方面的鲜明特点和重要经验。

此外,本书还收录了从新中国成立以来西藏公路交通的重大历史事件、部分表格,将此作为西藏公路建设发展的印证和重要的文献,以供读者参考。

《西藏公路建设实录》编纂工作委员会
2018年9月

第一篇 西藏经济社会与综合交通体系发展

第一章 西藏经济社会发展 ·········· 3
- 第一节 区情风貌 ·········· 3
- 第二节 经济社会发展状况 ·········· 5

第二章 综合交通与物流发展 ·········· 9
- 第一节 综合交通发展状况 ·········· 9
- 第二节 物流业快速发展 ·········· 12

第三章 综合交通运输规划 ·········· 15

第二篇 西藏公路建设及公路运输

第一章 公路总体情况 ·········· 19
- 第一节 公路网总体发展现状 ·········· 19
- 第二节 国省干线公路情况 ·········· 22
- 第三节 农村公路现状 ·········· 24

第二章 公路运输 ·········· 25
- 第一节 公路运输业发展的五个阶段 ·········· 25
- 第二节 公路运输业发展的现状 ·········· 28

第三篇 西藏公路建设发展成就

第一章 公路建设发展历程 ·········· 39
- 第一节 从无到有的艰苦开创时期(1951.5—1960.12) ·········· 39

第二节　巩固完善稳步发展时期(1961.1—1966.7) ……………………………… 40
　　第三节　在曲折中前行的十多年(1966.8—1978.12) …………………………… 41
　　第四节　改革开放开拓振兴时期(1979—2000年) ……………………………… 42
　　第五节　跨越式发展时期(2001—2011年) ……………………………………… 44
　　第六节　砥砺奋进的五年(2012—2017年) ……………………………………… 45
　第二章　公路建设亮点及经验总结 ……………………………………………………… 48
　　第一节　公路建设亮点 …………………………………………………………… 48
　　第二节　公路建设经验总结 ……………………………………………………… 54
　第三章　公路养护 ………………………………………………………………………… 71
　　第一节　公路养护概况 …………………………………………………………… 71
　　第二节　公路养护体制机制沿革 ………………………………………………… 75
　第四章　公路对西藏经济社会发展的支撑作用 ………………………………………… 88
　　第一节　公路对西藏产业结构、人口分布的影响 ……………………………… 88
　　第二节　公路对西藏经济社会发展的支撑作用 ………………………………… 89

第四篇　西藏公路建设管理地方法规

　第一章　区级相关法规制度 ……………………………………………………………… 97
　第二章　建设市场管理相关法规制度 …………………………………………………… 100
　第三章　项目管理法规制度 ……………………………………………………………… 102

第五篇　西藏公路建设科技成果与应用

　第一章　科技创新概况 …………………………………………………………………… 107
　　第一节　公路科研结硕果 ………………………………………………………… 108
　　第二节　自主研发能力提升及成果转化提速 …………………………………… 110
　第二章　重大科研课题 …………………………………………………………………… 111
　第三章　主要科技成果 …………………………………………………………………… 127
　　第一节　地方标准和技术指南 …………………………………………………… 128
　　第二节　主要专著 ………………………………………………………………… 130
　　第三节　主要获奖工程 …………………………………………………………… 131

第六篇　西藏公路文化建设

　第一章　交通行业精神文明建设 ………………………………………………………… 135

第一节	精神文明建设情况	135
第二节	弘扬"两路"精神	139
第三节	援藏干部传承"老西藏精神"	142
第四节	深入开展精神文明活动	143

第二章 公路文化特色 146
第一节	桥文化	146
第二节	生态文化	147
第三节	地域文化与民族文化	148

第三章 养路工群体及典型 149

第四章 交通援藏干部群体及典型 155

第七篇 公路建设项目

第一章 国道109线西藏段 165
| 第一节 | 初建 | 165 |
| 第二节 | 整治与改建 | 168 |

第二章 国道214线西藏段 187
| 第一节 | 初建 | 187 |
| 第二节 | 整治与改建 | 188 |

第三章 国道219线西藏段 199
| 第一节 | 初建 | 199 |
| 第二节 | 整治与改建 | 200 |

第四章 国道317线、国道318线西藏段 220
第一节	初建及养护	220
第二节	"八五"之前的重要修复与整治	223
第三节	"八五"之后国道318线西藏段的整治与改建	227
第四节	"八五"之后国道317线西藏段的整治与改建	260

第五章 拉萨至贡嘎机场高等级公路 267
| 第一节 | 初建 | 267 |
| 第二节 | 整治与改建 | 267 |

第六章 国道318线林芝至拉萨高等级公路 275
| 第一节 | 一期工程 | 275 |
| 第二节 | 二期工程 | 280 |

第七章 墨脱公路 282

第一节　初建 ………………………………………………………………………… 282
　　第二节　整治与改建 …………………………………………………………………… 284

附　　录

西藏公路建设大事记（1950—2017 年） ……………………………………………………… 291

后记 …………………………………………………………………………………………… 322

Record of Highway Construction in
Xizang
西 藏 公 路 建 设 实 录

第一篇
西藏经济社会与综合交通体系发展

第一章
西藏经济社会发展

第一节 区情风貌

一、自然环境

西藏位于我国西南边疆,地处世界上海拔最高的高原——青藏高原西南部,平均海拔约4000m。西藏全区地形可分为藏北高原、雅鲁藏布江流域、藏东峡谷地带三大区域。境内山脉大致可分为东西向和南北向两组,主要有喜马拉雅山脉、喀喇昆仑山—唐古拉山脉、昆仑山脉、冈底斯—念青唐古拉山脉和横断山脉。西藏的平原主要分布在西起萨嘎、东止米林的雅鲁藏布江中游若干河段以及拉萨河、年楚河、尼洋河中下游河段和易贡藏布、朋曲、隆子河、森格藏布、朗钦藏布等的中游河段。

西藏是我国水域面积最大的省级行政区,地表水包括河流、湖泊、沼泽、冰川等多种存在形式,其中河流、湖泊是最重要的部分。西藏境内流域面积大于10000km^2的河流有28条,大于2000km^2的河流多达100余条。亚洲著名的长江等5条大江大河发源或流经西藏。西藏湖泊众多,共有大小湖泊1500多个,总面积达2.4万km^2,居全国首位。此外,西藏有1万多条冰川,占全国的49%。

气候方面,西藏气候类型复杂,垂直变化大,自东南向西北依次为:热带、亚热带、高原温带、高原亚寒带、高原寒带。由此,西藏气候表现出以下5个特点:①空气稀薄,气压低,含氧量少,平均空气密度为海平面空气密度的60%~70%,高原空气含氧量比海平面少35%~40%;②太阳辐射强烈,日照时间长,年日照时数为1443.5~3574.3h;③气温低,积温少,昼夜温差大,年平均气温为-2.4~12.1℃,自东南向西北递减,大部分地区气温日较差在15℃以上;④降水少,季节性明显,夜雨率高,年降水量为66.3~894.5mm,呈东南向西北递减分布规律,年内降水高度集中在5~9月,占年降水量的80%~95%;⑤气象灾害种类多,发生频率高,干旱、洪涝、雪灾、霜冻、冰雹、雷电、大风、沙尘暴等灾害性天气频繁发生。

以上自然环境,既造就了西藏得天独厚的自然景观和文化,也给西藏的生活、生产带来了巨大影响,给包括交通等基础设施建设带来了巨大困难。

二、行政区划及人口情况

西藏南部和西南部与缅甸、印度、不丹、尼泊尔等国家相邻,周边与四川、云南、青海、新疆四省(自治区)相邻,总面积约 120 万 km^2。截至 2017 年 12 月,西藏下辖 6 个地级市、1 个地区,即拉萨市、昌都市、日喀则市、林芝市、山南市、那曲市及阿里地区[①];74 个县(区)697 个乡镇(街道办事处);5467 个行政村(居委会)。

西藏是以藏族为主体的少数民族自治区,全区还有汉族、门巴族、珞巴族、回族、纳西族等 45 个民族及未识别民族成分的僜人、夏尔巴人,其中藏族和其他少数民族占 91.83%。截至 2017 年底,全区常住人口总数为 337.15 万人,城镇人口 104.14 万人,占总人口的 30.9%;乡村人口 233.00 万人,占总人口的 69.1%。人口出生率为 16.00‰,死亡率为 4.95‰,自然增长率为 11.05‰。

三、历史文化

藏族作为中华民族大家庭中的一员,在与其他民族不断交流、相互吸收与促进的漫长历史中,创造和发展了具有特色的灿烂文化。藏民族文化至今仍然是中华文化和世界文化宝库中一颗璀璨的明珠。

藏族本土文化原本由位于雅鲁藏布江流域中部雅砻河谷的吐蕃文化和位于青藏高原西部的古象雄文化逐渐交融而形成的。在西藏文化的历史发展过程中,藏族建筑艺术和雕塑、绘画、装饰、工艺美术等造型艺术以及音乐、舞蹈、戏剧、语言文字、书面文学、民间文学、藏医藏药、天文历算等均达到了很高的水平。

由于历史原因,西藏后来发展成为一个由极少数上层僧侣贵族掌权的政教合一的封建农奴制地方政权,使得藏传佛教文化在一个较长的时期内处于西藏文化的主导地位,这种情况一直延续到 1959 年。

中华人民共和国成立后,中央人民政府十分重视藏族优秀传统文化的保护和发展。1951 年,中央人民政府在与西藏地方政府签订的关于和平解放西藏办法的"十七条协议"中明确规定:要"依据西藏的实际情况,逐步发展西藏的民族语言、文字和学校教育"。1959 年,在中央人民政府的支持下,西藏废除封建农奴制度,逐步实行了民族区域自治制度,使西藏的社会和文化发展迈入了崭新的时代。60 多年来,中央人民政府和西藏自治区人民政府根据《中华人民共和国宪法》和《中华人民共和国民族区域自治法》的规定,为满足西藏人民日益增长的物质文化生活需要,在促进西藏社会经济发展的同时,投入巨大的人力、物力和财力,运用法律、经济和行政等多种手段,保护和弘扬藏族优秀传统文化,

---

① 2014 年以来,昌都地区、日喀则地区、林芝地区、山南地区和那曲地区分别撤地设市为昌都市、日喀则市、林芝市、山南市和那曲市。因本书内容时间跨度较长,为尊重之前的称谓习惯,并在表述上相对统一,这 5 个市在后文中仍沿用"地区"。

大力开创和发展现代科学文化教育事业,取得了举世瞩目的成就。西藏全体人民作为新时代的主人,共同继承、发展和分享了藏族传统文化,共同创造了现代文明生活和文化事业,使西藏文化出现了前所未有的繁荣与发展。

第二节 经济社会发展状况

随着改革开放序幕的拉开,西藏经济发展吹响了新的号角,西藏进入开创社会主义现代化建设的新局面。此后,中央先后于1980年、1984年、1994年、2001年、2010年、2015年召开了6次中央西藏工作座谈会,不断为西藏经济社会发展注入新动力,对西藏经济社会发展起到了极大的推动作用。

在中央和全国人民的大力支持下,西藏各族人民以主人翁的姿态迸发出创造美好生活的巨大热情,各项事业均取得了举世瞩目的历史性成就;西藏发生了翻天覆地的变化,当地经济快速增长,民生逐步改善,生态保护得到加强。地区生产总值由20世纪50年代的1亿元增至2017年的1310.63亿元,连续保持两位数增长;人口结构没有变化,藏族占90%以上,人口净增了200多万;人均预期寿命延长了32.5岁(由20世纪50年代的35.5岁增至目前的68岁);义务教育年限达15年,青壮年文盲率基本为零。农牧民纯收入达8000元以上,人均生产总值超过3万元……在广泛而深刻的历史变革中,西藏探寻出了一条生机勃勃的具有中国特色、西藏特点的发展之路,创造出一个又一个人间奇迹,在雪域高原绘就了一幅波澜壮阔的历史画卷。

总体而言,西藏经济社会发展表现出以下几个方面的特点。

一、经济保持快速增长,但欠发达仍然是基本区情

西藏自治区成立以来,中央财政对西藏财政的转移支付力度不断加大。改革开放以来,西藏的经济活力更是不断增强。从1979年起,西藏地区生产总值连续保持高增长速度。

根据西藏经济社会发展需要,国家相继安排了一大批关系重大、影响深远的工程项目建设,使西藏基础设施建设得到明显改善。特别是1994年的第三次西藏工作座谈会以来,西藏全社会固定资产投资累计达10988亿元,年均增幅高达22%。

1965—2014年,中央对西藏的财政补助近6000亿元。1989年以前,西藏地方财政收入处于负增长状态,从1989年起实现正增长,2017年达到259.11亿元,地方财政收入占地区生产总值的比重由1989年的0.6%提高到2017年的19.7%。2017年,西藏落实固定资产投资2051.04亿元。全区实现生产总值1310.63亿元,按可比价格计算,比上年增

长10.0%,和贵州一起增速领跑全国,连续26年保持两位数增长。

在经济快速增长的同时,西藏将更多的财力投放到民生建设领域。2017年,西藏全区居民人均可支配收入15457元,增长13.3%。其中:城镇居民人均可支配收入30671元,比上年增长10.3%;农村居民人均可支配收入10330元,比上年增长13.6%,连续16年保持两位数增长。在全国率先实现了15年免费教育,率先实现五保集中供养和孤儿集中收养,率先实现城乡居民免费健康体检。

"十二五"时期,西藏累计完成全社会固定资产投资4642亿元,比"十一五"时期增长1.8倍。青藏、川藏电网实现联网,主电网覆盖58个县。一大批交通、水利、能源、通信等项目开工建设或建成投产,基础设施、城乡面貌、人民群众生产生活条件发生了历史性巨变。

虽然从增速上看,西藏在第一阵营领跑,但是从总量上看,西藏在全国各省区市的排名却依然垫底;也就是说,虽然经济保持快速增长,但欠发达仍然是基本区情。由于发展起点低、经济基础薄弱、自我发展能力不足等原因,西藏经济总量仍然偏小,在全国仍处于较落后的地位。

二、产业结构不断优化,旅游产业主体地位凸显

和平解放前,西藏各产业处于极度原始、落后的状态,发展缓慢。传统农牧业经济占绝对优势地位,第二产业近乎空白,第三产业极为弱小。和平解放后,在中央和各省(自治区、直辖市)的支持、帮助下,西藏各族人民共同努力,经过60多年的建设,经济实力极大增强,产业结构向合理化和高度化方向逐渐演进。

在西藏自治区党委、政府提出的"一产上水平、二产抓重点、三产大发展"的经济发展战略引导下,地区产业基础不断增强,优势产业快速发展,产业结构和布局进一步优化。与全国产业结构相比,西藏第三产业所占比重明显高于全国平均水平,以旅游业为龙头的服务业已成为西藏经济发展的主要推动力。

依托优势旅游资源,西藏已基本形成以山南雅砻文化、珠穆朗玛峰为代表的7大旅游区,以拉萨为中心的4条旅游环线,以茶马古道、拉狮公路为载体的两条旅游走廊,以川滇藏香格里拉生态环线为重点的旅游业总体格局。全区旅游经济的主体地位基本形成,旅游业已成为西藏独具特色和优势的战略性支撑产业。

在全区生产总值中,2017年全区第一、二、三产业增加值所占比重分别为9.4%、39.2%、51.4%;与上年相比,第一产业比重提高0.2个百分点,第二产业提高1.7个百分点,第三产业下降1.9个百分点。

三、第二产业迅速发展,工业生产初具规模

西藏自治区在成立之前,几乎没有现代意义的工业。成立后,在严格保护生态的前提

下,西藏现代工业不断发展壮大。工业总产值由1965年的0.09亿元,增加到2017年的514.51亿元,年均增长16%。

如今,西藏已基本形成以能源产业、优势矿产业、建材业为主的重工业体系和以特色农畜产品加工业、藏药产业、民族手工业为主的轻工业体系。随着传统优势产业的不断壮大,太阳能等新能源产业培育发展,工业园区建设取得了实质性进展。西藏已形成具备一定规模并以重工业为主体的工业产业格局,工业产业已成为西藏经济发展新的增长点;已构建起以天然饮用水、建材、农畜产品加工、藏药、优势矿产等为支撑的富有西藏特点的产业体系;基本形成了以藏中为主体、藏西藏东为两翼、"一区七园"集聚发展的产业格局。

四、区域发展不均衡,经济重心集中在藏中南

西藏经济社会发展地区差异明显,各区域经济社会发展不均衡问题较为突出。以拉萨为中心的藏中南地区是国家层面的重点开发区域,也是全区的经济重心,经济相对发达。

2016年,拉萨市的生产总值达到424.95亿元,占全区的36.8%,引领全区经济发展的核心引擎作用日益凸显。相比之下,其他地区经济发展相对滞后,尤其是藏西北阿里地区,经济发展模式较为单一,缺乏支柱产业。

五、城镇化稳步推进,但规模较小、节点较分散

西部大开发以来,随着区域经济社会的加速发展,西藏城镇化进程稳步推进。从地区分布看,近年来新增的小城镇主要集中在那曲地区,主要原因有两点:一是那曲小城镇发展基础差,2000年那曲仅有两个小城镇,是全区城镇规模最小的地区;二是青藏铁路通车后,对沿线经济的辐射和带动作用明显,那曲区位优势提升,人流、物流不断聚集,推动了小城镇的快速发展。

从城镇规模结构看,西藏城市规模等级落差大,缺少实力强大的中等城市和小城市。全区50万人口以上的城市仅拉萨市1个。从城镇空间布局看,城镇分布受自然条件、交通和经济发展水平等因素影响大,资源、交通对城镇形成的导向作用明显。城镇主要分布在拉萨圈层、青藏铁路沿线、雅鲁藏布江中上游、尼洋河中下游等地,当前已初步形成了一批具有地方特色的高原小城镇。

六、边境贸易发展迅速,贸易结构不断优化

西藏位于我国西南边疆地区,有22个边境县,分别与缅甸、印度、不丹、尼泊尔等国家及克什米尔地区接壤。我国的内陆边境线有4000多公里在西藏境内。

西藏发展对外经济贸易有悠久的历史传统,历史上南亚各国来西藏经商的人数也十

分可观。直至20世纪50年代,西藏的尼泊尔、印度商人约计828户,占西藏商户总数的1/4。

边境贸易是西藏对外贸易最古老的形式。历史上形成的较大口岸和边境贸易市场有27个,还有200多个民间贸易互市点。边境地带的民间贸易,主要是边民之间互通有无及边境小商贩之间的贩运。交换物品均为双方的土特产品,属日常生活品的互补性质。一些口岸根据当地农牧民的交易习惯,举办定期交易会。

1962年以前,西藏边境贸易主要集中在中印边境的亚东口岸。20世纪80年代以后,边境贸易有了较快发展。边境贸易发展是西藏市场发育的重要组成部分。边境贸易市场成为边境地区经济克服封闭状态、发展市场经济、带动产业结构调整的重要力量,有效改善了边境国家双边的贸易环境,疏通了贸易渠道。边境贸易的发展,也促使边境地区农牧民走出自给自足的藩篱,增强了商品意识和市场观念,使传统自给自足的家庭农牧业逐步转化为以交换—出售—盈利为目的的商品化农牧业,开辟了增加家庭经济收入的新途径。在边境贸易的发展过程中,非农产业也获得相应发展,工业、交通、建筑、服务等第二、第三产业的综合发展,成为边境地区经济结构的基本特点,一些传统民族手工业也重新焕发了生机和活力,边民的基本生活需求不仅通过边境贸易得到解决,而且他们的收入水平也迅速提高,生活质量得到有效改善。

第二章
综合交通与物流发展

交通运输发展,支撑着西藏经济社会发展,事关国家安全和西藏长治久安。改革开放以来,在党中央、国务院的关怀、支持及各省(自治区、直辖市)的帮助下,西藏交通运输事业取得了显著的发展成就,为西藏经济发展、社会进步、民生改善、民族团结等作出了重要贡献。特别是西部大开发之后,西藏交通基础设施建设、客货运输服务、交通枢纽建设等不断完善,公路、铁路、民航等各种交通运输方式得到全方位、多层次、立体化的发展。

随着国家加大基础设施投入力度,西藏以公路、铁路、航空、管道为主的综合交通运输体系基本建成,不仅促进了地方经济社会发展,也极大地方便了群众出行。

第一节 综合交通发展状况

目前,西藏以公路、铁路、航空为主的综合交通运输体系已基本形成,交通运输更加便利。从全区来看,以拉萨为中心,东连四川、云南,西接新疆,北连青海,南通印度、尼泊尔,地市相通、县乡连接的公路交通网络基本建成。

截至2017年底,全区公路通车总里程达到89343km。其中拉萨至林芝、泽当至贡嘎机场等多条高等级公路建成通车,全区一级及以上公路通车里程由2012年的38km增加到660km,进出藏大通道高等级化步伐加快迈进。新藏界至日土、朗县至加查、斜拉山至巴青等60个项目建成,国道318线102隧道和通麦段"两桥四隧"贯通,川藏公路通麦梗阻问题得到根本解决,国省道里程由2012年的11955km增加到28922km,普通国省干线公路升级改造成效显著。农村公路里程由2012年的53244km增加到60421km。全区县城除墨脱外均通油路,乡镇通达率、通畅率分别达到99.71%、68.44%,建制村通达率、通畅率分别达到99.52%、36.56%,提前3年实现交通运输部"十三五"末"80%的乡镇和30%的建制村通硬化路"的规划目标,通达深度、通畅水平全面提升。目前,青藏铁路运营良好,拉日铁路建成运营,拉林铁路建设加快推进。民用航空方面,组建了西藏航空公司,区内通航机场5个,8家航空公司在藏运营,开通国内外航线79条,通航城市达41个,形成以拉萨贡嘎机场为中心,昌都邦达、林芝米林、阿里昆莎和日喀则和平机场为支线的5大民用机场网络。本章只介绍铁路、民航、邮政及管道的发展状况,公路发展状况详见本书第二篇。

一、铁路

总体而言,较于公路建设,西藏的铁路建设起步晚,里程短,覆盖面小。截至2016年底,西藏铁路运输主要是青藏铁路及其延长线——拉日线为主。2001年2月8日,国务院批准建设青藏铁路,该线起于青海省西宁市,翻越唐古拉山口,进入西藏自治区安多、那曲、当雄、羊八井、拉萨,全长1118km,途经多年冻土地段550多公里,海拔4000m以上的地段965km。青藏铁路经过艰苦努力,克服了千里冻土、高寒缺氧、生态脆弱三大世界级难题,于2001年6月开工建设,2006年7月1日建成通车运营。2014年8月16日,青藏铁路延伸线——拉日铁路全线开通运营。

青藏铁路是重要的进藏路线,是世界上海拔最高、在冻土上路程最长的高原铁路,是中国新世纪四大工程之一,2013年9月入选"全球百年工程",是世界铁路建设史上的一座丰碑。青藏铁路的建成运营,结束了西藏无铁路的历史。截至2015年6月底,青藏铁路9年间累计运送旅客9107.3万人,年均增长8.8%,累计运送货物40483.5万t,年均增长10.3%。青藏铁路推动西藏进入铁路时代,密切了西藏与祖国内地的时空联系,拉动了青藏带的经济发展,被人们称为发展路、团结路、幸福路。

拉日铁路的建成,彻底改变了西藏西南部地区依靠公路运输的单一局面,形成完善的立体交通网络。作为青藏铁路的延伸线和西藏铁路网的主干线,拉日铁路极大地改善了该地区的交通条件和投资环境,降低了藏西南地区矿产资源的外运成本,促进了当地经济的快速发展,逐步形成了以拉萨为中心的铁路运输网络。

拉林铁路自2015年7月正式开建。该线自拉萨至日喀则铁路协荣站引出,新建正线长度402km,同步对拉日铁路拉萨至协荣段32km进行电气化改造。全线新建贡嘎、扎囊、泽当、桑日、加查、朗县、米林、朝阳、林芝等17个车站。

二、民航

西藏,被誉为"地球第三极",平均海拔超过4000m,空气稀薄,气候复杂,曾被认为是"空中禁区"。在国家的大力支持下,1965年3月,北京—成都—拉萨航线正式通航,拉开了在世界屋脊架起"空中金桥"的序幕。

经过50多年的发展,西藏现已建成贡嘎、和平、米林、邦达、昆莎5个机场。截至2015年11月,林芝旅客吞吐22406人次,昌都旅客吞吐28433人次,阿里旅客吞吐49660人次。空中航线以拉萨为中心,辐射日喀则、昌都、阿里、林芝,"3小时空中交通圈"已经形成。西藏民航航线总数已达58条。通航北京、上海、成都、广州等38个城市,初步形成了以拉萨贡嘎机场为枢纽,区内其他机场为支线,辐射国内主要大中城市和援藏省份的航线网络。

2014年5月,中国民航局出台《关于进一步促进西藏民航发展的意见》,加大对西藏民航业的政策支持力度,鼓励航空公司开辟连接西藏的国际航线及17个对口支援省区重要城市的直飞、经停航线航班,进一步扩大进出西藏的航线网络;支持航空公司通过安排现有干线机场经停或延至西藏区内支线机场,以及安排环飞、串飞西藏区内机场,加密航线航班,鼓励航空公司间加强干支航班间衔接和进行代码共享;支持将林芝米林机场打造成第二条进出藏航空通道;鼓励低成本航空公司进驻西藏或执飞西藏航线;鼓励有条件的航空公司在拉萨、林芝等机场设立基地。西藏民航事业发展迅速,已累计落实国家投资逾30亿元,先后实施了林芝米林机场新建、阿里昆莎机场新建等工程。到"十二五"末,民航共开辟了63条航线,较"十一五"末增加了44条;通航达40个城市,较"十一五"末增加了24个,基本覆盖国内主要城市,航线网络更加完善。

近年来,民航西藏区局始终坚持"稳中求好、好中求进"的发展总基调,全力推动西藏民航平稳、健康发展,积极引入航空公司、新开航线。

三、邮政

西藏自治区海拔高、自然条件恶劣,基础设施薄弱,在这种条件下,要确保邮政普遍服务目标的实现,存在着一定的困难和压力。加之西藏地广人稀,居住分散,经济环境条件差,使得西藏邮政的服务水平与东、中部地区及西部其他省份相比,与地方经济发展要求和社会用邮需求相比仍然存在一定差距,基础设施也相对落后。多年来,在西藏自治区政府的关心和帮助下,西藏邮政基础设施建设取得了长足的进步,有效地缓解了西藏地区人民用邮困难的问题,用邮方便程度也大为提高。

"十五"期间,是邮电分营后西藏邮政独立运营的5年,是西藏邮政以发展为主线,努力实现平稳、较快发展的5年。随着西藏邮政业务的不断发展和服务水平的持续改善,其在体现政府公共服务职能,保障西藏全区居民通信权力,促进西藏行业间、地区间经济交流等方面,起到越来越重要的基础作用。"十一五"期间,在西藏自治区社会国民经济发展规划中,明确提出了"加强城乡邮政设施建设,基本实现乡乡通邮,逐步拓展行政村通邮工作,建立覆盖农牧区的邮政网络,提高邮政服务水平"的目标和要求。

"十二五"时期特别是党的十八大以来,西藏邮政业加快转型升级,加快技术进步,强化基础网络,努力优化结构,提升服务水平,各项事业取得了令人瞩目的新成绩。"十二五"时期,西藏完成市(地)邮政管理局挂牌成立工作,三级邮政监管体系建立,邮政行业步入了高速发展时期,规模总量始终保持快速增长态势。西藏邮政普遍服务网络日趋完善,邮政企业履行邮政普遍服务和特殊服务的能力不断增强。"乡乡通邮"工程顺利完成,全区565个空白乡镇邮政局(所)全部移交并投入运营。2015年,全区邮政网点增至

747个,比2010年增长了近4倍;干线邮路增至46条;行政村通邮率达92%;党报党刊进寺庙、边境通邮工作成效显著,较好地完成了自治区提出的"寺庙九有""八到农家"的工作任务。这一时期,快递服务网络也得到迅速发展。2015年,全区快递市场拥有企业21家、经营网点170个,覆盖全区7个市(地)27个县,快递向下趋势不断加快,目前共有20家品牌快递企业,经营网点增至174个,覆盖全区7个市(地)15个县。同时,根据西藏实际,快递企业与邮政企业合作推进邮政业服务,大大改善了广大人民群众的用邮环境,为邮政业服务三农,普惠全区广大农牧民群众打下了坚实基础。2015年,《西藏自治区邮政普遍服务保障办法》还列入了西藏自治区人民政府五年立法计划,行业发展环境日益改善。

四、管道

西藏和平解放以后,随着国民经济的飞速发展,石油的需求量越来越大。而这些石油只能用汽车从青海和四川运进。自1954年12月25日青藏公路通车以后,就一直用汽车从青海省冷湖及甘肃省玉门油田运油进藏。1963年以前,年进油量1万余吨,用汽车运油自身消耗油料即占运输量的1/3,路途遥远,成本很高,不能满足经济建设的需要,同时也存在安全隐患。

为了尽快发展西藏经济,解决石油运输问题,1972年5月30日,由中国人民解放军总后勤部负责铺设一条从格尔木到拉萨的成品油输油管线。这条输油管线于1973年3月破土动工,于1976年11月试输油到拉萨,1977年8月基本建成投产。

青藏输油管道全长1080km,横卧于平均海拔4500m以上的青藏高原上,是我国自行设计、自主建设的第一条长距离成品油输送线,也是世界上最高的输油管道,为我国及世界输油管道写下了辉煌的一页。管道建成后,当年便承担了进藏油料总运量的63.6%,西藏80%以上的燃油都通过该管道进行运输,在减轻汽车运输压力方面发挥了积极作用,对保证西藏经济建设和国防建设方面都作出了巨大贡献。

青藏高原的石油资源非常丰富,发展潜力很大,但管道运输还比较落后,今后将增加投入,克服各种困难,大力发展管道运输,使青藏高原和广大西部地区联成网络,以促进西部地区经济的迅速发展。

第二节 物流业快速发展

2010年,第五次西藏工作座谈会召开,会议确定了经济发展大力实施"一产上水平、二产抓重点、三产大发展"战略,继续坚持以经济建设为中心,紧紧抓住发展经济和稳定局势两件大事,确保西藏社会经济的跨越式发展。此战略的实施,无疑对作为第三产业关键一环的物流产业发展打下了坚实的基础。

2015年,第六次西藏工作座谈会强调,同全国其他地区一样,西藏和四省(青海、四川、云南、甘肃)藏区已经进入全面建成小康社会决定性阶段。要牢牢把握改善民生、凝聚人心这个出发点和落脚点,大力推动西藏和四省藏区经济社会发展。会议同时指出,大力推进基本公共服务。这些都为西藏交通,特别是物流提出了新的机遇和挑战。

当前,西藏物流业基础设施建设步伐加快,企业规模不断扩大,服务网络和服务水平快速提升。

一、物流发展意义重大

随着青藏铁路的开通,西藏社会经济快速发展。这样一来,西藏商品流通和进出口贸易对增加就业、引导生产、扩大消费和增加群众收入的作用已经逐步凸显,给物流业的发展带来了难得的机遇。

随着市场经济和第三产业的发展,物流业已由过去的末端行业上升为引导生产、促进消费、降低成本的先导行业。

加快发展西藏物流产业具有重要的战略意义:一是优化区域产业结构的需要,物流业作为第三产业的关键一环,其发展必然振兴第三产业;二是企业降低成本,开源节流,挖掘新的利润源的有效途径;三是提供就业岗位、缓解就业压力的重要手段,同时还可以扩大内需,促进消费;四是改善投资环境,扩大开放的迫切需要;五是对于巩固边疆安宁,提高人民生活水平,服务我国与南亚国家国际贸易的顺利进行具有重要的战略意义。

西藏位于我国西南边陲,与印度、尼泊尔、不丹等多个国家和地区接壤,具有极其重要的战略地位。同时,西藏具有接壤中东、中亚富油区的地缘优势,在满足我国日益增长的石油需求方面具备无可比拟的战略价值。若连接印度、巴基斯坦的铁路修通之后,以青藏铁路为基干的新亚洲铁路大陆桥的形成,将使西藏能源物流的战略地位更加突出。

二、物流产业发展现状

2006年青藏铁路建成通车,结束了西藏没有铁路的历史。"十一五"期间,西藏开始修建拉萨至日喀则、拉萨至林芝、日喀则至亚东的铁路,2020年将全部建成通车。

当前,公路仍然是西藏最重要的运输方式。截至2008年,相继投资建成了川藏、青藏、新藏、滇藏、中尼5条干线公路和15条区道及375条县乡、边防和专用公路,现已初步形成了这5条经济大动脉为骨架的"三纵、两横、六通道"公路网格局。"十一五"期间,西藏公路建设改建完成青藏公路、川藏公路、滇藏公路和5个通道公路,完成新藏公路、川藏北线70%的改造任务,完成覆盖一江两河流域的藏中经济干线的建设。

与此同时,结合建设西藏社会主义新农村各项目标,力争使乡镇和建制村通路率分别达到100%和80%以上,这为西藏物流业的发展提供了良好的政策契机。另外,我国加入世界贸易组织(WTO)后,物流业开始逐步与国际接轨,发展水平不同程度上得到了提高。同时,加入WTO后的一系列开放政策在很大程度上有利于西藏利用外资,使物流行业市场化、法制化的进程加快。这些都为西藏物流业发展创造了一个更加公平开放的政策环境。

目前,西藏地区已形成了以拉萨为中心,四通八达的公路、铁路、航空交通网络,拥有贡嘎、和平、米林、邦达、昆莎5个民用机场,开辟了拉萨至内地的航线以及拉萨至尼泊尔等地的国际航线。由此可见,西藏已经具备日臻完善的流通网络体系。

"十二五"时期,西藏加快构建以城市物流枢纽、物流中心及城乡配送系统为主的现代物流服务体系,重点打造拉萨物流中枢和那曲、日喀则、昌都区域性物流中心。截至2017年底,公路、铁路、民航得到了全面发展,为物流业提供了便利的交通基础设施条件。在物流基础设施建设方面,已建成那曲物流园区、拉萨物流园区等区域物流枢纽,正在加快建设日喀则南亚综合物流园区、林芝综合物流园区、昌都经济开发区物流园区等物流枢纽节点,为"十三五"时期加快西藏物流业均衡发展提供了有力支撑。

三、物流产业存在的主要问题

西藏地区基础设施建设相对落后,还不能适应现代物流业的发展需要。

目前,公路是西藏最重要的运输方式,即便公路交通有了较大的发展,但与全国水平甚至西部地区其他省份相比差距仍很大,远不能适应全区经济社会发展的需要。随着国家近些年对西藏交通的投入,虽然交通条件得到了较大改善,交通瓶颈得到了有效缓解,但通达深度、通畅程度、路网布局远远不能满足经济社会跨越发展的需要。

西藏地形地质条件复杂,气候恶劣,现有公路除青藏公路和拉泽公路常年通车外,其他公路均因灾害频发而不同程度地存在交通中断的问题。

同时,货运站场建设进展缓慢,网点布局不合理,绝大多数地区没有货运站,不能满足货物仓储、转运的需要。拉萨货运总站目前只作为停车和小商品集散之用。

另外,西藏的物流企业规模小,大多数物流公司都是由过去的传统运输企业和仓储企业发展而来,服务、管理体制和经营模式都比较落后。

第三章
综合交通运输规划

经过"十一五""十二五"时期的跨越式发展,西藏交通建设发展成就显著,公路总里程比2010年增长28.78%,基本建成覆盖全区的公路网,拉林高等级公路等建成300km,青藏铁路延伸至日喀则,川藏铁路提前上马、拉林段建设进展顺利。

"十三五"时期,西藏自治区国民经济和社会发展规划纲要提出:"打造以拉萨为中心,辐射日喀则、山南、林芝、那曲的3小时经济圈。"相对于"十二五"时期"形成以拉萨为中心的4小时经济圈"的表述,整整缩短了1小时。

《西藏自治区综合交通运输"十三五"发展规划》明确提出,到2020年,基本建成"布局合理、优势互补、衔接顺畅、功能健全、安全绿色"的综合交通运输体系,"3小时综合交通圈"基本建成,全面建成小康社会交通运输兜底指标全部完成。基础设施网络及枢纽布局更加完善,运输服务更加高效,养护管理水平进一步提高,安全保障能力更加有力,科技创新支撑力度不断加强,绿色交通理念进一步落实,管理体制、机制改革初见成效。

目前,基础设施滞后仍然是制约西藏经济社会发展的主要瓶颈,在农牧区尤为突出。而长期以来,公路、铁路、航空线路综合交通运输体系的逐步完善,为西藏实现内通外联,融入"一带一路"打下了基础。

铁路方面,全区铁路营业里程"十三五"末力争达到1356km,覆盖除昌都、阿里外的地市级行政区。其中,川藏铁路起于四川省成都市,终点为拉萨市。全线运营长度1838km,桥隧总长占线路全长的81%,施工难度大。川藏铁路成都至雅安段已于2018年底通车运营;拉萨至林芝段已于2015年6月开工建设。未来5年,西藏将继续加快铁路建设,将建成川藏铁路拉萨至林芝段、建设林芝至雅安段;推进口岸铁路、滇藏铁路建设,加快玉昌(玉树至昌都)、那昌(那曲至昌都)铁路等前期工作。

公路方面,"十三五"末全区公路总里程突破10万km。二级及以上高等级公路里程达到3500km,普通国道三级以上公路比例达到65%,实现所有的县通油路,所有乡镇、建制村通公路,90%的乡镇和40%的行政村通硬化路,具备条件的自然村、所有寺庙、所有边防站点通公路,全面完成危桥改造和生命安全防护工程。消除省道失养路段,国省干线公路、边防公路经常性养护比例达到100%;国省干线公路路面优良率达到68%。具备客车通行条件的乡镇客运班车通达率达到100%、建制村客车通达率达到80%;形成以拉萨市和其他地(市)行政中心为主枢纽、以各类交易中心和等级货运站为依托的连接主要口岸、乡镇的现代物流网络。

民航方面,地级市域和重点县域机场布局将进一步完善,实现西藏区内主要航路VHF/ADS-B双重覆盖,建设成都至拉萨平行航路,基本实现类雷达管制水平;完成昌都邦达机场飞行区改造、林芝米林机场航站楼改扩建工程,实施拉萨贡嘎机场航站区改扩建、邦达机场航站区改扩建、林芝米林机场平行滑行道建设工程;开展拉萨新机场、拉萨贡嘎机场二跑道和普兰、定日、隆子支线机场的前期研究工作,并适时申报实施。民航运输服务全区人口由65%提升至70%,航线数达到100条,通航城市达到51个,实现与国内大部分省会及大型城市通航。

邮政方面,除乡镇所在地的行政村和居委会由当地邮政网点覆盖服务外,行政村村邮站覆盖率100%,快递网络深入农牧区,非邮快递县级覆盖率超过60%。除两处新成立的乡镇外,实现乡镇及以上城市邮政网点全覆盖,城市邮件准确投递满意度不低于87分,农村邮件准确投递满意度不低于85分。

总体而言,到2020年,西藏综合运输基本适应经济社会发展和人民群众的出行需要,为经济社会跨越式发展、长治久安提供支撑。

Record of Highway Construction in
Xizang
西 藏 公 路 建 设 实 录

第二篇
西藏公路建设及公路运输

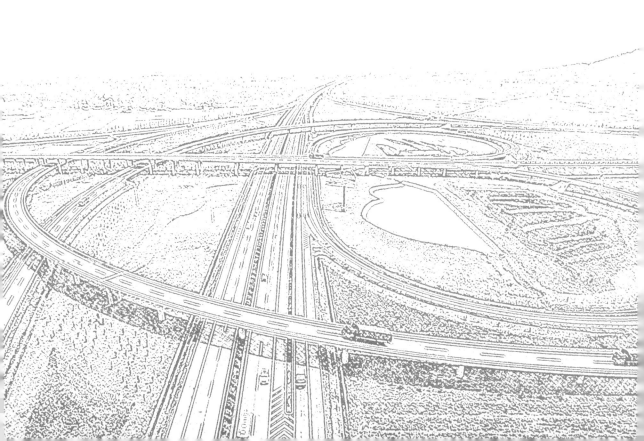

第一章
公路总体情况

和平解放前的西藏,由于历史原因和自然环境,交通运输一直处于人背、畜驮、骡马驿道的原始状态。西藏的公路交通是和平解放后才逐步发展起来的。党的十一届三中全会后,国家不断投巨资改善西藏基础设施建设,动员全国各省(自治区、直辖市)加大援助力度,西藏基础设施建设取得了举世瞩目的成就,西藏的公路建设事业也步入了快速发展时期。公路建设由数量型逐步向质量型转变,区域路网布局渐趋完善,通行条件得到明显改善,公路交通发展实现了质的飞跃。

第一节 公路网总体发展现状

近年来,西藏全面推进全区公路、通县油路、边防公路、进藏公路、主要经济干线、边境口岸公路建设。目前,以拉萨为中心,"三纵、两横、六通道"为主骨架,东连四川和云南,西接新疆,北连青海,南通印度和尼泊尔,地市相通、县乡连接的公路交通网络基本建成,公路技术等级和行车条件不断提高改善。

到"十二五"末,全区公路通车总里程达到 7.8 万 km,较"十一五"末增加 1.7 万 km。次高级以上路面达到 1.1 万 km,占公路总里程的 15.5%,较"十一五"末增加了 3512km;等级以上公路达到 5.7 万 km,是"十一五"末的 1.6 倍;实现 690 个乡镇和 5408 个建制村通公路,通达率分别为 99.7% 和 99.2%;500 个乡镇和 1811 个建制村实现通畅,通畅率分别为 72.25% 和 33.21%。截至 2017 年底,西藏公路里程统计及说明情况如下。

一、按行政等级分

2017 年底全区公路总里程为 89935.988km(含青海省境内 G109 线格尔木至唐古拉山路段 592.7km)。其中:国道 14008.556km,省道 15506.161km,县道 18274.72km,乡道 11669.127km,专用公路 8730.339km,村道 21747.085km。

全区 2017 年养护里程为 83429.085km。其中:国道 14008.556km,省道 15506.161km,县道 18274.72km,乡道 10844.779km,专用公路 6700.217km,村道 18094.652km。国省道均纳入养护范围,农村公路列养比例为 89.23%。

二、按技术等级分

2017年底全区等级公路总里程为78503.889km。其中,高速公路37.837km,其中省道37.837km。与2016年数据相比,高速公路里程无变化。一级公路578.137km,其中:国道3.252km,省道569.324km,乡道5.561km。二级公路1631.166km,其中:国道1563.802km,省道66.03km,专用公路1.334km。三级公路10150.538km,其中:国道9039.327km,省道256km,县道30.894km,乡道3.575km,专用公路19.024km,村道3.462km。四级公路66106.211km,其中:国道2912.697km,省道10804.05km,县道16940.403km,乡道10785.784km,专用公路6279.894km,村道18383.383km。等外公路11432.099km,其中:国道489.478km,省道2974.664km,县道1303.423km,乡道874.207km,专用公路2430.087km,村道3360.240km。

全区二级及以上公路总里程为2247.14km,占公路总里程的2.50%;国省干线二级及以上公路总里程2240.245km,占国省干线公路总里程的7.59%。

三、按路面等级分

铺装路面(高级)21449.391km。其中:国道11259.637km,省道3433.448km,县道2715.689km,乡道943.841km,专用公路835.849km,村道2260.927km。

沥青路面17247.49km,其中:国道11100.316km,省道3325.804km,县道1767.498km,乡道459.054km,专用公路331.362km,村道263.456km。

水泥混凝土路面4201.901km,其中:国道159.321km,省道107.644km,县道948.191km,乡道484.787km,专用公路504.487km,村道1997.471km。

简易铺装路面(次高级)593.169km。其中:国道192.086km,省道234.996km,县道104.223km,乡道7.794km,专用公路35.376km,村道18.694km。

未铺装路面67893.428km。其中:国道2556.833km,省道11837.717km,县道15454.808km,乡道10717.492km,专用公路7859.114km,村道19467.464km。

全区公路铺装路面总里程为22042.56km,铺装率为24.51%。

四、桥梁

2017年底全区公路桥梁(含青海省境内G109线格尔木至唐古拉山路段桥梁)总计10375座/415569.41延米。与2016年数据相比,桥梁总数增加1118座/102051.15延米。

(一)按路线所属行政等级对比变化

国道2194座/77488.94延米,省道1987座/213188.49延米,县道1035座/31683.45

延米,乡道 1035 座/640.75 延米,专用公路 842 座/15414.69 延米,村道 2868 座/59805.81 延米。与 2016 年数据相比,全区桥梁共增加 1118 座/102051.15 延米,其中国道增加 103 座/5336.48 延米,省道增加 439 座/87224.9 延米,县道减少 23 座/652.72 延米,乡道增加 11 座/233.18 延米,专用公路增加 363 座/5914.7 延米,村道增加 225 座/3994.61 延米。

（二）按跨径对比变化

特大桥 42 座/61549.7 延米,大桥 670 座/152882.38 延米,中桥 2002 座/88797.38 延米,小桥 7661 座/112339.95 延米。与 2016 年数据相比,特大桥增加 4 座/7396 延米,大桥增加 237 座/73214.16 延米,中桥增加 225 座/11533.02 延米,小桥增加 652 座/9907.97 延米。桥梁增加主要原因为:一是新建贡泽快速通道两座雅江特大桥;二是新建拉林高等级公路二期的两座墨竹工卡高架桥;三是新建高等级公路,桥梁数量增加;四是农村公路新建以后,桥梁数量增加。

（三）按使用年限对比变化

永久性桥梁 8103 座/364839.85 延米,半永久性桥梁 2109 座/46306.36 延米,临时性桥梁 163 座/4423.2 延米。与 2016 年数据相比,永久性桥梁增加 974 座/99392.18 延米,半永久性桥梁增加 129 座/2287.97 延米,临时性桥梁增加 15 座/371 延米。

2017 年底全区危桥总计为 767 座/26732.02 延米,全区危桥座数占桥梁总座数的 7.39%,危桥长度占全区桥梁总长度的 6.43%。与 2016 年数据相比,危桥总计增加 174 座/6615.41 延米,危桥座数比例增加 0.96%,危桥长度比例增加 0.09%。危桥数量增加的主要原因为:一是区公路局从 2017 年度开始对全区危桥改造施工,但该类危桥普遍未完工,仍按照危桥上报,危桥基数较大;二是随着近年来全区桥梁检测力度加大,更多的危桥被检测出来,危桥数量增加。

五、隧道

2017 年底全区隧道总数为 68 道/48894.4 延米。其中:特长隧道 3 道/14787 延米,长隧道 11 道/19895 延米,中隧道 11 道/7110 延米,短隧道 43 道/7102.4 延米。与 2016 年数据相比,隧道总数增加 19 道/23634 延米,其中特长隧道 2 道/11447 延米,长隧道 5 道/8342 延米,中隧道 5 道/3138 延米,短隧道 7 道/707 延米。隧道增加主要原因为:一是主要集中在高等级公路上,按照交通运输部要求,分离式隧道按两道隧道进行统计;二是 2015 年国道 318 线波密至鲁朗段发生大规模水毁,水毁恢复工程实施后新建的 4 座隧道（明洞）在本年度内完工。

六、公路密度及通达情况

(一)公路密度

2017年底全区公路密度以国土面积计算为 7.43km/100km²,以人口数量计算为 270.75km/万人。按各地(市)分,拉萨市公路密度为 17.45km/100km²,以人口数量计算为 85.14km/万人;日喀则市公路密度为 9.17km/100km²,以人口数量计算为 219.18km/万人;昌都市公路密度为 15.79km/100km²,以人口数量计算为 241.52km/万人;林芝市公路密度为 5.54km/100km²,以人口数量计算为 301.27km/万人;山南市公路密度为 9.74km/100km²,以人口数量计算为 218.51km/万人;那曲市公路密度为 5.91km/100km²,以人口数量计算为 464.91km/万人;阿里地区公路密度为 4.43km/100km²,以人口数量计算为 1273.86km/万人。

(二)通达情况

2017年底全区乡镇(街道办事处)总数 697 个。其中:已通畅乡镇(街道办事处)541 个,已通达、未通畅乡镇(街道办事处)154 个,未通达乡镇(街道办事处)2 个,本年新通畅 80 个,本年新通达、未通畅 0 个。全区建制村(居委会)总数 5467 个。其中:已通畅建制村(居委会)2084 个,已通达、未通畅建制村(居委会)3353 个,未通达建制村(居委会)30 个,本年新通畅 171 个,本年新通达、未通畅 124 个。

第二节 国省干线公路情况

一、国道

在 2013 年 6 月《国家公路网规划(2013 年—2030 年)》发布之前,西藏路网中的国道只有 5 条,分别是国道 109 线西藏段(青藏公路西藏段)、国道 214 线西藏段(滇藏公路西藏段)、国道 219 线西藏段(新藏公路西藏段)、国道 317 线西藏段(川藏公路北线)、国道 318 线西藏段(川藏公路南线),共计 5603.611km。以上国道西藏段的详细情况,详见第七篇各章内容。

《国家公路网规划(2013 年—2030 年)》发布之后,西藏国道扩容至 17 条。原有的国道 219 线西藏段大幅东延至东兴。原有的国道 317 线西藏段有小幅扩容。此外,还新增:国道 216 线(红山嘴—吉隆)西藏段,共计 956.524km;国道 345 线(启东—那曲)西藏段,共 304.58km;国道 349 线(察雅—萨嘎)共计 1735.378km;国道 557 贡觉连接线(江达—

贡觉),共74km;国道558线(比如—边坝),共343.749km;国道559线(察隅—墨脱),共240.463km;国道560线(米林—错那),共计446.504km;国道561线(当雄—拉萨),共计150.104km;国道562线(班戈—亚东),共计566.644km;国道563线(萨迦连接线),共计24.672km;国道564线(普兰连接线),共计107.32km;国道565线(札达连接线),共计131.92km。按照规划,西藏国道网总里程达到14008.54km。

二、省道

截至2017年,西藏共有16条省道,分别为S101拉泽线、S102两桥一隧、S201然察线、S202当错线、S203班日线、S204日亚线、S205尼桑线、S206洞得线、S207巴科线、S301安狮线、S302荣墨线、S303夏布线、S304羊大线、S305通那线、S306八泽线和S307曲江线,共计6274.295km,大部分为三、四级路和等外路,小部分为二级路,比如S102。

其中,省道203线起点为那曲地区班戈县,终点为日喀则市,全长503.59km。2013年新国道调整方案中改为新国道317线(原省道301线)与国道318线的国道联络线,也是西藏"三纵两横六通道"规划中两条横线的重要联络线。

省道206线是1973年由解放军和当地群众共同建成通车的,是阿里东部的改则、措勤两县通往外部的生命线。该线起点为阿里地区改则县洞措乡,终点为日喀则地区昂仁县桑桑镇国杰村,全长408.036km。在2013年新国道调整方案中改为红山嘴口岸(新疆阿勒泰地区境内)至吉隆口岸(西藏日喀则地区吉隆县境内)国道的一段(编号G216),是连接新国道317线和国道219线的联络线,也是西藏"三纵两横六通道"规划中两条横线的重要联络线,同时也是阿里地区东部的重要干线公路。

省道303线起点为昌都地区八宿县夏雅乡,终点为那曲地区比如县布龙乡,全长639.241km。自国道214线的夏雅乡向西,途经莫坡拉、马利乡,渡怒江,经洛隆县、边巴县、比如县至国道317线的布龙乡。在2013年新国道调整方案中,边巴县以东路段改为察雅县(昌都地区境内)至萨嘎县(日喀则地区境内)的东西向国道的一段(编号G349);边巴县以西改为国道317线和察乃国道的联络线。

省道306线起点为林芝地区行署所在地八一镇,途经米林县、朗县、加查县、曲松县,终点为山南地区行署所在地泽当镇,并在泽当与省道101线相接,与省道202线相交,在八一镇与国道318线相交,全长459.08km。其中省道101线、202线是西藏六通道之一的错那通道。省道306线是连接林芝、山南两个地区的重要经济、战略通道,在2013年颁布的《国家公路公路网规划(2013年—2030年)》中,泽当镇至米林县路段为国道联络线。

省道307线又称曲江线,起点为拉萨市曲水县曲水大桥,终点为日喀则地区江孜县热垫岗村,与省道204线(六通道之一的亚东通道)相接,全长195km。该路段在2013年颁布的新国道调整方案中改为察雅(昌都地区境内)至萨嘎(日喀则地区境内)国道(编号

G349)。该线地处喜马拉雅山脉中段腹地,途经羊卓雍湖、浪卡子县、卡惹拉山口、江孜县。羊卓雍湖被藏传佛教信徒奉为圣湖;卡惹拉山口海拔虽为5000m,但有发育良好的低海拔冰川,得天独厚的地理位置,使省道307线不仅成为拉萨、山南、日喀则三个地市的重要联络线,也成为世界各地旅游者、信徒的重要旅行通道和目的地。

第三节 农村公路现状

从"十五"开始,西藏开始实施农村公路建设,2001—2010年共安排农村公路建设资金83.3156亿元,新建里程30460km。农村公路里程迅速延伸,公路网覆盖了99.7%的乡镇和81.9%的建制村,39.31%的乡镇通了柏油路,百万农牧民告别了沿袭上千年人背畜驮的原始运输方式,积极融入改革发展的时代潮流中。农村公路投资力度之大、建设里程之长、经济社会效益之好前所未有,被西藏各族人民称赞为"民心工程""致富工程""德政工程"。

目前,西藏农村公路通车里程达到60421km,通达深度、通畅水平全面提升。到2017年底,西藏全区县城除墨脱外均通油路,乡镇通达率、通畅率分别达到99.71%、77.62%,建制村通达率、通畅率分别达到99.45%、38.12%;全区除墨脱县外均已开通客车,乡镇通班车率为61.3%,建制村通客车率为37%(若不含居委会,乡镇通班车率为62.3%,建制村通客车率为42%)。提前3年实现交通运输部"十三五"末"80%的乡镇和30%的建制村通硬化路"的规划目标。全面开展"四好农村路"创建活动,顺利通过检查验收。

"十三五"期间,西藏大力推进农村公路网络化建设。落实区域发展战略和乡村振兴战略,以"四好农村路"建设为重点,实施乡镇、建制村通畅,边境小康村,进村入户等公路建设项目,力争提前完成"所有乡镇、建制村通公路,95%的乡镇和75%的行政村通硬化路,具备条件的自然村通公路"的目标。充分发挥政府的主导和保障作用,在政策、机构、资金、措施上倾斜支持"四好农村路"建设,做到投入到位、有路必养。

|第二章|
公路运输

公路交通运输业是社会经济发展的一个基础性和先导性产业。一个高效、便捷、安全的公路货运系统和物流配送体系,不仅成为区域投资环境的重要组成部分,而且日益成为决定区域政治、经济和社会发展的先决条件。

西藏和平解放前,在封建农奴制的统治下,政治黑暗、经济和社会落后,在整个西藏120多万平方公里的土地上,没有一条公路,运输全靠人背畜驮。西藏和平解放后,在党中央、国务院的关怀下,西藏先后修建了青藏、川藏、新藏、滇藏、中尼公路以及区内干线和众多的县乡公路。公路体系的构建,促使公路运输业快速发展。西藏特殊的地理位置和自然环境,决定了公路交通运输业在促进西藏政治、经济、社会发展以及维护祖国领土安全等方面,有着十分重要的战略意义。

目前,西藏地区公路交通运输业承担了90%的货物运输和80%的旅客运输任务。紧紧围绕构建综合运输体系,加快发展西藏公路交通运输业,不仅有利于加速西藏人流、物流、信息流的快速传递,也有利于交通运输业降低发展成本,在加快推进城镇化和新农村建设,促进西藏经济跨越式发展中将发挥积极的作用。

西藏现代交通运输业发展肇于公路交通,始于20年代50年代初期,经过60多年的建设与发展,公路交通运输基础条件有了很大的改善,公路交通运输行业得到了很大发展。西藏公路交通运输行业典型地验证了运输经济的外部性特征,在经济社会发展过程中始终处于先行发展的地位,对于解放社会生产力起到了决定性的作用。

第一节 公路运输业发展的五个阶段

一、起步阶段

1951—1959年,为西藏公路交通运输发展的起步阶段。人民解放军一边进藏、一边修路,建成了举世闻名的川藏公路、青藏公路以及拉亚公路、拉泽公路,建立了运输企业,到1959年3月,公路通车里程达到5648km,民用汽车1330辆。通过公路交通的建设与发展,西藏建立了一种新型的生产关系,争取了广大藏族群众支持,对西藏提前进行民主改革起到了促进作用。

川藏、青藏公路建成后,党中央、国务院十分关心西藏交通运输业的创建工作,调拨给西藏550辆汽车,1955年成为西藏汽车运输业的元年,当年有营运货车598辆,客车6辆,完成货运量2.5万t,客运量1.2万人次。到1958年底西藏汽车总数达到1330辆,其中营运货车896辆,客车18辆,完成货运量24.3万t,客运量6.2万人次。在平叛和民主改革过程中,西藏公路运输部门抢运商品、运送部队、积极支前,运输量大幅增加,1959年完成货运量31.1万t,客运量6.3万人次,1960年猛增至货运量56.4万t、客运量12.3万人次,民用车辆也增加到1974辆,为平叛和民主改革提供了有力的运力保障。

值得一提的是,从1956年8月开始,西藏上层反动集团叛乱分子在公路上袭击车辆,抢劫道班,交通部门坚决予以打击,道班工人"一手拿锹,一手拿枪",驾驶员"一手拿枪,一手握方向盘",遇上敌情,立即投入战斗,多次击退叛匪对道班、运输站和运输队的袭击,在1959年平叛过程中成功坚守拉萨运输总站和索宗养护段,成为西藏武装平叛的一支重要力量。

二、加速发展阶段

1959—1962年,为西藏公路交通运输加速发展阶段。为配合平叛、民主改革和对印自卫反击战,西藏修建了大量的军事急造公路,虽然等级较低,但对于公路网的构建起到了决定性的作用,同时,交通部从全国抽调数千名驾驶员和大量车辆,公路里程增加到13589km,民用车辆大幅度增加。

抢运硼砂是西藏公路交通开创时期的一个重大事件。1960年,为还清苏联外债,国家决定在西藏采运10万t硼砂。为了及时完成硼砂运输任务,西藏交通党委发出"一条心、一股劲、全家保硼"的号召,整个交通系统围绕抢运硼砂动员起来,8月的安多草原顿时成了帐篷城,交通部门支运输队就有8支在此扎下营寨。安多运输站100多名装卸工不分昼夜轮番作业,沿线养路工人起早贪黑养护道路,格尔木各车队修理车间灯火彻夜长明,白天,汽车络绎不绝奔驰在公路上,夜晚,车灯组成一条闪光的长龙,到年底共计运输硼砂11万t,超额完成了运输任务。

对印自卫反击战开始后,西藏交通党委立即组织公路施工队伍施工,甚至动员家属编织铅丝笼,组织民工挖方运料,用最短的时间抢修了拉萨至曲水公路、错那至达旺战地公路;组织车辆运送部队、武器和弹药,车辆调度人员日夜值班,随时派车,驾驶员吃住在车上,人不离车,车不离人。整个自卫反击战期间,交通系统共出动1300多车次,行驶总里程140万km,胜利完成了支前运输任务。

三、平稳发展阶段

1963—1978年,为西藏公路交通运输平稳发展阶段。由于国家财力比较困难,公路建设速度放慢,车辆损耗后得不到补充,公路里程增长缓慢,车辆完好率下降,运输生产出现滑坡。但由于交通运输部门及时调整工作方针,加强养护、保护和恢复运力、精简职工队伍、健全交通机构,基本保证了经济社会发展的需要。这一时期,由于经过了民主改革,西藏经济发展呈现了较高的增长速度。

西藏民主改革以后,汽车运输因支援平叛、抢运硼砂等使得完好率严重下降,与经济社会发展的矛盾突出。1962年,根据保护和恢复运力的要求,各汽车队、修配厂调整充实技术力量,对车辆进行全面调查,及时采购了急需配件,加强维修工作,经过4年调整,货车完好率从29.8%提高到66.9%。同时,运输组织采取高度集中的经营管理模式,创造了小组集体行车、货运平衡计划等管理模式,运输效率进一步提高。到1966年,西藏民用汽车达到3289辆,公路货运量达27.5万t,客运量达8.8万人次。

"文革"前期,本来一片大好的运输形势急转直下,到1968年和1969年基本已瘫痪,1970年,地方运输机构交给部队管理,但运输情况并未好转,物资严重匮乏。从1971年开始恢复的地方运输单位,仅有477台货车,运输只能保重点。1973年,部队交还部分车辆,交通运输企业恢复后,立即投入到物资的临时抢运中去,运输管理逐步走向正规,运输生产得到逐步恢复。到1978年,不仅直属三家运输企业的运输效率得到有效提高,地市运输企业也开始在西藏运输业中占据一席之地。

四、快速发展阶段

1979—2000年,为西藏公路交通运输快速发展阶段。这一时期,重点对干线公路进行了整治改建,完成了青藏公路、川藏公路拉萨至林芝段、中尼公路拉萨至日喀则段、拉萨至泽当公路、昌都至邦达机场公路等的黑色化改建,西藏路网快速通行能力得到很大提高,青藏公路基本实现全年通车,加上运输全面实现市场化改革,运力供给充足,到20世纪90年代末,西藏已基本告别物资匮乏的时代。

五、跨越式发展阶段

2001年至今,为西藏公路交通运输跨越式发展阶段。尤其是中央第五次西藏工作座谈会以来,加大了对西藏交通运输建设支持力度。"十二五"时期,西藏的交通运输发展实现了历史性的突破。落实国家投资469.91亿元,比"十一五"时期增长了81.39%;固定资产投资完成679.45亿元,是"十一五"时期的2.56倍。公路通车总里程达到77898km,超出规划7898km,比"十一五"末增长17088km;等级以上公路达57563km,是"十一五"时期的1.59倍。与此同时,拉日铁路建成运营,拉林铁路全面开工建设。贡嘎、米林、邦达机场改扩建工程进展顺利,国内外航线增至63条,通航城市40个。立体化交通体系互联互通水平和综合保障能力大幅提升。

第二节 公路运输业发展的现状

西藏交通运输发展虽然比较落后,但经历了60多年的建设与发展,交通运输条件有了很大改善,基本形成了"以公路为基础,干线公路、铁路和航空运输为网络的综合交通运输体系"。

1978年之后,随着改革开放的深入,西藏的道路运输市场逐步放开,以职工个人承包单车自主经营取代了原有国有运输企业根据计划指令统一组织客货运输的形式。

西藏汽车运输企业自20世纪60年代以来,实行指令性计划和计划价格,执行货物运输平衡计划和低运价,财政对政策性亏损给予补贴。这种生产型、供给型的经营方式和政策,是由西藏一定历史时期的实际情况决定的,有利于当时的经济、社会稳定和发展。但是随着社会生产力和公路交通事业的发展变化,这种政策越来越不能适应。实行政策性亏损补贴,1962—1987年间,交通厅直属运输企业,除1966年盈利159万元外,都处于亏损状态,25年共计亏损27328.5万元,年均亏损1093.14万元,其中1976年亏损最高,达2439.2万元。亏损补贴带有供给性质,增加财政负担,企业也缺乏自我积累、自我发展的经营活力。在党的十一届三中全会路线指引下,西藏开始了由计划经济向市场经济,由供给型经济向经营型经济的转变。中央和自治区出台了一系列改革开放搞活经济的政策,1981年开始实行经济责任制、亏损包干、划小核算单位、单车核算、承包等改革的办法。1981年12月,格尔木运输公司对下属运输站制定了《运输站经济责任制试行办法》,1982年起开始试行。1982年7月,在拉萨召开的全区交通工作会议上,着重研究了西藏交通运输经济体制改革问题,要求企业把整顿和改革紧密结合起来,完善承包责任制,调动职工群众积极性,提高生产效率,增强经济效益。1983年4月,拉萨运输公司制定了《汽车运输企业承包责任制试行办法(草案)》,在汽车队和所属运输(食宿)站试行。1984年8月9日,国务院西藏经济工作咨询小组组长黄毅诚来西藏视察工作期间提出,要解放思想,可以采用转让、租赁、承包等办法,逐步地让驾驶员个人经营汽车,劳动致富。1986年初开始,运输企业又先后试行单车经济承包办法。

20纪90年代,西藏全区货运市场全面放开,客运市场走向多元化,个体私营车辆挂靠企业自主经营成为客货运输经营的主要形式,道路运输业在改革中得到快速发展,运力运量大幅度增长。

为适应道路运输快速发展的形势,根据《道路运输管理条例》和《西藏自治区道路运输管理条例实施细则》,1996年8月,西藏正式设立了自治区交通运输管理局,负责全区道路客运、货运、汽车维修、驾驶员培训、运输服务等行业管理工作,在各地市以及青海格尔木市、四川双流县分别设立交通运输管理处，作为其直属分支机构。2000年，西藏自治区人大常委会颁布了《西藏自治区道路运输管理条例》，并于2007年3月进行了修订，为进一步规范公路运输行业管理提供了法律依据。

"九五"开始，西藏道路客运发展全面加速，客运车辆数量迅速增加，车辆档次明显提高，服务水平得到提升，客运线路覆盖面不断扩大，开通了拉萨到各个地区以及拉萨至成都、兰州、西安、西宁等城市的省际客运线路。

"十五"期间，通过积极培育和不断规范，道路运输市场得到了进一步发展，营运汽车达到3万辆以上，客运班线达137条，县级覆盖率达到98.6%，建成汽车客运站23个、货运站17个，客货运输量比"九五"期间分别增长7.4倍和11倍。城市客运在"十五"期间得到充分发展，城市出租车数量逐年增加，公交线路覆盖范围扩大。青藏铁路开通后，西藏旅游业蓬勃发展，旅游客运市场规模增大，基本覆盖了全区各大旅游景点（区），满足了游客出行需求。

国际运输也开始起步。根据1994年中尼两国政府签订的运输协定，2005年5月1日，拉萨至加德满都客运直通车正式开通，成为中国与尼泊尔之间的第一条国际客运线路，也是西藏自治区第一条国际公路客运线路。根据中尼两国借道运输协议，积极配合尼方开展借道运输，2007年，分12批次顺利完成了1373.6t借道运输货物的监管任务。

另外，自中央第三次西藏工作座谈会以来，交通运输部和18个省市交通运输部门，在政策、资金、项目、人才、技术等方面都给予了西藏极大的支持和援助。交通运输部选派7批37名援藏干部进藏工作；委派67名有关专家组成团队每年定期进藏开展技术攻关。18个援藏省市交通运输部门选派7批98名专业技术管理干部支援地市交通运输工作。

近20年来，交通运输部共落实国家投资830.1亿元，安排交通援藏项目16个，资金6010万元。18个对口援藏省市安排援藏项目350余个，落实资金8.24亿元。同时，交通运输部倡议全国交通运输系统先后援建了156座道班房，支援了75台（套）公路养护机械；重点围绕西藏干线公路整治、地质灾害防治、公路养护管理等开展关键技术攻关、职工专业技术技能培训等诸多援助，有力地支持了西藏交通运输跨越式发展。

"十一五"期间是道路运输行业重大改革调整的时期，也是行业管理落实新法规、工作实现新转变的时期。西藏道路运输行业在交通运输厅党委的领导下，以科学发展观为统领，全面贯彻落实西藏第五次工作座谈会精神，以道路运输业又好又快发展为目标，坚持发展，深化改革，强化监管，优化服务，较好地完成了"十一五"规划确定的主要工作任务，实现了道路运输业协调、快速、健康发展，为西藏经济社会发展作出了重要贡献。

"十一五"期间，通过积极培育、加强管理，全区道路运输市场不断规范，运输规模不断壮大，农牧区客运市场培育步伐加快，从业人员持证上岗、危险品运输、驾培管理等工作已步入制度化、规范化管理的轨道，道路运输业基础设施建设逐步完善，道路运输业得到了较快发展。主要表现在：全区客、货运输市场已经形成，运输规模已得到壮大。截至2010年底，全区营运车辆已达到25025辆，其中：客运车7424辆（班线车1650辆，旅游客运车3042辆，出租车1998辆，中巴车628辆，租赁车辆45辆，其他61辆），货运车17601辆（危货车辆801辆）；客运班线353条，其中农村客运班线84条；县级客运覆盖率达到99%，418个乡镇通了客运班车，乡镇客运覆盖率达到56%以上。"十一五"期间，完成客运量23516.8万人次，旅客周转量1061950万人公里，完成货运量3289万t，货物周转量1532545万吨公里。

"十一五"期间，全区道路运输管理机构以大部（委）改革为契机，积极应对燃油税改革，转变职能，积极调动可利用因素，实现各项工作顺利、平稳过渡，确保道路运输业又好又快发展；以道路运输行业管理为中心，以提高服务质量，树立运管新形象为目标，从强化基础性工作入手，不断提高运政部门的行政能力和服务水平。

2015年，是全面深化改革的关键之年，是全面推进依法治国的开局之年，也是全面完成"十二五"规划的收官之年。西藏以道路水路运输业又好又快发展为目标，切实履行职能，强化运输管理，深化运输改革，改进运输服务，道路水路运输业呈现科学发展、和谐发展的良好势头，为全区经济跨越式发展和社会长治久安提供了强有力的运输保障。

2015年，全区道路运输市场不断规范，运输规模不断壮大，道路运输业得到较快发展。全年完成道路客运量1490万人次，旅客周转量347013万人公里，货运量1973万t，货物周转量906366万吨公里，较2014年分别增长5.82%、5.85%、5.45%、5.44%。渡口达63个，渡船达83艘，游船达34艘，基本适应了区域经济社会对交通运输的发展需要。

与此同时，西藏的道路运输管理和服务工作进一步加强，运输安全生产工作也进一步强化。全区运管部门紧抓交通大建设、大发展的历史机遇，加强协调，落实投资，严格执行项目公开招投标，有力推进了道路运输基础设施建设。

经过60多年的建设与发展，西藏公路交通运输发生了翻天覆地的变化，交通对于经济社会发展的瓶颈制约明显缓解，公路总里程由1965年的14721km增加到2015年底的78348.305km，其中：国道5618.201km，省道6332.132km，县道14865.645km，乡道18151.147km，专用公路4883.921km，村道28497.259km。全区等级公路58415.952km，其中：国道5604.201km，省道3926.55km，县道11327.324km，乡道12396.521km，专用公路3716.3km，村道21445.056km。一级公路37.837km。二级公路1032.623km，其中：国道965.416km，省道67.207km。

"十二五"期间，完成交通基础设施投资679亿元，是"十一五"时期的2.6倍，新增高等级公路300km，公路总里程达到7.8万km，比"十一五"增加1.7万km。公路养护资金投入84.5亿元，实施大中修工程23项，改造危桥115座/6770延米。国道219线实现全线黑色化，国道318线川藏公路通麦段"卡脖子"路段得到彻底整治，墨脱县结束不通公路的历史,巴青等7个县通油路,690个乡镇、5408个建制村、11759个自然村和1730座寺庙通公路,500个乡镇、1811个建制村、2050个自然村和290座寺庙通沥青(水泥)路。公路水路客运量完成1.5亿人次、旅客周转量完成140亿人公里,货运量完成7100万t、货物周转量完成264亿吨公里。

公路交通运输业不仅在西藏充分发挥了公路交通应有的保障功能,而且在特定时段和区域,对长途运输也起到了一定程度的骨干作用,在一定历史时期内弥补了其他运输方式发展相对滞后造成的运输功能"缺位"的不足,为推进经济社会建设、提高人民生活水平发挥了巨大的作用。

一、公路客运

(一)站点建设

20世纪50~60年代,客流量小,实行货、客混合运输。拉萨运输公司担负青藏线旅客运输,昌都运输公司担负川藏线旅客运输。70年代初,旅客流通量开始增长,地市客运企业也逐步建立起来。改革开放后,旅客流通量增长很快,个体和集体客运顺势发展。

1984年,自治区人民政府投资962万元,兴建拉萨客运站,并将项目列为自治区成立20周年的43项工程之一。由江苏省淮阴建筑设计院设计,建筑面积8111 m^2,由江苏省南通市第四建筑安装公司施工,于1985年8月竣工。

继新建拉萨客运站之后,由交通部投资的山南、日喀则、昌都、林芝、那曲、樟木口岸客运站相继建成投入使用,在格尔木新货运站中设立客运组。到2000年,全区已有一级客运站1个,二级客运站2个,三级客运站6个,在建客运站2个。2015年,全区运管部门紧抓交通大建设、大发展的历史机遇,加强协调,落实投资,严格执行项目公开招投标,有力推进了道路运输基础设施建设。全年共投资5754万元,新建客运站6个,改建客运站1个。

(二)客运线路和客运量

1955年,西藏有客车6辆144座位。同年11月19日,康藏公路管理局昌都客车首次执行昌都至成都客运,年内完成客运量1.16万人次,旅客周转量592万人公里。1956—1957年,客车增加到18辆450座位,年平均完成客运量7.2万余人次,完成旅客周转量3200万人公里。客源主要是川藏公路成都至拉萨进出藏旅客。1958年,进出藏旅客运输向青藏公路转移。1960年、1962年内地省区抽调干部援藏,西藏实行精简下放,部分汉族职工内返,客运量上升,3年间共完成客运量31.5万人次,完成旅客周转量17186万人公里。1960年完成客运量为12.3万人次,完成旅客周转量6449万人公里。

1964年9月,川藏公路大型客车试运成功,拉萨至成都定期班车开始营运。

1966—1970年,受民航分流公路客运等因素影响,公路客运量逐年减少,客运班期班次不正常。到1970年,仅完成客运量2.04万人次,旅客周转量1212万人公里。

1971年1月,交通直属企业逐步恢复正班发车。拉萨经八一、昌都至成都,拉萨经羊八井、麻江、日喀则、江孜、曲水至拉萨,拉萨经曲水、江孜至亚东,拉萨至安多,拉萨至聂拉木每周一班;拉萨至湟源每周两班。开辟了拉萨经林芝、米林、朗县、加查、泽当、拉萨区内循环线。在八一、扎木、昌都、成都、黑河、安多、格尔木、湟源、江孜、日喀则、亚东、泽当设置业务人员。

地市客运企业也开始建立。山南地区有客车3辆75座,日喀则地区有客车2辆48座,那曲地区有客车1辆25座。当年,山南、日喀则两地市分别完成客运量562人次和1234人次,旅客周转量10万人公里和40万人公里。

1973年,拉萨运输公司完成客运量4.2万人次,旅客周转量3151万人公里,完成了送内调人员、大中专院校学生出藏以及中央医疗队进藏运输,及时安全地完成了任务。

1980年,拉萨客运公司完成客运量4.02万人次,旅客周转量2099万人公里。各地市共完成客运量3.2万人次,旅客周转量2.324万人公里。同年,各地市(含昌都运输公司)客车保有量发展到139辆3450座,其中:拉萨42辆1095座,昌都40辆960座,日喀则26辆650座,山南8辆200座,那曲23辆545座。

1984年,青藏、川藏特别是青藏干线客流量大幅增加,区内人员交往也日益增多,而客运企业车况和设施陈旧,群众乘车难问题凸显。4月,自治区交通厅决定加强客运车队,将原隶属于汽车三队的拉萨客运站、山南客运点合并成汽车六队,专门负责客运,有30辆客车,另有11辆解放货车,固定资产约为240万元。之后,车队想办法筹措资金30余万元,修建300多平方米平房办公室和200余平方米的简易仓库,进行生产运营,当年完成旅客周转量2000多万人公里,运营收入100多万元。

1984年底,自治区交通厅调拨10辆郑州662型大客车充实六队,青藏公路格尔木至拉萨段客运班车复班正常运行,经自治区人民政府批准进口38辆大型客车,同时将原公路工程局筑路机械厂划归汽车六队。

1985年7月20日,自治区交通厅汽车客运公司挂牌成立,公司利用670余万元银行贷款购车,陆续购置了一批性能优良、设备豪华、乘坐舒适、速度较快的客车。客运公司发往青藏线的客运班次每周少则4~5班,最高时每周11班,平均车日行程400余公里,基本上满足了青藏干线旅客进出藏的需要。区内各条干线的客运力量也得到加强,并增开新的线路。

1986年,客运公司完成客运量达到15.24万人次,旅客周转量达到10550万人公里,运营收入600余万元,年底还贷30余万元。1990年,旅客量15.27万人次,旅客周转量

9864万人公里。

1997年,针对客运市场容量小、辐射面窄的情况,各客运企业相继拓展省际客运,经与四川、青海、甘肃省运管部门协商,开通或试开通林芝至成都、拉萨至兰州、拉萨至西宁跨省客运班线,进一步巩固完善了拉萨至成都、阿里至叶城客运班线。1999年增加了拉萨至重庆的线路。

到2000年,已开通省际客运班线14条,开通八一至波密、泽当至错那、狮泉河至改则等11条区内客运班线和那曲安多县、申扎县、昌都丁青县、日喀则定结县等8个县的客运班车。全区客运班线县级覆盖率达85%,其中拉萨、昌都为100%,阿里地区为57%。

"十一五"期间,西藏公路建设投资规模空前,公路技术等级明显提升,公路运输条件得到显著改善,为推进全区经济社会跨越式发展提供了良好的基础。交通条件的改善直接促进了西藏道路运输经济的发展。这一期间,全区民用汽车已从5年前的6.8万辆增加到20余万辆,其中营运车辆24834辆,客运班线从137条发展到353条,完成客运量2.35亿人次。与此同时,西藏还加大了交通运输枢纽工程和客货场站建设,5年间建成二级客运站5个,三级客运站64个,乡镇五级客运站9个,农村客运停靠点210个。

"十二五"期间,西藏交通运输事业实现历史性突破,累计落实国家投资469.91亿元,比"十一五"期间增长81.39%,公路通车总里程达7.8万km,5年增长33.7%,超过130万农牧民群众受益,带动群众创收30.8亿元。西藏交通设施长期落后,交通运输已对经济社会发展造成严重制约。为打破发展瓶颈,5年来,西藏加快推进交通运输事业的发展,690个乡镇、5408个建制村、11759个自然村和1730座寺庙及宗教活动场所通了公路。2015年,客运总量达2072.72万人次,增长7.1%,其中:公路运输完成1490万人次,增长5.8%。

二、公路货运

20世纪50年代,西藏公路运输处于开创阶段,由于供应量小,建设规模小,西藏运输任务涉及面要窄一些。平叛改革以后,形势发展很快,运量增大,线路增多,运力小于运量的矛盾日益突出,市场日用百货供应、重点建设、农牧业生产等各方面都需要运力。因此,实行以保重点、保市场供应为主的货运平衡计划十分必要。自治区成立了以计划经济委员会为主,有交通、商业、粮食、物资等部门参加的运输委员会(后改为运输领导小组),对各部门的托运计划每月进行一次综合平衡,主要是解决争运力的矛盾。进藏物资先保急需,如汽油、茶叶、汉阳锅(藏族烧茶用的平底铝锅)等,其次是医药,粮食只保基本库存数,建设物资先保重点工程,然后安排短途分运和出藏物资运输。

20世纪60年代,西藏实行运价补贴政策,全区物价平稳,降低了工程成本,促进了生产建设和边疆稳定,这是积极的一面。但也有消极的一面,由于对交通运输强调其社会服务性,不注重经济效益,制定的运价偏低,出藏物资少,空驶多,实载率低,汽车跑得多亏得多,运输企业负债经营,缺乏资金积累。

经过60年代初期的调整,运输生产已实现良性循环。"文化大革命"开始的1966年仍完成进藏物资85500t,是60年代最多的一年。此后,遭受"文化大革命"的冲击,运输生产逐年下降,运进藏物资1967年为75302t,1968年为36334t,1969年为34720t。物资供应出现很大缺口,不得不连年动用正常储备,到1969年,物资库存几乎被挖空,市场供应的商品品种仅有50余种。1970年下半年,地方营运汽车交给部队后,国家又拨给部队新解放牌汽车1000辆,以保证地方运输。但是运输情况并未好转,基本建设所需的钢材、水泥等严重缺乏,重点建设项目一拖再拖;工厂待料及农牧业生产急需的化肥、农药、兽药等不能保证供应,汽柴油等经常告急,藏族人民必需的茶叶、鼻烟、布匹、日用百货也供应不上,特别是边境地区物资奇缺,影响了边境稳定。国家和兄弟省份支援西藏的物资积压在柳园、湟源等地,有些已霉烂。一些西藏羊张等土特产品,因运不出去积压霉坏。

为此,1971年2月,自治区党的核心小组和西藏军区党委做出了"关于开展交通运输大会战的决定",主要是动员青藏、川藏线汽车部队抢运进藏物资。"会战"抢运了一批进藏物资,昌都地区有一定储备,日喀则地区仍无储备,其他地区只略有储备。1972年6月26日至7月3日,在全区计划交通会议上,自治区革委会根据中央军委关于将部队原接收地方运输机构交还西藏自治区的决定精神,研究落实运输机构的交接问题。1973年,部队和地方共完成进藏物资114263t,在西藏历史上第一次突破10万t。1974年4月,部队交还地方车辆工作结束。但地方汽车运输恢复以来,仍受到无政府主义思潮和派性的影响,运输效率低,事故多,亏损大。粉碎"四人帮"以后,经过清理帮派体系,整党整风,整顿和调整企业的领导班子,整顿恢复生产秩序,建立了以岗位责任制为主要内容的运输生产管理、技术、材料、财务、劳动、行政等管理制度。经过整顿,运输生产逐步走向正规,通过认真地进行经济核算工作,努力降低生产成本,减少运输亏损补贴。

党的十一届三中全会特别是中央召开西藏工作座谈会以后,西藏汽车运输业进行了调整、整顿和改革。

西藏汽车运输业自1954年创建以来,发展到1978年底已具相当规模,自治区有交通厅直属拉萨、格尔木、昌都运输公司;参加营运的还有粮食、商业、工业、外贸、物资、水电、生产建设师、公路工程、劳改等专业车队;各地、市有运输公司,部分县有车队。营运车辆发展到3516辆、17478.8个吨位,职工人数达12335人。主要任务是运输,1978年进藏物资运输首次突破20万t,达到225634t。在正常情况下,基本上能适应生产建设和市场供应的需求。

20世纪70年代末80年代初,运输形式发生了变化,主要是由于格尔木至拉萨输油管线1977年建成,输油以后,分流了公路汽车的进藏货运量;青藏铁路通车到格尔木,

1980年开始试运营,缩短了汽车运输进出藏物资的运距;实行国民经济调整,压缩基建规模,全区基本建设投资从1979年的20750万元,压缩到1981年的12172万元,加之工业企业关、停、并、转,农业机械化降温等,物资运量减少,运力由历来紧张被动,转变为主动宽松局面。

1980年1月至5月的运输生产平衡计划每月都很好。在新的形势下,根据党的十一届三中全会路线和中共中央书记处1980年3月在北京召开的第一次西藏工作座谈会精神,对西藏运输企业进行调整,适当控制国营运力的规模,发展多种经济成分的汽车运输业,是与西藏社会生产力发展水平的实际情况相适应的。1980年12月17日,中共西藏自治区党委书记郭锡兰在全区交通、邮电两个会议上讲话说:"凡修了路,有条件的,要逐步发展集体的、民间的汽车运输或拖拉机运输。我们国营运输企业的运力不要再发展了。现在要保证公路通车,保证进出藏物资运输。"这是第一次提出发展西藏民间的个体、集体汽车运输业。

1982年7月召开的全区交通工作会议指出:"运输企业要以提高经济效益为中心,降低成本,降低消耗,减少亏损。当前应抓紧提高完好车率和工作车率,要求1985年以前分别提高到70%和60%以上,力争1986年以后运输企业扭亏为盈。"

1983年,自治区人民政府提出成立汽车运输总公司统管全区运输企业的设想,同年11月,西藏交通厅向自治区人民政府提交了《关于成立西藏自治区汽车运输总公司的报告》。《报告》的主要内容为:"为了加强干线公路运输生产的管理,确保完成进藏物资运输任务,以适应西藏经济建设发展的需要,根据经济体制改革的精神,经同有关部门反复研究,建议尽快成立西藏自治区汽车运输总公司。"目的使它逐步成为一个独立的经济实体,有利于集中领导、统一经营管理、保证进藏物资的运输;有利于管理干线站务、机务、供油、维修、装卸等为运输服务的行业,形成配套的运输生产体系,保证运输生产的正常进行;有利于集中使用更新改造资金,加快技术改造,扩大再生产;有利于加强计划、调度、技术、机料、劳动、财务、安全、质量的管理,逐步提高经营管理水平,促进经济效益的提高。1984年1月1日,西藏自治区汽车运输总公司正式挂牌成立。汽车运输总公司成立之后,保证了西藏43项重点建设工程物资繁重的运输任务,并在企业内部推行了经营机制的改革。

据西藏自治区运管局统计,自1954年12月25日,全长4360km的川藏、青藏公路同时通车以来,通过川藏、青藏公路运输的物资达2000余万吨,占进藏物资总量的90%以上。改革开放后,西藏境内的川藏、青藏、新藏、滇藏、中尼5条国道得到有效的整治和改建。

"十一五"期间,在拉萨从事物流的大小公司约有25家,主要以公路运输为主,但其操作方法、运营线路及服务等方面都大相径庭。运输路线方面,主要是通过青藏线和川藏线进藏,而后在拉萨开始货物分流,也有部分货运公司专门从事拉萨物资的周转业务;货源地主要为北京、天津、成都、广州、兰州、格尔木等地,进藏物资主要是粮食、能源、原材料和日用工业品,而出藏物资主要是畜产品、木材、矿产品、手工艺等;服务方面,这些物流公司可提供现货送货上门服务。除几家国营的专营运输车队外,其他私营业主规模较小,资金底子薄弱,属于自己的运输车辆少而且较陈旧,保证不了安全需要。

"十二五"时期是西藏交通运输事业发展速度最快、投入资金最多、建设成果最优、社会效益最好的阶段。中央第五次西藏工作座谈会以来,加大了对西藏交通运输建设的支持力度,如期实现了"十二五"规划目标。目前,西藏以"三纵、两横、六通道"为主骨架的公路交通网络基本建成。2015年,完成货运量2478.19万t,比上年增长3.4%。其中:公路运输完成1973万t,增长5.5%(表2-2-1)。

1995—2015年公路客货运量、客货运周转量统计表　　　　　表2-2-1

年份	客运车辆	客运量（万人次）	货运车辆	货运量（万t）	旅客周转量（万人公里）	货物周转量（万吨公里）
1995	—	223	—	168	28811	73032
1996	—	244	—	187	30626	77375
1997	—	250	—	192	29864	74461
1998	—	252	—	193	30103	75477
1999	—	255	—	194	30340	79244
2000	—	257	—	196	32125	80912
2001	—	125	—	172	52705	171763
2002	—	128	—	201	56958	222544
2003	4816	125	18944	266	55101	271102
2004	5223	256	19289	246	147833	230669
2005	5362	385	20687	356	184209	407134
2006	6362	445	22849	346	186000	366098
2007	6796	460	20090	360	189520	374849
2008	7001	6787	14362	711	241445	287948
2009	7138	7759	16122	920	217316	254041
2010	4753	8066	19367	952	227668	265607
2011	5051	3659	24113	979	225022	270988
2012	5096	3739	29489	1042	232044	278732
2013	5143	4358（调查前） 1326（调查后）	35531	1240（调查前） 1778（调查后）	275938（调查前） 310073（调查后）	321131（调查前） 814598（调查后）
2014	5163	1408	41716	1871	327809	859580
2015	5183	1490（调查前） 871（调查后）	44714	1973（调查前） 2077（调查后）	347013（调查前） 241965（调查后）	906366（调查前） 961028（调查后）

注:2010年起公路运输车辆统计口径变化,中型客车、出租汽车、公交车属城市客运,不属于公路运输范围。

Record of Highway Construction in
Xizang
西 藏 公 路 建 设 实 录

第三篇
西藏公路建设发展成就

第一章
公路建设发展历程

西藏地处青藏高原,东有横断山脉,西有帕米尔高原,北有昆仑山脉、唐古拉山脉,南有喜马拉雅山脉,在地理格局上具有相对封闭性。在西藏内部,地质地貌十分复杂,被众多山脉分割成较小相对封闭区域。正是在这样特殊的自然环境下,西藏交通运输发展十分艰难。

旧西藏,120余万平方公里的土地没有一条公路,道路多是人畜长期通行形成的,尤其在山区,更是被人们形象地总结为"羊肠小道猴子路、云梯溜索独木桥",交通极为不便,封闭落后的交通运输条件始终束缚着经济社会的发展。

西藏和平解放60多年来,几代西藏交通人历经坎坷,艰苦创业,公路交通运输事业在雪域高原上从无到有、从小到大,取得了辉煌的发展成就,西藏公路交通面貌发生了历史性的变化,公路运输条件得到了显著改善。总的来说,西藏的公路规划和发展,经历了如下的几个历程。

第一节 从无到有的艰苦开创时期(1951.5—1960.12)

其间,中国人民解放军进驻西藏,守卫边防,驱逐帝国主义势力,完成了祖国大陆的统一。驻藏部队和中央进藏工作人员认真执行"慎重稳进"方针,一面进军,一面修路。在这期间修筑了举世闻名的康藏、青藏两条公路,接着又修筑了新藏、拉(萨)亚(东)、拉(萨)泽(当)等公路。截至1959年3月,全区公路通车里程达到5648km。

1951年5月28日,标志着西藏和平解放的《十七条协议》墨迹未干,雪域高原第一条公路——川藏公路马尼干戈至拉萨段新建工程正式开工。1954年5月11日,青藏公路新建工程在昆仑山下破土动工。中国人民解放军十万大军筑路,三千壮士捐躯,到1954年12月25日,全长4360km的川藏、青藏公路同时通车拉萨,结束了西藏没有公路的历史。川藏、青藏公路的建成通车,是人类公路建设史上的壮举,从此开始,改变了西藏人背畜驮的原始运输方式,开辟了西藏交通从无到有的新纪元。

川藏、青藏公路通车后,国家持续加大西藏公路建设的投资力度,除修建了新疆叶城至西藏阿里的新藏公路和拉萨至亚东、拉萨至泽当、日喀则至定日以及黑昌公路黑河至纪路通段外,还踏勘了黑河至阿里公路并试线通车。同时,因川藏公路经常断通,西藏将青藏公路作为主要运输线,按照四级公路标准进行了第一次整治改建,使之真正成为交通大动脉和重要的国防交通线。

1959—1960年,适应平叛改革的需要,专业筑路队和解放军、民工一起抢修公路,新建了泽当分别经哲古和隆子至错那公路、仁布至江孜公路、江孜至浪卡子公路、拉萨至普兰公路等,两年内新建公路近7000km,虽然大部分是军事急造路,但对平叛、改革和各地人民政权的建设,起到了积极的保障作用,同时,西藏公路网骨架在这一时期初步形成。

西藏公路养护事业发端于川藏、青藏公路建设时期,1952年,康藏公路工程处增设养路科,到川藏公路全线通车时,共设立了13个养护段,养护工作的主要任务是完善排水、增设防挡、加铺磨耗层等。青藏公路通车后,相继设立了8个养护段,西藏公路养护事业不断壮大。1959年9月,西藏养护系统发出开展"路面无坑凼、无翻浆、无搓板、无飞石,路基无沉陷、无缺口、无堆积,边沟无阻塞,桥头涵顶无跳车,标志栏杆无缺损的'十无'运动"。养路工早出晚归,虽然限于当时条件难以达到目标,但提高了养护技能,推动了路况改善。

第二节　巩固完善稳步发展时期(1961.1—1966.7)

1961年1月,中共八届九中全会通过了国民经济"调整、巩固、充实、提高"八字方针,当年4月21日下发的《中央关于西藏工作方针的指示》也明确指出:"今后西藏工作必须采取稳定发展的方针。"具体从西藏交通状况来看,经历了平叛改革、抢运硼砂,以及后来的对印自卫反击作战,队伍疲劳、路况下降,车辆损坏,完好率仅为29.8%,运输生产出现大滑坡。西藏公路交通从开创时期的急速壮大向平稳发展的转变,就是在这种大背景下展开的。

根据中央压缩基建的要求,这一时期公路建设项目较少,6年仅新建公路2441km,特别是1961年基本没有安排公路新建工程。但这一时期仍然建设了著名的拉萨大桥、中尼公路,以及通麦至易贡公路、曲水大桥、青藏公路通天河大桥、黑河大桥、桑雄大桥,整治了林芝至然乌段水毁路段。与此同时,从1958年前后重庆、陕西、贵州等省测量队伍进藏开始,到1962年成立勘测设计总队,西藏公路勘察设计工作逐步发展和规范;在交通科研方面,多年冻土研究与观测、泥石流防治、冰川研究、高原行车以及材料的试验检测工作也开始起步,取得了一系列的研究成果。

根据中央和西藏工委的要求,经过调整,这一时期把养护工作摆到了交通工作的首位,养护队伍补充了大批本地工人,队伍得到充实和加强,本地人员占到交通职工队伍的

40%。广大养护职工克服高寒缺氧、生活艰苦等困难,以保证青藏、川藏公路通车为重点,通过加强干线公路保通、处治公路病害、养护桥涵等,有效改善了公路路况,自治区直属公路养护里程增加到4137km,地县管养公路主要采取季节性流动养护。

与此同时,西藏交通机构得到健全。1965年9月,西藏自治区成立,10月西藏交通厅成立,机关内设7个处室,下设公路管理局、公路工程局、运输局、驻格尔木办事处、公路勘察设计院、交通科学研究所、配件公司、石油公司、直属机构还有房建队、交通干校、技工学校、职工子弟学校等。

截至1966年底,全区公路通车里程达14975km。这些公路虽然标准很低,但对构成全区公路网的雏形,起到了积极的作用。

第三节 在曲折中前行的十多年(1966.8—1978.12)

1966年8月14日,交通厅机关部分干部到自治区党委送大字报,要求撤换厅长、副厅长,"文化大革命"的狂潮随即席卷西藏交通系统。

作为一个特殊的经济部门,西藏交通系统在十年动乱中损失惨重。一方面是正确的方针政策被批判、珍贵资料被付之一炬,各级领导干部被打倒,严重挫伤了干部职工的积极性,机关工作和企业生产几度陷于混乱。另一方面,西藏军区对交通厅实行军管,汽车企业交给部队,交通机构反复撤并,固定资产损失严重,不少职工离开西藏,交通力量严重削弱。就是在这种情况下,一方面背负着沉重的历史枷锁,一方面担当着交通机构重建任务,西藏交通仍然得以继续发展。

这段时期,先后整治了川藏公路,治理了公路病害,对川藏南线竹巴笼至邦达段进行改建,建成了滇藏公路、林邛公路,第一次修建墨脱公路,建设了川藏公路、青藏公路大部分桥梁以及八一大桥、岗嘎大桥等。由于这一时期公路建设以整治改建为主,1978年底西藏公路总里程为15852km,公路年均延伸仅73km。但各地市建设积极性得到调动,先后修建了那曲至嘉黎、曲水至尼木、拉萨至林周等6369km公路,但都是等外简易公路,未纳入正式统计。

1971年,西藏自治区公路管理局撤销,全区公路养护业务下放到地市,养护生产受到各地市的重视,得到一定程度恢复,路况有所改善,公路断通时间也有所缩短。1975年,由新疆代管的阿里公路养护段成立,设置道班6个,有职工80人。这一时期,加加养护段以大庆为榜样,自力更生,自制机械、改造公路、裁弯取直、建设桥梁,成为西藏交通养护行业的一面旗帜,而女子道班的铁姑娘们,更成了这个集体中最夺目的明星。

第四节　改革开放开拓振兴时期(1979—2000年)

1979年,党的十一届三中全会胜利召开后,中央对西藏实行了一系列特殊灵活的经济政策,加大了国家对西藏的支援,公路建设迎来了振兴时期。1979—2000年,在国家的大力支持下,开始于"文化大革命"期间的青藏公路黑色化改建加快进度,西藏交通工作者先后组织完成了青藏公路的第二次改建工程和两次整治工程,于1985年建成了世界上平均海拔最高、里程最长的二级沥青公路,1991—2000年,国家投巨资对该线进行了两期整治改建。其间,实施了对川藏公路海通沟、如美沟、嘎玛沟、冷曲河、中坝加马其美沟、古乡冰川、帕隆沟泥石流、东久等"八大段"自然灾害严重路段的重点整治;改建了拉萨至泽当、拉萨至林芝、曲水至日喀则、那曲至昌都、昌都至邦达机场等多条国省道干线公路。这些工程的顺利实施,初步形成了以拉萨为中心,连接区内外的公路交通网。在此期间,还相继对拉(萨)贡(嘎)机场公路进行黑色化改建,建设了新藏公路"一路三桥"等工程。

(一)青藏公路全线实现黑色化

1973年7月,在周恩来总理的亲切关怀下,国务院做出了将青藏公路改建成沥青路面的决定。决定下达后,国家计委、交通部立即制订了建设计划,工程从1974年初正式开工建设。当时国家在经历了长期的整治运动后,经济力量十分薄弱,施工工艺原始落后,技术人员极度匮乏。截至1978年底,仅零星完成了格尔木至斜水河和拉萨至羊八井间260km路段的黑色化改建。

十一届三中全会以后,党的工作重心又回到了经济建设上,青藏公路的改建加快了步伐。1980年3月,中共中央书记处召开了西藏工作座谈会,在《纪要》中要求"尽快铺完青藏公路的黑色路面"。在中央的关怀下,国家加大了对青藏公路的投资,1983年时,国家对青藏公路的投资达到1.2亿元。对一条公路给予如此多的投资这在当时是全国空前的。与此同时,交通部也大力加强了对青藏公路建设的技术支持,抽调工程兵部队和大型机械设备参与工程施工。经过两万余名军民的艰苦奋战,世界上平均海拔最高、里程最长的二级沥青路面公路终于在1985年建成。青藏公路的改建,揭开了我国公路建设史上创新的一页,为在高海拔、低纬度的多年冻土地段大面积铺筑沥青路面,提供了实践经验。

继青藏线改建之后,1991年国家又投资8亿元,对该线冻土地段进行一期整治。1996年国家再次投资5.4亿元,对该线冻土地区进行二期整治。1998年召开的全国交通工作会议上将该工程列为国庆50周年献礼项目,参加工程建设的西藏筑路职工以昂扬的斗志、冲天的干劲,保质保量地按时完成了工程施工,向国庆50周年献上了一份厚礼。

(二)增强拉萨与各地区的联系

在青藏公路改建的同时,1983年,由西藏自治区自行投资施工的拉(萨)贡(嘎)公路动工修建,该路长85km,投资5.317亿元,参建人数达1.1万,投入机械480多台。1985年5月,油路铺通。1995年,国家投资5.153亿元,对拉贡公路按二级公路标准进行改建,改建后的拉贡公路宽畅、平直,基本达到部颁"GBM"工程标准,汽车运行速度平均可达60~80km/h。1993年,国家计委和交通部又投资1亿元,对贡嘎机场至泽当路段按三级公路标准进行改建,并铺设了沥青路面。

中尼公路曲水大桥至日喀则段改建工程,是国家"七五"期间重点建设项目,总投资2.44亿元,1986年10月开工,1993年全线分段先后竣工,全长205km,较好地改善了拉萨至日喀则的交通条件。该路尼木、仁布、叉峡三座大桥总长552m,造型雄伟,结构新颖,质量良好,标志着西藏桥梁建设已进入成熟时期。

在改革开放的新形势下,为支持西藏交通事业的发展,从1996—2000年,国家先后投资14.6亿元,以延长通车时间、改善行车条件为目标,以整治与改建并重为方针,对川藏公路金沙江至拉萨间的部分路段进行了整治、改建。

"九五"期间,国家还投资2亿元对滇藏公路昌都至邦达段126.6km进行了黑色化改建,投资5000万元建设了新藏公路"一路三桥"工程。

这些工程的实施,实现了拉萨至那曲、日喀则、山南、林芝4个地区的当天抵达,至阿里、昌都2个地区公路的常年通车,极大地加强了拉萨与各地区的联系,为增进区域间经济互补,促进地方经济的快速发展打下了坚实的基础。

(三)促进公路沿线地方经济发展

西藏公路建设所取得的辉煌成就,也带动和促进了各行各业的发展,对西藏的经济建设、旅游观光、文化交流等方面起到了重要作用。公路的建设、交通的通达让西藏了解了世界,也让世界了解了西藏。随着西藏公路事业的发展,公路沿线货物集散地逐步发展,形成了新兴的城镇,一些城镇逐渐成为该地区的政治、经济、文化中心。青藏公路上的格尔木市、那曲镇,川藏公路上的昌都镇、八一镇,拉泽公路上的泽当镇,中尼公路上的日喀则市、樟木镇等公路沿线城镇商贾云集,呈现出一派繁荣景象。

到2000年,西藏公路通车总量程达到22503km。在"要致富,先修路"的口号激励下,全区各地市加快了县乡公路的建设步伐,到2000年,除墨脱县外其余县均通了公路,82%的乡镇和65%的建制村通了汽车。适应公路建设形势,西藏打破了封闭的建设管理模式,在公路建设前期、施工和监理中引入竞争机制,促进了公路基础设施条件的迅速改善。西藏交通部门加强公路建设市场管理,对参建队伍资格实行审查、建立和完善招投标制度以及三级质量管理体系。

1980年3月,西藏自治区公路管理局恢复成立,负责全区的公路养护与管理工作。青藏公路第二次改建时,首次按每30~50km设置工区,其后进行的公路新改建均设工区。1995年5月,公路交通部门正式组建路政管理机构。为适应新形势下的公路管养服务需求,不断深化养护运行机制改革,自治区实行了按交通量、养护里程、海拔高度、养护难易程度定公路养护责任的"三定一包"(定公路养护等级、定人员编制、定养护经费、包公路养护责任)目标责任制等系列改革,西藏公路设养里程也从1978年的7247km增加至2000年的17981km。

第五节　跨越式发展时期(2001—2011年)

进入21世纪,随着西部大开发战略的深入实施,党中央、国务院先后召开了第四次、第五次西藏工作座谈会,西藏交通部门抢抓历史机遇,完成建设投资400余亿元,加快改造国省干线公路,扎实推进农村公路通达工程,全面提升服务保障能力,加快发展公路运输。以青藏公路全线完成改建完善、墨脱公路嘎隆拉隧道贯通、拉萨至贡嘎机场高速公路通车、国道219线狮泉河至拉孜段黑色化改建完成四项重点工程为标志,西藏交通运输条件显著改善。

这一阶段,西藏先后组织完成了青藏公路格拉段整治改建和完善工程,分段实施了川藏公路、新藏公路、滇藏公路、中尼公路整治改建,5条国道路面黑色化率从28.8%提高到88%。全区7个地市全部通油路,73个县中有60个通油路,樟木和普兰两个口岸和亚东边贸通道实现通油路,国省干线公路整体技术等级明显提高,行车安全性和舒适性得到保障。为适应公路建设项目成倍增长,2003年试点了成建制援藏项目法人体制,2008年以来试点和推广了项目代建制,一部分项目交由地市交通部门实施,全面提升了西藏公路建设的实施能力。同时,组建重点项目管理中心并充分发挥其职能,强化农村公路、审计监督、规划前期管理,不断完善管理措施,创新管理方式,公路建设质量得到有效保证。

从"十五"开始,西藏公路建设全面提速,开始进入一个跨越式发展的时期,通车里程快速增长,路网布局不断完善,通达深度逐步延伸,技术等级明显提高,通畅状况得到改善,为促进全区经济社会发展和祖国西南边防巩固、提高人民群众生活水平发挥了重大作用。"十五"期间完成投资146.92亿元,是"九五"的3.6倍。2006年、2007年分别完成投资40.58亿元和41.5亿元,公路建设完成投资屡创新高。

"十一五"期间是西藏交通建设国家投资最多、发展速度最快、建设成就最突出的时期,交通建设完成中央投资260亿元,为规划投资总额的129%,比"十五"期间增长了

77%;公路通车总里程达到5.8万km,比"十五"期末增长33%;等级以上公路达到32049km,是"十五"期末的2.94倍;沥青路面增加到8194.53km,是"十五"期末的2.49倍。

"十一五"期间,先后组织开展了青藏公路格拉段完善改建,分段实施了川藏公路、新藏公路、滇藏公路、中尼公路整治改建,5条国道路面黑色化率从45%提高到80%左右,公路技术等级迅速提高;其中青藏公路全线达到二级公路技术标准,川藏公路除通麦至105道班和102滑坡群两段约27km外均已实现路面黑色化,中尼公路全线路面黑色化,滇藏公路除珠角拉山段外均实现路面黑色化,317国道类乌齐以东路段和那曲至巴青段实现路面黑色化,新藏公路日土至拉孜段实现路面黑色化,全区7个地市全部通油路,73个县中60个通油路,比"十五"期末增加了25个县;樟木和普兰两个口岸和亚东边贸通道实现通油路,国省干线公路整体技术等级明显提高,行车安全性和舒适性得到保障,基本实现了快速化要求。同时,投资19亿元建设了9条边防公路,解决了7个边防站点通公路问题。

"十一五"期间,西藏共计安排农村公路建设项目781个,总投资45.7亿元,解决了161个乡镇、1659个建制村的通公路问题,新建里程14740km,农村公路里程迅速延伸,公路网覆盖了所有乡镇和80%以上的建制村,100多万农牧民告别了沿袭几千年人背畜驮的原始运输方式,积极融入改革发展的时代潮流中来。同时,启动了农村公路路面硬化工程,261个乡镇通了柏油路,比"十五"期末增加了185个乡镇,达到全区乡镇总数的38.3%。

截至2010年底,公路里程增加到58249km,等级以上公路增加到32826km,沥青路面增加到8195km,公路密度达到4.77km/100km^2,乡镇公路通达率提高到99.7%,建制村通达率提高到81.25%;设养里程增加到55856km,民用汽车拥有量增加到23.2万辆,客运班线发展到353条。

在不间断、大规模整治改建国省干线的同时,中央和自治区进一步加大了对西藏公路管理养护的投入,西藏公路养护管理工作水平和抢险保通能力大幅提升,2010年全区公路设养里程达到了55856km,国省干线公路路况综合指数MQI值为71.6,公路通畅水平得到有效提高,基本实现了无特大自然灾害情况下全年通车。2007年自治区人民政府出台了《关于加强农村公路养护管理的意见》,进一步规范了农村公路管理养护工作,农村公路行车条件得到明显改善。

第六节 砥砺奋进的五年(2012—2017年)

党的十八大以来,西藏着力补齐短板,强化项目带动,公路建设保持了持续快速发展。新增公路通车里程24145km,2017年底达到89343km,年均增加4830km。高等级公路项目快速推进。拉萨至林芝、泽当至贡嘎机场等7条高等级公路建成通车。全区一级及以上公路通车里程由2012年的37km增加到2017年的660km,进出藏大通道高等级化步伐加快迈进。普通国省道项目大力推进。实施项目88个,区界(新藏界)至日土、朗县至加查、斜拉山至巴青等60个项目建成,102隧道和通麦段"两桥四隧"贯通,川藏公路通麦梗阻问题得到根本解决。国省道里程由2012年的11955km增加到2017年的28922km,年均增加3393km,普通国干线公路升级改造成效显著。农村公路项目深入推进。聚焦行业服务农牧区脱贫攻坚,新建项目3005个,农村公路里程由2012年的53244km增加到2017年的60421km,通达深度、通畅水平全面提升。

五年来,西藏累计完成交通固定资产投资1219亿元,以拉萨为中心,覆盖西藏的公路网格局已经形成,高速公路里程正在快速延伸。全区74个县695个乡镇和5453个建制村全部通了公路。以公路为主的立体化交通体系互联互通水平和综合保障能力大幅提升,拉萨至林芝、日喀则机场至桑珠孜区、贡嘎机场至泽当高等级公路已经或者即将建成,全区在建和建成的高等级公路739km,公路通车总里程8.25万km,基本建成以拉萨为中心,以20条国省道干线公路、74条专用公路和众多农村公路为基础,辐射西藏中部、东部、西部三个经济区的公路网,群众出行更加便利、商贸流通更加便捷。

这为西藏实现全面小康目标打下了坚实基础,对群众生活、脱贫攻坚、旅游开发、民生改善、社会稳定、边疆建设等方面产生积极影响,为西藏发展加挡提速提供了坚强支撑。

2015年8月,西藏第六次座谈会召开。座谈会对西藏全面建成小康社会提出了新标准。一是在经济指标上,到2020年,西藏人民生活水平全面提升,城乡居民人均可支配收入比2010年翻一番以上、接近全国平均水平,城乡居民经济上更加殷实。二是在基本公共服务上,主要指标接近或达到西部地区平均水平。实现这个目标后,西藏人民的生活、健康都有基本保障,生活更加体面。三是在基础设施上,条件全面改善。交通、能源等基础设施对西藏经济社会发展的瓶颈制约将得到极大的改善。四是在生态文明建设上,取得明显成效。达到目标后,西藏的山川草原更加秀美,人与自然和谐相处。五是在自我发展能力上,明显增强。达到目标后,西藏将形成有效益、有活力的产业集群,造血功能大幅提升。六是在社会大局上,长期持续全面稳定。达到目标后,西藏人民将充分享受和谐安宁的生产生活环境。七是在总体状态上,建成安居乐业、保障有力、家园秀美、民族团结、文明和谐的小康社会。这样的目标是根据西藏的具体状况确定的,在国家和全国人民的支持下,经过努力是可以实现的。

中央第六次西藏工作座谈会强调,西藏要加快构建综合交通运输体系,尽早实现所有县城通油路、具备条件的乡镇和行政村通硬化路。预计到2020年,西藏干线公路通行能力将全面提升,解决重要县际公路通油路问题,建成以等级公路为主,机动灵活,具有较高抗灾能力、纵横交错的公路网络。

"十三五"时期,西藏紧抓"一带一路"和南亚大通道战略机遇,加快完善公路、铁路、民航、邮政等交通基础设施网络,努力打造以拉萨为中心的"三小时综合交通圈"和"两小时经济圈",将形成以"四纵三横七通道"为主骨架,以 15 条省道、口岸公路、边防公路和农村公路为基础,基本辐射藏中、藏东、藏西 3 个经济区的公路网络。

第二章
公路建设亮点及经验总结

第一节　公路建设亮点

一、高等级公路实现零的突破

拉萨至贡嘎机场高等级公路是西藏第一条高等级公路,2009年4月28日开工,2011年7月17日通车。路线全长37.8m,工程由国家投资15.9亿元。

全线采用一级公路技术标准建设,双向四车道,设计速度80km/h,全线免费通行。公路起于拉萨市柳梧新区世纪大道,经柳梧开发区、才纳乡,终点位于"两桥一隧"拉萨河特大桥南桥头,路线基本沿拉萨河南岸布设,总体走向由东向西、经过区域分属拉萨市的堆龙德庆、曲水两县,自东向西与青藏铁路延伸线——拉萨至日喀则铁路处在同一走廊带上。拉萨至贡嘎机场高等级公路是西藏历史上首条真正意义的高等级公路。

之前的拉萨至贡嘎机场公路大部分是国道318线,路线平面指标较低。每年雨季拉萨河水涨幅较大,路面水损和沿线街道化严重,已经不能满足运输需要。特别是在机场航班起降高峰时段,该段公路堵塞严重,严重影响旅客行程。高等级公路的建成通车,大大缓解了拉贡公路和国道318线中尼公路的交通压力。同时,它还是西藏地区公路历史上科技含量最高的公路,太阳能照明和太阳能标志广泛应用于公路沿线。针对高原地区特殊的气候状况、采取新技术和工艺减轻光老化、热老化对沥青路面使用性能的影响,以延长路面使用寿命。全线均设置了交通安全设施,实现了应急通信系统全线覆盖,配套建设了专用信息发布监控系统,为公众实时发布路况信息。

机场高等级公路沿线位于拉萨河腹地,山高谷深,极端气温天气偏多,自然环境恶劣,年实际有效施工期只有9个月。在施工过程中,建设单位对每一个施工环节、每一项技术要求严格把关。采用"倒排工期、合理布局、平行推进、交叉作业"与时间赛跑,与高寒缺氧抗争,成功解决了诸多技术难题,采取这种高强度作业方式,按照优质、高效、安全的原则确保了工程高质量如期完工。

该公路景观融入了独特的藏族文化元素。通过沿线藏区民居建筑、民俗风情等藏文化元素,实现公路与沿线自然环境相融合,使生态文明和西藏特色文化相结合,展示出一条"人与自然和谐发展"之路。

拉萨至贡嘎机场高等级公路的全线通车,标志西藏结束了没有高等级公路的历史,实现了高等级公路零的突破。拉萨至贡嘎机场高等级公路的建成,不仅为拉萨市区与贡嘎机场提供便捷的联系通道,同时还对完善拉萨市综合运输体系,完善区域路网规划具有重要意义。对于改善雅鲁藏布江、拉萨河和年楚河流域地区投资环境等方面也具有非凡意义。

截至2017年,各高等级公路项目快速推进,拉萨至林芝、泽当至贡嘎机场等7条高等级公路建成通车。

二、国省干线公路技术等级明显提高

改革开放40年来,西藏先后组织完成了青藏公路一次改建、三次整治;分段实施了川藏公路、新藏公路、滇藏公路、中尼公路整治改建;对日喀则至亚东、拉贡公路"两桥一隧"、贡嘎机场至泽当、那曲至昌都等干线公路进行了整治改建。全区高级、次高级路面从1978年的(青藏公路羊拉段)75km发展到2007年的4714km,五条国道"十一五"期末基本实现黑色化,至"十二五"期末,五条国道全部实现黑色化率(按照2013年6月之前的规划)。全区有5个地市、43个县,以及贡嘎机场、邦达机场和米林机场均通了油路。国省干线公路通畅水平得到有效提高,川藏、青藏两条重要进出藏公路实现无特大自然灾害情况下全年通车,滇藏公路、新藏公路、中尼公路、川藏北线的通行能力也得到大幅度提升。

省道方面,省道203线部分路段已建成四级沥青混凝土路面公路;省道303线经过近年来的分路段整治、改造,技术状况大幅提高,部分路段达到四级公路标准;自2002年以后,省道306线全路段分段实施改建,铺装沥青路面;省道307线经多年整治、改造,目前已建成沥青混凝土路面山岭重丘区三级公路。

三、农牧区交通条件快速改善

改革开放以来,西藏农村公路建设持续发展。为有效改善牧民群众的出行条件,从2001年起国家加大了对西藏农村公路建设的投资。广大农牧民告别人背畜驮受自然条件恶劣、经济基础薄弱等因素的制约,西藏农村公路的落后状态大大改观。

"九五"期末,西藏自治区农村公路不及2万km,通简易及简易以上标准公路的乡镇仅占乡镇总数的60%,通机动车及以上标准道路的行政村占行政村总数的70%,且多为晴通雨阻。随着农村公路通达工程的启幕,西藏农村公路的建设水平向前迈进了一大步。

2000—2002年,西藏全区投资近8亿元(含农牧民投劳),新建农村公路4000多公里,解决了 50 多个乡、200 多个行政村通车问题。2003 年,有高达 9.12 亿元资金投入农村公路通达工程,截至当年 11 月 19 日,完成乡村公路建设 2998km 和 101 座桥梁,解决了西藏自治区 147 个乡镇和 598 个行政村的通车问题。到 2003 年底,西藏自治区农村公路通车总里程达到 2.89 万 km,公路密度达到 3.29km/100km^2。

2004 年,投资 5 亿元,项目建成后新通达的行政村数量达到 76 个,农村公路通达工程使 70% 以上的农村通了公路。2005 年,西藏自治区继续加快农村公路通达工程建设,交通渠道落实农村公路建设投资 4 亿元,建设项目 16 个。新建农村公路 1224km,解决了 13 个乡镇、85 个行政村的通车问题;农村公路通达工程实施力度加大。1~9 月安排农村公路建设项目 32 个,计划投资 4 亿元,建设总里程 1293.4km,完成投资 3.1 亿元,在建项目将解决 14 个乡镇和 72 个建制村的通车问题。

2006 年,西藏自治区着力服务社会主义新农村建设,全区实施农村公路建设项目 43 个,总投资 10.32 亿元,建设里程 1932km,10 座大中桥梁,全长 504m,解决 12 个乡和 123 个建制村通车问题,投入 6000 万元解决农牧民安居配套工程部分道路建设。同时,积极吸纳农牧民群众参与公路建设、租用机械、购买农牧民自采砂石料,帮助农牧民增收 5.63 亿元。

截至 2007 年底,全区 683 个乡镇、5900 个建制村已有 612 个乡镇和 3525 个建制村通了公路。2004 年,拉萨市率先在全区实现"村村通公路"目标。仅 2008 年,农村公路建设投资 7.82 亿元,实施 197 个项目,总计里程 4666km,可解决 32 个乡镇和 423 个建制村通公路问题。到 2008 年底,山南地区也实现了"村村通公路",全区乡镇和建制村通公路率达到 94.3% 和 67%,西藏农村公路网络基本形成,路网布局日趋完善。在实施农村公路通达工程的同时,拉萨、林芝、山南等地市的农村公路通畅工程建设也已经启动,水泥路、沥青路修到了世代居住在大山深处的农牧民群众家门口,有 193 个乡镇通了沥青(水泥)路。

2008 年,西藏农村公路建设持续推进,落实和安排农村公路建设资金 14.05 亿元,其中 2007 年 60 个续建项目投资 1.78 亿元,2007 年下半年追加投资 4.45 亿元,安排项目 86 个,2008 年投资 7.82 亿元,安排项目 198 个。截至 2008 年底,完成投资 12.48 亿元,项目完工 316 个,解决了 32 个乡镇、423 个建制村的通公路问题。

2008 年,农村公路设养里程 39879km,落实养护补助资金 9467 万元。层层签订了《农村公路管理与养护目标责任书》,加大指导监督和检查力度,进一步完善考评机制。通过积极探索,逐步形成了"工区+农户""乡镇+农户"等符合当地特点的养护模式,农村公路管理养护工作基本实现了人员到位、资金到位、措施到位,农村公路路况有了明显改善,平均好路率达 39.28%,综合值为 56.68。与此同时,投入 6000 万元解决农牧民安居配套工程部分道路建设。本着"路通车通"的原则,积极发展农牧区客货运输市场、增开农村客运班线23条,建成9个县级客运站、3个乡镇客运站和78个停靠点,1个地区级客运站、2个县级客运站,有效改善了农牧民群众的出行条件。

2009年,西藏交通部门根据全面建设小康社会和新农村建设的要求,结合西藏农牧区交通落后现状,加大工作力度,切实抓紧抓好农村公路建设。为确保"十一五"期末实现所有乡镇和80%的建制村通公路的目标,西藏交通部门在2009年提前审批和实施2010年度计划内的通达工程,因此西藏农村公路通达工程总投资超过10亿元,实现了19个乡镇和213个建制村通公路。

"十一五"期间,西藏共安排农村公路建设项目781个,解决了161个乡(镇)、1659个建制村的通公路问题,新建里程14740km,农村公路里程迅速延伸,公路网覆盖了所有乡(镇)和80%以上的建制村。

2006年至2010年的5年间,全区除农村公路建设外,还建成二级客运站5个、三级客运站64个、四级客运站9个、农村客运停靠点210个。为了切实解决农牧民群众出行的问题,出台相关优惠政策,鼓励农牧民群众经营道路运输业,以保证农牧区客运班车能够"开得通、留得下、有利润",全区已开通乡村客运班线84条,418个乡村通了客运班车,乡(镇)客运覆盖率已达到61.29%,有效缓解了农牧民出行难的问题。

"十一五"以来,西藏自治区交通运输厅采取多种措施加强农村公路的建设,西藏农村公路通达工程的快速发展,一方面有力地促进了农牧区经济社会的发展,另一方面,更为广大农牧民群众带来了诸多实惠,农村公路建设成效显著。

在加快公路建设步伐、大力改善农牧民群众出行条件的同时,交通部门积极组织开展农牧民施工技能培训,通过项目合同等形式,明确落实群众增收任务,要求项目建设单位积极吸纳农牧民参与公路建设。据统计,通过农村公路通达工程建设,直接和间接实现当地农牧民现金收入4.8亿余元。

2011年11月,西藏自治区启动了"强基惠民公路通达攻坚行动",用3年时间,解决了669个建制村的公路通达问题,为广大农牧民群众提供了便捷安全的出行条件。

值得注意的是,2011年自治区出台了《关于扶持农村客运发展的意见》,通过财政补贴等优惠政策,在西藏7个地市15个县开展了扶持农村客运发展试点,新开辟农村客运班线20条。截至2011年底,西藏共有客运班线353条,其中农村客运班线157条,县级客运覆盖率90%;418个乡镇通了客车,乡镇客运覆盖率达到56%以上,建成县级客运站60个、乡级客运站6个、简易停靠站205个。

自农村公路通达通畅工程实施以来,西藏自治区已安排农村公路建设项目1632个,总投资110.49亿元,解决了231个乡镇、2550个建制村的通公路问题,新建公路39234.4km,农村公路已经覆盖了所有乡镇和89.98%的建制村,取得了阶段性成果。同时,还启动了农村公路路面硬化工程,261个乡镇通了沥青(水泥)路,达到西藏乡镇总数的38.3%。

拉萨市七县一区乡镇全部通了沥青路并实现了"村村通公路"。

但是,截至2011年11月,全区尚有714个建制村没有通公路。2012年,"强基惠民公路通达攻坚行动"安排了411个建制村公路通达建设,2013年安排258个建制村公路通达建设,到2014年底669个建制村全部通车。2012—2013年投资58.47亿元,完成83个乡镇、247个建制村通畅任务,通畅里程2687.83km。

2012年,西藏自治区还进一步加大了农村客运扶持力度,全面落实优惠政策,强化引导措施,逐步使西藏农村客运"十二五"期末达到以县级客运站为枢纽、带动乡镇、辐射建制村的目标,使乡镇客运班线覆盖率提高到80%,建制村客运班线覆盖率由目前的40%提高到60%,通沥青(水泥)路乡镇班线达到100%,县级客运站的经营使用率达到100%,从根本上解决农牧民群众乘车难问题。

2013年,西藏农村公路投资16.56亿元,完成了303个建制村通达任务,通达里程7772.7km,实现60%的乡镇通畅,30%的建制村通畅。截至2013年底,西藏农村公路总里程逾5.8万km,全区682个乡(镇)、5261个建制村中,已有680个乡(镇)、5125个建制村通公路。此外,西藏县级客运覆盖率达98.6%,乡镇覆盖率达56%。

农村公路的快速发展,不仅使农牧民告别沿袭了几千年人背畜驮的原始运输方式,也为偏远地区的群众架起了致富的"金桥"。不少公路沿线的农牧民开始兴办运输公司、经营家庭旅馆等,纷纷走上了致富路。

党的十八大以后,农村公路项目深入推进。西藏公路聚焦行业服务农牧区脱贫攻坚,新建项目3005个,农村公路里程由2012年的53244km增加到2017年的60421km,通达深度、通畅水平全面提升。仅2017年就安排农村公路建设项目1374个,投资422.43亿元,新增农村公路6887km,新增40个乡镇、166个建制村通硬化路。到2017年底,西藏全区县城除墨脱外均通油路,乡镇通达率达到99.71%,建制村通达率达到99.52%。

四、通寺公路建设成绩斐然

2012年,从西藏自治区交通运输厅了解到,"十二五"期间西藏计划投资15亿元,改善寺庙和宗教活动场所的交通基础设施条件,实现全区70%以上依法登记的寺庙和宗教活动场所通公路,力争在"十三五"期间实现具备条件的寺庙全部通公路。

同年6月21日,西藏日喀则地区在色多坚寺举行百座寺庙公路通达工程开工典礼,西藏寺庙公路通达工程建设由此拉开大幕。寺庙公路通达工程建设充分体现了党中央对边疆少数民族地区的亲切关怀,是西藏自治区党委、政府切实解决西藏广大僧尼和信教群众出行难问题的重要举措。

2013年,西藏自治区1771座(处)依法登记的寺庙等宗教活动场所中,已通公路787座(处),不通公路984座(处),具备通公路条件的963座(处),暂不具备的21座(处)。

2012—2013年,安排具备通达条件但未通达的963座(处),建设里程7873.78km,总投资31.20亿元。2012年底完成387座(处)通公路,其余576座(处)2013年底全部通公路。

2013年,昌都地区也继续大力实施农村公路和通寺公路建设,不断完善路网结构,切实缓解交通瓶颈制约。昌都地区山高谷深、沟壑纵横,素有公路史上的"自然灾害博物馆"之称,交通不便始终是制约经济社会发展的最大瓶颈。近年来,昌都农村公路建设坚持"先易后难""先通后畅"的原则,大部分乡镇和建制村已通公路。2014年300余座寺庙全部实现公路通达。

"十二五"期间,阿里地区共投入农村、寺庙公路建设项目资金20.2亿元。截至目前,全地区37个乡镇、141个行政村(居)全部实现通路,其中19个乡镇、38个行政村(居)通沥青(水泥)路;75座寺庙中有72座寺庙通公路,其中8座寺庙通沥青(水泥)路。

五、旅游公路发展迅速

经过多年的发展,西藏旅游业发展突飞猛进,已经成为推进西藏转变发展方式的动力产业,成为西藏经济跨越性支柱。2017年,西藏全年接待国内外游客2561.4万人次,实现旅游收入379.4亿元。随着旅游业的深入发展,西藏各市地的旅游业迎来黄金期,全时旅游和全域旅游成为发展的重要方向。西藏多年来不断完善的基础设施,为旅游业进一步发展插上了腾飞的翅膀。以下是西藏三条著名的旅游公路。

(一)纳木错旅游公路

纳木错是我国第二大的咸水湖。位于西藏中部当雄县和班戈县交界处,地处念青唐古拉山西北,藏北高原东南部。湖面海拔4718m,东西长70多公里,南北宽30多公里,面积1920多平方公里。湖水最大深度33m,蓄水量768亿m^3,为世界上海拔最高的大型湖泊。"纳木错"为藏语,蒙古语为"腾格里海",都是"天湖"的意思。

纳木错旅游公路起点位于当雄县公塘乡国道318线,终点为纳木错湖东南岸,全长60km,编号为X105。2006年改造成四级公路,为沥青路面。

(二)巴松错旅游公路

巴松错又名错高湖,是西藏东部最大的堰塞湖之一,位于林芝地区工布江达县境内,地处念青唐古拉山脉南麓,雅鲁藏布江中下游重要支流洋曲以北。"错高"在藏语中意为绿色的水,湖面海拔3469m。湖形状如镶嵌在高峡深谷中的一轮新月,长约12km,湖宽几百至数千米不等,最深处66m,总面积为37.5km^2。巴松错在1994年被评为国家风景名胜区,同时被世界旅游组织列入世界旅游景区,2000年被评为国家AAAA级景区,2001年成为国家级森林公园。巴松错旅游公路起点为国道318线巴河镇,终点为错高乡,全长

47km,现已全线改造成四级公路,为沥青路面。

(三)珠峰旅游公路

世界第一峰——珠穆朗玛峰位于西藏自治区南部的中尼边境。珠峰不可替代的地位吸引着全世界的登山爱好者,使珠峰大本营成为西藏最著名的旅游点之一。珠峰旅游公路起点为国道318线南侧定日县扎西宗乡,终点为绒布寺珠峰大本营,全长54.4km。

珠峰旅游路建成于1990年,为山岭重丘区四级公路标准,路基宽6m,路面宽4.5m,砂石路面厚15cm。沿线的高山重丘由砂石组成,结构相对不稳定。珠峰旅游公路建成之后,使国内外登山队、科学考察队的物资装备得以顺利运抵大本营,带动了珠峰大本营周边旅游业的发展,为当地乡村旅游经济发展奠定了基础,也为藏族农牧民出行带来了极大的便利。

但是,珠峰旅游公路全线有170多个弯道,行车非常不安全。2007年,西藏自治区政府对珠峰旅游公路进行了维修和改建,整修了砂石路面,路基有所加宽,昔日的"搓板路"平整一新,而盘山公路边上建起的防护栏,成为新的"安全防线"。

第二节 公路建设经验总结

西藏的公路建设是新中国成立后才起步的,和平解放以前西藏没有一条正式公路,公路建设从无到有,在独特的政治、历史、自然、地理、地质、地貌、气候等条件下,西藏形成了一套与各兄弟省区公路建设不同的建设经验。

一、中央支持与各地援助

1995年,交通援藏正式启动。国家从人力、物力和财力等方面给予西藏交通很大的支援,使西藏交通事业得到了快速发展。西藏交通基础设施得到了前所未有的发展,有效地保障了当地各族人民的出行和生活,有力地支持了西藏各项事业的发展。

交通援藏的20年来,西藏交通快速追赶着时代前进的步伐,基础设施建设日新月异,公路技术等级、抗灾能力和服务水平得到显著改善,公路交通对西藏经济发展、社会进步和国防建设的制约得到有效改善——国道的技术等级明显提高,通行能力明显改善,路面基本黑色化,公路网主骨架大部分路段达到三级及以上标准。"一江两河"流域的藏中经济干线建设完成,重要省道和经济干线技术等级达到三级及以上标准,口岸公路和边防公路建设进一步加强,连通国家一类口岸公路全部实现等级化,具备条件的边防站点通公路。农村公路建设取得明显进展,以"通达"工程为重点,兼顾"通畅"工程建设,具备条件的乡镇和97%以上建制村通公路。

交通援藏工作是全国支援西藏工作的重要组成部分,重视交通援藏工作,意义重大。20多年来,交通运输部对西藏给予特别关怀,在人才、技术、项目、资金等方面给予重点倾斜。全国交通运输系统对西藏交通运输事业发展给予倾情帮助,大力支持,为推进西藏交通运输事业跨越式发展贡献了全行业力量。

——保障措施到位,确保交通援藏工作不流于形式。交通运输部积极争取相关政策、完善援藏工作制度,切实解决援藏工作重大政策和援藏工作存在的突出困难,保障了援藏工作顺利推进。一是建立了援藏工作协调机制。1997年8月,交通运输部在拉萨召开第一次交通援藏工作会议,及时研究援藏工作新情况,解决援藏工作新问题,形成援藏工作合力。交通运输部党组先后3次召开援藏干部座谈会,研究解决西藏交通发展"瓶颈"问题。二是建立了援藏牵头联络机制,由援助省交通运输厅与西藏受援地市交通运输局具体协商援藏事宜,交通运输部和各对口援藏省厅明确对口援藏负责人和联络员。三是建立了援藏工作定期会商机制,交通运输部与西藏交通运输厅、对口援藏省市交通运输厅与西藏受援地市交通运输局每年会商一次,就当年对口援藏任务落实情况进行交流和总结。

——实施干部人才支援,成为西藏交通运输跨越式发展的"主力军"。到2014年,交通运输部从机关、部属单位选派7批37名援藏干部,其中厅级干部7名,处级干部30名,支援西藏交通运输厅及直属单位工作。同时,针对西藏交通建设管理方面存在的难题,委派67名交通运输部有关专家组成团队,每年定期进藏开展技术攻关,破解西藏交通建设技术瓶颈。选派西藏交通运输厅5名同志到部机关挂职锻炼,协调32名西藏交通运输系统专业技术干部分赴内地10多个省市在建项目跟班培训。18个援藏省市交通运输部门选派7批98名专业技术管理干部支援西藏地市交通运输工作,提升西藏交通运输系统干部队伍整体素质和专业技能。20多年来,涌现出了交通运输部副部长冯正霖这样的优秀领导干部、全国劳动模范陈刚毅这样的优秀先进个人以及连续两次援藏的常行宪和先后两次援藏的吴春耕,他们不仅成为全国交通运输系统的旗帜,也成为全国交通行业核心价值体系的典范。

——实施项目资金支援,成为西藏交通运输跨越式发展的"推动力"。由于西藏经济发展水平相对较低,地方财力十分有限,长期以来,西藏公路交通建设全部依靠国家全额投资,交通援藏资金也成为重要资金来源。到2014年,交通运输部共落实国家投资830.1亿元,安排交通援藏项目16个,落实交通援藏资金6010万元。1994—1996年,交通运输部援助西藏交通运输厅710万元,用于西藏交通职工学校基础设施建设和人才培训。1996年援助500万元,建成了全国交通一级卫星通信网西藏站;1997年援助600万元,建成交通职工学校教学大楼、驾校;2008年投入3700万元,援助西藏建成应急通信工程和信息发布系统;投入450万元,定制两台移动通信车,开通了应急通信指挥平台。18个对口援藏省市交通运输系统也按照中央援藏政策,安排援藏项目350多个,落实援藏资金

2.38亿元。这些援藏项目和资金,极大地支持西藏交通事业跨越式发展,成为助推西藏交通运输发展的巨大推动力。

——实施物资设备支援,成为西藏交通运输跨越式发展的"爱心符"。1995年,交通运输部发出了"在全国交通系统为西藏道班养路工人送温暖活动"的倡议,全国29个省市交通运输部门筹资3945万元,为西藏养路工人援建156座道班房,极大改善了西藏养护职工生产生活条件。2001年,全国交通运输系统开展了援助西藏公路养护机械等专项活动,投入援助资金2944万元,帮助54个公路养护单位购置了75台(套)装载机、挖掘机、平地机、推土机和压路机等机械设备,增强了西藏公路抢险保通能力。交通运输部直属单位也捐资捐物,帮助西藏交通发展。深圳、江苏海事部门与西藏开展了"结对子"活动,先后捐助价值97万元的2艘巡逻船、4艘海事执法船、2台执法车和2200件救生衣、船舶检验工具包等。京津塘高速公路联合公司赠送32万元现代办公设备,人民交通出版社为厅机关捐赠价值4万元的各类图书300多册。18个省市交通运输部门,大力支援物资设备。江苏省交通运输厅援助价值746万元的公路质检、应急抢险设备和应急总指挥、公交公司智能指挥系统及2台价值161万元的丰田交通用车。江苏等省市公路局设计部门向西藏交通勘测设计院援助价值17万元的现代测设设备。这些捐赠的机械设备,既是"中央关心西藏、全国支持西藏"的实物见证,更是全国交通运输系统是一家的爱心符号传递。

——实施科技教育支援,成为西藏交通运输跨越式发展的"加油站"。到2014年,交通运输部加大科技项目、资金和技术支持力度,实施科技项目19项,投入经费9584万元,集中行业内外优势科研力量,重点围绕西藏干线公路整治、地质灾害防治、公路养护管理等关键技术问题开展攻关,有力支持了重大工程建设。设立远程教育网络教学站,招收西藏交通系统在职职工779人。通过"请进来""送出去"方式,组织实施10余项交通专题培训项目,培训西藏交通干部职工1122人次,鼓励和支持西藏基层交通运输领导干部参加行业培训,4名分管交通的地市领导参加了中组部委托交通运输部承办的党政领导专题研究班,55名交通运输局长参加了"全国交通局长培训班",1242人次学员参加西部教育培训项目。组织交通运输部科学研究院、公路科学研究院、中交集团勘察设计院,人民交通出版社等单位开展科技对口支援活动,援助110万元公路试验检测设备、2800册交通专业图书,帮助完善西藏交通教育培训体系。2013年从中交一公院、二公院、一公局和中铁二局选派24名专业技术干部进藏参与西藏跨越式发展具体工作,帮助破解西藏技术难题和人才紧缺问题。对口援藏省市交通运输系统加大智力援助力度,通过挂职锻炼、专业培训等形式,培养交通专业技术人才207人,选派各类专业技术人员107人。

交通援藏20多年来,全国交通运输系统紧紧围绕援藏任务、全面抓好西藏交通运输基础设施建设,强力推动西藏交通跨越式发展,取得了举世瞩目的成就,成为西藏公路发展史上建设速度最快、完成投资最多、建设成就最显著、发展成果惠及人民群众最明显的时期。

二、公路建设经营管理机制改革

国家经济体制改革,由计划经济向社会主义市场经济转变,公路基本建设管理须与之相适应地转变经营机制,调整产业结构。十一届三中全会以后,西藏公路建设打破了封闭的建设管理模式,公路建设的前期工作、施工和监理引入竞争机制,区内外公路设计、施工、监理企业角逐公路建设市场,促进了公路基础设施条件的迅速改善和提高。在从计划经济向市场经济的转变过程中,公路建设管理模式也发生了根本性的变化。

(一)公路建设市场的开放和管理

改革开放前,西藏公路建设项目确定后,由交通厅或地市交通局向所属公路工程队伍下达计划任务,工程队伍执行上级交给的各项任务指标,基本上不存在市场竞争。

党的十一届三中全会后,西藏公路建设领域打破了封闭型的管理模式,自治区外工程队伍在20世纪80年代初期大量涌进西藏,自治区内非交通部门的小型工程队也相继出现,弥补了自治区内施工力量的不足。

但由于有一部分队伍素质差,承包的工程质量低劣,不正之风也时有发生。在这一形势面前,原有的管理体制、管理模式和管理方法,基本上已不能适应。如何解决这一新课题,自治区有关部门开始着手探索、研究,在管理方面进行改革和实践。

1.公路建设市场的管理

公路建设市场开始由自治区建设厅和交通厅负责,1987年初,建设厅撤销后,由自治区计经委和交通厅管理,1988年12月,自治区交通厅建立了施工资格检查制度,对区内外进入西藏的公路工程施工单位进行资格审查,清理不具备施工能力的包工队,经审查合格的施工单位发给《公路工程承包许可证》,才能承包工程和参加投标,自治区计经委通知,自1990年元月1日起,统一使用自治区计经委发放的《公路工程施工承包许可证》,原交通厅发放的《许可证》同时停止使用,并办理换证手续。

在西藏公路建设市场中,主要力量有自治区内公路工程施工队伍、中国人民武警交通一总队、人民解放军驻藏工兵部队。其次,青海省路桥工程公司、成都路桥工程公司、四川省路桥工程总公司德阳分公司以及四川、青海等省施工队伍,也是多年活跃在西藏公路建设市场的施工力量。

2.工程项目招投标

1985年3月,青藏公路安多至唐古拉山的三座工区房筹建,公路管理局按照自治区建设厅《建设工程招标投标试行办法》实行公开招标。这是西藏公路上首次办理的招标。同年3月9日和10日在西藏电视台播出了招标广告,同时,甲方算了标底,总额为399万元,还组织了评委会。3月20日,在全体投标单位和评委参加下,开启标书,当众宣读,经过两天的评审,确定了基本录取单位,然后对基本录取单位进行口试,并按评分标准对各口试单位评定了总分,结果三家得分最高的单位(自治区内一个,四川省两个)中标,各承建一座工区房,中标总价(合同价)387.7万元,比标底少11.3万元,比工程概算低92.3万元,节省投资19.4%,第一次采用招标方式发包工程圆满完成。

根据交通部《转发建设部整顿建设市场座谈会纪要的通知》和自治区人民政府的有关指示精神,交通厅于1989年12月25日发出《关于公路建设工程对外承包工程的规定》,规定各施工单位要按交通部的招投标办法办事,承担的工程任务要与建设单位签订承包合同;施工单位总承包的工程项目如需向外分包部分分项工程或单项工程时,要报交通厅(地市施工单位报地市交通局)批准,并实行公开招标;施工单位已领取交通厅发放的《公路工程承包许可证》,在1989年底停止使用,从1990年1月1日起,领取了自治区计经委发放的《公路工程施工承包许可证》才能承包工程。

青藏公路、川藏公路的改建、整治,由交通部安排投资,由武警交通一总队承包施工。自治区安排投资项目,从下达任务到协商签订合同,逐渐发展到公开招标、邀请招标和议标三种方式。大的项目主要是采用议标方式。

1993年9月,山南地区一桥一路工程指挥部对贡嘎至泽当公路改建工程的招标,就是采用议标的方式。参加投标的公路施工企业,经建设单位初审后报上级审批,然后按交通部颁发的《公路工程招投标管理办法》办理议标,选取了自治区公路工程总公司、山南交通局工程队、青藏公路局拉萨工程队和拉萨市政工程公司四家国有施工企业承担施工。通过议标,明确了施工单位承担的工程量、工程价款、质量和工期等,同时对施工合同进行商议。9月21日,甲乙双方的法定代表人在山南地区工商局、公证处、建设银行等部门的监督下,举行了合同签字仪式。贡泽公路全线分为4个合同段,合同价款共8301.96万元,合同工期为1993年10月至1994年12月20日。四家中标单位严格履行合同,各项指标完成较好。

实行工程项目招投标,节约了投资,缩短了工期,有效地解决了决算超预算、预算超概算、概算超计划投资、工期一拖再拖的老大难问题,经济效益明显提高。

3. 三级四方质量联合保证体系

根据交通运输部颁布实施的《公路水运工程质量监督管理规定》,从业单位应当建立健全工程质量保证体系,制定质量管理制度,强化工程质量管理措施,完善工程质量目标保障机制。公路工程施行质量责任终身制。建设、勘察、设计、施工、监理等单位应当书面明确相应的项目负责人和质量负责人。从业单位的相关人员按照国家法律法规和有关规定在工程合理使用年限内承担相应的质量责任。目前,在自治区重点公路建设项目中,已基本建立起了"政府监督、业主负责、施工监理、企业自检"的三级四方质量联合保证体系,这是保证工程质量的重要手段。

根据交通运输部《公路水运工程质量监督管理规定》相关要求,经自治区编制委员会批准,2011年1月30日,同意将自治区交通科研所(交通厅公路基本建设质量监督站、交通科技情报站)调整为西藏自治区交通工程质量安全监督局(工程造价管理站),业务上接受交通运输部安全与质量监督管理司的指导。自治区交通工程质量安全监督局的职责是受自治区交通运输厅的委托,对全区在建公路基建项目进行行业质量监督,是三级四方质量联合保证体系中最具权威性的一环。其工作内容职责为:参与拟定公路水运工程质量与安全生产相关的政策、技术标准和规范;承担公路、水运工程重点项目的质量监督、安全生产监督工作;指导地(市)的工程质量、安全生产监督检查工作;负责公路水运工程质量鉴定和仲裁工作;参与重大工程质量事故调查工作;负责施工工程安全生产事故调查工作;承担公路水运工程监理、试验检测等从业单位的资质及其他人员的资格审查和评定工作;承办交通运输厅交办的其他事项。

在实施质量监督检查过程中,通过随机抽查、备案核查、专项督查等方式,重点检查参建单位质量安全保证体系的建设和运转情况、标准化建设实施情况、工程实体及原材料抽检情况、工地试验室建设和运转情况、现场安全生产情况等方面,对于监督检查发现的问题根据其严重程度,下发《质量抽查意见通知书》《安全督查意见通知书》《停工通知书》及《质量安全监督通报》等;对重大工程质量问题要求建设单位和监理单位按合同或有关规定处理,经自治区交通质监局复查合格后方可进行下道工序施工。工程完工时,对工程质量安排第三方检测机构进行全面检测,根据检测报告提出意见,只有自治区交通质监局提出质量鉴定认可意见后,方可进行决算、申请验收、申请优质工程和各种质量奖项。对监督检查发现参建单位的违规、违约行为,根据相关信用评价办法和制度,定期向社会进行公布和推送,有效遏制违规、违约行为的发生。

(二)施工企业经营管理机制改革

西藏交通厅直属的公路工程施工队伍,1985年以前称公路工程局,1985年改为公路工程公司,1993年改为公路工程总公司,同时组建建材公司。其下属的一、二、三、四、五工程队也随之改为工程分公司、工程公司,工程车队于1993年改为工程运输公司。

公路工程总公司是个中型施工企业,1995年末职工总人数为1637人,其中藏族职工为1097人。有高级职称人员6人,中级职称人员20人,初级职称人员174人。有主要机械305台,工程汽车261辆,机械化程度达75%以上。该公司是西藏实力较强的一个公路、桥梁施工单位。

1981年10月16日至22日,全区公路工作座谈会形成的《会议纪要》提出了"无论公路基建、大中修及小修保养,均可实行内包,也可以外包"。

1982年,施工企业开始对外转包工程。

1983年9月,公路工程局将青藏公路那曲至安多段30座小桥、涵洞及部分路基路面工程转包给青海省互助县交通局。一直到青藏公路改建工程结束,甲乙双方履行合同和完成任务都比较好。

1984年4月25日至27日,交通部召开的第三次青藏公路施工、运输协调小组会议的《纪要》指出,为确保1985年完成改建工程,"建议西藏交通厅大胆采用内外发包等一切可能的经济手段挖潜力,多做工程"。交通厅贯彻了这一精神。

施工企业在工程任务富余时转包部分工程,提高了工程量,缩短了工期,但也出现过质量问题。经过返工处理和总结经验教训,加强了对转包工程的管理。

公路工程局原为事业单位,交通厅对其下达指令性计划,财务结算以预算控制。改革开放以后,公路工程局努力改变经营管理,变革人事、用工和工资分配制度,在市场竞争中拼搏,求生存、求发展。

1982年3月,公路工程局开始在各工程队试行预算包干、节约分成。

1985年6月,经自治区有关部门正式审定公路工程局为公路施工企业单位,随后更名为公路工程公司。并确定从1985年1月起,核算体制改为实行独立核算,自负盈亏,照章纳税。工程任务富余时可将部分工程外包,任务不足时可"找米下锅"。

从1985年起,交通部门对所属公路施工企业布置工程任务由过去下达指令性计划的方式变为商议签订合同的方式,实施合同管理。建设单位与施工单位签订的合同,内容包括:工程项目、包价(不包括预算概算中的建设单位管理费、施工监理费、勘察设计费、研究试验费、设备购置费)、施工前的准备、工程期限、工程质量、改建公路保证车辆通行,建材和设备的供应,工程价款的支付与结算,施工与设计的变更,工程验收和违约责任。交通厅与施工单位签订的施工承包合同,实际上是招标中的议标方式。1986年4月25日,交通厅成立了公路基建领导小组,下设基建办公室,以加强对公路建设和施工合同的管理。

1994年元月25日,公路工程总公司制定了《公路工程公司三项制度改革实施办法》。这三项制度是:劳动用工制度、人事管理制度和工资分配制度。

(1)劳动用工制度:总公司全面实行工效挂钩承包责任制。根据生产经营业务的需要,自主决定职工人数的增减。招收职工的数量报劳动部门批准后,面向社会,分开招收,认真考核,择优录用。注重培养藏族和其他少数民族职工。择优上岗,实行合理劳动组合,实行劳动合同管理。未到法定退休年龄的年老体弱职工,经批准可以在总公司内部退养,其工资按正式退休标准的70%计发,不另计发工龄工资。

(2)人事管理制度:根据《西藏自治区全民所有制工业企业转换经营机制实施办法》的规定,实行干部任期目标聘任制,采取能者上、平者让、庸者下,自主行使人事管理权的原则。除总公司行政正职由交通厅党委任免外,其余干部由总公司、公司任免,并打破工人与干部的界线。

(3)工资分配制度:工人严格执行工效挂钩,按承包合同和定额计量兑现分配。

公路工程总公司实行的经济责任制主要有以下四种形式。

(1)承包经营责任制:①总公司与建设单位签订工程合同,按工程概(预)算实行总承包。②总公司对下属公司实行分割概(预)算包干。公司成为二级核算单位,一次定死,自负盈亏;超支不补,节约分成,签订合同,各负其责。③公司对分队实行按工程路段划分任务的"分段承包经营",或称单项工程承包经营。形式有两种:一是公司将一切该扣除的费用全部扣除,然后对承包者一次包死,盈亏自负;另一种是将"工、料、机"全部直接费用和部分施工管理费包给分队,分队按定额考核发给生产者工资,如有盈余,分队与公司分成,分队从分成盈余的奖励基金中进行第二次分配。无论何种承包形式,双方都签订合同,共同遵守。

(2)超产工资制:这种责任制是建立在定额考核基础上的分队将任务下达到班组,规定工程项目和工程量,并按定额算出工日和材料消耗。工班按图施工,完工时由技术人员检查验收,并统计每人实际完成定额工日数,在质量合格、材料又不超耗的前提下,与应出勤工日相比,超产者奖,欠产者罚(扣发基本工资)。

(3)计件工资制:自采材料的采集与加工实行计件工资制,根据生产完成的数量、质量按材料单价计算发给工资。

(4)单车(机)经济责任制:在工程车队和各公司的机械分队实行这种经济责任制。在制定定额的基础上,对单车、单机(大型机械)进行核算,考核指标分为任务、油料消耗、材料消耗、安全、大修间隔里程等,经逐项考核,分别给予单项奖罚。机修人员实行定额工时考核制。机修分队任务不足时,可向公司承包工程。

这个时期内,总公司承建的工程主要有:1978年至1985年完成了青藏公路拉萨至安多段451km铺筑黑色路面的改建工程。1985年底至1986年上半年完成了川藏公路拉萨至达孜段近23km铺筑黑色路面的改建工程和贡嘎机场跑道工程。1986年底至1989年底主要完成了中尼公路曲水大桥到妥峡大桥段82km加铺黑色路面的改建工程和尼木大桥的新建工程,同时完成了米林县境内的4座中桥、羊湖电站道路工程、羊八井地热电站加铺沥青路面工程、青藏公路部分维修工程、自治区人民政府院内道路工程、拉萨林廓西路和北京西路改建工程。1985年至1989年的5年,施工任务不足,要"找米下锅",其中1986年对外承包工程额516万元。1990年完成了中尼公路曲大段的收尾工程和K10处改变设计工程,贡嘎机场部分扩建工程,青藏公路部分维修工程及亚东桥、妥峡大桥工程。1991年至1992年完成了中尼公路大口段的50多公里黑色路面工程和年楚河大桥新建工程。1992年还抽调部分劳动力参加青藏公路第一期整治工程。1993年10月至1994年9

月完成了贡泽公路 K8～K42 段共 34km 加铺黑色路面的改建工程。1993 年起主要力量参加青藏公路第一期整治工程,1995 年在继续参加青藏公路第一期整治工程的同时,还抽调了部分力量完成了拉萨至贡嘎公路标准美化整治工程。后 5 年的承包工程充足,经济效益逐步提高,税后年平均利润已超过 100 万元。

有关部门对自治区公路工程总公司的资质作出如下评定:1991 年,被交通部评定为企业资质一级企业。1992 年,被建设部、国家统计局评定为全国建设施工综合实力百强企业。同年,被国家企业评价中心、建设部、国家统计局评定为全国 500 家最佳经济效益建设业企业及全国交通系统 25 家最佳经济效益建设业企业。1993 年,被西藏自治区人民政府评定为西藏 66 家骨干企业。1994 年,再次被国家企业评价中心、建设部、国家统计局评定为全国 500 家最佳经济效益建设业企业。

(三)公路勘察设计单位管理机制改革

交通厅公路勘察设计院下设三个测量队、一个钻探队,一直独立进行生产活动,多年未变。1992 年,三个测量队变为一个监理队、两个测量队。监理队受建设单位委托,担负施工监理职能。

设计院的职工人数,1978 年以前,多年保持在 280 人左右,其中技术干部约 130 人。1980 年起,由于内调和离退休,人员逐年减少,1980 年末下降到 225 人,其中技术干部 90 人。1991 年末 160 人,其中技术干部 74 人。1995 年末降到 154 人,其中技术干部 88 人。在 1995 年末的技术干部中,高级职称 6 人,中级职称 12 人,初级职称 70 人。设计院在 20 世纪 80 年代以后,技术力量日趋薄弱,到 90 年代,更是"青黄不接"。虽有援藏干部补充,还是不能适应西藏公路建设发展的需要。

设计院实行党委领导下的院长负责制。职能部门有政治处、纪委、工会、行政办、计财科、技术科。

(1)公路勘察设计院是国家事业单位,在 1987 年以前,是财政全额拨款单位,财务核算实行设计费收支两条线的全额预算管理。1988 年 7 月 12 日,自治区交通厅与设计院签订了 1988 年至 1992 年为期五年的《承包合同》。承包原则为核定收支,定额补助,递减包干,超支不补,结余全留。

承包期内交通厅给设计院的补助指标为 1988 年补助 45 万元,1989 年补助 40 万元,1990 年补助 30 万元,1991 年补助 20 万元,1992 年自负盈亏。承包期内经费出现结余时,60% 为事业发展基金,40% 为职工福利基金和职工奖励基金。

为了实现合同目标,设计院试行了内部经营承包,对直接生产的测量队、监理队、钻探队进行项目承包。"实行三包一挂",即包工期、包质量、包数量,三包项目完成情况与奖金和津贴挂钩。机关实行考勤考绩,记分计奖。车队实行油料定额管理,驾驶员按车公里包干奖金和差旅费。

设计院按国家计委《关于勘察设计单位推行全面质量管理的通知》精神,于1989年9月开展了全面质量管理工作。建立了岗位责任制和必要的规章制度,进行目标管理,开展质量小组活动,对测设项目进行事前、中间和成品三环节管理。1991年9月,经自治区计经委、交通厅共同组成验收委员会进行验收,通过了达标验收。1992年,进一步抓项目质量管理,坚持事前指导,中间检查,成品验收,完善测设项目流程卡和工序管理表,建立项目管理资料袋,基本建立了项目管理制度,同时,积极开发、应用计算机辅助设计。1992年组织人员去交通部规划设计院学习,购置计算机设备,引进软件、路线CAD用于设计工作。

在完成项目设计方面:五年累计完成公路施工图设计350km,初步设计554km,工程可行性研究3455km,完成大桥设计7座,钻探总进尺1624m,完成了"一江两河"公路交通规划。1992年承担青藏公路第一期整治工程唐南段的监理工作。

1992年,设计院实行自负盈亏,开始实行企业化管理。把它的生存和发展,同设计市场融合在一起,渐渐走上市场经营的轨道。

(2)设计院为深化改革,于1993年2月8日制订了设计院改革方案,基本思路是以分散求生存,以集中求发展,变集中管理为分散管理,变统一核算为二级核算,两级经营,两级积累,求生存靠队,求发展靠院。自找门路,广开财源,生产任务由设计院统一接,再转下属生产经营单位承包。生产经营单位按承包任务的产值提成,作为本单位的承包费收入和开支;勘察设计和监理承包单位,按独立大中桥产值的45%或按路线产值的50%提成,钻探队按产值的60%提成。在提成总额中,20%为各队的预留金,用于周转和资产购置,经院部批准才能使用,其余80%为各队生产成本开支。生产成本的结余,50%作为各队的事业发展基金,50%作为各队的奖励基金。生产经营单位的工资分配方法,报院批准后执行。机关人员开支按全院总收入的12%提取。机关实行结构工资加岗位津贴。提取金额不足,减发岗位津贴;提取的结余,50%纳入院发展基金,50%作为院奖励基金。设计院各单位的其他创收,30%上交院部。

1995年12月,设计院根据第十三次全国勘察设计工作会议和全国交通行业勘察设计工作会议精神,在1993年改革方案的基础上,又制订了深化改革承包方案。该方案把设计院的生产任务分为计划任务和市场任务两部分。计划任务来自自治区交通厅、建设厅和计经委的计划任务书,按工程总投资2%收取前期费。市场任务是其他委托设计的工程,签订工程勘察设计合同,也按总投资的规定比例收取勘察设计费。甲方需先投付给设计院合同中设计费总额的50%作为启动资金,交出设计文件时再付45%,最后的5%待后续服务完成,工程竣工验收时结清。方案对院、队的职责和内部承包责任制也有具体规定。

1963—2000年,完成等级公路勘察设计10588.66km,桥梁勘察设计14911m/206座,工程地质钻探总进尺2万余米,公路建设工程可行性研究报告8449km,公路工程监理1684.42km,桥梁工程监理4013.26m/45座,承担了西藏地区"一江两河"综合开发交通规划和自治区公路网规划。

2000—2010年,完成的重大公路勘察设计项目有34个,等级公路勘察设计2000多公里,桥梁勘察设计7527m/104座,工程地质钻探总进尺8万余米,公路建设工程可行性研究报告1125km,公路工程监理3015km,桥梁工程监理2022m/20座,承担了西藏自治区"十五"公路网规划,设计了西藏地区第一条高等级公路——拉萨至贡嘎机场专用公路新建工程,承担了中国援建尼泊尔沙夫鲁比西至拉苏瓦加蒂公路勘察设计,为公路勘察设计走出国门、打入东南亚市场赢得了荣誉。

三、成立重点公路建设项目管理中心

为加强对国家投资的国道、省道、边防公路的建设质量、进度和资金控制,2001年,西藏自治区重点公路建设项目管理中心(以下简称"项目中心")成立,主要是承担自治区重点公路建设项目法人职责。

(1)项目中心强化制度建设。针对项目建设管理工作中出现的新问题、新情况,在广泛调研和参考学习内地管理经验的基础上,制定了《西藏自治区重点公路建设项目管理中心农民工用工管理办法(试行)》《西藏自治区重点公路建设项目管理中心工程设计变更管理实施细则(试行)》等规章制度,补充完善了《项目管理中心各部门工作职责》和《内部综合管理制度》等。通过新制度和办法的制订和落实,项目中心各项管理措施更趋完善,强化了制度执行力,形成了用制度规范行为、按制度办事、靠制度管人的机制,工作效率进一步提高,为项目建设管理规范有序提供了有力的制度保障。

(2)项目中心积极实施标准化管理。坚持以重点、难点项目为突破口,项目中心先后在国道318线102滑坡群工程项目、通麦至105道班段整治改建工程等推行标准化管理,制定实施了管理标准化、工地标准化和施工标准化等管理办法,结合西藏项目建设实际建立了统一的技术标准、管理标准和检验标准,建立了"以工序保分项、以分项保分部、以分部保单位、以单位保总体"的质量创优保障体系。通过标准化管理、标准化施工和标准化建设,规范了工程施工建设行为和管理行为,打造了统一、规范、有序的施工标准体系,从而实现了对项目建设的安全、质量、工期、文明施工的有效控制,达到了"实施有规范、操作有程序、过程有控制、结果有考核"的目的。

(3)在强化防控保证安全和质量方面,加强信息化建设促进项目建设"可视、可测、可控"。针对国道318线102、105项目技术复杂性和安全重要性,在现场安装了视频监控装置,全天候不间断进行跟踪检查。利用该系统全面、直观、实用性强的特点,实时将施工现

场的图像传输到监控中心,实现了对施工现场的信息化管理,既减轻了工作强度,又节约了大量的人力、物力,对项目建设通过信息化手段实时管控进行了有益探索。

(4)引进安全防控体系促进项目建设安全实施。针对国道318线102、105项目所处复杂的地质、地理环境,首次引进了安全风险评估体系及地质预报体系,对项目建设过程中的安全风险进行评估,对施工现场的地质状况进行跟踪分析,深入开展风险评估及关键节点关键技术咨询,从而有效避免了各类安全隐患的发生。

(5)强化项目投资控制确保资金安全运行。严格落实财经纪律、预算管理、成本控制、审计监督制度,在项目建设开始,与开户银行签订《交通建设资金账户监管合作协议》,明确职责和权限,重点加强对计量支付的审查把关,严格落实工程设计变更"四方"会议制度,按照规定程序和周期组织设计变更层层审查报批,建立了"事前有控制、事中有检查、事后有监督"的管理机制。

四、大力实施公路安保工程

西藏地处"世界屋脊"青藏高原之上,平均海拔超过4000m,独特的地理环境造就了这里独一无二的雪域风光,却也成为限制当地交通发展的障碍,恶劣的气候环境对公路交通安全的威胁十分显著。

为了预防和减少公路交通安全事故,西藏自治区交通运输厅在人才匮乏、资金不足的情况下,响应交通运输部的号召,于2004年开始实施以"消除隐患,珍爱生命"为主题的安保工程,开展了一场轰轰烈烈的公路交通安全"保卫战"。自2004年开始的十年间,投入资金3.4亿元,改造安全隐患里程6000多公里,并因地制宜,整治视距不良路段1.6万余处,设置防护网近4万m^2,修补路基缺口超过18万m^3,有效地提高了工程路段的安全性。

为确保安保工程的实效性,让平安常伴"天路",西藏自治区交通运输厅本着"统筹规划、轻重缓急、务实发展、量力而为"的原则,分三个阶段开展了此项工作。

在准备阶段,西藏自治区交通运输厅迅速成立了专门的公路安保工程领导小组,负责全区安保工程规划、政策制定和相关技术支持。还通过大量的宣传活动,及时编印并发放了藏汉两种文字的安保工程宣传手册2万份、宣传单3万份,让百姓了解安保工程、重视安保工程,并积极加入安保工程的建设中来。针对建设经验相对缺乏的情况,2004年6月、7月,西藏交通厅先后三次安排工程技术人员参加了安徽省和四川省公路安保工程学习交流会,取长补短,灵活借鉴。

在试点阶段,西藏自治区交通运输厅首先在省道101线曲水至贡嘎机场23.5km路段开展了试点工作,在实施过程中发现问题、研究方法,达到了锻炼队伍的目的,为全面开展安保工程积累了宝贵经验。

在认真总结公路安保工程试点经验的基础上,安保工程建设在西藏全面展开。通过各实施单位的共同努力,自2004年8月下旬开始,分别在5条国道、14条省道和部分县道、边防公路上实施了公路安保工程。截至2012年12月10日,累计完成投资3.4余亿元,处治安全隐患里程超过6000多公里。据不完全统计,西藏自治区17条国省干线公路在安保工程实施后年平均交通事故率下降约70%,年平均重特大交通事故率下降约80%。

在实施安保工程的过程中,面对各种复杂情况和困难,自治区用灵活的办法达到了务实的效果。

复杂的地形特征、恶劣的气候环境,使安保工程的实施面临着极大的困难。因此,在具体实施中,需要根据不同地区、不同气候和不同路段的路况特点、交通流量和事故特征,坚持"点线结合、突出重点、适度防护"的原则,确保公路交通安全。

针对事故多发的重点路段,隐患整治必须出"狠劲",下"猛药",如国道214线多条路段、国道219线狮昆路段、国道317线沿河路段等相关事故多发路段,恶性交通事故不断发生,西藏自治区交通运输厅痛定思痛,在财力有限的情况下,想方设法加大投资力度,通过在险要路侧设置波形钢护栏、柔性护栏和钢筋混凝土防撞墙、挡冰墙,处理视距不良等综合措施予以治理,不仅提高了相关路段的安全性能,更有效遏制了重大交通事故的发生,给群众创造了安全、可靠的行车环境。

人才匮乏、资金不足是西藏安保工程中较为薄弱的环节。"安全"自然必不可少,但更要注重安保设施"经济且适用"的效果,做好这一点,相当不容易。

道路交通标志、标线是提供给车辆和行人必要的安全交通信息流。标志标线的缺失是造成事故频发的因素之一,而如果设置混乱和密集,又会造成资源的浪费。只有健全、合理且醒目的标志标线,才能满足安全行车的要求,达到设计效果。因此,这项看似简单的工作其实并不简单。

"旧材新用、量力而为"是西藏安保工程在合理有效利用资金方面遵循的一项重要的原则。而在安保工程的设计和实施中,各级公路部门也都格外注重安全、兼顾环保且考虑经济,做到了防护适当,灵活多变,从而"多快好省"地把公路交通的安全保障工作落到实处。

安保工程作为一项综合性的系统工程,各级公路部门都高度重视,将安保工程当成是"救命工程""阳光工程""百年大计"来做,狠抓工程施工质量关,确保从源头上消灭工程质量隐患。在工程建设中,尽量择优录用符合条件、具有较高信誉和实力的施工单位,从确定施工队伍抓起,排除一切干扰,公开、公平、公正招标,阳光操作,增加透明度,从而确保工程的施工质量,保证工程的施工安全。在具体的项目施工方面,各施工项目部都会定期召开工程质量和安保专题会议,从思想上高度重视工程质量,深刻认识"百年大计、质量第一""质量重于泰山"的含义,并全面贯彻"项目法人、社会监理、企业自检"质量保证体系,多方位、多力度保证施工质量和安全。让安保工程不只是保一时的安全,更能保一世的安宁。

在过去的几十年里,西藏公路交通从"走不了,走不好"发展到"走得通,走得好",而如今西藏更要向着"走得安全,走得放心"而努力。现在的西藏已经不再闭塞,交通先行加快了当地经济的发展,西藏也正在以全新的姿态,蓬勃地发展起来。而通过实施安保工程,西藏有了越来越便利的交通,越来越安全的交通环境,那句"扎西德勒"的祝福,也变成了对广大驾乘人员最贴心的护佑。

五、坚持公路建设可持续发展

青藏高原脆弱区公路交通基础设施极为落后,因此要改变其脆弱状况,交通基础设施的建设必不可少。在青藏高原环境脆弱区进行公路建设,如果在规划、设计、施工、运营养护阶段对环境保护问题考虑不周,就必然会对脆弱的生态环境产生胁迫影响,很可能诱发新的环境病害,但不能为了保持西藏纯自然状态就不修公路,不要发展。实现公路建设可持续发展的合理途径应该是通过整治改建增强公路系统的承灾能力,并在工程开始实施的各个阶段均采取有效的环境保护措施,使公路建设对脆弱生态环境造成的影响降低到最小限度。

(一)增强公路系统的综合承灾能力

青藏高原脆弱的生态环境客观上要求公路必须具有较弱的易损性和较强的抗灾能力。因此必须通过改建、整治和新建,逐步完善提高现有公路,特别是国道、省道的等级和质量,使全区主要干线公路的整体技术水平和服务水平大幅度提升,提高抗灾能力。

西藏地区的公路建设有很大的特殊性,以往西藏地区的公路建设取得了许多成功的经验,但失败的教训也不少。因此必须认真总结经验和吸取教训,结合西部大开发的新形势、新任务要求和我国经济总体实力逐步增强的实际,创新公路建设思路。在指导思想上立足干线公路的"长治久安",以加快发展为重点,以科技进步为动力,以保障通行、促进畅通、提高行车安全为重点,进一步加大投入力度、集中资金和技术力量,逐条逐段提高干线公路的整体抗灾能力和总体服务水平。青藏高原脆弱区公路的改建、整治应遵循以下几个原则。

1. 因地制宜、因段制宜

根据各条公路及各个路段所处的自然地理、地质环境,以及建设条件和道路功能地位的不同,分别采取不同的整治改建对策和措施。①对于大中型病害工点或严重的病害地段,在现有的技术经济条件不足和治理上无足够把握时,不要急于投入大量的资金整治,而应进一步开展科学研究,分析论证病害的"可知性、可治性",对病害发展趋势和规模做出定性、定量的科学评价分析,为下一步的工作安排提供决策依据。目前则应采取强制性保通措施结合养护维持通车。强制性保通方案也要长远规划,近期临时性工程尽量能为长远永久性工程所用。②对于活动日趋弱化或稳定的病害工点的病害地段,具备条件时应尽量避绕;无法避绕,但在现有的技术经济条件下有把握治理时,应安排整治,做到一劳永逸,不留隐患。③对于病害较轻且可知性与可治性较强的路段,应采取整治与改建相结合的方针,寓整治于改建之中。④对于比较稳定路段,应进行改建。

2. 综合治理、注重实效

青藏高原地区公路建设环境复杂多变,工程艰巨,客观上要求必须有足够的投入作保障。这也是过去一些重点病害项目先后"撒胡椒面"式地投入(累计)不少,却"久治不愈"的主要原因之一。因此必须改变过去因"限额设计"而形成的治标不治本的做法,在养护保通的前提下,改建整治应以"不诱发新的地质病害、不遗留隐患"为原则,尽量不搞过渡性方案和限额设计,工程措施应一步到位、综合治理、标本兼治、一劳永逸,力争做到"改一段、好一段、畅一段、治一段、成一段、保一段"。

研究确定病害工点的整治工程方案时,应遵循"技术可行性→经济合理性→方案可靠性→养护便捷性"的"四阶段实施性技术原则"。采用现代科技手段进行工程勘察、勘探和监测,查明病害的规模、形成机制、主导因素、激发因素及各抗灾工程设计准确的参数,对其发生发展规律做出科学的评价,为方案研究提供依据。

3. 统筹规划、突出重点

西藏自治区的干线公路先天不足,技术状况普遍较差,全部改建整治需要大量的资金投入。在资金约束的前提下,公路建设必须统筹规划、突出重点。建设实施序列安排时,应根据军事交通需求和道路地质的危害程度,按照"轻重缓急、突出重点、区别对待、分期实施、逐年提高"的原则开展。对阻车、断通严重且关乎交通运输发展全局和军事交通战略的路段,要靠事前安排实施。

4. 强化养护、建养并重

为保证公路改建之后能够长期安全地正常运营,在目前及整治改建完成以后,都不能放松养护管理和保通,要逐步增加人员和设备配置,扩大养保规模,提高养护管理队伍人员的技术素质,增强维护公路技术状况能力,减少或延缓灾害对公路的危害,确保对突发灾害的处理能力。

(二)减免工程活动的环境负数

青藏高原的生态环境极为脆弱,一经破坏、扰动,难以恢复,公路建设中应充分体现

"预防为主、保护优先、建设和保护并重"的原则。要以生态敏感区公路建设涉及重要珍稀和濒危物种的保护和解危为重点,使公路建设所经过的森林、草原、湿地和自然保护区的生物多样性基本能够得到保护,实现公路建设与环境保护的协调发展。

1. 规划设计阶段的环境保护

(1)西藏地区的公路建设多属改建整治工程,改建时,对具有条件的大部分路段可铺设中、高级路面以替代现有土路便道。高级路面则应消除土路行车扬尘对公路两侧农作物及牧草的侵害,改善公路走廊带内的自然景观。

(2)在自然保护区内,公路路线应遵循"能避绕就避绕"的原则进行规划,尽量避开自然环境保护地带,减少对具有自然价值植物、野生动物和地形地质构成的自然生态系统的破坏;同时,应在对野生动物的生活规律、迁徙方向进行研究后,提出为沿线野生动物开辟迁徙通道的计划。

(3)对于跨越沟谷跨度较大的桥梁,尽量做到一孔跨越,减少对沟谷及两岸自然环境的破坏,使桥梁景观与自然环境相协调。小桥涵洞设置原则上应做到一沟一涵,尽量避免并沟设涵,以保持原有自然风貌。

(4)泥石流的整治应结合桥涵设置综合考虑。泥石流的排、导、拦、固工程,应顺应自然,因地制宜,合理处治,避免强排、盲导、硬拦、固而无本,使泥石流整治的周边生态环境处于良性循环状态。

(5)临山路段改建整治应避免大填大挖,避免诱发新病害。地形开阔的河谷盆地路段,路基高度在满足使用要求的情况下应尽量降低,一方面可节省借方量,另一方面可减少对沿线及其周边自然环境的不利影响。

(6)路堤边坡、路堑边坡、挡墙及护面墙等防护系统的设计,应尽量做到既能起到防护作用又能达到美化路容的效果。

(7)傍山临河水毁路段,应设置调治及防护工程,遏制周边生态环境的恶化。

2. 施工阶段的环境保护

(1)任何施工行为均应考虑对冻土环境的影响,减少对冻土的扰动,并采取合理控制路基高度、铺设保温层、以桥代路和筑通风路基等一整套保护冻土层稳定的工程措施。长期试验与跟踪观测结果表明,通过多年冻土带,一般路基高度只要达 100~120cm,基底多年冻土就能得到可靠保护。另外,施工时只要合理选择取、弃土位置,取土点选择低矮土丘,取土深度不大于冻土上限,就可以最大限度地保护冻土环境。

(2)施工中应尽量减少对原有地表的开挖面并采取措施保护高寒植被,减少对原有地表植被的破坏。为了保护植被,施工时可采用分段施工、植被移植的方法,使地表高寒植被的损失量减少到最小限度;重要地段也可以考虑喷种草籽的办法,通过加注养料,促使草皮再生。

(3)工程施工中应采取措施,保护沿线野生动物的栖息环境和迁徙通道,严禁猎杀、捕杀野生动物。施工时应按设计要求完成野生动物的迁徙通道和深路堑处的护栏等野生动物保护措施。

(4)严禁在高、陡边坡上采料、取土,以免诱发边坡失稳,引起新病害,给日后养护带来困难。应避免在固定、半固定沙地内取弃土和破坏沙生植被,在流动沙丘、沙地地段取弃土时,应选择其下风侧并采取平整、覆盖措施。

(5)适当增加借方运距,减少施工现场周边生态环境压力,不能利用的废方应按设计要求选择地势低洼、无地表径流、植被稀疏、适当远离路线的地点堆放,严禁将废方弃于河道、湖泊、湿地、自然保护区的核心区和缓冲区,也不宜占用高寒植被发育的草地资源。弃土弃渣堆弃形态要稳固,要有利于水土保持,避免坍塌流失。

(6)竣工后应及时清理施工现场,清理施工临时占地,清除临时工程废弃物,恢复原有地貌,不留有碍自然景观的施工痕迹。

3.运营养护阶段的环境保护

(1)公路本身是沿线公路走廊带内社会环境的一个组成部分,公路改建整治后,加大养护力度,有利改善本路段内路况环境,同时也有利于推动自身及周边社会环境的改善发展。

(2)公路养护是对生态环境进行保护的一项重要内容,尤其是对泥石流、滑坡、崩塌、碎落、沙暴等灾后开展抢险、清理、养护,既是顺应生态的自然变迁,也是对人为诱发的一些次生态环境失衡的积极补偿。

(3)公路改建整治完成初期交通量较小,但随着路况的不断改善及热点地区经济的不断发展,会吸引越来越多的车辆。因此,走廊带内的空气环境、声环境问题也不容忽视。应考虑对路线通过城镇和居民区路段进行局部绿化,种植巡道林带,采取隔声措施,减少汽车尾气和噪声污染。

(4)路线沿途应注意生活污水、洗车废水及生活垃圾的集中处理和统一排放,避免造成环境污染。

(5)对有毒、有害等危险品的运输,公路管理和公安等部门应严格控制并加强管理,以防意外泄漏造成环境污染。

(6)加强环境保护教育,应在可能的情况下,制订环境监测实施计划,根据监测结果采取相应的环保措施。

第三章
公路养护

西藏地处青藏高原,受强烈地壳运动影响,自然条件极为复杂,素有"地质博物馆"之称。特殊的自然条件,加上西藏公路自身等级低,构造物少,防、抗灾能力弱,给公路养护管理带来了极大困难。西藏公路毁坏、中断行车,90%以上是由于水毁、泥石流、滑坡、雪灾、雪崩及寒区冰冻等作用造成的,解决这些问题已成为西藏公路养护的关键所在。

和平解放以来,在中央的亲切关怀和交通运输部等国家有关部委的大力支持下,西藏的公路养护事业得以蓬勃发展,通车里程快速增长,区域路网通畅能力不断加强,管养水平也逐步提高,保障了公路运输为主,航空、铁路、管道运输为辅的综合运输体系的良好运转。

第一节 公路养护概况

一、道班设置

康藏、青藏、中尼和拉亚公路建成通车后,每10km设一个道班,养护工人在10人左右。

1958年,在那昌公路上的黑河至纪路通段和安狮路上的安多至班戈湖段建有道班。1959年,在拉萨至泽当段建有道班。1960年,抢运硼砂时,在安狮路上的班戈湖至杜佳里段增设道班。

在平叛改革期间,公路通车里程增长较快,至1964年末,区内专业养护里程为3416km,地县养护里程为4291km,部队养护里程为1207km,共计设养里程8914km,占全区通车里程的62.5%。大多数公路是紧急抢修通车或是急造公路,标准低,未设道班,均由各地区计经委工交科雇民工进行季节性养护。按照中共西藏工委、自治区筹委、西藏军区1964年9月对边防公路分工养护的指示进行养护,通往边防点各部队驻地的公路支线养护、边防军用支线养护由军分区(师)驻地部队负责。

"七五"开始,国家对国道西藏境内段进行逐步改建。在青藏公路第二次改建时,每30~50km设一工区(大道班),工人约30人。"七五"至"九五"期间,拉萨至贡嘎、贡嘎至泽当、中尼公路曲水至大竹卡、大竹卡至日喀则、川藏公路拉萨至林芝、滇藏公路邦达至昌都等公路改建后,均设置工区。

2000年底,自治区通车里程35538km,设养里程12419km,设公路养护段(队)49个,工程队4个,道班(工区)669个,渡口2处。

"十一五"末,全区公路通车里程60809.883km,公路密度4.8km/100km^2,较"十五"末增加33.24%。2010年底,全区共设养公路(含补助设养)55856.184km,设养里程较"十五"末增加16354.613km,增长41.4%。

全区共有公路段43个(科级建制),武警养护大队7个(营级建制);工区169座,道班140座,武警养护中队18个(连级建制,含2个应急中队)。

2010年6月底,公路养管系统共有职工9212名,其中离退休人员4929名,在岗职工4283名。在岗养护管理干部职工较"十五"末减少337人,减少8%;武警交通部队养护官兵1658名。国省公路有各类养护机械设备1631台(套),其中含待报废304台(套);农村公路养护机械设备130台(套)。

"十二五"时期,西藏自治区公路养护体制改革工作取得显著成效,养护管理体制逐步理顺,运行机制逐步完善,公路养护工程市场逐步建立,为西藏公路事业发展奠定了长远的体制基础。养护资金投入大幅增加,共投入养护资金84.5亿元,较"十一五"增长117.27%;养护力量不断充实,通过社会聘用方式录用养护职工子女4767人补充养护一线;民生得到显著改善,困难职工子女上学、重病救助、住房保障等机制逐步建立;简政放权大力推进,副科级干部选拔任命权限下放至各公路(管理)分局,3000万元以下养护工程建设管理权限全部下放,共下放养护工程133个,总投资达10.6亿元。

"十二五"期间制定完善各项规章制度70余项,实施美丽公路创建312.896km,完成大工区建设38座。公路安全隐患治理成效显著,公路养护工程投入资金24.11亿元,改造危旧桥梁115座/6770.4延米,实施大中修工程23项/1894km,完善安防设施3735km;完成预防性养护工程1.05亿元,重要干线公路基本实现无特大自然灾害全年通车目标。

"十二五"期间,西藏自治区不断加大科技创新力度,促进自治区公路养护科技含量不断提升,开展的"高寒地区沥青路面养护施工技术研究""西藏高海拔低温条件下路基路面养护技术研究"等科研课题为公路养护事业发展注入了新的活力。科学决策的基础支撑更为坚实,研究建立了路况检测、分析和以MQI值或优良路率为核心指标的公路养护评价机制,32647km国省道数据的普查整理为养护经费科学投入提供了翔实的数据支撑,《西藏自治区公路养护工程预算定额》的编制,为养护工程合理投入提供了科学的标准依据,有力地保障了公路养护事业的科学发展。

截至2017年底,全区公路职工人数7454人,其中:公路管理机构人员2600人,养护工区(站、道班)人员4854人(因县级交通运输局人员流动情况较大,以上数据未包括县级交通运输局人员)。

二、道房建设

20世纪50年代初期,一个道班10个工人只有一顶或两顶单帐篷,一口锅。

1960年后,有了简易房屋。道班工人睡地铺、睡通铺,蹲在地上吃饭,坐在铺上开会、学习。在青藏公路沿线寒冬时气温在-30℃以下,帐篷内的温度比外边只高1℃,工人们靠羊皮大衣、皮帽、毡靴等简单用品御寒。柴达木盆地处于戈壁沙滩,夏季干旱炽热、蚊虫肆虐,道班工人们的生活、工作条件极为艰苦。高原上水烧不开、饭煮不熟,有些地方还缺饮用水和燃料。川藏公路穿过森林地带,养路工人住在工字形木板房里睡木板床。房里有简易木桌椅,供开会、学习和吃饭使用。

1960年后,国家投资陆续修建养护工段房和道班房,这种房屋是干打垒式的土坯墙、铁皮顶。在青藏公路和拉贡公路改建时,每30~50km左右建工区房,多用水泥预制块修建房屋,建筑面积1800~2000m²。

中央召开第三次西藏工作座谈会后,由交通部发起的全国交通系统为西藏养路工人"送温暖"活动,为西藏援建道班房156座,让养路工人用上了电灯、收看到了电视,改善了西藏道班养护职工的居住条件。"九五"期间,自治区公路管理局还通过多方筹资,改建道班(工区)房55座,段房11座。

1996年,在交通部的组织号召下,发动全国同行支援西藏道班建设,统一规划、统一标准、统一实施,一年时间为西藏援建道班153座,极大地改变了西藏养路工人的生活环境,提升了养路工人的社会形象,使2000多名养路工人走出了危房,搬进了新道班。

"十一五"期间,西藏投入6450万元实施段道班改建工程,新建和维修工区(道班)94座;投入1227万元实施学生食宿点、老年活动中心、工区(道班)太阳能照明工程。解决了156个道班看电视、49个道班(工区)吃菜及喝水问题、80个道班(工区)用电和60座道班(工区)职工通勤车辆问题。

"十二五"期间,西藏积极完善养护工区功能,不断增强养护工区管理、服务能力,逐步实现"路政管理、养护生产、应急维稳、救援服务"四位一体功能,争取投资11.7亿元,新改(扩)建155座工区和段道房,并对海拔5000m以上养护工区进行整合搬迁。

三、养护设备

20世纪50年代,公路养护主要靠手工操作,工具有铁锹、铁铲、十字镐和架子车等。

1960年,各养护段革新工具。拉亚公路麻江段先后试制和推广吊土机、打夯机、锤击机、手摇式打水车、离心式洒水车、单双轮手推车和自动铺料车等工具。

青藏公路上的五道梁、雁石坪、纳赤台段和安狮路上的东巧段等牧区养护段训练牦牛拉车运送土石材料,以牦牛车配汽油桶运水养路。还有的工段在畜力车后拖带自制的钢板刮路机,用来刮路面"搓板",减轻了养护工人的劳动强度。至1963年,全区配备养护用汽车43辆(主要用于生活运输)、拖拉刮路机4台;全区有架子车645辆、畜力车105辆、专用牲畜357头。

1980年,自治区公路管理局恢复后,逐年增添设备,改善养护手段,减轻繁重的体力劳动,并增强抗灾能力。1986年全区公路养护系统有各种筑路、养护机械626台,汽车332辆,发电机89台;1995年,筑路、养护机械577台,汽车289辆,发电机82台。

1997年,青藏公路二期整治中,投入1007.4198万元购置机械设备52台(套);川藏公路东久至拉萨改建工程投入2344万元购置机械设备103台(套);福建省援助林芝地区交通局拖拉机及自卸车33台,价值54.64万元。

1998年,那曲地区抗雪灾保通过程中,投入500万元购置机械设备35台(套);昌邦公路改建工程投入396.8112万元购置机械30台(套)。

1998—1999年,湖南、湖北援助山南地区交通局综合养护车及装载机2台,价值53.4万元。

2000年,自治区交通厅及自治区公路管理局配备机械265台(套),价值275.83万元。至2000年底,全区有养护机械823台,汽车223辆,发电机82台。

2001年,交通部再次动员全国交通系统,开展"援助西藏公路机械活动"。交通部直属单位和全国交通系统40个单位,共援助资金2944万元,为西藏公路养护部门捐赠养护机械75台(套)。

"十五"末全区国省干线公路、农村公路分别拥有养护机械设备1582台(套)和36台(套)。

"十一五"期间,养护机械化程度有所提高,5年间新增公路养护设备568台(套),有效降低了养护难度,保障了养护质量。截至2010年6月,全区国省干线公路、农村公路分别拥有养护机械设备2150台(套)和130台(套),较"十五"末增加35.90%和261.11%。随着公路应急储备的发展,2017年全区公路应急储备物资:战备钢架74组、编织袋30.45万只、融雪剂828.3t;应急保障机具:平板车59辆、挖掘机131台、推土机105台、装载机318台、抽水机38台、发电机组113套、除雪除冰设备63台。

四、养护经费

川藏、青藏两条公路通车后,养护经费由交通部拨给。交通部拨给青藏公路管理局的养路费,1955年为541万元,1956年为186万元,1957年为186万元。交通部将川藏公路的养路费列入公路总局第一工程局改善工程费用中。

青藏公路交通运输管理局成立后,1958年8月10日开始征收养路费,平均每年征收

200余万元。自1961年起,养护事业费支出由地方财政拨款,养路费收入全部上交,实行以人头经费为主的分配模式,养护事业经费由800万元逐年增加到1966年的1100万元。财政拨款高出当年养路费收入的4~5倍。1972年1月1日起,公路养护事业费随公路下放地区管养,由自治区经计委和自治区财政局直接安排和划拨各地区。1980年,自治区交通厅公路管理局成立后,公路养护事业费仍由地方财政拨款。

在西藏,公路利用率低,1991年每公里公路年货物运输量为全国的1.11%,每公里公路年货物周转量为全国水平的10.76%;征费标准也是全国最低的,减免征费车辆比重大。1995年,征半费车辆为8749辆,占全区缴费车辆(含拖拉机)26185辆120572吨位的33.4%;免征车辆为2303辆2576吨位,在车辆总数中,减免征车辆数占38.8%。由于公路路线长、路况差,养护工程大,征收的养路费不能满足养路支出,养护事业费仍靠国家和自治区财政补贴。

"十一五"期间,西藏共投入16900万元实施危桥改造工程,改造危旧桥梁136座/4765延米;投入16500万元实施安全保障工程,处置安全隐患路段19360处,实施里程2502km;投入11200万元实施养护大中修工程,安排项目98个。

"十二五"期间,西藏自治区公路养护资金投入大幅增加,共投入公路养护资金84.5亿元,较"十一五"期间增长117.27%。至2017年,全年累计投入养护资金179263.81万元,其中高速公路2866.30万元,普通国省干线累计124275.9541万元,农村公路20538.3937万元。

第二节 公路养护体制机制沿革

1952年,康藏公路工程处设立养路科,开启了西藏公路管养事业。其后的28年间,为适应社会发展对公路管养工作的需要,公路管养机构曾数次变革,至1980年3月,西藏自治区公路管理局恢复成立,按照"统一领导、条块结合、分级管理"的体制,负责自治区公路管理养护工作,下设青藏、昌都、林芝、日喀则4个公路管理分局,行业指导管理区内7个地(市)交通局和武警交通四支队、八支队、二支队二营的公路管理养护工作。

随着经济社会的发展,为适应新形势下的公路管养服务需求,西藏公路管理局不断深化养护运行机制改革。1994年,结合西藏公路管理与养护自身发展的实际,实行按交通流量、养护里程、海拔高度、养护难易程度定公路养护质量和责任的"三定一包"目标责任制(定公路养护等级、定人员编制、定养护经费、包公路养护质量和管理责任)。"三定一包"大胆探索了养护用工分配制度的改革,增强了养护职工的紧迫感和责任心,调动了广大养护职工的积极性,提高了出工出勤和工时利用率。在承包方式和责任到人两方面都有所突破,一定程度上克服了养护生产吃"大锅饭"的弊端,改变了干好干坏一个样的现象。也加强了财务管理,做到了使有限的养路经费既保证职工工资,又保证正常的养护费用,把经费用在关键地方,用出了成果、用出了效益,为逐步实现公路小修保养按年公里成本投入进行了有益的尝试。

1998年,西藏公路管理局在总结和深化"三定一包"目标责任制的基础上,提出"四定二打破"的公路养护运行机制改革新举措(即在人事制度改革上,机关管理人员一律实行定岗、定责、定员和定机关经费总额;在用工制度上,彻底打破身份界限,实行全员参加社会统筹;在分配制度上,彻底打破"铁工资",实行按劳分配),出台了《关于进一步改革和完善公路养护管理运行机制的实施意见》。"四定二打破"在建立适应市场经济灵活的养护运行机制、转变职工思想观念方面进行了积极探索。

2006年,根据国办〔2005〕49号文件精神和交通运输部等部委要求,在进行试点工作的基础上,自治区人民政府出台了《关于印发西藏自治区农村公路管理养护体制改革实施方案的通知》(藏政办发〔2007〕9号),财政部门投入资金补助养护农村公路,交通公路部门及时配套相关办法、规范和标准,县级人民政府管养主体责任明确,农村公路"重建轻养"观念逐步转变,失养局面得到有效扭转。农村路网整体通行能力大幅提高,有力地辐射和带动了公路沿线农牧区经济社会发展和群众增收致富,为维护社会局势稳定、建设社会主义新农村和农牧民群众便捷出行提供了更好的交通服务。

由于经费投入不足,综合配套政策没有跟上,运行机制改革虽然取得了一定成效,但无法从根本上解决制约公路管养事业发展的体制机制问题,养护能力与养护需求之间的矛盾日渐加剧,进行新一轮的改革势在必行。

2011年9月,自治区人民政府批准了《西藏自治区公路养护体制改革方案》,随后,自治区交通运输厅、财政厅、人力资源和社会保障厅在西藏公路养护管理系统全面开展了自治区公路养护体制改革工作。

一、改革方案制定

在养护改革方案制定阶段,自治区党委、政府领导高度重视。交通运输部公路局局长李华专门召开会议就西藏公路养护体制改革进行指导,深刻分析国内有关省(自治区、直辖市)公路养护体制改革成绩、经验和教训,对西藏公路养护体制改革提出了6点具体意见,明确在取消政府还贷二级公路收费中央补助资金和燃油税增量中给予西藏公路养护资金倾斜,并安排体改办前往交通运输部公路科学研究院和辽宁、云南等省学习经验,又在方案论证阶段派交通运输部公路局领导和兄弟省(市)专家专程进藏指导帮助。西藏自治区交通运输厅、财政厅和人社厅领导多次研究讨论方案,给予资金、政策支持,自治区编办、教育厅、住建厅等部门也分别对改革提供政策保障。

在自治区党委、人民政府和交通运输部公路局领导的关心及自治区有关部门的大力支持下,《西藏自治区公路养护体制改革方案(送审稿)》经过18次修改后呈请自治区人民政府审批,于2011年自治区人民政府第11次常务会议研究并顺利通过。

二、改革方案部署

《西藏自治区公路养护体制改革方案》经自治区人民政府同意后,自治区交通运输厅、财政厅和人社厅迅速联合印发并精心指导执行,自治区公路局全力投入公路养管事业改革发展的落实和推进工作,成立了公路养护体制改革领导小组和公路养护体制改革办公室,及时制定《西藏自治区公路养护体制改革实施方案》,提出了4年工作计划和每年阶段目标,及时动员部署相关工作并加强督促检查。

2012年4月,公路局召开公路养护体制改革工作动员会议,全面部署养护体制改革各项工作,2012年9月再次召开公路养护体制改革工作推进会,总结阶段经验、分析存在问题、研究推进措施。整体工作做到了经常有要求、阶段有重点、落实有效果。同时,公路局党委在公路养管系统开展"一教育、两加强、三推进"活动,把开展感恩教育,加强领导干部思想、能力和作风建设与深入推动养护体制改革相结合,提高领导干部攻坚克难的能力,保障养护体制改革科学有序推进。

各级公路养护管理机构积极落实养护体制改革相关工作,按照公路局的统一安排部署,全部成立养护体制改革公路领导机构和工作机构,形成党委统一领导,政工部门牵头负责、有关部门共同参与的工作格局;各单位由班子成员带队将养护体制改革方案、政策等宣传到基层,确保全体养护管理职工懂政策、明方向,部分单位还就具体工作制定了专门工作方案,有力促进了养护体制改革的全面、深入、稳妥实施。

公路养护体制改革推行一年来,有力推动了公路养护管理事业科学发展,取得了丰硕的实践成果和制度成果。

三、改革方案实施

(一)逐步理顺养护管理体制

公路局按照《关于印发〈西藏自治区公路局机构编制方案〉的通知》(藏机编发〔2011〕39号)的精神,坚持"管养分离"原则,分别确定了各级公路养护管理机构的职能,明确了国道、省道、二类边防公路和农村公路养护管理和养护生产的责任主体。

1. 完成高速公路和国道垂直养护管理体制改革

2012年,公路局按照有利于养护职工境遇改善、有利于养护管理队伍稳定、有利于养护管理事业发展的思路,认真研究、慎重决策、稳妥推进,全面完成了国道214、219、317线管养职权的移交工作,根据区编办《关于设立拉贡机场高速公路管理分局的批复》的精神,筹建成立了拉贡机场高速公路管理分局,高速公路和全部国道均由自治区公路局派驻分局或行业指导的武警交通养护部队组织实施养管工作,实现了高速公路和国道垂直养护管理。

2.推进省道分级养护管理体制改革

鉴于《西藏自治区公路条例》将省道养护管理职权授予各地(市)交通运输主管部门的法律界限和现阶段养护管理基础设施、人员实际情况,2012年重点工作是创造条件争取早日实现省道分级养护管理的体制。一是继续提高省道设养率,全年新增设养省道里程125.97km,省道设养率达到88.71%;二是积极协调,做好《西藏自治区公路条例》修订准备工作;三是综合运用资金管理、目标考核、省道互检等手段加强省道养管工作。

3.深化农村公路区域养护管理体制改革

由于农村公路在西藏路网中的比例和作用不断增大,养护管理任务与目前养护机构、人员技术和基础设施之间的矛盾日益凸显。同时,为支持国防边防工作,此次改革将农村公路养护管理的责任主体和二类边防公路养护生产的责任主体确定为各地(市)交通运输局,县级人民政府为辖区内农村公路(不含二类边防公路)的养护生产责任主体。改革方案要求农村公路养护管理各级责任部门要积极争取政府支持,帮助县(市、区)尽快落实农村公路养护管理机构和人员,保证农村公路养护管理工作正常开展。目前来看,推进此项工作所面临的困难和阻力较大,但正在通过资金手段和模式创新以求解决。

4.探索边防公路专业化养护管理体制改革

2012年已经会同有关部门完成边防公路的初步规划工作,下一步拟根据军地双方对边防公路的认定结果和养护管理需求,研究组建区域机械化养护中心,实现辐射一定区域内边防公路的专业养护作业,实现边防公路养护管理的常态化,提高边防公路养护管理能力和水平,为国防边防巩固提供更好的公路服务。

(二)建立完善养护运行机制

1.健全考核机制

按照交通运输部颁布的《公路技术状况评定标准》和全区公路养护事业发展规划及各公路养护生产责任主体编报的年度工作计划,2012年全区公路工作会议上公路局与各养管单位签订了《2012年度国省干线公路养护管理目标责任书》,在当年10月中旬至11月上旬,全面开展了全区国省干线公路互检工作,考核了养护生产质量,并依据互检结果增减养护经费。此外,还完成了《西藏自治区国省干线公路养护管理办法》《西藏自治区国省干线公路小修保养管理办法》和《西藏自治区公路养护工程管理办法》的制定工作。

2. 完善管理机制

本着精简、效能、权责一致的原则,顺应西藏自治区国省公路养护生产的需要,有效整合养护生产资源,并根据海拔、地质条件以及养护里程、机械设备配置、养护难易程度,因地制宜,科学合理设置养护工区,对养护人员严格实行"定岗、定员、定责",严格控制管理人员的增加,切实提高养护生产效率。制定完成了《青藏公路大工区养护试点方案》。

3. 开展绩效考核

建立常态机制提高公路系统干部职工的工作积极性和工作效率,形成积极向上、奋发竞争的氛围。2012年首先对局属单位领导干部全面推行述职述廉制度,全方面考评领导干部年度工作完成情况,制定了《西藏自治区公路局系统领导干部述职述廉办法》。

4. 建立人员补充机制

推行"管理、专业技术和工勤技能"的岗位分类管理,制定养护管理生产人员补充实施办法,进一步细化养护管理生产人员分类,完善人员管理制度。制定完成《西藏自治区公路养护管理系统补员方案》和《西藏自治区公路养护聘用人员管理办法》,并启动了公路养护一线补员工作,遵循"同工同酬"原则,采取招录、委培和聘用等多种方式,2012年分两批完成公益性岗位、公路养护职工子女补员共2070人(其中:第一批1119人,第二批951人)。通过养护系统开展的素质工程建设,改善人员结构和知识结构,加快公路养护管理紧缺技能型人才的培养,2012年共举办养护机械操作手培训两期共120人,举办基层党支部书记培训一期50人,举办财务培训班一期65人。

5. 继续完善农村公路养管机制

一是落实县级人民政府承担农村公路养护的主体责任,加快构建"统一领导、分级管理、地县为主、乡村配合"的养护管理责任体系。二是落实养护资金,2012年,全区农村公路铺装路面养护补助标准达到国家规定的最低标准;通过3年时间,逐步提高无铺装路面养护补助标准,2015年实现全区农村公路养护补助标准全部达到国家规定的最低标准。同时会同财政部门制定了《西藏自治区农村公路资金使用管理办法》,进一步提高了养护补助资金使用效益。

6. 加强公路应急保障体系建设

根据改革方案要求,全面加强了公路应急保障体系建设。一是加强组织建设。在局养护管理处内设路网中心,作为全区公路应急日常管理机构,履行了全区路网日常管理与应急处置、阻断信息报送和发布等职能。二是坚持总体规划。制定并报批了《关于加强西藏公路应急保障体系建设的意见》和《西藏公路应急装备物资储备中心布局方案》。三是推行分步实施。相继开建拉萨和昌都两座国家区域性公路交通应急装备物资储备中心。四是加强装备物资配备。按照"预防为主、有备无患"的原则,结合所承担的主要应急任务,科学、经济地分级分类配备必要的应急装备物资。五是加强应急队伍建设。全年在维护稳定和养护生产任务十分繁重的情况下,将局属国有施工企业天顺公司作为应急队伍,通过实战提高人员技能和素质。六是加强运行机制建设。在健全层级匹配、衔接完善的应急预案的基础上,研究制定了一系列应急规章制度,初步形成分级响应、反应迅速的应急运行机制。

7. 深化企业改革

全面启动局属企业改制工作,将局属6家企业合并重组成2家企业,分别以工程施工、公路养护和质量检测、工程监理作为主业,促进局属企业进一步做优做强。将企业建成产权清晰、权责明确、事企分开、管理科学的法人实体,使其成为自主经营、自负盈亏、自我约束、自我发展的市场竞争主体。

(三)建立养护经费科学投入机制

按照"以事定费、事财匹配"的原则,以节约成本、提高公路养护质量、提升公路服务水平和能力为目的,建立西藏国省公路养护经费测算体系,科学合理测算全区公路养护成本需求,为保障公路养护奠定基础,逐步实现定员养护向定额养护的转变。完成了国省干线公路普查、数据录入、养护经费测算软件开发和《西藏自治区国省干线公路养护资金管理办法》《西藏自治区国省干线公路小修保养资金管理办法》等规章的制定工作。

(四)努力保障和改善民生

1. 逐步解决公路养护管理系统待业子女就业问题

将全区公路养护职工待业子女就业问题按照国家和自治区现行就业政策分类解决,争取用2年通过工勤人员补员渠道全部解决男性年龄18～40岁、女性年龄18～30岁,具备劳动能力的待业人员就业。同时,积极争取自治区有关部门的大力支持,按照本人自愿的原则,通过在公路养护管理系统设置临时工作岗位,特殊照顾男性40岁以上、女性30岁以上且尚具备一定劳动能力的待业人员的临时就业和家庭增收问题;对男性40岁以上、女性30岁以上,失去劳动能力的待业人员则通过其指定1名亲属就业的方式解决本人养老问题。

2. 认真落实公路养护职工子女就学补助政策

积极协调自治区财政厅、教育厅和交通运输厅出台《关于印发〈西藏自治区公路养护职工子女就学补助政策〉的通知》(藏财教字〔2012〕30号),2012年起,1693名公路养护段困难家庭子女和所有养护道班(工区)职工子女开始享受学前至高中阶段15年就学补助政策,二、三、四类区和边境县每生每学年分别补助2200元、2300元、2400元,妥善解决了养护职工子女就学困难问题。

3. 努力改善养护一线生产生活条件

通过公路建设配套、加大经常性投入等方式,逐步提高公路养护机械设备装备率,以降低养护职工劳动强度,保护养护职工身体健康,建设(维修)工区,新增养护机械设备,为加快养护一线生产生活条件改善进程,向交通运输部申报了段道房改建(维修)资金计划。大力实施"五小一院"工程,从物质生活、精神生活上不断满足养护职工新需求。

4. 研究解决养护系统困难家庭职工安居问题

协调自治区住建厅印发了《关于将西藏公路养护系统困难家庭职工纳入保障性住房的通知》(藏交发〔2012〕107号),将公路养护管理系统职工按照属地管理的原则纳入本地保障性住房或干部职工周转房建设、申请、分配计划,确保生活困难的养护职工老有所居。2012年,已有54户困难家庭享受该政策。

5. 坚持实施养护管理系统重大疾病患者离岗治病和资助制度

2012年起,对身患重大疾病职工,实行离岗治病制度,离岗期间工资待遇不变。设立公路局重大疾病救助金,资助公路系统重大疾病患者,减轻其就医负担。

四、改革成效

在交通运输厅党委的正确领导和公路养管系统干部职工的共同努力下,养护体制改革工作扎实推进、有效开展,基本实现了既定的阶段目标任务,改革成效已经充分显现。

(一)养护管理体制进一步理顺

初步建立与公路的基础性、网络性、功能层次性特点相适应的"层级清晰、事权明确、权责一致、运转高效"管理体制,相对更加顺畅的体制让公路局对全区公路特别是国道养护管理工作的领导、主导和掌控作用明显增强,为西藏公路养护管理事业奠定了长远的体制基础。

1. 高速公路和原国道实现垂直养护管理

2012年完成了国道214、219、317线管养职权的移交工作,根据区编办《关于设立拉贡机场高速公路管理分局的批复》的精神,筹建成立了拉贡机场高速公路管理分局,高速公路和原国道均由自治区公路局派驻分局或由行业指导的武警交通养护部队组织实施养管工作,实现了高速公路和原国道的垂直养护管理。在原有国道养护机构基本保持不变的条件下,2014年完成了新增国道219、349、557、559、561线共655.907km管养职权的移交工作,国道和高速公路养护任务与2011年相比大幅增长的同时(养护里程共增长3548.233km),公路养护保障能力和服务水平明显增强。

2.省道养护生产与管理职能彻底分离

省道全部交由各地市交通运输局组织其所属养护生产机构承担养护生产工作,自治区公路局综合运用资金管理、目标考核、省道互检等手段加强省道养护生产的监督管理工作,省道公路通行能力、保障水平和设养率持续提高。截至2014年12月底,省道设养率达到95%,与2011年相比,省道设养率增长了9.77%,省道"条管理,块养护"的体制模式优势已经体现。

3.农村公路区域养护管理体制进一步深化

加强了各地市交通运输局对农村公路的行业管理职能,农村公路养护管理里程大幅增长。一定程度上缓解了随着农村公路在西藏路网中的比例和作用不断增大,养护管理任务与目前养护机构、人员技术和基础设施之间日益凸显的矛盾。

4.边防公路专业化养护管理提上日程

将二类边防公路养护生产的责任主体上升为各地市交通运输局,放在与省道同等重要的位置进行养护管理。目前已会同有关部门完成边防公路的初步规划工作,拟根据军地双方对边防公路的认定结果和养护管理需求,组建区域机械化养护中心,实现辐射一定区域内边防公路的专业养护作业,实现边防公路养护管理的常态化,提高边防公路养护管理能力和水平,为国防边防巩固提供更好的公路服务。

5.公路养护工程市场逐步建立和完善

各公路管理机构在各自辖区内实行养护工程招投标和养护工程监理制度,对公路大中修工程按照工程投资分级承担建设主体责任,按照"公开、公平、公正"的原则进行公开招投标,选择工程施工单位,形成了公平竞争、规范有序的养护工程市场。

(二)养护管理机制进一步健全

机制建立对于公路养护管理事业发展具有全局性、规范性作用。相对改革前更加健全的工作机制为西藏公路养护管理事业可持续发展提供了保障。

1.考核机制更为健全

自治区公路局与各养管单位每年年初签订了年度《国省干线公路养护管理目标责任书》,并采取"年度考核、两年互检、五年区检"的方法,对全区国省干线公路养护管理工作进行综合考核评价,严格落实部颁《公路技术状况评定标准》,全面考核各养管单位养护生产质量。综合考核、互评互查、互相监督的考核机制的全面实施,为科学评定公路养护管理的水平提供了依据。

2.管理机制趋于完善

有效整合了全区养护生产资源,根据海拔、地质条件以及养护里程、机械设备配置、养护难易程度,因地制宜地制定了《西藏自治区国省公路养护管理机构布局方案》,在科学合理设置养护工区的同时,对养护人员严格实行"定岗、定员、定责",通过生产资源的进一步有效配置和对养护机制的进一步理顺,使管理机制更为科学有效,同时最大限度地降低了改革成本。

3. 绩效考核全面开展

为提高公路系统干部职工的工作积极性和工作效率,建立了绩效考核的常态机制,自2012年起对局属单位领导干部全面推行述职述廉制度,全方面考评领导干部年度工作完成情况。绩效考核工作的推行,打破了平均主义和"大锅饭",兼顾了公平和效率,形成了积极向上、奋发竞争的激励氛围。

4. 人员补充机制逐步形成

制定了《西藏自治区公路养护管理系统补员方案》《西藏自治区公路养护聘用人员管理办法》,按照"同工同酬"原则,采取招录、委培和聘用等多种方式,于2014年10月全面完成公路养护一线补员工作,分三批共补充一线养护人员4998人。同时,通过素质工程建设改善人员结构和知识结构,三年来共培养公路养护管理紧缺技能型人才1183人。养护一线工人的补充,基本解决了养护一线缺员问题,丰富了养护生产用工机制,改善了职工队伍严重老龄化的畸形结构。

5. 农村公路补助机制得到保障

强化落实县级人民政府农村公路养护主体责任的同时,积极落实农村公路养护补助资金,自2012年开始,全区农村公路铺装路面养护补助经费已经达到国家规定的最低标准,无铺装路面农村公路的养护补助标准逐步提高,全区农村公路养护补助经费于2015年全部达到国家规定的最低标准。农村公路养护经费的努力保障,有效扭转了全区农村公路重建轻养、反复投入、时通时阻的局面。

2005—2013年全区公路技术状况(MQI值)变化情况见表3-3-1。

2010—2014年养护职工队伍变化情况见表3-3-2。

2005—2013年全区公路技术状况(MQI值)变化情况表 表3-3-1

年份	2005	2006	2007	2008	2009	2010	2011	2012	2013
综合值	油路:83 砂土路:71	油路:83 砂土路:72	油路:83 砂土路:56	油路:84 砂土路:57	油路:78.9 砂土路:67.7	71.6	油路:71.7	油路:72	油路:72.5
好路率	油路(83%) 砂土路(61%)	油路(83.5%) 砂土路(61.5%)	油路(84.08%) 砂土路(52.1%)	油路(83%) 砂土路(51%)	油路(66.8%) 砂土路(56%)	60.2%	油路(65.5%) 砂土路(54.0%)	油路(65.70%) 砂土路(54.55%)	油路(66.15%) 砂土路(56.5%)

2010—2014年养护职工队伍变化情况表　　　　表3-3-2

年份	2010	2011	2012	2013	2014
离退休职工(人)	4929	4693	4647	4153	4296
在职职工(人)	4283	4019	6146	6203	7879

(三)初步建立了科学投入机制

改革打破了自1996年以来养护经费包干使用的投入制度,按照"以事定费、事财匹配"原则核定养护管理工作资金需求,财政投入大幅增加,"十二五"公路养护管理资金比"十一五"增加55%,较好地保障了养护管理工作的需求。同时,交通与财政共建共享的公路养护管理资金测算系统为今后公路养护管理事业的发展提供了资金投入的科学依据。

1. 用科学的方式测算养护经费

自治区公路局会同自治区财政厅共同建立起了西藏国省公路养护经费测算体系,科学合理测算全区公路养护成本需求,明确投入标准,打破了自1996年以来养护经费包干使用的投入制度,将养护经费纳入本级财政,实行预算管理,为保障公路养护管理事业发展提供了资金投入的科学依据。

2. 用详细的普查支撑经费测算

自2012年开始自治区公路局启动了国省干线公路普查工作,对全区国省干线公路31095.85km的专业数据进行了全面整理,进一步摸清了全区国省干线公路的路况信息,为公路养护经费测算提供了科学、可靠、详细的基础数据支撑,全面摆脱了"被预算"的被动局面。

3. 用严格的制度规范经费使用

自治区公路局制定并印发了《西藏自治区国省干线公路养护资金管理办法》和《西藏自治区国省干线公路小修保养资金管理办法》等规章制度,明确了经费的编制、计算、调整等具体事宜,逐步实现了公路定员养护向定额养护的转变,避免了超范围使用和标准不一的情形,进一步规范了预算管理,促进了公路养护经费的科学合理使用,有效提高了资金使用效益。

全区公路养护经费及部分重点投入情况见表3-3-3。

全区公路养护经费及部分重点投入(万元)情况表　　　　表3-3-3

年份	养护经费	安保工程	危桥改造	大中修	灾毁恢复	机械设备
2010	119759.88	3200	4000	3100	3918.8	600
2011	126984.7	3000	6500	3100	5176.5	825.5

续上表

年份	养护经费	安保工程	危桥改造	大中修	灾毁恢复	机械设备
2012	167749.3	6700	13500	19973.4	1000	1991
2013	141663.7(不含武警)	5900	12100	23740	5997.2	1934
2014	157885.74(不含武警)	5700	15000	27624.8	27372	1922

(四)养护系统民生问题明显改善

积极作为、量力而行地改善和解决了公路养护系统待业子女人数多、就业难,困难家庭养护职工老无所居,患有重大疾病职工就医负担重等突出民生问题。积极创造条件切实改善养护一线生产生活条件,增强了养护职工的认同感、归属感和向心力、凝聚力。

1. 一线补员政策招录系统待业子女就业

从2012年起,西藏自治区公路局采用社会用工、签订劳动合同的方式,共聘用4998名编外人员进入公路系统工作。较好地解决了系统中长期存在的缺员、职工同工同劳不同酬、公路养护职工子女就业难等问题,同时按照自治区政策为其缴纳"五险一金",提高了养护职工家庭的经济收入,解除了广大职工子女就业的后顾之忧。

2. 教育补助政策惠及养护职工子女就学

由交通运输厅协调出台了《关于印发〈西藏自治区公路养护职工子女就学补助政策〉的通知》(藏财教字[2012]30号),2012年起,公路养护段困难家庭子女和所有养护道班(工区)职工子女开始享受学前至高中阶段15年就学补助政策,二、三、四类区和边境县每生每学年分别补助2200元、2300元、2400元,妥善解决了养护职工子女就学困难问题。

3. 加大基层投入政策改善职工生产生活

通过公路建设配套、加大经常性投入等方式,提高公路养护机械设备装备率,建设维修道班(工区),实施"五小一院"工程,不断改善养护一线生产生活条件。新增养护机械设备、建设维修道班,有效降低了养护职工劳动强度和生产成本,养护职工逐步脱离了传统手工生产方式,物质和精神生活更加充实。

4. 住房保障政策利于养护职工安居

由交通运输厅协调出台了《关于将西藏公路养护系统困难家庭职工纳入保障性住房的通知》,公路养护职工按照属地管理的原则纳入本地保障性住房或干部职工周转房建设、申请、分配计划。同时积极向相关部门协调申请,在格尔木、拉萨、林芝等地逐步开展职工安居房工程建设,确保了养护职工老有所养、老有所居。

5. 重病救治政策减轻困难家庭负担

关心关注弱势群体,制定了《公路局大病救助管理办法》,设立公路局重大疾病救助金,对身患重大疾病的职工,实行离岗治病和资助制度。对大病患者的救助,减轻了病者家庭的就医负担,体现了组织的人文关怀。

(五)应急保障体系建设初具规模

为有效应对和及时处置各类公路突发事件,提高预防和处置能力,自治区公路局着力加强公路应急保障体系建设,最大限度地保障人民生命财产安全,提供准确、及时、安全、便捷的出行服务。

1. 加强组织建设

在自治区公路局内设立了安全生产管理处,作为全区公路应急日常管理机构,履行全区路网日常管理与应急处置、阻断信息报送和发布等职能,在多次公路抢险保通工作中起到了重要的指挥作用。

2. 坚持总体规划

制定并报批了《关于加强西藏公路应急保障体系建设的意见》和《西藏公路应急装备物资储备中心布局方案》,规划建设4个国家级、3个自治区一级储备中心和27个二级储备中心。目前拉萨和昌都国家区域性公路交通应急装备物资储备中心筹备组已初具规模,在多次急难抢险任务中发挥了突击队作用。

3. 配置装备物资

按照"统筹兼顾、高效利用"的原则,结合日常养护和应急事件处置需求,科学、经济地分级分类配备必要的应急装备物资,充分满足了抢险保通工作基本需求。

4. 组建应急队伍

以拉萨和昌都公路应急装备物资储备中心,武警交通第三支队应急救援队伍和天顺路桥工程有限公司施工队伍作为全区公路应急骨干力量,依托现有养护职工,组建了专业和兼职的公路应急队伍,截至目前已多次出色完成抢险保通任务。

5. 完善响应机制

在健全层级匹配、衔接完善的应急预案的基础上,研究制定了一系列应急规章制度,初步形成分级响应、反应迅速的应急运行机制,通过两年多的实践和调整,应急响应机制日趋完善。

6. 提供公共服务

拓展信息发布手段,建立信息交换、通报机制,开通了"西藏公路网"门户网站,与气象、国土、水利等部门团结协作,积极为公众提供安全、优质的出行服务,及时、准确发布路网运行、公路阻断、当地气象、地质灾害和水文预警等信息。

为全面深入贯彻落实党的十八大精神,进一步提升自治区公路养护质量、管理水平和服务能力,更好地服务和保障经济社会跨越式发展和长治久安战略,根据交通运输厅强力推进公路建设超常规跨越式发展规划,西藏还提出了公路养护管理事业发展超常规跨越式发展方案。争取到2017年,建立一个"层级清晰、事权明确、权责一致、运转高效"的公路管理体制,形成一套"检测快速、决策科学、流程规范、应急高效"的公路服务机制,建成一个"可视、可测、可控"的路网管理与应急处置平台,构建一个"统筹兼顾、均衡发展、以事定费、事财匹配"的公路养护管理投入体系,锤炼一支"纪律严明、业务精通、作风硬朗、反应迅速、无私奉献"的公路养护管理职工队伍。

"十三五"期间,西藏公路养护管理水平将力争步入西部地区中等行列。2020年,自治区路网协调管理能力、公路通行能力和应急保障能力将明显提升;养护经费、生产资料将得到充分保障;养护体制机制、科技支撑体系和安全防护设施将较为健全,为西藏同全国一道全面建成小康社会提供坚实的公路交通保障。届时,西藏将以创新为驱动,着力破解公路养护管理发展瓶颈制约。科学调整养护机构布局,加快国省干线公路养护机构规范设置步伐,协调成立山南、那曲、阿里及高速公路管理机构,逐步实现74个县设立农村公路养护管理机构。提高农村公路养护经费保障。会同相关部门研究,适当提高农村公路和边防公路的养护补助经费标准,逐步建立农村公路应急抢险及恢复重建专项资金保障。完善养护工区功能。不断增强养护工区管理、服务能力,逐步实现"路政管理、养护生产、应急维稳、救援服务"四位一体功能。

第四章
公路对西藏经济社会发展的支撑作用

由于特殊的历史原因和自然地理环境的影响,西藏经济发展基础比较薄弱,生产和消费水平低下,自我发展能力不足。全国所有省(自治区、直辖市)中,西藏经济运行对外依赖性最强。

近几年,除粮食对外依赖性有所缓解外,大量的轻工业、纺织、服装、医疗、文化等与人民生活密切相关的用品,基本靠进藏物资供应,西藏的自我生产、自我发展的能力仍然十分薄弱。因此,交通发展对于西藏自治区社会经济发展至关重要。公路是西藏公路运输的基础,也是西藏国民经济中重要的基础设施之一。虽然属于第三产业,但它同第一产业的农牧业和第二产业的工业,是相辅相成、互相制约的。

"要想富,先修路"。在西藏自治区党委、区政府的正确领导下,西藏交通部门以建立便捷、畅通、高效、安全的综合运输体系为目标,切实加强公路建设和管理,努力推进自治区交通又好又快发展,更好地服务于西藏经济社会发展全局。

近年来,为了加速推进西藏经济社会的发展,党中央更是不断加大了对西藏基础设施建设的支持力度。其中,公路交通基础设施建设投资是重中之重。西藏的公路建设以国省公路为龙头,以经济干线为支架,以边防公路和农村道路为支脉,初步形成了纵横交错、四通八达的公路交通网络。公路基础设施的迅猛发展,为西藏的经济社会协调发展起到了积极的推动作用。西藏公路建设所取得的辉煌成就,带动、促进了各行各业的发展。

中央第五次西藏工作座谈会上强调,要确保西藏实现全面建设小康社会的奋斗目标,要加强西藏基础设施建设,增强自我发展能力。为实现全面建设小康社会的目标,"十二五"期间,西藏自治区继续加快公路交通基础设施建设,拉动经济增长,实现了经济社会的跨越式发展。

第一节 公路对西藏产业结构、人口分布的影响

西藏国民经济结构是不合理的,机械、石油等物资都要靠区外支援,要靠公路运进西藏。农、牧业(第一产业)所需的生产资料和物资,都要靠公路运输。农、牧、林、副等产业的产品,除了产地自我消费大部分外,能运出产地作为商品流通的部分为数很少。

第二产业的工业不发达。重工业以采掘工业和电力工业为主体。轻工业产品,以毛纺织品、食品和民族工艺制品为主。产值不高,而且集中在城镇人口较为密集的地区,大部分产品在区内消费,产生的运输量不大。除了工业用的生产资料对公路运输产生相当运量外,基本建设和建筑业所需的大量建筑材料和工程机械均需要通过公路运输。

第三产业在西藏国民经济中,占的比重略高于全国平均水平。但是作为服务部门的交通运输业并不十分乐观,西藏国民经济的三大产业与公路运输的关系十分明显地存在着严重的相互制约的因素。

西藏地域辽阔,由于恶劣的气候条件和自然环境,无人居住的地区约占总面积的55%以上,人口密度为1.83人/km^2。人口分布不均衡,人口最稠密的地区在雅鲁藏布江中游及拉萨河、年楚河流域,即"一江两河"地区,平均每平方公里在10人以上。其中拉萨平原、年楚河中下游平原、江孜平原、泽当平原,平均每平方公里在50人左右。其他地区人口密度都很低,藏北还存在着相当面积的"无人区"。昌都、拉萨、山南和日喀则四个地市占全藏人口的85%,而地域面积为42%。

西藏城镇的形成及地理位置与地形地貌、自然环境、道路交通密不可分。由历史的沿革、宗教、政治等原因形成了目前城镇的格局,这些城镇均在公路的主要干线上,是政府和地区行署的所在地,为区域政治、经济和文化的中心。

可以这样分析,城市是社会分工的产物。由于特殊的自然条件和气候影响,出行困难,人们的生产社会活动受到制约。城镇的商品经济不发达,基础薄弱,消费水平较低。由于商品、粮食几乎全靠公路从区外长距离运进西藏,商品的运输价格增值基本上超过了它的原值,也就是说,商品的价格由于运杂费的增加,在销售地的价格大大高于产地,一般在两倍以上,边远地区商品的增值更高。

反映在交通运输方面,城镇或某一区域无供需要求,就无货物可运。即使有许多运力,也只能闲置起来。所以说,在流通领域离开了交通这个纽带,经济如死水一潭,它们是相互制约、相辅相成的。经济单元和城镇布局以及人口的分布,是产生货流、客流的必要因素,经济单元的经济水平和消费水平是直接制约运输量高低的关键。

第二节　公路对西藏经济社会发展的支撑作用

一、公路运输业是西藏经济的支柱行业

西藏经济以农牧业为主,工业、能源、建筑业、商业及农林牧副业所需的大量机械、化肥、燃料、生产资料、建筑材料等,都离不开公路运输,而区内的矿产品、工业产品、农副产

品、畜产品都要出藏或分运到生产者和消费者手中。旅游资源十分丰富的西藏,也需要公路交通作为支撑,可见西藏的各行各业都离不开公路运输这个支柱行业。

西藏经济特点是封闭落后的自然经济和"供给型"经济。封闭型的经济是自给自足的经济结构,基本上以行政区划为经济单元。造成这种状态是交通闭塞或者说是交通落后所致。而"供给型"经济更形象地说明了,在目前西藏基础工业水平较低下的状况下,要发展经济,增强自我发展的能力,尚需要全国各地的支援。衣、食、住、行的各项人民生活的必需品大多依靠公路运输,历年的进出藏物资几乎都由公路承担。

二、公路是西藏经济、技术、文化和政治联系的桥梁

西藏革命和建设的各个发展时期都反映了这一点。1954年底,康藏、青藏两条公路通车拉萨,结束了西藏交通闭塞的落后状态,促进了内地和西藏的政治、文化、经济交流,巩固了各兄弟民族尤其是汉藏民族的团结,粉碎了外部势力企图分裂祖国的阴谋。西藏社会从封建农奴制社会向社会主义社会飞跃,这一场脱胎换骨的转变中,社会的进步以经济发展为前提。而经济要发展,交通运输必需先行。在"以经济为中心,改革开放"的新形势下,西藏与区内外、国内外之间的互相联系和互相支持,都需要交通这一中间媒介。西藏要改革开放,除了立足发挥本地优势外,还离不开全国各地的支援,引进区内外、国内外的先进技术、文化教育和各种人才,才能缩小西藏与全国兄弟省(市),以及区内各地市之间历史形成的差距,并改善社会经济发展的不平衡。只有在拥有四通八达的公路网、迅速改变公路设施的落后面貌、提高公路通行能力的前提下,这一目标才能顺利实现。

西藏基本上是以藏族为主的民族自治区,边境地区居住着门巴、珞巴、僜人和夏尔巴人等少数民族。这些民族地区的繁荣和发展,在一定程度上受着交通运输的制约。经过多年的努力和边防公路建设,目前,这些少数民族聚居区基本上通了汽车,为民族共同富裕提供了基础,为实现各民族间事实上的平等创造了条件。

三、公路是联系西藏社会生产、分配交换和消费的纽带

社会生产包括生产、分配、交换和消费4个环节。要在西藏建立市场经济,必须经过生产和流通的过程,运输是生产过程在流通过程中的继续,只有经过运输,才能将产品最后送到消费者手中,商品才有了价值。否则既不能产生它应有的价值,也不能转化为资金而发展再生产。这一情况在西藏经济中还普遍存在着。譬如:西藏的民族手工业产品,在国际和国内市场上都很受青睐,但由于公路运输的滞后,产品运输成本高,产品不能及时运出去等原因致使产品价格高、又不能保证及时供货,因而失去了市场,这是运输这个环节失调造成的。所以西藏经济要实现从"封闭型"经济向"开放型"经济转变,从"供应型"经济向"经营型"经济转变,增强"造血"功能,提高自身的经济活力,公路的纽带作用

十分重要。

四、公路发展优化了投资环境和区域经济格局

经济要发展,交通须先行。交通环境的改善,缩短了西藏与祖国内地和南亚国家和地区的时空距离,密切了西藏对外经济文化交流,优化了西藏的投资硬环境。这对于西藏开发利用区内区外两个市场、两种资源都具有重要意义。近年来,全区招商引资的数量和规模大大超过了以往任何时期,西藏自治区具有高原特色的产品开始大量进入内地甚至国际市场,带动了地方经济的发展。

公路建设,交通发展为西藏矿产、水利、旅游、土畜产等资源开发利用提供了先决条件,使西藏的资源优势转化为经济优势从可能变为现实。特别是随着国省干线公路黑色化整治改建的逐步完成和县通油路率的不断提高,各旅游景区(点)与国省干线公路相连通,原来封闭的旅游资源正不断被开发、挖掘,交通环境的改善加快了旅游业的发展。

1999年,中央实施西部大开发战略。西部大开发的重点是抓好交通、通信、能源等基础设施建设,尤其是交通基础设施建设,中央经济工作会议明确指出要"加快打通西部地区与中部地区和东部地区、西南地区与西北地区、通江达海、连接周边的运输通道"。

西藏自治区必须依托自身特色资源和特色经济的优势,不断增强自身的发展能力和竞争能力,进一步推进特色优势产业发展,实现经济社会的跨越式发展。为充分发挥西藏的资源优势,吸引资金、技术和人才向西藏聚集,承接中东部地区产业转移,西藏进一步加强进出藏公路运输大通道建设,加强与周边省(区),特别是与青海、四川、云南的联系,进而连通了中部及东部省(区)。从根本上改变了由于进出藏物资运输成本高昂、社会物价水平和经济发展成本居高不下,严重削弱产品竞争力和经济发展后劲不利的局面,提高了西藏特色产品的竞争力,充分发展了特色经济的发展潜力。

目前,西藏区域经济格局已初步形成突破行政区划界限的中部、东部、西部三大经济区。

藏中经济区以拉萨市、日喀则地区、山南地区、林芝地区、那曲地区为主,是核心经济区,是自治区特色农牧业产业带、特色精品旅游走廊、加工业核心区和对外开放的前沿。拉萨市是自治区首府,是自治区的政治、经济、文化中心;日喀则地区重点发展农业、畜牧业、矿业和旅游、外贸等具有比较优势的产业;山南地区重点发展矿业、农区畜牧业和旅游业;林芝地区将重点发展旅游业、藏药材、特色高原生物产业和食品产业等特色经济;那曲地区重点发展畜产品加工业、物流业和矿业。

藏东经济区以昌都地区为主,以特色资源开发为重点,发挥旅游资源、生物资源、水能资源和矿产资源优势,发展特色产业。藏西经济区以阿里地区为主,重点发展旅游业,择优发展矿业,建设白绒山羊产业基地。

西藏区域经济新格局的形成与发展,要求加强藏中经济区与其他经济区的交流与协作,充分发挥核心区域的龙头作用,引领全区经济社会的快速协调发展。公路主骨架的建设加强了3个经济区之间的交通联系,缩短了地区间的时空距离,促进形成了优势互补、协调发展、良性互动的区域发展机制,形成了各具特色的区域发展格局。

五、公路建设积极构建新型对外开放格局

西藏自治区是我国重要的边境省区之一,南部和西部分别与缅甸、印度、尼泊尔、不丹等国家和克什米尔地区接壤,边境线长4000多公里,有21个边境县,104个边境乡,28个传统边贸市场。现有边贸口岸5个,其中已开放的聂拉木(樟木)、普兰、吉隆为国家一类口岸,拉萨贡嘎机场为航空一类口岸。随着西藏对外开放的不断深入,西藏边境贸易得到快速发展。

目前,西藏已经初步形成了以樟木、普兰为中心,以拉萨、泽当、日喀则、江孜、狮泉河为依托的区域开放格局。边境贸易的蓬勃发展,不仅对于加强西藏对外经济技术合作,促进产业结构调整,拉动西藏经济发展具有重要意义,而且对于激发农牧业、藏医药和生物资源开发和民族工业等一批特色产业的发展,更新农牧民思想观念,加快农牧民脱贫都具有重要的现实意义,同时也是西藏展示建设成果、吸引投资者、开展对外经济交流并走出高原的窗口。

为了充分发挥对外开放区位优势,构建开放新格局,需要积极建设南亚大通道,加强口岸公路的建设,为提高西藏对外开放的广度和深度,需要为加速开放进程提供方便、快捷的交通基础保障。

六、公路建设活跃乡村经济

农村公路是直接服务于广大农牧民和乡村经济的基础性设施,是构建和谐社会、建设社会主义新农村不可缺少的要素,加快乡村公路建设,对于改善农牧民生产生活条件,活跃乡村经济,促进城乡交流和城乡发展,建设社会主义新农村具有重要意义。近年来,西藏农村公路建设取得了一定的成效,但是,乡村公路通达深度不足、抗灾能力弱、通畅水平不高等问题依然存在。

中央第五次西藏工作座谈之后,西藏更加注重改善农牧民生产生活条件,更加注重经济社会协调发展,注重提高基本公共服务能力和均等化水平。西藏坚持公路建设与农牧民增收相结合、与当地优势资源开发相结合、与边防巩固相结合的原则,针对西藏农村公路交通量小、重车少的特点,科学规划、统筹安排,努力提高了农村公路的通达深度和通畅水平,为农牧区的资源优势转化为经济优势提供了条件,推动了农业产业结构的调整、旅游的开发、文化的进步和经济社会的全面发展,给农牧民群众带来了交通便利和实惠。

七、公路建设促进旅游业发展

西藏素有"地球第三极""世界屋脊""雪域高原"之称,独特的自然风光、别样的民俗风情、众多的文化古迹、浓厚的宗教氛围构成了西藏独特的旅游资源,吸引着世界各地的游客。

旅游业对经济发展具有极大的促进作用,对于起步较晚但具有特色旅游资源优势的西藏来说,是拉动国民经济的重要途径之一。

交通是发展旅游业的必要条件,在旅游业中,它是联系旅游者与旅游对象的重要环节,对旅游业的发展起着推动作用。公路交通是西藏自治区内旅游的主要交通依托方式,公路基础设施服务水平对西藏旅游发展具有至关重要的作用和影响。因此,需要进一步加强旅游公路建设,以支持西藏"一个中心、四大核心景区、四个外接点、七大旅游景观区"的多层次旅游系统的构建。

Record of Highway Construction in
Xizang
西藏公路建设实录

第四篇
西藏公路建设管理地方法规

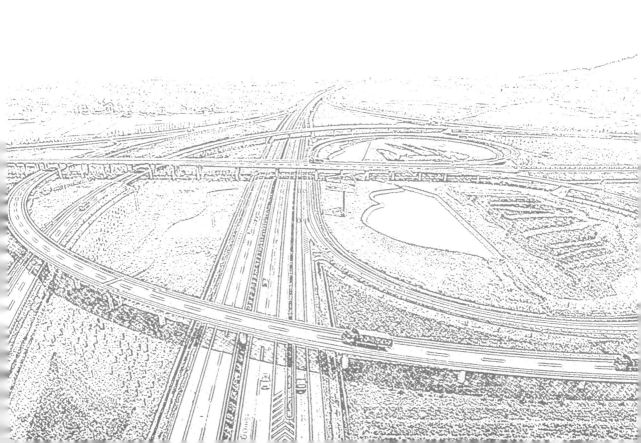

第一章
区级相关法规制度

截至目前,主要由西藏自治区人民政府和西藏交通运输厅出台的区级相关办法、条例等共计 19 部。

主要的有自治区人民政府颁布的《西藏自治区公路路产路权保护办法》、区人大(含常务委员会)颁布的《西藏自治区公路条例(2011 修正)》等,具体见表 4-1-1。这些办法和条例是根据国家的有关法律、法规,结合西藏自治区的实际情况制定的。涉及公路的规划、建设、养护管理、资金管理、招投标、路产路权保护、行政执法、交通科技等多个环节。这些地方性法规制度,为西藏自治区的公路建设、管理提供了法律依据和制度保障。

区级相关法规制度表　　　　表 4-1-1

序号	名称	文号	颁发日期	颁发单位
1	西藏自治区公路路产路权保护办法	人民政府令〔1994〕第 8 号	1994.11.3	西藏自治区人民政府
2	西藏自治区行政执法过错责任追究制度	人民政府令〔1998〕第 10 号	1998.9.29	西藏自治区人民政府
3	西藏自治区路政执法人员着装管理规定	藏交路管字〔2002〕37 号	2002.12.17	西藏自治区交通厅
4	西藏自治区交通行政执法人员行为准则及违规处理规定	藏交发〔2003〕299 号	2003.10.28	西藏自治区交通厅
5	西藏自治区公路条例		2006.11.29	西藏自治区人大常委会
6	西藏自治区交通科技项目管理办法	藏交发〔2012〕387 号	2012.9.27	西藏自治区交通运输厅
7	西藏交通运输企业安全生产量化考核评价"三色"管理办法(试行)	藏交发〔2014〕11 号	2014.1.10	西藏自治区交通运输厅
8	西藏自治区农村公路建设扶贫贴息贷款资金监督管理(暂行)办法	藏交发〔2014〕73 号	2014.2.21	西藏自治区交通运输厅
9	西藏自治区公路工程项目施工招标合理定价评审抽取法实施办法	藏交发〔2014〕410 号	2014.7.24	西藏自治区交通运输厅
10	西藏自治区交通运输企业安全生产标准化考评员管理实施办法(试行)			
11	西藏公路交通建设领域清欠工作责任追究实施办法	藏交发〔2015〕297 号	2015.6.23	西藏自治区交通运输厅

续上表

序号	名称	文号	颁发日期	颁发单位
12	西藏自治区农村公路建设项目施工图设计文件审查管理办法(试行)	藏交发〔2015〕373号	2015.7.15	西藏自治区交通运输厅
13	西藏自治区交通运输建设项目跟踪审计实施暂行办法	藏交发〔2015〕419号	2015.8.5	西藏自治区交通运输厅
14	西藏自治区交通运输建设项目委托审计管理办法(试行)	藏交发〔2015〕420号	2015.8.5	西藏自治区交通运输厅
15	西藏自治区政府投资公路建设项目代建管理办法			
16	西藏地区公路建设主要技术政策	藏交发〔2015〕496号	2015.9.9	西藏自治区交通运输厅
17	西藏自治区公路工程建设项目样板工程评选标准			
18	西藏自治区交通厅公路工程建设劳务用工管理暂行规定			西藏自治区交通运输厅
19	西藏自治区实施《公路工程设计变更管理办法》细则			西藏自治区交通运输厅

1994年，为加强西藏公路路政管理，保护路产，维护路权，保证公路畅通和公路运输安全，使公路更好地为自治区经济发展和巩固国防服务，根据《中华人民共和国公路管理条例》及其实施细则，结合西藏实际情况，西藏自治区人民政府制定了《西藏自治区公路路产路权保护办法》(以下简称"《办法》")。

《办法》规定，公路、公路用地和公路设施均属国家所有，受国家法律保护，任何单位和个人都不得侵占和破坏。公民有遵守公路管理法规、保护公路路产的义务，有检举、揭发和控告一切违章利用、侵占、破坏路产及其他违反《中华人民共和国公路管理条例》和本《办法》行为的权利。

《办法》要求各级人民政府加强对公路路政管理工作的领导，认真解决路政管理中存在的问题。公安、土地、城建、工商、水利、电力、邮电、农业、林业、环保、环卫、学校等有关部门和单位要积极协助、支持做好公路路政管理工作。《办法》规定，公路主管部门负责管理和保护公路、公路用地及公路设施，有权依法检查、制止、处理各种侵占、破坏公路、公路用地及公路设施的行为。

2006年11月29日，西藏自治区第八届人民代表大会常务委员会第二十七次会议通过了《西藏自治区公路条例》(以下简称"《条例》")。《条例》为加强公路的建设、养护和管理，促进公路事业的发展，根据《中华人民共和国公路法》及有关法律、法规，结合自治区实际制定。

《条例》规定，自治区人民政府交通主管部门主管全区公路工作。自治区公路管理机构负责全区公路的养护管理工作,其派出机构负责对国道的养护、管理。市(地)人民政府交通主管部门负责本行政区域内省道、县道的养护、管理。县(市)交通主管部门负责本行政区域内乡道、村道公路的养护、管理。专用公路由建设使用单位负责养护、管理。

《条例》要求,公路发展应当遵循全面规划、合理布局、确保质量、保障畅通、保护环境、节能降耗、建设改造与养护管理并重的原则。县级以上人民政府应当将公路发展纳入国民经济和社会发展规划,采取有力措施促进公路建设,鼓励、引导国内外经济组织或民间资本依法投资建设、经营公路。自治区人民政府在公路建设、养护管理以及人才培养等方面对边远和贫困地区应当给予优先安排和扶持。各级人民政府国土、建设、公安等部门应当在各自职责范围内协助交通主管部门做好公路工作。

2012年,为加强西藏自治区交通行业科技项目管理,实现科技项目管理科学化、规范化和制度化,西藏自治区交通运输厅对《西藏自治区交通科技项目管理办法》(藏交发〔2005〕399号)进行了修订。办法规定,凡使用西藏自治区交通运输系统预算内资金开展的科技项目应按本办法进行管理,交通科技项目管理必须牢固树立和落实科学发展观,坚持依法管理、管理公开、面向社会的原则。

第二章
建设市场管理相关法规制度

截至目前,主要由西藏自治区人民政府和西藏交通运输厅出台的建设市场管理相关法规、制度等共计3部。

2015年,为切实做好西藏自治区公路建设领域工程款和农民工工资清欠工作,依法保障农民工及时足额领取劳动报酬,防止因拖欠工程款和农民工工资引发上访等社会不稳定因素,切实维护全区公路交通建设市场正常秩序,实现交通运输行业和谐稳定,西藏自治区交通运输厅根据《中华人民共和国劳动合同法》《中华人民共和国劳动法》《中华人民共和国合同法》《信访条例》《公路建设市场管理办法》以及《西藏自治区公路条例》等法律法规和部门规章,结合西藏公路交通建设"双清欠"实际,制定并发布了《西藏公路交通建设领域清欠工作责任追究实施办法》(以下简称"《办法》")。

《办法》指出,交通运输主管及建设管理部门应把"双清欠"工作纳入执法或各类检查范畴,作为重点督查内容,对发现问题提出限期整改,并建立台账登记,留备信用评价参考。

《办法》规定,项目业主、代建单位法人是"双清欠"第一责任人,施工单位项目经理是"双清欠"直接责任人,按照"谁主管、谁负责"的原则,认真落实主体责任,及时处理拖欠问题,做到矛盾纠纷不上交、不激化,有效防范各类上访事件发生。

《办法》还规定,业主和代建单位应当严格落实农民工工资保证金制度,实行专户储存、专项监管。未按工程中标价标的10%缴纳农民工工资保证金的,一律不得签订施工合同。

2008年7月,为加强西藏自治区公路建设市场管理,推进公路建设市场信用体系建设,规范公路建设从业单位和从业人员行为,根据交通部《公路建设市场管理办法》和《关于建立公路建设市场信用体系的指导意见》等相关规章、文件,结合自治区实际,西藏制定了《西藏自治区公路建设市场信用评价管理暂行办法》。

《西藏自治区公路建设市场信用评价管理暂行办法》要求,自治区公路建设市场应按照"完善制度、建立体系、分步推进、稳步实施"的原则,健全市场信用管理制度,建立市场管理信息平台,发展和完善信用体系,形成诚信激励、失信惩戒的机制。

另外,为推进公路施工市场信用体系建设,规范西藏公路施工企业的市场行为,提高工程质量,根据《西藏自治区公路建设市场信用评价管理暂行办法》,结合西藏自治区实际,还制定了《西藏自治区公路施工企业信用评价实施细则》(以下简称《细则》)。

《细则》规定,施工企业信用评价考核内容主要包括企业的投标行为、履约表现、工程质量、安全生产以及守法情况。施工企业信用评价工作实行统一负责、分级实施。自治区交通主管部门负责全区公路建设项目施工企业信用评价的动态管理工作,定期发布信用评价结果。

项目中心管理的项目和代建项目的守法情况中社会信誉部分由自治区交通主管部门负责考核,廉政建设部分由驻厅纪检监察部门负责考核;地区管理项目的守法情况由地区交通局负责考核;项目法人负责投标行为、履约表现的考核;质监站负责工程质量、安全生产的考核。

建设市场管理相关法规制度见表4-2-1。

建设市场管理相关法规制度表　　　　表4-2-1

序号	名　称	文　号	颁发日期	颁发单位
1	西藏公路交通建设领域清欠工作责任追究实施办法	藏交发〔2015〕297号	2015.6.23	西藏自治区交通运输厅
2	西藏自治区公路建设市场信用评价管理暂行办法		2008.7	西藏自治区交通厅
3	西藏自治区公路施工企业信用评价实施细则		2008.7	西藏自治区交通厅

第三章
项目管理法规制度

截至目前,主要由西藏自治区交通运输厅出台的项目管理法规制度等共计13部。

2012年,为规范西藏自治区重点公路建设项目管理,确保工程质量安全,提高投资效益和管理水平,根据《中华人民共和国公路法》《中华人民共和国招标投标法》《公路建设市场管理办法》《西藏自治区公路条例》等法律法规的规定,西藏自治区结合当地实际,制定了《西藏自治区重点公路建设项目管理办法》(以下简称《办法》)。

《办法》提出,公路建设项目的立项应严格执行规划。自治区交通运输厅负责管理和实施建设方案研究、项目建议书、项目可行性研究报告及项目初步设计审查等工作。公路建设项目的监理、施工以及与建设项目有关的重要设备、材料等必须依法招标确定。且公路建设项目招投标执行资格审查制度。招投标工作应严格遵守国家法律法规规定,遵循公平、公正、公开、诚信原则进行。

《办法》要求,公路建设项目管理依法实行项目法人责任制。项目法人的组织机构及技术和管理能力应当满足建设项目管理的要求,并符合交通运输部《关于进一步加强公路项目建设单位管理的若干意见》(交公路发〔2011〕438号)等有关规定的要求。

同年,为加强西藏自治区交通行业科技项目管理,实现科技项目管理科学化、规范化和制度化,西藏交通运输厅对《西藏自治区交通科技项目管理办法》(藏交发〔2005〕399号)进行了修订。2005年印发的《西藏自治区交通厅科技项目管理办法》(藏交办发〔2005〕399号)同时废止。

《办法》规定,交通科技项目管理必须牢固树立和落实科学发展观,坚持依法管理、管理公开、面向社会的原则。

2015年,为做好西藏自治区交通运输建设项目全过程跟踪审计工作,规范跟踪审计行为,提高工作效率和审计质量,根据《审计机关国家建设项目审计准则》、审计署《政府投资项目审计管理办法》、交通运输部《交通运输建设项目跟踪审计操作指南》等有关规定,自治区交通运输厅制定了《西藏自治区交通运输建设项目跟踪审计实施暂行办法》。

项目管理法规制度见表4-3-1。

项目管理法规制度表

表 4-3-1

序号	名　　称	文　号	颁发日期	颁发单位
1	西藏自治区公路项目建设单位资格标准	藏交发〔2011〕66号	2011.12.12	西藏自治区交通运输厅
2	西藏自治区重点公路建设项目管理办法	藏交发〔2012〕152号	2012.5.22	西藏自治区交通运输厅
3	西藏自治区交通科技项目管理办法	藏交发〔2012〕387号	2012.9.27	西藏自治区交通运输厅
4	西藏自治区重点公路工程设计变更管理办法	藏交发〔2013〕146号	2013.4.27	西藏自治区交通运输厅
5	西藏自治区公路工程项目施工招标合理定价评审抽取法实施办法	藏交发〔2014〕410号	2014.7.24	西藏自治区交通运输厅
6	西藏自治区农村公路建设项目施工图设计文件审查管理办法(试行)	藏交发〔2015〕373号	2015.7.15	西藏自治区交通运输厅
7	西藏自治区交通运输建设项目跟踪审计实施暂行办法	藏交发〔2015〕419号	2015.8.5	西藏自治区交通运输厅
8	西藏自治区交通运输建设项目委托审计管理办法(试行)	藏交发〔2015〕420号	2015.8.5	西藏自治区交通运输厅
9	拉林高等级公路交通安全管理暂行办法	藏交发〔2015〕504号	2015.9.14	西藏自治区交通运输厅
10	西藏自治区公路工程建设项目样板工程评选标准			
11	西藏自治区公路项目建设单位考评实施细则			
12	西藏自治区重点公路建设项目尾工工程管理办法		2015.11.16	西藏自治区交通运输厅
13	西藏自治区重点公路建设项目咨询审查管理办法(试行)			西藏自治区交通运输厅

Record of Highway Construction in
Xizang
西藏公路建设实录

第五篇
西藏公路建设科技成果与应用

第一章
科技创新概况

由于西藏公路绝大多数地处海拔 4000m 以上,沿线地形地质条件极为复杂,气候多变,特殊的地理环境和气候条件会引发多种自然灾害,冻土、泥石流、雪灾、冰封、沙害、崩塌、滑坡等多种病害,使公路抵御灾害的能力很弱,导致公路保通养护难度大。广大交通工作者,在十分艰苦的条件下,克服重重困难开展科研工作,取得了有目共睹的成就,为西藏交通发展提供了必要的科技保障。

经过长期努力,西藏公路交通科技发展在各个方面都取得长足进步。早在 20 世纪 50 年代中期,原西藏自治区交通厅副总工程师徐松荣就提出了在多年冻土地区修筑公路,不能破坏天然植被,要利用草皮来保护冻土的主张。这一主张至今仍被专家学者们称赞。60 年代,中国科学院、铁道部、交通部的有关单位也先后参加了多年冻土及其筑路问题的考察,取得了一些科学研究成果和实践经验,给西藏自治区的公路建设提供了许多宝贵资料。

随着西藏经济建设的不断发展,对公路路面提出了更多更高的要求。为了保证青藏公路这条大动脉畅通,从 1977 年起按照二级公路标准进行改造,加铺黑色路面。为探索在多年冻土地区铺筑黑色路面的新技术,西藏交通厅组织了唐北和唐南两个科研组,铺建黑色路面试验路,摸索油路设计、施工技术并验证经济效果。在没有任何资料可以借鉴的情况下,史无前例地铺筑了黑色路面。1977 年以来,西藏交通部门十分重视公路科技的创新发展,通过大力推进公路科技创新,提高自主创新能力,大力推广和应用新技术、新产品、新材料和新工艺,全面提升了科技创新对自治区公路发展的支撑能力。

"九五"以来,西藏自治区公路交通科技发展面向西藏公路建设主战场,结合西藏道路运输业发展趋势,为了解决一些公路重大关键技术问题,经过充分调研,选取重点及难点作为研究方向,采用重点突破与整体推进相结合方式,以解决影响西藏公路畅通的自然灾害(泥石流、滑坡、堵溃洪水、冻融翻浆、水毁、坍塌、沙害等)为突破口,开展了重大公路病害的调查与防治对策研究。通过直接引进、联合各高校院所攻关等方式,紧紧围绕西藏交通事业发展的需要,以科研成果服务于建设,服务于施工为目标,在全体科研工作人员的共同努力下,有计划、有步骤地开展了多项科学研究,完成各项科研任务。

长期以来,针对西藏公路运输发展面临的特殊地质条件和气候因素,交通运输部加大科技项目、资金和技术的支持力度,集中行业内外优势科研力量,重点围绕干线公路整治、地质灾害防治、公路养护管理等关键技术问题开展攻关,有力地支撑了重大工程建设,提升了区域科技创新能力和水平。

2007年,交通部印发了《关于进一步推进西藏交通运输科学发展的若干意见》,进一步加大对西藏交通运输跨越式发展的支持力度,着力构建西藏综合交通运输体系,为2020年西藏与全国一道全面建成小康社会提供坚实的交通运输保障。为此,西藏落实科技支撑西藏发展的专项行动,依托技术支撑单位,明确西藏交通运输科技的重点领域和技术难题,积极构建西藏交通运输科技项目储备库,合理有序推进科技发展。启动以开放共享机制、协同创新机制等科技工作机制,不断探索提升科技管理水平。

"十二五"以来,西藏交通运输科技发展面向行业转型升级,在国家和各省市有关部门的支持帮助下,统筹推进重大技术研发、标准制定、成果推广应用等方面工作,取得了显著成效。5年来,围绕干线公路整治、地质灾害防治、公路养护管理等方面开展了一些项目研究,依托国家支持和自治区自身投入,实施科研项目13项,投入科研经费3100万元,1项成果获得中国公路学会科学技术奖。科技进步支撑和引领西藏交通运输发展的作用进一步增强。

多年来,西藏在公路领域实施了一系列科技专项攻关,成功取得了一批重大科研成果。一系列"四新"技术得到了广泛应用,公路建设的品质不断提升,通行环境变得更舒适、更安全,公路建设和运营管理的科技含量及智能化管理水平明显提高,基础信息技术得到了广泛应用,运营管理水平和应急处置能力不断提升,公共服务能力取得了突破,有力地支撑了公路领域的快速、优质、高效发展。

第一节 公路科研结硕果

西藏交通运输科技围绕干线公路整治、地质灾害防治、公路养护管理等方面开展了一些项目研究,取得了一批科研成果,为公路交通发展提供了有力支持。

公路工程施工方面,针对多年冻土等恶劣地质地形条件,开展多年冻土青藏公路建设和养护技术等系列研究,形成了具有自主知识产权的高海拔、复杂地质、地貌、恶劣气候条件下的公路工程修建技术,形成了一系列新结构、新材料和新工艺,研究成果达到了国际领先水平。以拉贡机场公路建设关键技术为代表的一批研究成果,为拉萨至贡嘎机场专用公路设计与施工提供了技术保障,也为后期青藏高速公路等西藏其他高等级公路建设积累了经验。

公路养护方面,针对西藏公路养护管理工作实际,结合典型公路在泥石流、滑坡、水毁、高原冻土、软基、翻浆、冰雪灾害等方面的病害防治,深入研究重大病害成因与规律、防灾与减灾措施,形成了完整、可行、实用的成套技术方案,为干线公路逐段整治改建提供了技术支撑,为后期西藏公路养护技术积累了经验。针对西藏地区特殊地质气候条件,开展了路面预防性养护、桥隧健康诊断及维修加固以及养护机械化技术等方面技术研究;加强了养路道班的信息化和交通综合行政执法信息系统建设与应用,进一步提高了公路工程基础设施的服务能力和水平。

公路安全应急方面,针对高原特殊地质、气候条件,开展公路施工安全管理和应急体系建设,提出了川藏公路灾害多发环境下的公路施工安全风险评估体系与应急管理体系。针对高原缺氧环境对驾驶行为的影响,提出了青藏公路事故多发段安全保障对策与措施。结合西藏特殊地质条件,编制了地质灾害编目库,提出了地质灾害危险性评估方法和防治措施,部分研究成果已被吸纳进入行业标准。

公路环境保护方面,开展青藏高速公路建设对环境的叠加效应、高速公路布局与冻土环境的耦合作用等研究,立足环境影响与环境保护需求,解决了青藏高速公路建设环境保护技术难题,保障了国家重大工程——青藏高速公路建设的顺利实施。开展了"青藏高原地区低路堤高等级公路建设综合技术研究",为青藏高原戈壁荒漠区人烟稀少、交通组成单一、地形地质条件较好情况下如何建设低造价高等级公路问题提供技术支撑。另外,结合西藏扎木至墨脱公路、拉萨至贡嘎机场公路、青藏公路改建等重大公路工程建设,开展路线、结构物设置、路基防护和水土保持等方面的环境保护对策,探索了公路与雪域高原文化和环境景观的融合设计,为西藏重大公路工程建设中的环境保护和恢复、水土保持和景观营造提供了重要技术支持。

道路运输方面,立足青藏高原地区的长途客运专用车辆需求,开展适合高原地区新型客车等的研发工作,着重从车辆的安全性、动力性、舒适性、经济性、智慧性方面,提出高原地区新型客车要求,专门定制新型客车样车,解决青藏高原地区的长途客运车辆技术难题,将有效提升西藏道路运输服务水平,提高西藏客运车辆被动防护能力。

运输信息化方面,建成了全区交通运行指挥中心,为全区交通日常运行监测、应急处置和公众服务提供支撑。建设了西藏公路管理数据库,为公路抢险、保通和救灾提供了有效的信息和决策服务。开通了公路局门户网站,开发了公路站场信息系统、机场高速公路信息发布和监控系统;开发了道路运输管理办公自动化系统、客运站场微机联网售票等系列运输服务系统、标准协同式道路运输信息管理系统、自治区重点营运车辆动态信息公共服务平台;开展了部省联网数据传输项目,开启了自治区各地市中心客运站联网监控系统部分功能;实现了道路运输主要业务系统灾难异地备份。有力提升了自治区公路管理、道路运输决策和服务水平。

第二节　自主研发能力提升及成果转化提速

以"科技创新"为龙头,以"人才工程"为根本,以"资金投入"为源泉,以"交通建设"为依托,以"应用研究"为重点,按照有所为和有所不为的原则,准确把握公路科技的发展方向和西藏公路科技的难点和热点,立足当前,谋求长远,抓住重点,进行突破性研究,所选项目要标准高、起点高,提高科技含量,增加投资效益,不断提高西藏公路科技的自身发展能力。对科研试验,加大监管力度,探讨由项目组实施科研整治工程方案,以确保科研成果的精度和投资效益。

积极争取国家和兄弟省份对西藏更大的支持和支援力度,完善科研机制。申请在建设资金中专项安排科研经费,经费由西藏交通运输厅统一管理,精心组织,积极投入人力、物力,处理好工程建设和科研的关系,积极挑选实用性强、科技含量高的项目进行突破性研究,为提高西藏公路科技自主研发能力打下良好基础,促进科研成果的迅速转化和应用。

在林拉公路拉萨段改线段开展了"西藏地区公路路面典型结构及筑路材料研究",推广了适合于西藏地区新结构、新材料。结合典型公路的病害防治,通过"多年冻土青藏公路建设和养护技术研究""青藏高原冻土地区公路修筑技术基础平台研究",推广完善了高原多年冻土公路工程长期观测系统。

开展了"川藏公路(G318)生态恢复与赤斑羚生态环境建设试点工程""青藏公路生态建设和修复试点工程"等生态修复试点示范工程建设,推广应用了一批生态恢复、景观营造、野生动物保护的新理念、新技术、新方法,加强了对西藏自然保护区高寒山地垂直生态系统、高寒湿地生态系统、赤斑羚、藏羚羊等珍稀野生动物的保护。

全面实施"拉萨—灵芝高等级公路交通运输科技示范工程"项目,推广应用公路安全保障技术。开展西藏公路典型地质灾害危险性评估技术推广应用项目,进一步提高西藏公路防灾减灾管理水平。

积极推广移动互联等现代信息技术,通过初步构建应用、数据、技术三大架构,升级政府门户网站,推广了大数据、云计算等新技术在行业管理、交通运行状态监测、行业统计分析和辅助决策、公众交通信息服务等方面的应用,提升交通运输信息服务水平。

第二章
重大科研课题

"九五"以来,西藏自治区公路交通科技发展面向西藏公路建设主战场,结合西藏道路运输业发展趋势,以科研成果服务于建设为目标,以解决影响西藏公路畅通的自然灾害(泥石流、滑坡、堵溃洪水、冻融翻浆、水毁、坍塌、沙害等)为突破口,以充分调研确定的重点、难点问题为研究方向,采用重点突破与整体推进相结合,通过直接引进、联合各高校院所攻关等方式,克服种种困难,有计划、有步骤地开展了大量科研工作,取得了一批重大科研成果(表5-2-1),为西藏交通发展提供了必要的科技保障。

"中尼公路聂友段病害防治对策研究""改性沥青在西藏高原地区应用技术研究""山区公路悬挑结构建设技术研究""川藏公路西藏境内卡贡弄巴(古乡)沟泥石流发展趋势及病害整治工程模型实验""川藏公路南线(西藏境内)山地灾害及防治对策研究""西藏干线公路边坡锚固结构耐久性与维护技术研究""沥青路面施工质量安全监控及溯源技术"等重大科研课题,从工程建设、施工安全与应急保障、特殊地质条件下路基路面应对策略等方面开展研究,既为当前干线公路的逐段整治改建提供技术支撑,也有效提高了公路交通建设与运营养护的稳定性、耐久性与安全性,提高了其抗灾能力与服务水平。

重大科研课题统计表　　表5-2-1

序号	项 目 名 称	研 究 单 位	起 止 时 间	获奖情况/备注
1	青藏公路唐古拉山垭口雪害防治研究	兰州冰川冻土所、西藏交通科研所	1984.3—1986.6	1986年7月通过验收
2	扎美拉山滑塌调查	兰州冰川冻土所、西藏交通科研所	1987.6—1987.9	1987年12月通过验收
3	川藏公路病害调查	西藏交通科研所	1990.6—1990.12	1991年1月通过验收
4	八邛公路沙害治理研究	西藏交通科研所、中科院兰州沙漠所	1993.7—1994.4	课题于1994年11月由西藏自治区科委进行验收鉴定,成果达到国内领先水平
5	国道318线雪害防治信息系统研究	西藏交通科研所、兰州冰川冻土所	1994—1996	
6	川藏公路西藏境内卡贡弄巴(古乡)沟泥石流发展趋势及病害整治工程模型实验	西藏交通科研所、成都山地所	1994.6—1996.6	1997年获交通部优秀项目奖 1999年获交通部科技进步三等奖

续上表

序号	项目名称	研究单位	起止时间	获奖情况/备注
7	川藏公路南线（西藏境内）山地灾害及防治对策研究	西藏交通科研所、成都山地所、兰州冰川所	1989—1993	1995年获西藏自治区科技成果二等奖；1996年获国家科技进步三等奖
8	川藏公路102滑坡发展趋势及整治方案研究	西藏交通科研所、成都山地所	1996.1—1996.10	1996年10月3日通过由西藏自治区科委组织的专家现场验收鉴定，成果达到国内领先水平
9	川藏公路（西藏境内）水毁防治研究	西藏交通科研所、交通部第一公路勘察设计院、交通部科学技术信息所	1997.7—2000.9	2000年9月通过交通部科技司组织的专家鉴定，成果达到国际先进水平
10	青藏公路高边坡防护研究	西藏交通科研所、交通部科学技术信息所	1999.11—2002.8	2002年9月7日通过了西藏自治区科技厅组织的专家验收
11	高原多年冻土地区路基路面典型结构研究	西藏交通科研所、长安大学	1997.7—2000.9	2000年9月通过交通部组织的专家鉴定，研究成果达到国际领先水平
12	阳离子乳化沥青的试验研究和沥青稀浆封层应用推广	西藏交通科研所	1988—1989	获西藏自治区科技成果三等奖；"沥青稀浆封层应用推广"获自治区科技成果四等奖
13	中尼公路妥峡大桥铺装技术研究	西藏交通科研所、同济大学	1998.7—1998.9	2000年获西藏自治区科技进步三等奖
14	青藏公路纵向裂缝成因及防治对策研究	西藏交通科研所、长安大学	2000.7—2002.12	2003年10月25日通过区科技厅组织的专家验收鉴定，成果达到国际先进水平
15	中尼公路聂友段病害防治对策研究	西藏交通科研所、成都山地所	2000.10—2002.12	2002年11月1日通过了交通部科教司组织的专家鉴定，2003年获交通部科技进步三等奖
16	西藏干线公路修筑技术研究	西藏交通科研所、成都山地所、长安大学、重庆交通学院	2001.11—2004.10	

续上表

序号	项目名称	研究单位	起止时间	获奖情况/备注
17	317妥昌公路改建工程重点滑坡整治研究	西藏交通科研所、成都山地所	2002.8—2002.11	2002年11月27日通过验收
18	川藏公路中坝溜砂坡发生机理与防治关键技术研究	西藏交通科研所、成都山地所	2002.3—2003.12	2003年8月27日通过验收
19	西藏简易吊桥标准图研制及施工技术研究	西藏交通科研所、重庆交通学院	2002.6—2004.8	
20	川藏公路102滑坡水文地质勘测研究补充工作	西藏交通科研所、四川省地质工程勘察院	2002.7—2002.12	2003年4月21日通过验收
21	中尼公路卡如滑坡整治研究	西藏交通科研所、成都山地所	2001.7—2001.11	2001年11月通过验收
22	西藏妥坝至昌都公路典型边坡处治技术研究	西藏交通科研所、重庆交通学院	2002.10—2003.8	2003年11月18日通过验收
23	公路管理综合信息系统	西藏自治区公路管理局	2000.5—2003.7	
24	露石混凝土路面高原地区应用适应性研究		2004.9—2005.12	2005年11月13日通过验收
25	青藏公路高温高含冰量多年冻土区地基稳定性研究	中交第一公路勘察设计研究院、中科院寒区旱区环境与工程研究所、青藏公路整治改建工程项目管理办公室、青藏公路管理分局	2002—2004	2005年11月14日通过验收
26	藏东地区沥青混凝土路面应用技术研究	田怒项目办、哈尔滨工业大学交通学院、北京路桥路兴物资中心	2004.9—2005.9	2005年9月30日通过验收
27	西藏公路交通中长期科技发展规划	西藏交通科研所、交通部科学研究院、交通部公路科学研究所	2004.4—2004.12	2005年9月26日通过验收
28	西藏公路人工高切坡超前支护技术研究	曲大项目办、重庆交通学院	2004—2005.12	
29	川藏公路102滑坡群整治工程技术研究	中交第一公路勘察设计研究院、长安大学、中铁二局五公司	2001.3—2003.12	
30	悬挑结构加宽山区公路技术研究	西藏交通设计院、重庆交通学院	2004.7—2006.12	
31	西藏边防公路整治应急保通关键技术研究	西藏交通科研所	2004.11—2006.9	

续上表

序号	项目名称	研究单位	起止时间	获奖情况/备注
32	改性沥青在西藏高原地区应用技术研究	西藏自治区公路管理局	2005.6—2007.6	2011年获西藏自治区科学技术奖三等奖
33	山南地区江北公路沙害防治关键技术研究	西藏山南地区交通局、重庆交通科研设计院	2005.1—2007.6	
34	西藏旧桥加固与管理研究	西藏自治区公路管理局	2005.11—2007.12	
35	国道317线西藏段公路边坡病害超前诊断及处治技术研究	西藏交通科研所、重庆交通大学、成都山地所、后勤工程学院	2006.12—2009.12	
36	川藏公路南线然乌至培龙段冰湖泥石流坝溃决预警技术研究	西藏交通科研所、成都山地所、重庆交通大学	2006.11—2009.12	2010年5月通过验收
37	青藏公路改建技术研究及应用示范	西藏自治区交通厅项目管理中心中交第一公路勘察设计研究院、长安大学	2006.11—2010.5	
38	西藏扎木至墨脱公路建设关键技术研究	重庆交通科研设计院、中交第二公路勘察设计研究院、交通部科学研究院、西藏自治区地震局工程研究所、西藏自治区地质环境与灾害防治科学研究所	2006.10—2009.12	2015年获中国公路学会科学技术奖特等奖
39	川藏公路通麦至105道班地震诱发地质灾害机理及对策研究	西藏自治区交通厅重点公路建设项目管理中心、西南交通大学	2006.8—2008.1	2008年通过验收
40	西藏公路挡墙工程地质雷达回波反演技术的研究	西藏天鹰公路技术开发有限公司、中铁西南科学研究院有限公司	2006.8—2007.11	
41	西藏公路天然砂砾应用技术研究	重庆交通大学、芒康—隔界河项目办	2007.1—2009.1	
42	西藏地区级配碎(砾)石柔性基层沥青路面研究	重庆交通大学、拉孜—老定日项目办		2009年通过验收

续上表

序号	项目名称	研究单位	起止时间	获奖情况/备注
43	西藏高寒地区提高桥梁结构混凝土耐久性关键技术研究	重庆交通大学、芒隔项目办	2007.6—2009.8	
44	青藏公路改建完善工程路基路面稳定保障技术研究	长安大学、中交第一公路勘察设计研究院、中铁西北科学研究院有限公司、交通部科学研究院	2007.3—2010.12	
45	山区公路悬挑结构建设技术研究	西藏自治区交通勘察设计研究院、重庆交通大学、重庆交通建设(集团)有限责任公司	2007.7—2011.10	2012年获中国公路学会科学技术奖三等奖
46	高寒地区沥青路面冷施工养护技术研究	西藏自治区公路管理局	2008.7—2012.1	
47	西藏自治区道路运输电子政务平台建设	交通部科学研究院、西藏自治区运管局		列入2007年西部课题
48	西藏高寒地区在役桥梁利用价值评估及决策技术研究	西藏自治区交通运输厅项目管理中心、重庆交通大学	2008.10—2010.12	2008年5月24日向西部中心申报2008年西部课题,研究经费450万元,申请部拨款350万元,依托工程解决100万元。2008年12月获交科教发〔2008〕476号文件批复
49	西藏高海拔低温条件下路基路面养护技术研究	西藏自治区公路管理局	2009.7—2013.6	
50	西藏干线公路边坡锚固结构耐久性与维护关键技术研究	西藏自治区交通工程质量安全监督局	2009.7—2012.7	
51	西藏地区旧路加宽综合处治技术研究	西藏自治区交通勘察设计研究院	2010.7—2014.4	
52	拉萨至贡嘎机场专用公路建设关键技术研究	西藏自治区重点公路建设项目管理中心、长安大学、中交公路规划设计院有限公司、交通运输部公路科学研究所、重庆交通大学、西藏自治区交通公路勘察设计院	2011.7—2012.12	
53	西藏干线公路边坡锚固结构耐久性与维护关键技术研究	西藏交通科研所、重庆交通大学		2012年11月通过验收,成果达到国际先进水平

续上表

序号	项目名称	研究单位	起止时间	获奖情况/备注
54	西藏高海拔低温条件下路基路面养护技术研究	西藏自治区交通运输厅公路局、长安大学		2009年7月30日在拉萨召开可研评审会
55	拉萨至贡嘎机场公路建设关键技术研究	西藏自治区交通运输厅重点公路建设项目管理中心、长安大学等	2011.7—2012.12	
56	川藏公路南线（西藏境）整治改建工程关键技术研究	西藏自治区交通工程质量安全监督局、成都山地所、长安大学、交通运输部公路科学研究所、交通运输部科学研究院、西藏自治区交通勘察设计研究院	2012.3—2014.12	2014年12月通过验收
57	典型路面结构技术研究	招商局重庆交通科研设计院有限公司	2012.7—2015.10	
58	西藏地区高耐久性混凝土技术研究	西藏自治区重点公路建设项目管理中心、交通运输部公路科学研究所	2013.8—2016.1	
59	SWFC复合结构在西藏地区连续刚构桥中的应用技术研究	西藏自治区交通勘察设计研究院	2013.5—2016.4	
60	西藏地区公路路面典型结构及筑路材料研究	西藏自治区交通勘察设计研究院	2014.4—2017.6	
61	西藏地区公路建设技术标准与关键指标体系研究	西藏自治区重点公路建设项目管理中心、西藏自治区交通勘察设计研究院、中交第一公路勘察设计院有限公司	2015.1—2017.6	
62	高速公路水环境安全保障关键技术推广及示范	西藏自治区重点公路建设项目管理中心、交通运输部公路科学研究所	2015.1—2017.2	
63	藏区安全防护成套技术推广及示范	西藏自治区重点公路建设项目管理中心、交通运输部公路科学研究所	2015.1—2017.7	
64	西藏公路典型地质灾害危险评估技术推广应用	西藏自治区公路局	2015.1—2017.12	
65	沥青路面施工质量安全监控及溯源技术	西藏自治区交通工程质量安全监督局、交通运输部公路科学研究所		

续上表

序号	项目名称	研究单位	起止时间	获奖情况/备注
66	米拉山隧道洞口沥青路面抑冰除雪技术研究	中交第二公路勘察设计研究院有限公司、哈尔滨工业大学		
67	西藏高原生态环境敏感区与地质灾害多发区公路改建环境岩土工程技术研究	招商局重庆交通科研设计院有限公司		
68	用悬臂挑结构加宽山区公路技术研究			2008年获西藏自治区科学技术三等奖
69	"中尼公路妥峡桥仰式钢架桥""中尼公路尼木单跨箱形拱桥"			1994年获交通部设计三等奖
70	"框架式桥台配双曲拱""岗嘎大桥无支架缆索吊装技术"			1997年获全国科学大会奖
71	大跨径钢筋混凝土箱形拱桥成套技术研究			获2009年度中国公路学会科学技术一等奖
72	高寒地区沥青路面冷施工养护成套技术研究	西藏自治区公路局、长安大学		
73	西藏地区旧路加宽综合处治技术研究	西藏自治区交通勘察规划设计院、武汉理工大学		
74	川藏公路102道班滑坡群防治技术与示范		2012.3—2015.12	
75	西藏旅游产业发展综合信息服务关键技术研究与应用示范		2009.6—2011.6	
76	青藏公路改建完善工程路基路面稳定保障技术研究	长安大学、中交第一公路勘察设计研究院、中铁西北科学研究院有限公司、交通部科学研究院	2007.7—2013.10	
77	西藏干线公路边坡锚固结构耐久性与维护技术研究			
78	西藏地区旧路加宽技术研究			

一、西藏干线公路边坡锚固结构耐久性与维护技术研究

1. 研究单位

西藏交通科研所、重庆交通大学。

2. 项目简介

本项目拟在对西藏已建干线公路边坡锚固结构进行广泛深入的调查、分析、总结的基础上,建立影响西藏干线公路边坡锚固结构主要因素及指标,系统地对边坡锚固结构,特别是埋设在地下特殊环境(酸性环境、碱性环境、冬融环境等)条件下的灌浆材料、钢(筋)绞线的腐蚀和锈蚀机制进行研究,以及进行西藏干线公路典型边坡锚固系统腐蚀对荷载传递特性的影响研究,提出西藏典型公路边坡预应力锚固结构预应力损失规律及减损技术及西藏典型公路边坡锚固结构剩余承载力、剩余寿命预测及其修复关键技术。

3. 攻克的关键技术

(1)通过调查西藏已建干线公路边坡锚固结构,分析影响西藏干线公路边坡锚固结构耐久性的主要因素,为深入研究西藏典型干线公路边坡锚固结构耐久性设计与维护技术提供必要的前提。

(2)通过研究边坡锚固结构预应力损失、结构失效相关理论,并结合新的工程技术手段,提出多年服役边坡锚固结构维护与补强技术。

(3)通过理论研究并结合工程实践,提出保障西藏干线公路边坡锚固结构耐久性的新的设计理念、新材料的运用、新的施工工艺和工后维护与管理对策。

4. 主要成果

(1)完成了"西藏干线公路边坡锚固结构耐久性与维护技术研究报告"。

(2)编制《西藏干线公路边坡锚固结构耐久性与维护技术指南》。

(3)出版专著2部;发表学术论文18篇,其中被SCI、EI、ISTP收录合计10篇。

(4)共申请发明专利3项。

(5)示范工程:西藏省道306线加查至桑日段公路边坡锚固示范工程。

5. 创新点

(1)查清了影响西藏干线公路边坡锚固结构耐久性的主控因素和影响规律,并建立了相应的耐久性评价体系。

(2)在分析预应力锚索预应力损失机理的基础上,提出了相应的预应力损失控制方法及其荷载补偿技术,并在分析锚固结构锈蚀对荷载传递影响规律和灌浆材料腐蚀特性的基础上,提出了边坡锚固结构修复技术。

（3）提出了碳纤维预应力锚索、非金属灌浆锚杆、纤维灌浆材料三种边坡锚固结构新型材料。

（4）提出了让压锚索、抗剪锚索/锚杆两种新型的边坡锚固结构。

经过4年的努力，于2012年11月，通过交通部西部交通建设科技项目管理中心，专家组对本项目成果进行鉴定及验收，该项目成功解决了西藏干线公路边坡锚固结构耐久性与维护技术难题，成果总体达到了国际先进水平。

二、川藏公路南线（西藏境）整治改建工程关键技术研究

1. 研究单位

西藏自治区交通工程质量安全监督局、中国科学院水利部成都山地灾害与环境研究所、长安大学、交通运输部公路科学研究所、交通运输部科学研究院、西藏自治区交通勘察设计研究院。

2. 项目简介

本项目针对川藏公路南线（西藏境）政治改建工程中面临的技术难题，在充分借鉴现有成果的基础上，从新的角度认识、探索，分四个专题开展整治改建关键技术研究：①"川藏公路南线（西藏境）特殊路段路基路面设计与施工技术研究"；②"川藏公路南线（西藏境）构造物水泥混凝土质量控制关键技术研究"；③"川藏公路南线雪崩形成机制与雪崩启动监测预警技术研究"；④"川藏公路施工安全管理与应急体系建设研究"。

3. 效益分析

本项目在已有研究的基础上，结合工程实际条件，从施工安全与应急保障、混凝土结构耐久性、特殊地质条件下路基路面应对策略、雪崩预警等方面开展研究，既为当前川藏公路的逐段整治改建提供技术支撑，也为将来川藏通道高等级化改造提供技术储备。研究成果将有效提高川藏公路工程的稳定性、耐久性与安全性，提高其抗灾能力与服务水平；对保障运输安全和便捷出行，提高运力和服务国防，促进少数民族地区政治稳定与民族团结，加快区域经济社会跨越式发展，具有重要政治、军事、经济和社会意义。

三、山区公路悬挑结构建设技术研究

1. 研究单位

西藏自治区交通勘察设计研究院、重庆交通大学、重庆交通建设（集团）有限责任公司。

2. 项目简介

本课题研发了结构体系及细部构造，构建了设计理论，成功应用于西藏、四川等四段

道路实体工程。提出整体式悬挑结构复合道路,在不破坏原始生态环境的前提下,为植于稳定路基或岩土边坡的空间整体悬挑结构,与内侧岩土路基共同形成的复合道路,由立柱、墙体、挑梁、内纵梁、锚杆及外侧行道板通过预留钢筋、现浇混凝土的方式连接为整体,具有较强的整体受力性能和抵抗地基局部缺陷和意外荷载的能力,最大限度杜绝深挖高填,并防止由此可能产生的泥石流、滑坡等地质现象。该复合道路结构已在西藏公路上成功运用。

3. 主要成果

本课题项目组构建了山区道路悬挑结构体系,攻克了山区道路悬挑结构的诸多设计与施工关键技术,建成了4段山区悬挑结构复合道路实体工程,编制了《山区悬挑结构复合道路设计施工技术指南》;获得授权发明专利4项,出版专著1部,发表论文7篇。经专家鉴定,山区悬挑结构复合道路技术为国际首创,山区悬挑结构复合道路的结构体系和设计方法研究处于国际领先水平。该课题在2012年12月获得中国公路学会科学技术三等奖。与会鉴定专家均建议进一步加大成果推广应用,本项目部分研究成果进行总结后,由周志祥、范亮、徐勇完成专著《山区整体式悬挑结构复合道路》,已由人民交通出版社于2011年6月出版;发表论文7篇,其中EI收录3篇。

四、沥青路面施工质量安全监控及溯源技术

1. 研究单位

西藏自治区交通工程质量安全监督局、交通运输部公路科学研究所。

2. 项目简介

沥青路面施工质量管理的技术体系由质量策划、质量控制和质量保证三个部分组成,涵盖了沥青路面施工质量的过程控制、完工路面的质量验收、评定等方面的内容,涉及材料性能、施工机械、施工工艺过程的质量控制、检查和验收等方面的问题。

沥青路面施工质量安全监控及溯源技术基于无线射频原理(Radio Frequency Identification,RFID),在沥青混合料运输车辆上安装存储有该车辆驾驶员姓名、车辆牌照号等唯一识别信息的RFID电子标签,在后场沥青拌和楼及前场沥青摊铺机上加装RFID读写器,同时,在拌和楼及摊铺机上分别安装沥青拌和楼数据采集系统和GPS全球定位系统。

当运输车辆停靠在拌和楼旁准备装料时,加装在拌和楼上的RFID读卡器自动识别该车辆信息,并与拌和楼数据采集系统记录的混合料生产信息进行匹配,进而得知进入该车混合料的时间、方量及配合比;当运输车辆停靠在摊铺机旁准备卸料时,加装在摊铺机上的RFID读卡器自动识别该车辆信息,并与GPS全球定位系统记录的摊铺机实时位置信息进行匹配,进而得知该车混合料的施工桩号。

综上,基于无线射频原理的高速公路沥青混合料施工质量溯源技术能够实现从沥青混合料生产质量到沥青路面施工桩号的全过程溯源。

3. 推广使用情况

依托工程一:西藏林拉公路

林拉公路位于西藏林芝地区林芝县、工布江达县及拉萨市墨竹工卡县、达孜县和城关区境内。路线起点位于规划中八一第四大桥东桥头的真巴村,终点止于纳金互通西接现有 G318,路线全长 397.701km。按照一级公路标准建设,设计速度 80km/h,双向四车道,均采用沥青混凝土路面。工程拟于 2013 年开工建设,于 2018 年建成。总体投资估算为 352.925 亿元。林拉公路是《西藏自治区公路网(1991—2020 年)》"三纵、两横、六个通道"公路主骨架的重要组成部分。同时也是出入西藏的重要交通通道,承担四川成都、阿坝自治州与西藏昌都、林芝、拉萨之间的客货运输,为西藏地区提供便捷的出藏通道。项目的建设将进一步完善西藏自治区和沿线城市的公路网结构,进一步密切沿线城市与内陆中部地区之间的联系,降低城市交通与区域公路交通之间的干扰,使进出西藏地区交通更加便捷。

依托工程二:西藏省道 301 线改则至革吉公路改建工程

西藏自治区省道 301 线改则至革吉段公路改建工程,起于阿里地区改则县城东(省道 301 线 K865+700),止于革吉县县城东侧 1.2km 处 K1231+980(接革狮路项目起点 K1230+100),全长约 366.28km。

4. 效益分析

本项目成果对规范施工行为具有一定的震慑作用,有助于降低施工质量控制风险和提高公路工程质量。远程智能化实时监控系统为公路工程施工质量过程控制提供了有效手段,明显改善了质量监管的可操作性和有效性,具有显著的经济效益和社会效益。

五、拉萨至贡嘎机场专用公路建设关键技术研究

1. 研究单位

西藏自治区重点公路建设项目管理中心、长安大学、中交公路规划设计院有限公司、交通运输部公路科学研究所、重庆交通大学、西藏自治区交通公路勘察设计院。

2. 项目简介

为了将拉萨至贡嘎机场专用公路建成一条科技应用水平高、安全和谐、体现西藏浓郁特色文化的科技创新示范路、生态路、文化路和环保路,本科技项目紧密结合机场专用公路工程实际,围绕"安全、节约、友好"的原则,从安全快捷、资源节约和环境友好三个方面,对重点桥隧工程安全风险评估,主动发光安全诱导技术应用,高等级公路沥青路面技

术应用、公路与文化、环境景观融合设计等开展研究,将拉萨至贡嘎机场专用公路建成西藏公路历史上科技含量最高,最具地域文化特色的公路。

3. 推广使用情况

本课题的依托工程为拉萨至贡嘎机场专用公路,该路是交通运输部和西藏"十一五"公路重点建设项目,是西藏自治区第一条高等级公路,也是目前西藏自治区投资规模最大、科技含量最高、单位造价最高的公路建设项目。机场专用公路采用一级公路设计标准,设计速度为80km/h,双向四车道,整体式路基,全长37.856km,总投资15.4亿元,计划工期36个月。路线基本沿拉萨河南岸布设,总体走向由东北向西南,拉萨至贡嘎机场专用公路的建成,将结束西藏没有高等级公路的历史,标志着西藏自治区干线公路建设目标正在从通畅向快捷转变。机场专用公路不仅可以为拉萨市区与贡嘎机场间提供便捷的连接通道,同时还连接了柳梧新区、拉萨火车站和柳梧客运站,对完善拉萨市综合运输体系、改善机场交通条件和"一江两河"地区投资环境、减轻城市交通压力、促进拉萨市经济全面发展等都具有十分重要的意义。

4. 科技成果转化

该科技项目列入"高等级公路沥青路面技术研究"中,其室内试验材料与工程实际材料相同,模拟实际施工和使用条件,室内原材料与混合料试验结果直接应用于工程;专用公路面层沥青混合料改性沥青的选择利用了项目研究成果建议,面层和基层混合料施工配合比均采用本项目室内试验研究成果;全线沥青面层和基层施工中,应用了研究编制的施工技术指南;专题研究中,与机场专用公路路面工程紧密结合,研究人员与整治工程技术管理人员、施工技术人员、监理人员进行了广泛交流,为工程关键技术问题解决提供了技术支持与咨询,保障了工程施工质量与进度。

通过对拉萨至贡嘎机场专用公路"重点桥隧工程风险评估的深入研究",以及一系列的技术交流、工程应用实践等活动,工程建设安全风险评估理念已经深入人心,人们的风险意识越来越强,为提高工程建设安全性,提升工程建设安全风险管理水平打下了坚实的基础。同时,从本项目的工程应用实践的实施结果来看,公路桥隧工程安全风险评估工作发现了工程建设和运营过程中潜在的薄弱点,并判定其风险等级,在考虑风险水平与安全措施成本经济平衡的条件下,提出相应的风险控制措施,为工程的顺利建成和安全运营保驾护航。地方行业主管单位、建设业主、设计单位等各参与方,对风险评估技术的效用性也给予了充分肯定。这些特点,一方面使工程安全风险评估技术的可操作性在实体工程中得到证实,保证了成果的质量,另一方面提高了成果的实用性与针对性。通过专项调研、总结分析、成果工程应用,所选定的依托工程在当地桥隧工程安全建设、运营管理中发挥了技术示范作用,规范和带动了桥隧工程安全建设、运营管理水平的提升。

5. 效益分析

项目旨在通过将理念创新、技术创新与集成应用研究综合展现在机场专用公路中,展现交通行业与社会公众的和谐关系,展现交通行业与旅游、文化等外部行业的和谐关系,展现交通行业内部的和谐关系,展现交通运输与自然的和谐关系,实现交通行业内在综合效益与外在经济、社会及环境效益的融合,实现人、车、路、文化、环境的和谐,以实际工程创建"更安全、更通畅、更快捷、更经济、更可靠、更和谐"的交通运输环境,从而使该路产生巨大经济社会效益和重要的示范作用。

六、西藏高海拔低温条件下路基路面养护技术研究

1. 研究单位

西藏自治区交通运输厅公路局、长安大学。

2. 项目简介

养护技术研究包括藏高海拔低温地区适用性研究、西藏高海拔低温条件下路基路面病害机理分析、西藏高海拔低温条件下路基养护技术研究、青藏公路快速多功能养护车修补设备研究、西藏高海拔低温条件下预养护剂的研究等内容。项目总经费为240万元,其中交通运输部拨140万元,单位自筹100万元。

3. 科技成果转化

通过本项目研究,一是在多年冻土区路基纵向裂缝机理和路基温度场方面,理论研究取得重大突破,弥补了路基热稳定性和从冻土上限下降方面揭示路基纵向裂缝机理的不足,分析得出了路侧积水对青藏公路路基热稳定性的影响,为从防排水方面提高路基稳定性提供了理论依据。二是研究提出了SCP除湿剂加固高含水路基技术、干砌片石结合土工布防渗技术、固化剂处治边坡疏松技术等养护新技术。三是改进现有处治技术,提出了柔性枕梁与凸榫式土工模袋综合处治纵向裂缝技术、干拌水泥碎石桩处治路基不均匀变形技术。四是研制了适用于高海拔地区的快速多功能沥青路面养护车和沥青路面光屏蔽再生养护剂(LSR预养护剂)。以上成果可以直接应用于西藏高海拔寒冷地区路基路面养护工程,同时可以直接指导西藏公路建设。

4. 效益分析

通过本项目研究,可增加公路使用寿命,延长大修周期,降低公路全寿命周期养护成本,研制的快速多功能沥青路面养护车,能有效降低热拌沥青能源消耗,减少污染排放。同时具有改善工人劳动条件,减轻劳动强度等优点,对有效保护西藏高原生态环境具有积极意义。

七、西藏地区高耐久性混凝土技术研究

1. 研究单位

西藏自治区重点公路建设项目管理中心、交通运输部公路科学研究所。

2. 项目简介

本课题以国道317线(西藏境)类乌齐至丁青段公路整治改建工程为依托工程,通过研究,开发出适用于西藏地区环境条件的高耐久性混凝土,为依托工程及全区其他工程建设提供技术支撑。

西藏高原地处我国西部,交通以公路为主,区域经济发展受公路交通状况影响明显。但由于自然条件恶劣,建设环境复杂,公路交通现状和实际使用性能尚无法满足社会经济发展的需要。本项目以直接服务于藏区公路建设实际,从特有的地理环境、特殊的原材料特性以及地质灾害等方面,全面、系统研究西藏高原特殊条件下的结构物混凝土稳定性与耐久性,成果将直接指导藏区公路建设与管理,为藏区公路改扩建做好技术支持与准备,具有广阔的应用前景。

3. 科技成果转化

通过调查西藏地区地材的分布情况,建立西藏地区水泥混凝土原材料的分布网络。根据地质、气候环境特点的显著性,依据影响混凝土耐久性的环境特征对西藏地区进行分区,选取分区内典型公路工程水泥混凝土结构物进行调研,建立西藏高原地区公路建设的地质气候体系。

通过藏区高耐久性混凝土技术研究,分析特殊的水质、西藏产水泥、常用外加剂和地产集料,以及特殊环境、施工工艺下公路构造物混凝土的使用状况和存在问题,提出西藏高原多年冻土区高性能混凝土制备技术、藏区干燥大温差环境下高性能混凝土制备技术、藏区低强高性能混凝土制备技术、藏区水泥混凝土泛碱防治技术以及藏区水泥混凝土超前质量控制技术,形成西藏高原地区水泥混凝土标准化施工技术,提高西藏高原地区水泥混凝土结构的使用性能,减少混凝土结构病害,延长使用寿命。

4. 效益分析

通过研究成果的技术支撑,将大大提高藏区公路的使用性能,保证公路的快速、畅通运行,延长使用寿命,促进西藏公路的发展,节约建设投资,减少养护维修费用,极大推动藏区高速公路交通跨越式发展和区域经济快速增长,产生巨大的经济与社会效益。

八、青藏公路改建完善工程路基路面稳定保障技术研究

1. 研究单位

长安大学、中交第一公路勘察设计研究院、中铁西北科学研究院有限公司、交通部科学研究院。

2. 项目简介

本项目是2007年西藏自治区交通运输厅重点交通科技项目,项目起止时间2007年7月至2012年7月,项目总经费为1100万元。本项目紧密结合青藏公路建设中存在的关键技术问题,针对出现的新问题,从新的角度认识、探索,分7个专题创新性地开展青藏公路改建完善工程路基路面稳定保障技术研究。专题一:冻土路基的水分场变化规律及排水对策研究;专题二:基于水热力综合效应的冻土路基稳定措施评价研究;专题三:青藏公路多年冻土区道路病害观测预警研究;专题四:青藏公路多年冻土区新型调控路基研究;专题五:青藏公路多年冻土区路基融化槽发育特征与热稳定性研究;专题六:青藏公路沥青路面温度响应研究;专题七:青藏公路格拉段公路安全保障技术研究与应用。2013年10月15日,西藏自治区交通运输厅主持召开验收会,项目组提交的资料齐全,内容完整,数据翔实,完成项目任务书规定的研究任务,验收委员会一致同意该项目通过验收。

3. 攻克的关键技术

"青藏公路沥青路面温度响应研究"首先从青藏高原气候特点及其对沥青路面结构的影响出发,分析青藏公路沥青路面的温度荷载特征;分析不同因素对温度应力的影响以及温度应力变化规律;在因素敏感度分析的基础上,提出青藏公路沥青路面结构温度应力计算方法,为改进路面结构设计理论与方法奠定基础;进一步分析路面结构的温度适应性,为合理选择路面结构提供依据。

"青藏公路格拉段公路安全保障技术研究与应用"根据青藏公路交通安全及公路设施现状,通过事故数据分析及现场勘查,借鉴国内外已有成果,集理论分析、技术试验、专家经验及工程实践于一体,分析公路条件对交通安全的影响,探究青藏公路安全隐患及事故多发点事故致因,评价公路安全性,开展既能保障安全又与环境相协调的安全设施设置方案研究。紧密结合青藏公路改建完善工程,通过工程施工重大危险源辨识,开展施工区安全管理与作业要点研究,提出施工期间交通控制与管理方案,研究制定施工安全应急预案等,对工程建设安全保障问题进行深入研究。结合青藏公路改建完善工程,选定安全改善工程示范应用路段,开展安全改善示范应用。

4. 创新点

(1)提出了沥青材料参数取值范围,建立了青藏公路多年冻土区沥青路面温度应力

计算方法,推荐了温度适应性最优路面结构组合。

(2)提出了青藏公路多年冻土地区复合路基设计与施工技术,编制了《青藏公路地温调控工程措施设计施工指南》。

(3)提出了高海拔公路直线段最大长度取值优化方法,基于信息传递及信息选择理论的藏区公路特色标志牌设计方法以及驾驶员视觉感受性的高原公路路侧景观安全改善设计方法,编制了《高原公路交通保障技术指南》。

5.应用前景

项目研究成果对西藏多年冻土区公路建设与管理有技术支撑作用,推广前景广阔,社会经济效益显著。部分研究成果在青藏公路改建完善工程实施中直接应用,部分成果为贯彻实施提供了技术依据,保障了青藏公路改建完善工程的顺利实施,提高了路基路面稳定性和行车安全性,总体应用效果良好。

第三章
主要科技成果

多年来，针对西藏自治区公路建设、养护的具体情况，西藏自治区交通运输厅、公路管理局等管理单位，制定了地方标准、技术指南及指导性文件（表5-3-1），大大提升了西藏自治区公路的管养水平。

地方标准、技术指南及指导性文件统计表　　　　表5-3-1

序号	规范名称	文号	颁发单位	编制单位	颁发时间
1	西藏自治区农村公路养护质量检查评定标准		西藏自治区交通厅		2007.7.9
2	西藏自治区农村公路养护技术规范		西藏自治区交通厅		2007.7.9
3	关于公路路产占用、损坏赔（补）偿收费项目及收费标准的通知		西藏自治区交通厅	西藏自治区发展和改革委员会、西藏自治区财政厅、西藏自治区交通厅	2009.9.30
4	关于印发《西藏自治区重点公路建设项目管理办法》的通知	藏交发〔2012〕152号	西藏自治区交通运输厅		2012.6.4
5	关于印发《西藏自治区重点公路工程设计变更管理办法》的通知	藏交发〔2013〕146号	西藏自治区交通运输厅		2013.4.27
6	关于印发《西藏自治区公路工程项目施工招标合理定价评审抽取法实施办法》的通知	藏交发〔2014〕410号	西藏自治区交通运输厅		2014.7.24
7	关于印发《西藏自治区农村公路建设项目施工图设计文件审查管理办法（试行）》的通知		西藏自治区交通运输厅		2015.7.15
8	西藏地区公路建设主要技术政策		西藏自治区交通运输厅	西藏自治区交通运输厅、中交第一公路勘察设计研究院有限公司、西藏自治区交通勘察设计研究院、中交第二公路勘察设计研究院有限公司	2015.9.9

续上表

序号	规范名称	文号	颁发单位	编制单位	颁发时间
9	西藏自治区农村公路标准设计指南			西藏自治区交通运输厅农村公路处、西藏自治区交通运输厅建设管理处、西安中交公路岩土工程有限责任公司	
10	高海拔地区半刚性基层沥青路面防裂基布应用技术指南		西藏自治区交通运输厅	西藏自治区交通运输厅、中交第二公路勘察设计研究院有限公司、苏交科集团股份有限公司、同济大学、招商局重庆交通科研设计院有限公司、西藏自治区交通勘察设计研究院	2016.12.1

第一节　地方标准和技术指南

一、《西藏自治区农村公路标准设计指南》

随着国家西部大开发战略计划的实施,西藏地区社会经济实现了跨越式发展,人民生活水平稳步提高,交通出行需求日益增长。农村公路建设是关系到农民群众的生产、生活,关系到农村经济社会发展,关系到全面建设小康社会和构建和谐社会的重要基础设施,农村公路交通建设将进入一个新的发展时期。为科学、合理地进行西藏地区农村公路设计,提高农村公路交通的安全性、经济性、舒适性,西藏自治区交通运输厅农村公路处启动了《西藏自治区农村公路标准设计指南》的研究制订项目,以便指导西藏农村公路的设计工作。

编制工作由西藏自治区交通运输厅农村公路处、西藏自治区交通运输厅建设管理处、西安中交公路岩土工程有限责任公司等单位负责完成。

二、《西藏地区公路建设主要技术政策》

为全面贯彻落实党的十八大、中央第五次西藏工作座谈会和自治区第八次党代会精神,建设美丽西藏,实现2020年之前西藏与全国人民共同奔赴小康社会的宏伟目标,西藏自治区交通运输厅提出了"努力构建西藏自治区综合交通运输体系,实现西藏公路建设'跨越式'发展"的公路建设发展计划。但受西藏地区自然环境特殊、经济欠发达、公路建设条件特别复杂等制约,我国现行公路行业技术标准不能完全覆盖和适应西藏地区公路建设的特点和需求,西藏地区公路从规划、勘察、设计到建设过程中遇到了一系列迫切需要解决的实际问题,为此,西藏交通运输厅启动了"西藏公路工程技术标准"研究项目。项目研究任务由西藏自治区交通运输厅、中交第一公路勘察设计研究院有限公司、西藏自治区交通勘察设计研究院、中交第二公路勘察设计研究院有限公司等单位共同承担。

为适应当前西藏地区公路建设形势,满足项目前期工作中面临的迫切需求,根据西藏自治区交通运输厅要求,以指导西藏地区公路建设前期工作为目标,项目研究组经系统考察和广泛调研,充分结合西藏地区特殊的自然环境和综合建设条件,在全面吸收相关科研成果和建设实践经验的基础上,依据我国相关公路建设政策和技术规范,编制了《西藏地区公路建设主要技术政策》,重点指导当前和今后一定时期内西藏地区公路建设前期规模论证、技术标准掌握与指标运用、建设形式与方式选择、重大地质病害整治原则等关键性问题,为实现西藏地区公路建设"跨越式"发展目标提供技术政策支撑。

本政策依据《公路工程技术标准》(JTG B01—2014),结合自治区的特点,在公路技术标准论证侧重点、机电配置规模、服务设施等方面较行业标准予以部分性地灵活和放宽。其他指标以及指标选用、建设方式、灾害防治、环境保护方面,在行业规范基础上结合建设条件,因地制宜和细化、灵活运用。

三、《西藏自治区农村公路养护质量检查评定标准》

为加强农村公路养护技术管理,掌握农村公路养护质量变化情况,考核工作绩效,参照《公路养护质量检查评定标准》(JTJ 075—94),紧密结合西藏实际,特制定《西藏自治区农村公路养护质量检查评定标准》,以作为全区统一的农村公路养护质量检查评定标准。

四、《西藏自治区农村公路养护技术规范》

为统一西藏自治区农村公路养护技术标准,指导农村公路养护工作,提高农村公路的使用功能和服务水平,制定《西藏自治区农村公路养护技术规范》。

本标准适用于西藏自治区管养范围内的农村公路,即县道、乡道、专用公路(含二类边防公路)以及村道。

五、《高海拔地区半刚性基层沥青路面防裂基布应用技术指南》

该《指南》由西藏自治区交通运输厅为主编单位,牵头有关设计、高校、科研单位编写,针对高海拔地区半刚性基层沥青路面防裂基布应用工程特点和技术难点,通过广泛调研分析、室内外验证试验和理论分析,对防裂基布应用于路面结构的设计方法,高海拔地区防裂基布施工工艺、施工质量控制指标与标准、检验评定方法等进行了专题研究,分析总结了国内外土工织物用于半刚性基层沥青路面的公路建设经验和相关研究成果,充分考虑了高海拔地区特殊自然及工程条件,突出了安全耐久、节约资源、环境和谐的理念,系统集成了高海拔地区半刚性基层沥青路面防裂基布设计、施工、质量检验与评定应用技术。

第二节 主要专著

在西藏公路发展过程中,依托多项公路建设和科技创新成果,主要形成了25部专著,详见表5-3-2。从这些专著中,我们可以了解西藏公路事业发展的历程和取得的伟大成就。

主要专著统计表　　　　　　　　　　　　　　　　　　表5-3-2

序号	专著名称	主编	出版社	出版时间
1	把公路修到西藏	解放军通俗读物编辑部	中国青年出版社	1955
2	青藏公路沿线冻土考察	中国科学院地理研究所冰川冻土研究室	科学出版社	1965
3	川藏公路之歌	高平	西藏人民出版社	1978
4	西藏地区公路黑色路面施工	西藏自治区交通厅科学研究所		1979
5	纪念川藏青藏公路通车三十周年文献集	赵慎应、陈家雄	西藏人民出版社	1984
6	西藏交通科技	西藏自治区交通科技情报站		1985
7	西藏公路交通史大事记	西藏公路交通史大事记编写委员会	人民交通出版社	1999
8	西藏公路交通史	西藏自治区交通厅、自治区社科院	人民交通出版社	1999
9	川藏公路典型山地灾害研究	中国科学院水利部成都山地灾害与环境研究所、西藏自治区交通厅科学研究所	成都科技大学出版社	1999
10	西藏泥石流与环境	中国科学院水利部成都山地灾害与环境研究所、西藏自治区交通厅科学研究所	成都科技大学出版社	1999
11	中国交通50年成就·西藏卷	西藏自治区交通厅	人民交通出版社	1999
12	西藏古近代交通史	西藏自治区交通厅	人民交通出版社	2001
13	修筑川藏公路亲历记	高平	中国藏学出版社	2001

续上表

序号	专著名称	主编	出版社	出版时间
14	中尼公路聂友段公路病害整改对策研究	西藏自治区交通科学研究所、中国科学院水利部成都山地灾害与环境研究所	四川科学技术出版社	2003
15	西藏公路交通指南	西藏自治区交通厅	人民交通出版社	2004
16	川藏公路西藏境内典型病害防治技术	朱汉华、尚岳全、金仁祥	人民交通出版社	2004
17	西藏自治区志·公路交通志	西藏自治区地方志编纂委员会编	中国藏学出版社	2007
18	青藏公路五十年	《青藏公路五十年》编撰委员会	青海人民出版社	2008
19	雅鲁藏布江大拐弯北部川藏公路地质灾害发育与分布研究	尚彦军、杨志法、袁广祥、曾庆利、丁继新	中国铁道出版社	2010
20	西藏自治区公路工程基本建设项目概算预算编制办法补充规定	西藏自治区交通工程造价管理站	人民交通出版社	2011
21	山区整体式悬挑结构复合道路	周志祥、范亮、徐勇	人民交通出版社	2011
22	西藏自治区 青海省公路里程地图册	地质出版社地图编辑室、北京天域北斗图书有限公司编	地质出版社	2012
23	西藏路谱	西藏自治区公路局、中国公路杂志社		2013
24	共筑天路	西藏自治区交通运输厅、中国公路杂志社		2014
25	西藏扎木至墨脱公路建设关键技术	蒋树屏、林志、汪继泉	人民交通出版社股份有限公司	2015
26	半刚性基层沥青路面抗裂土工布应力吸收层设计与施工	付伟、冯振中、颜玉进	中国建筑工业出版社	2017

第三节 主要获奖工程

在西藏公路发展过程中,一批优秀工程项目获得行业勘察设计奖,其中西藏林芝至拉萨公路项目获2017年国际道路联盟全球道路成就奖(GRAA)全球设计大奖。具体获奖统计见表5-3-3。

西藏

主要获奖列工程

表 5-3-3

序号	成果名称	奖项名称	颁发单位	授权时间
1	川藏公路 105 桥	全国交通战线重要科技成果，并获全国科学大会奖	交通部	1978
2	国道 318 线中尼公路曲水至大竹卡段公路改建工程	交通部优秀勘察奖	交通部	2000
3	川藏公路	新中国成立 60 周年公路交通勘察设计经典工程	中国公路勘察设计协会 云南省交通运输厅	2009
4	青藏公路	新中国成立 60 周年公路交通勘察设计经典工程	中国公路勘察设计协会 云南省交通运输厅	2009
5	西藏达孜拉萨河大桥	新中国成立 60 周年公路交通勘察设计经典工程	中国公路勘察设计协会 云南省交通运输厅	2009
6	拉萨至贡嘎机场专用公路设计项目	2012 年度公路交通优秀设计项目	中国公路勘察设计协会	2012
7	西藏林芝至拉萨公路项目	2017 年国际道路联盟全球道路成就奖（GRAA）全球设计大奖	国际道路联盟	2017

Record of Highway Construction in
Xizang
西藏公路建设实录

第六篇
西藏公路文化建设

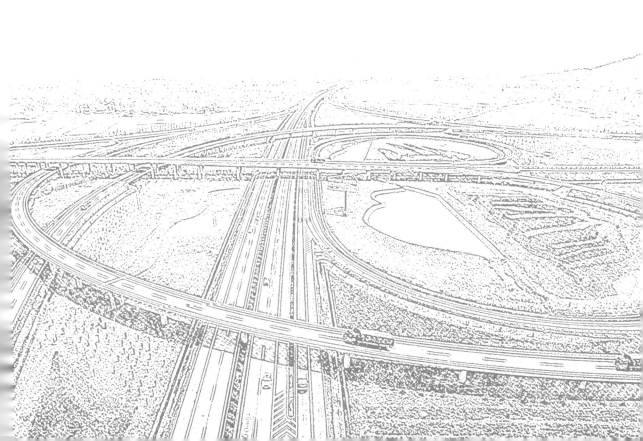

第一章
交通行业精神文明建设

西藏交通精神文明建设是"老西藏"驻藏部队、交通援藏干部与西藏交通人一起，不断积累形成的一笔宝贵精神财富。

西藏和平解放后，中国人民解放军、四川和青海等省各族人民群众以及工程技术人员组成了 11 万人的筑路大军，在极为艰苦的条件下奋勇拼搏，3000 多名英烈捐躯高原，于 1954 年建成了总长 4360km 的川藏、青藏公路，结束了西藏没有现代公路的历史，在"人类生命禁区"的"世界屋脊"创造了公路建设史上的奇迹，铸造了一不怕苦、二不怕死，顽强拼搏、甘当路石，军民一家、民族团结的"两路"精神。在改造、整治和养护过程中，一代代交通人秉承传统，以路为家，不断丰富和发展了"两路"精神，为西藏交通运输事业的发展注入了强大的精神动力。

1994 年，交通行业对口援藏的宏大序幕开启。20 多年来，援藏干部和技术人员充分发扬"特别能吃苦、特别能奋斗、特别能团结、特别能奉献"的"老西藏精神"，全心全意为西藏交通服务。作为全国交通运输系统代表，他们是交通运输系统派往雪域高原的优秀使者，更是西藏和内地的一座座桥梁，他们带来了新观念、新信息、新技术和新动态，给西藏交通发展注入了新生动力。

一代代高原交通人，以"老西藏精神"和"人在路上，路在心上"的高度责任感，逢山开路，遇水架桥，维护公路，保障畅通，以自己的热血和汗水铸就了"高原天路"，把自己的青春乃至终身献给了西藏交通事业，培育造就了内涵丰富的高原交通人精神。

第一节 精神文明建设情况

西藏和平解放前，交通运输极端落后闭塞。那时，在整个西藏 120 多万平方公里的土地上，没有一条公路，运输全靠人背畜驮。青藏高原，重重高山，滔滔激流，曾使历史上很多中外旅行家和探险家望而生畏。英国探险家 1930 年出版的《西藏始末纪要》中用这样两段话说明西藏旅途的艰难："乱石纵横，人马路绝，艰难万状，不可名态"；"世上无论何人，到此未有不胆战股栗者"。过去由内地运往西藏的茶叶、瓷器、绸缎和日用工业品等物资，都是从四川雅安、青海西宁和云南大理，通过崎岖山路，依靠牦牛驮运。从雅安或西宁到拉萨往返一次需一年之久,严重地阻碍了西藏同祖国内地和西藏各地之间的商品流通及生产技术、文化知识的交流。地理位置决定西藏的封闭和交通闭塞,是造成西藏长期落后的重要原因。

西藏和平解放后,中国人民解放军、四川和青海等省各族人民群众以及工程技术人员组成了11万人的筑路大军,爬上了这使人望而生畏的"世界屋脊",他们以英雄的气概,发出了伟大的吼声:"让高山低头,叫河水让路"。他们前赴后继、坚忍不拔,战胜高原缺氧、地质复杂、灾害频发等重重困难,经历了生与死、苦与乐、得与失、荣与辱等艰巨考验,跨怒江天险,攀横断山脉,渡通天激浪,越巍峨昆仑,五易寒暑,艰苦卓绝,在人迹罕至、荒无人烟、平均海拔4000多米的青藏高原上,修建了当时世界上最艰苦、最复杂、最具挑战性的总长4360km的川藏、青藏公路,在"生命禁区"架起了西藏文明进步的"巍巍金桥",在"世界屋脊"开创了人类公路建设史上的伟大奇迹。川藏青藏公路建成通车,彻底改变了"蜀道难、进藏难,难于上青天"的传说,不用无数英雄竞折腰,英雄们却创造了人类历史上战胜自然的神话,西藏人民终于告别了"骡马驿道人背畜驮,栈道溜索独木行走"的苦难岁月。

公路,是西藏经济的命脉。时任交通部部长张春贤在参加庆祝川藏、青藏公路通车50周年时说:"没有公路,就没有西藏经济社会的发展;没有公路,就没有西藏的现代化文明。"长路逶迤,把西藏与祖国内地紧紧联结在一起,西藏各族人民称公路是拉萨通向北京的"金桥",是民族团结的象征。

莽莽青藏高原,筑路难,护路也难。西藏的公路养护人,诞生于川藏、青藏公路修筑之日。1955年,西藏交通局的成立,标志着西藏公路养护事业正式起步。

在西藏养路,有三难。一难自然环境恶劣。西藏的一线养路工人,绝大多数常年生活和奋战在平均海拔4000m以上的崇山峻岭、苍莽原野。这里雪山林立、气候无常,空气稀薄、高寒缺氧,生物学家把海拔4000m以上的地方称为"生命禁区"。二难地质构造复杂。西藏地处青藏高原腹地,受强烈地壳运动影响,频繁的泥石流暴发、滑坡运动直接威胁着公路的畅通,给公路养护带来了极大困难。素有"公路病害百科全书"之称的川藏、青藏公路,滑坡、地震、泥石流、坍塌、翻浆、飞石以及路基水毁、冰害、雪崩等公路病害时有发生。三难公路技术等级低。公路防灾抗灾能力弱,技术养护能力不足。

正是在这样的环境和条件下,西藏养路人,用他们的双手保障了公路的常年畅通。

西藏养护人前仆后继,顽强拼搏,战塌方,斗水害,御严寒,抗缺氧,艰苦奋斗,无私奉献,保障了公路的安全畅通。为此,他们付出了常人难以想象的巨大牺牲,创造了可歌可泣的动人业绩。

2014年8月6日,在川藏青藏公路建成通车60周年之际,习近平总书记作出重要批示,把"两路"精神概括为"一不怕苦、二不怕死,顽强拼搏、甘当路石,军民一家、民族团结"。在我国公路诞生了半个世纪以后,公路行业的"无私奉献""铺路石"的行业时代精神逐渐形成,这一精神在高寒缺氧、人烟稀少、地质灾害频发的青藏高原显得尤为珍贵和无价,并且西藏交通人在"老西藏"精神的激励下,继承和发扬光大为"人在路上、路在心上、养路为业、道班为家,艰苦奋斗、无私奉献、甘当路石、奉献终身"的西藏养路工人精神,使公路成为雪域高原的一道亮丽风景,成为展示行业和整个西藏的窗口,成为传统美德与时代精神的契合点。

"老西藏"精神和"两路"精神,成为西藏交通行业独具特色的精神文明特质,也为整个行业精神文明发展历史奠定了底色。

伟大的事业孕育伟大的精神,伟大的精神推动伟大的事业。"十五"时期,全区积极探索交通行业精神文明建设工作新路子,形成了自己的特色,有力地推动了交通事业快速健康发展,实现了公路建设、路网布局、公路养护管理、道路运输、企业效益、科技人才工作等"八个突破性进展",呈现了农村公路、规费征收、工程质量、环境保护、治理超限、为民办实事等"七个工作亮点",交通对全区经济社会跨越式发展、国边防巩固和提高人民群众生活水平做出了积极贡献。

"十五"时期,交通行业紧紧围绕"一加强、两促进"历史任务和全区交通改革发展任务,以"服务人民、奉献社会"为宗旨,以培养"四有"职工队伍为根本,全面开展创建文明行业活动,切实加强和改进行风建设,为交通物质文明建设提供强大思想保证、精神动力和智力支持。五年的时间,全区交通行业获得全国劳动模范、先进工作者荣誉称号的有20人;获得"全国五一劳动奖章"的个人6名、"全国五一劳动奖状"的集体5个;获得省部级文明单位22个;61人被评为省部级劳模、青年岗位能手、先进工作者、巾帼建功标兵;24人被自治区党委、政府评为优秀共产党员、"五一"劳动模范和先进工作者。

"十一五"交通任务十分艰巨,没有高素质的职工队伍、没有强大的行业凝聚力是不可能完成的。结合交通行业实际,以学习实践社会主义荣辱观为主线,深入开展"学先进、树新风、创一流"活动,提高交通职工的整体素质。以窗口单位为重点,积极开展行业文明创建活动,落实便民措施,进一步强化服务意识和质量意识。大力加强政风行风建设,树行业新风,建设文明交通。注重行业文化建设,树立以人为本、服务至上的行业价值观,激发各级交通部门和从业人员建设文明交通的积极性、主动性和创造性,不断增强凝聚力和战斗力。

"十一五"期间,行业自身建设成绩突出。全区坚持不懈抓好党的建设工作,保障事业科学发展。切实加强班子执政能力建设,提高各级班子的决策能力、领导能力和服务能力;采取切实措施加强党组织建设和党员队伍建设,充分发挥党组织的战斗堡垒和党员的先锋模范作用,五年间全局系统共发展党员205名;深入开展反分裂斗争,加强矛盾隐患排查化解和接待人民群众来信来访工作;积极落实全区防恐维稳工作部署,切实做好敏感时期国省干线重要桥隧的值班守护工作;认真贯彻落实党风廉政建设责任制,深入开展惩治和预防腐败体系建设,党风廉政建设和反腐败工作扎实推进;通过形式多样的继续教育,培养人才,提高职工队伍素质,为公路管养事业发展提供智力保障。五年间,举办公路养护、设备操作、路政管理、工程管理和文秘、财会等各类培训班56期,接受培训2221人次。传承和弘扬西藏养路工人精神,紧扣时代脉搏赋予道班工人精神新的内涵,激励公路养护管理职工奋发向上,树立起我区公路养护管理行业精神的形象旗帜,形成具有时代特色和公路特点的行业文明。其间,全区公路养护管理系统有24人获国家级荣誉表彰,28次获国家级集体荣誉;78人获省部级荣誉表彰,52次获省部级集体荣誉。西藏公路行业部分个人荣誉见表6-1-1。

西藏公路行业部分个人荣誉一览表　　　　表6-1-1

序号	荣誉名称	获奖人	所在单位	颁发时间
1	"十一五"重点项目工作突出贡献个人奖	邹宗良	西藏重点公路建设项目管理中心	2010
	交通部"百名优秀工程师"			2011
2	全国交通系统优秀先进工作者	陈维宾	退休	1998
3	国务院/人事部优秀科技工作者	蒙文勋	退休	1999
4	全国交通系统优秀先进工作者	次仁拉姆	西藏交通勘察设计研究院	2003
	交通运输部青年科技英才称号			2016
5	全国交通系统"二五"普法先进个人	何黎峰	西藏交通运输厅交战办	1995
	全国交通系统节能减排先进个人			2011—2012
6	全国交通系统先进工作者	扎西仁增	西藏交通勘察设计研究院	2015
	"践行两路精神"先进个人荣誉称号			2016
7	全国交通运输行业文明职工标兵	赵稳柱	西藏惠通(集团)汽车销售有限公司	2012.12
	全国交通运输系统劳动模范			2015.4
8	全国交通运输系统先进工作者	次仁央宗	西藏交通运输厅	2015
9	交通部级先进个人	卓玛	拉萨交通综合执法支队	
10	年度感动交通10大年度人物	巴布	青藏公路分局安多公路段	2014
11	全国劳动模范	巴恰	青藏公路分局安多公路段	1989.9
12	中央级荣誉称号	顿珠	青藏公路分局当雄公路段	2000
13	五一劳动奖章	多吉	青藏公路分局那曲公路段	2002.4
14	全国模范养路工	马少鹏	青藏公路分局纳赤台公路养护段	2011
15	全国劳动模范	玛尔灯	青藏公路分局安多公路段	2010.4
16	全国劳动模范	扎西多吉	昌都公路分局丁青公路养护段	2010.4
17	全国五一劳动奖章	永忠达吉	昌都公路分局丁青公路养护段	2003.4
18	全国优秀劳动争议调解工作者	向巴益西	昌都公路分局	2005.10
19	全国优秀养路工	翁志成	昌都公路养护段	1999.9

续上表

序号	荣誉名称	获奖人	所在单位	颁发时间
20	全国五一劳动模范	达娃	日喀则公路分局聂拉木公路养护段	2015.5
21	全国五一劳动奖状获得者	巴桑	日喀则公路分局聂拉木公路养护段	
22	全国公路水路运输测量专项调查先进个人	曲珍	西藏自治区道路运输管理局	2009.10
23	全国公路水路运输测量专项调查先进个人	央吉	西藏自治区道路运输管理局	2009.11
24	全国公路水路运输测量专项调查先进个人	王智武	西藏自治区道路运输管理局	2009.12
25	全国交通运输行业精神文明先进工作者	拉巴	西藏交通勘察设计研究院	2016
26	交通运输厅安全生产先进个人	普索朗	西藏交通勘察设计研究院	2018
27	全国交通运输行业文明职工标兵	尼玛罗布	西藏自治区交通建设项目招投标中心	2016
28	全国交通运输行业文明职工标兵	薛利宁	西藏自治区交通运输厅路网监测与应急处置中心	2016
29	全国交通运输行业文明职工标兵	尼玛次仁	西藏自治区交通建设项目技术评审中心	2016
30	全国交通运输行业文明职工标兵	雷宗泽	西藏自治区交通建设项目技术评审中心	2016
31	全国交通运输行业文明职工标兵	张富园	西藏惠通(集团)天地工程项目建设有限责任公司	2016

"十二五"期间,西藏公路行业软实力不断增强。行业扎实开展党的群众路线教育实践活动、"三严三实"专题教育活动和"两学一做"常态化制度化学习教育,认真开展科级以上干部"不忘初心、牢记使命"主题培训,严格执行中央八项规定、自治区约法十章、九项要求,驰而不息纠正"四风"问题。学习贯彻落实习近平总书记关于"两路精神"的重要批示精神,传承弘扬和创新发展"两路精神",认真落实党委主体责任和纪委监督责任,扎实推进党风廉政建设。不断创新工作机制,科学设置和优化机构,狠抓干部职工培训工作。采取人才引进、区直公招、公开考录等方式引进487人,协调选派援藏骨干84名。达娃、司劳、巴布等30余人次获得全国"五一劳动奖章""感动交通年度人物""全国五一巾帼标兵""全国最美养路工"等荣誉称号。组织开展"献爱心、送温暖"活动,向困难职工、高山道班等一线工人和职工遗属遗孀、弱势群体、社区居民等发放慰问金668.22万元,捐款3273.51万元。为厅属格尔木困难企业遗属遗孀改造危旧住房219套,投资3260万元。

第二节 弘扬"两路"精神

2014年8月6日,中共中央总书记、国家主席、中央军委主席习近平近日就川藏、青藏公路通车60周年作出重要批示,要求进一步弘扬"两路"精神,助推西藏发展。

习近平指出,今年是川藏、青藏公路建成通车60周年。这两条公路的建成通车,是在党的领导下新中国取得的重大成就,对推动西藏实现社会制度历史性跨越、经济社会快速发展,对巩固西南边疆、促进民族团结进步发挥了十分重要的作用。当年,10多万军民在极其艰苦的条件下团结奋斗,创造了世界公路史上的奇迹,结束了西藏没有公路的历史。60年来,在建设和养护公路的过程中,形成和发扬了一不怕苦、二不怕死,顽强拼搏、甘当路石,军民一家、民族团结的"两路"精神。

习近平强调,新形势下,要继续弘扬"两路"精神,养好两路,保障畅通,使川藏、青藏公路始终成为民族团结之路、西藏文明进步之路、西藏各族同胞共同富裕之路。

正是这种精神,让几代筑路人、养路人用汗水、鲜血乃至生命创造了公路史上的奇迹。正是这种精神,支撑起了西藏筑路人、养路人甘当"铺路石"的崇高理想。正是这种精神,造就了青藏高原一支又一支困难面前不低头、重担面前不弯腰的筑路、养路队伍。

在波澜壮阔、气壮山河的筑路养路壮举中,历经60多年淬炼的"两路"精神,既是对历史精神回响的激扬点赞,也为西藏发展和国家治理注入理想信念的鲜红底色,提供了传之久远的精神动力,同"艰苦奋斗、勇于创新、不畏风险、默默奉献"的交通精神一脉相承,与"人便于行、货畅其流、服务群众、奉献社会"的行业核心价值观相得益彰。

作为世界观的"一不怕苦、二不怕死",揭示了交通人追求真理、敢于牺牲的人生哲理,展现了交通人对革命理想事业无比忠诚、坚定的信念和不畏艰难险阻、不怕牺牲敢于胜利的革命英雄主义气概。在修筑川藏、青藏公路过程中,筑路大军坚持"缺氧不缺精神、艰苦不怕吃苦"的高尚情操,付出3000多名英烈捐躯高原的重大代价,在祖国边疆国土上架起"金色彩虹",第一次将路基筑上高原,第一次将汽车开进拉萨,创造了空前的历史壮举。西藏交通人正是有了这种舍身成仁、牺牲小我、成就大我的献身精神,才结束了西藏没有现代公路的历史,开启了西藏迈向新社会、迈向现代化建设的新时代,其卓越功勋如巍巍青山,矗立于雪域高原;其精神与日月同辉,永远昭示后人。面对新形势新任务,需要我们交通人做到在缺氧的环境中磨砺意志,在艰苦的工作中增长才干,以逢山开路的闯劲、抓铁有痕的韧劲、勇毅笃行的稳劲,认真做好新时期交通运输工作。

作为人生观的"顽强拼搏、甘当路石",表明了交通人热爱劳动、勤奋工作、有所作为和积极进取的人生态度,体现了交通人勇往直前、坚忍不拔的可贵品质和忠诚履职、勇于担当、乐于奉献的独特境界。60年前,西藏交通人怀揣"让高山低头、叫河水让路"的豪情壮志,卧冰雪、斗严寒,克服重重困难,战胜千难万险,以简陋的施工机具修通了川藏青藏公路,涌现出了以"张福林班"为代表的一批英模群体和以探路英雄任启明为代表的先进个人。在改革开放的新时期,西藏交通人胸怀大局,勇于献身,涌现出了以党的十四大代表、全国劳动模范、优秀共产党员巴恰为代表的一批先进个人、以"天下第一道班"为代表的先进集体和陈刚毅为代表的优秀交通援藏干部。他们扎根雪域高原,默默牺牲奉献,用青春和热血在条条钢铁运输线上谱写史诗华章。正如习近平总书记所说,"选择奉献也就选择了高尚"。加快"四个交通"建设,建设综合交通运输体系,需要我们每一个交通人爱岗敬业、顽强拼搏;西藏经济发展、社会进步,同样离不开我们全体交通人的忠诚奉献、努力奋斗。

作为价值观的"军民一家、民族团结",强调了交通人立党为公、执政为民的人生信念,展示了全心全意为人民服务的根本宗旨和众志成城、团结互助的集体主义精神。在修筑川藏、青藏公路过程中,展现出了民族团结无坚不摧的强大力量和军民一家的鱼水情怀。驻藏人民解放军和武警部队始终牢记"永远做党和人民忠诚卫士"的宗旨,在筑路架桥同时,积极开展抢险救灾、扶危帮困、捐资助学和便民服务等拥政爱民活动,与西藏各族人民建立血肉相连的关系,始终做到进驻一方,平安一方,富裕一方,塑造了"威武之师,文明之师"的良好形象。60 年来,武警交通官兵与各族群众,团结协作,坚守保通,守护着藏族儿女的幸福安康,成为新时代最可爱的人。交通运输的改革创新、西藏的发展进步、国家的和谐稳定,需要这样的精神代代传承。团结协作是一切成功的基础,实现西藏交通运输科学发展,只有依靠团结的力量,最终才能达到 $1+1>2$ 的效果。

"两路"精神中的坚忍不拔和独特品质,体现的是理想信念中的无上信仰和一往无前的坚毅气质;"两路"精神中的难得境界和顽强作风,蕴含的是以边疆为家、献身祖国的精忠意愿和吃苦耐劳、无私奉献的铮铮风骨。这种精神代表着人类文明进步的思想信念,代表着共产党人高尚的精神风貌,构筑起交通人的精神家园。无论是在风餐露宿、筚路蓝缕的峥嵘岁月,还是在锐意改革、勇于创新的转型时期,"两路"精神都是个人成长、事业发展、社会进步、国家富强的动力源泉。作为新一代西藏交通人,我们应以"两路"精神为航标,扎实保护好川藏、青藏公路这两条保障线、友谊线和生命线,坚决迈实"最后一公里"。

一代代交通人秉承传统,无私奉献、甘当铺路石,丰富和发展"两路"精神,为西藏交通运输事业发展注入了强大的精神动力。

在交通运输部关心支持下,在自治区和交通运输厅的正确领导下,以及广大干部职工的共同努力下,自治区公路养护系统精神文明建设工作取得了显著成绩。自治区公路系统涌现出了西藏养路工人先进群体、青藏公路安多公路段 109 道班等先进集体;涌现出小多吉等全国劳动模范,嘎玛伦珠等交通部劳动模范、双百佳养路个人,索朗卓嘎等自治区劳动模范、民族团结先进个人……更让人感动和值得自治区公路系统学习的日喀则萨陈公路段和昌都洛隆公路段干部职工自发捐款修路的感人事迹。西藏养路工人以高度的历史使命感和责任感,创造了公路史上一个又一个奇迹,同时也用汗水、热血、青春,乃至生命铸就了"人在路上,路在心上;养路为业,道班为家;艰苦奋斗,无私奉献;甘当路石,奉献终身"的西藏养路工人精神。青山巍峨,记载着几代养路工人的不朽业绩,江水湍流,传颂着高原各族养路工人爱岗敬业、无私奉献的时代精神。正是他们这些长年战斗在万里高原风雪线上的养路工人,铸就了高原公路上一座座不朽的丰碑。

高原交通人不断以行动弘扬"两路"精神,川藏、青藏公路必将始终成为民族团结之路、西藏文明进步之路、西藏各族同胞共同富裕之路,从而为中华民族的伟大复兴树起新时代的里程碑。

第三节　援藏干部传承"老西藏精神"

交通援藏20年来的发展,是一首无数交通干部职工用忠诚和热血谱写的奉献之歌,是一部全国交通援藏干部用青春和汗水绘就的壮美篇章,是一段"全国交通帮西藏、西藏交通奔小康"的光辉历程,是西藏交通运输事业快速发展的有力见证,交通援藏通过20年的砥砺奋进创造了西藏交通史上跨越千年的巨大成就,充分展示了交通人披荆斩棘、顽强拼搏、与时俱进、不断创新、无私奉献的时代精神和博大胸怀,令人鼓舞,催人奋进。

全国政协副主席、交通运输部党组书记杨传堂是交通援藏的见证人、亲历者和推动者。从1993年11月西行拉萨,担任西藏自治区党委常委、常务副主席,到2006年5月离开西藏自治区党委书记的岗位,杨传堂在西藏工作了十几个春秋。他曾经长期分管西藏交通工作,为此几乎走遍了西藏交通系统所有的基层单位。杨传堂在西藏工作期间,正逢中央召开第三次、第四次西藏工作座谈会,西藏经济社会发展迎来了历史性的机遇。其任内的青藏铁路建设、青藏公路整治、贡嘎机场改扩建、"两桥一隧"(即在拉萨与贡嘎机场之间修建两座桥、一条隧道)等重大交通工程项目,事关西藏未来。

交通运输部党组副书记、副部长,中国民用航空局党组书记、局长冯正霖曾经援藏三年(1995—1998年),在西藏交通厅挂职副厅长。当时,西藏正由计划经济向市场经济转变,交通系统也正处在逐步改变指令性计划的阶段,期间,冯正霖充分发挥交通部援藏干部沟通的桥梁作用,通过建章立制,规范交通市场行为,不断推进市场机制的引进工作。当年为他开车的江建平师傅说:"冯厅长在西藏时,西藏的养护工作三年三大步——第一年是标准化养护,规范化管理;第二年是文明样板路建设;第三年是养护运行机制改革,使西藏的养护管理进入了符合科学运行机制的轨道。"

除了优秀的领导干部,援藏群体中还涌现出了全国劳动模范陈刚毅这样的优秀先进个人、连续两次援藏的常行宪同志和先后两次援藏的吴春耕同志……每个援藏人员都是英雄,援藏对他们而言,不仅意味着责任、信任和担当重任,也意味着许多舍弃和无私奉献。

20多年间,交通运输部从机关、部属单位选派7批37名援藏干部,其中厅级干部7名、处级干部30名,支援西藏交通运输厅及直属单位工作。同时,针对西藏交通建设管理方面存在的难题,委派67名交通运输部有关专家组成团队,每年定期进藏开展技术攻关,破解西藏交通建设技术瓶颈。选派西藏交通运输厅5名同志到部机关挂职锻炼;协调32名西藏交通运输系统专业技术干部分赴内地10多个省市公路在建项目跟班培训。各对口援藏省市交通运输部门同样选派7批98名专业技术管理干部支援西藏各地市交通运输工作。

20多年来,7批次200多名援藏人员肩负重任,告别亲人,千里迢迢来到雪域,他们把西藏当成第二故乡,以高度的责任感和使命感,认真履行自己的职责,尽心尽责做好援藏工作。20多年来,援藏干部和技术人员充分发扬"特别能吃苦、特别能战斗、特别能忍耐、特别能团结、特别能奉献"的"老西藏精神",全心全意为西藏交通服务。作为全国交通运输系统代表,他们是交通运输系统派往雪域高原的优秀使者,更是西藏和内地的一座座桥梁,他们带来的新观念、新信息、新技术和新动态,给西藏交通发展注入了源源不断的新鲜血液。

一批批援藏干部在西藏稳定发展中发挥了不可替代的作用,做出了卓越的贡献。每个援藏人员都是英雄!

第四节　深入开展精神文明活动

从2001年开始,西藏交通厅就提出了以"增强队伍素质,塑造交通形象"为主题的精神文明创建活动,成立了以主要领导挂帅的组织机构,做到思想认识、组织机构、人员经费、计划措施四到位。形成了"两手抓,两手都要硬"的格局,为加强行业精神文明建设,深入开展创建文明行业活动奠定了坚实的基础。

"十一五"期间,下发《西藏交通行业"十一五"时期精神文明建设工作意见》和《西藏交通系统精神文明建设工作先进单位和文明示范"窗口"实施与管理办法》,西藏交通运输系统精神文明建设工作紧紧围绕交通改革和发展这个中心,以创建文明行业为目标,以"学树创"活动为载体,以深入推进行风建设和文化建设为抓手,不断增强工作的主动性、针对性和实效性,精神文明建设在促进西藏自治区交通运输事业科学发展、安全发展、协调发展中发挥了重要作用。

"十二五"期间,西藏扎实推进"最美交通人""工人先锋号""文明单位"等选拔活动,青藏公路分局、日喀则交通运输局、阿里地区交通运输局、亚东养护段、厅机关财务处坚持服务大局、主动担当作为,工作成效显著;扎西林具、其美多吉、钱宏、旦巴旺杰、尼玛次仁等同志爱岗敬业、默默奉献,以实际行动践行并弘扬了"两路"精神。

一、结合行业特点推进创建工作

2002年,西藏召开了第三次全区交通行业精神文明工作会议,在回顾总结"九五"精神文明建设和创建文明建设的基础上,制定了《西藏交通行业精神文明建设"十五"规划》,明确了"十五"全区交通行业精神文明建设指导思想、总体目标和主要任务。向社会公布了10个"文明示范窗口",对原16家"文明示范窗口"单位中不符合标准的两家单位,对其摘牌并给予警告,强化了文明行业创建工作动态管理。

在创建文明行业活动工作思路上,西藏交通厅通过以点带面,抓机关带基层,抓典型带行业,逐步向公路、运管、路政、规费稽查等行业延伸,由点到线,由线到面,层层深入,逐步整体推进,形成了全面创建的工作格局。

按照创建文明行业总体要求,全行业以"服务人民、奉献社会"为宗旨,以建设"四有"职工队伍为目标,以"文明行政、文明生产、文明执法、文明服务"标准,紧密结合行业特点,开展了形式多样、内涵丰富的创建文明行业活动。交通各级机关广泛开展"三优一满意"活动,建立文明科室47个;公路部门继续开展"双百""一千""十佳"活动,建立文明道班128个、标准化道班107个、文明样板路162km、标规路657.5km、油路小改善663.1km、建立公路救助站35个;交通企业开展争创"文明企业"活动;行政执法部门开展"文明执法岗""文明执法标兵"和"文明服务窗口"活动。通过开展各具特色的创建活动,交通部门的工作作风、服务水平、执法水平有了明显提高,极大地振奋了职工精神,增强了凝聚力,弘扬了主旋律。

二、坚持以人为本提高文化素养

根据交通发展的需求,西藏交通厅制定出台了《西藏交通"十五"干部职工教育培训规划》,进一步加大教育投入力度。2001年筹措1000万元建立了交通人才工程专项基金,积极鼓励干部职工参加各类岗位培训和继续教育,提高学历层次和业务技术水平。目前,全区交通系统中专以上学历1355人,占在职职工总数的26.7%,其中大专、本科学历911人,研究生34人,各类专业技术人员793名,占在职职工总数的7.4%,640人接受了继续教育,各类岗位培训4589人次,培训面为44.2%。

加强职业道德、社会公德、传统美德教育,努力培养职工的高尚道德情操,增强助人为乐、关心他人的社会责任感。2002年,在厅党委倡议下,建立了500万元的交通扶贫救助专项资金。为筹措资金,厅级领导带头捐助两个月工资,处级干部捐助一个月工资,广大职工积极响应,踊跃捐款,仅交通厅机关个人捐款141.2万元,厅属单位捐款100.5万元。交通系统344户685名特困职工、职工遗属、孤儿得到了扶贫救助资金的资助。

按照构建和谐社会要求,着力解决偏远道班养护职工子女上学难问题,投资3120.6

万元,分别在 5 个地区修建了 14 座学生食宿点,使无条件就学的 769 名道班工人子女就读上学。积极组织待业青年 2393 人参与公路建设,2004 年自治区交通厅被评为"全国就业再就业先进单位"。

三、开展典型引路深化文明进程

西藏交通厅以创建文明行业为目标,深入学习许振超、陈德华等先进人物事迹,培育职工"爱岗敬业、艰苦奋斗;锐意进取、敢于创新"的精神,扎实地推进交通行业精神文明建设,涌现出"道班工人先进群体""新时期"交通援藏工程技术人员的楷模陈刚毅,"西藏十大杰出青年"小多吉等一批先进集体和个人,形成"学先进、赶先进、当先进"的良好向上氛围,有力地推动了文明行业的创建。

到 2005 年底,自治区交通厅被国家评为"全国群众活动先进集体",系统 21 家单位被授予省部级文明单位,5 个部门授予省部级文明行业。先后有 6 名同志被评为全国劳动模范和全国典型、全国民族团结先进个人;61 人被评为省部级劳模、青年岗位能手、先进工作者;24 人被自治区党委、政府评为优秀共产党员、"五一"劳动模范和先进工作者。自治区交通系统涌现出一批全国先进单位和个人,有力地推动了行业精神文明建设,为西藏交通全面协调可持续发展提供了坚实的思想保证、强劲的精神动力、发展的智力支撑。

道班是公路养护生产和精神文明建设的基础环节。西藏自治区公路管理局结合西藏实际制定了《关于组织实施西藏公路养护道班标准化管理和创建"文明道班"活动的安排意见》,深入开展了创建"文明道班""标准化管理道班"活动,使道班管理更规范、环境更整洁。截至 2005 年底,自治区已建 128 座文明道班、107 座标准化管理道班。文明样板路和标规路是精神文明建设的重要载体。西藏自治区公路管理局将养护生产与精神文明建设有机结合起来,在全系统实施了文明样板路和标规路工程,投入大量的人力、物力和财力,改善公路的路况和行车条件,实现了公路的畅、洁、绿、美。同时,在全系统各级机关广泛开展了创建文明科室活动,切实转变工作作风,进一步了提高服务质量和办事效率。

通过开展创建文明道班、标准化管理道班、文明样板路、标规路和文明科室活动,进一步完善道班管理制度,促进了道班文明程度,转变了工作作风,提升了服务水平,促进了各项工作的开展,在社会上树立起了良好的行业形象。

第二章
公路文化特色

西藏公路文化底蕴深厚,既有公路的本质特点,又有鲜明的时代特征。随着不同时期不同的发展任务和发展条件,西藏公路文化的内涵不断丰富、表现更加多彩。

第一节 桥 文 化

西藏高山峡谷、江河沟壑纵横密布,几千年来,居住在这片土地上的藏族先民,建造了许多造型优美的桥梁,成为祖国宝贵的民族文化遗产。随着公路的诞生、发展;随着路网的形成、完善;随着技术等级的进步、提高,西藏桥梁建设的现代化步伐突飞猛进。

墨脱县好像一个天然的桥梁博物馆。在这个中国最后一个通公路的县,你会看到各种各样的桥,有的桥可能举世罕见。

在墨脱县境内横跨在雅鲁藏布江上的桥至少有四类:溜索桥、藤网桥、吊桥、水泥混凝土钢架桥。不同历史年代的桥梁在这里共存,生动地向人们"诉说"西藏交通的巨大变迁史。

在雅鲁藏布江上,高山峡谷之间,一根较粗的铁索横跨两岸,一边高一边低,跨度为 5~300m,这是西藏最原始的交通工具——溜索桥。

历史稍晚一点的藤网桥则由多条较粗的钢丝平行横拉在雅鲁藏布江上。钢丝之间,用原始森林生长的藤本植物——白藤编织成网。漂亮的藤网桥呈一个封闭的圆桶状,供行人于其间行走。

在漫长的历史长河中,西藏人民创造性地修建了许多桥梁,成为一种文化象征。

从 2009 年开始,国家拨付专项资金,用于西藏溜索桥、藤网桥的改造。此后,雅鲁藏布江上,溜索桥和藤网桥逐渐成了见证西藏交通发展的"文物"。

2005 年建成的"西藏第一跨"——角龙坝大桥,像一道彩虹,飞跨在西藏昌都地区芒康县盐井乡的两山之间。大桥建设项目法人由湖北省交通规划设计院高级工程师陈刚毅担任。他身患癌症仍然 4 次进藏,带领建设者克服各种困难,在高寒危岩地带,创造性地采用了锚碇后增加预应力锚索方案。大桥的建成通车,畅通了茶马古道的咽喉要塞,便利了藏汉民族的交流往来,促进了藏东区域的经济发展。

无论是西藏和平解放以前修建的藤网桥、索桥和木桥,还是和平解放以后修建的拉萨大桥、八一大桥、角龙坝大桥、拉萨河大桥、雅鲁藏布江大桥等,无不展示西藏独特的文化魅力。

第二节 生 态 文 化

党中央、国务院高度重视西藏生态环境保护工作,自治区党委、政府坚持把生态环境作为底线、红线、高压线,狠抓制度建设,完善环保规划,严格环保执行,切实保护好西藏的碧水蓝天。

西藏是国家重要的生态安全屏障。目前,在西藏自治区各项建设中,对高原生态扰动比较大的是公路交通建设。随着公路里程的"延伸",西藏对公路交通环境保护的重视度也在不断攀升。近年来,西藏自治区始终坚持"生态优先,保护优先,在保护中建设,在建设中保护"的原则,严格环境监管,全力确保各项环境保护措施有效落实,努力实现工程建设与生态保护双赢,树立起"绿水青山就是金山银山"的理念。在建成的国道、省道及农村公路中,由于重视环保,加强了对公路两旁原始生态的保护,为有效保护全区的生态环境起到了积极作用。

被誉为"高颜值"的拉林高等级公路,是一条蜿蜒在美景中的生态通道、绿色长廊、景观大道。在拉林高等级公路上驱车前行,每隔一段距离就会看到类似"保护一片绿色,撑起一片蓝天"的生态保护宣传标语。在拉林高等级公路开工建设前,自治区林业、环保等部门就从生态环境保护角度对施工过程中的环保、景观设计等方面进行了严格审查,并确定了生态毯、植生袋、骨架护坡等一系列生态保护、绿化项目的施工建设。在建设中首次应用生态袋、生态毯、生态微孔基质等国际先进的柔性生态护坡技术,在自治区重大工程建设中树立起生态环保示范新的标杆。

西藏自治区在公路建设过程中始终牢固树立绿色发展、环保先行的理念,把环境保护工作作为重点来抓。一手抓工程建设,一手抓环境保护,自始至终秉承打造"生态路、环保路、精品路"的信念,把建设美丽西藏的理念贯彻到公路交通建设全过程,理念美、设计美、施工美、管理美,使工程建设对生态系统的扰动、对生态功能的影响、对生态资源的损伤降到最低,把生态环境保护作为公路交通建设的应有之义,像爱护眼睛一样爱护生态环境,像对待生命一样对待一草一木、山山水水,做建设美丽西藏的先行者,为建立生态安全屏障,守护西藏青山绿水做出了贡献。

第三节　地域文化与民族文化

西藏公路史最早可追溯到唐代。唐蕃古道是横贯我国西部,跨越举世闻名的"世界屋脊",联通我国西南友好邻邦的"黄金路",故亦有"丝绸南路"之称。唐蕃古道被称为中国古代三大通道之一,是藏汉友好的见证,是唐朝与吐蕃之间的贸易往来要道,是中国七大奇迹,更是一条承载汉藏交好、科技文化传播的"文化运河"。至今在古道经过的许多地方,仍然矗立着人们曾经修建的驿站、城池、村舍和古寺庙,遗留着人们时代创造的灿烂文化。有研究者这样说:"它像一条长虹,将藏汉人民紧紧连在一起。"它被誉为民族团结的"千年平安路"。

茶马古道有着悠久的历史,兴于唐宋、盛于明清,每一条线路都穿越了号称"世界屋脊"的青藏高原,是目前已知的人类历史上海拔最高、通行难度最大的高原文明古道,其主要干线主要分布为川藏、滇藏和青藏三线,如今已被国道214、317、318线所取代。茶马贸易带来的巨大经济利益的背后,还增进了不同文化间的相互了解,形成了兼容并尊、相互融合的新文化格局。在茶马古道上的许多城镇中,藏族与汉、回等外来民族亲密和睦,藏文化与汉文化、伊斯兰文化、纳西文化等不同文化并行不悖,而且在某些方面互相吸收,出现复合、交融的情况。例如在康定、巴塘、甘孜、松潘、昌都等地,既有金碧辉煌的喇嘛寺,也有关帝庙、川主宫、土地祠等汉文化的建筑,有的地方还有清真寺、道观。各地来的商人还在城里建立起秦晋会馆、川北会馆等组织,将川剧、秦腔、京剧等戏剧传入藏区。出现了不同民族的节日被共同欢庆、不同的民族饮食被相互吸纳、不同的民族习俗被彼此尊重的文化和谐。文化的和谐又促进了血缘的亲合,汉藏联姻的家庭在这里大量产生。

随着西藏公路交通的发展,茶马古道不再担负着重要交通运输任务,而成为一种历史和文化的印记,成为新的旅游资源,刻于中国西南的莽莽丛林里,为后人再度寻访和纪念。

西藏第一条高速公路——拉贡高速公路,被称为"人与自然和谐发展"之路,融入藏民族文化元素设计,体现了藏民族独特风情,通过沿线藏区居民建筑、民俗风情等藏文化元素,实现公路与沿线自然环境相融合,使生态文明和西藏特色文化有机结合。

西藏公路与其沿线古寺庙、古建筑群等一起勾画出了藏文化的历史脉络,也将藏汉人民紧紧地连在了一起。

第三章
养路工群体及典型

1954年12月25日,川藏、青藏公路同时通车到拉萨,昔日"乱世纵横、人马路绝、艰险万状、不可名态"的高原天堑变成了通途。西藏的公路养护人,诞生于川藏、青藏公路修筑之日。1955年,西藏交通局的成立,标志着西藏公路养护事业正式起步。西藏公路养护人前赴后继,顽强拼搏,战塌方,斗水害,御严寒,抗缺氧,艰苦奋斗,无私奉献,保障了公路的安全畅通。为此,他们付出了常人难以想象的巨大牺牲,创造了可歌可泣的动人业绩。

从1954年川藏、青藏公路的建成通车至1989年,中央对西藏公路交通建设共投资约70亿元。党的十三届四中全会以后,中央对包括交通在内各项事业的支持力度逐步加大。良好的交通条件为西藏经济的跨越式发展注入了强大的活力。然而,骄人业绩的取得,离不开无数普通劳动者一点一滴的辛勤奉献,更离不开营造良好交通环境、精心呵护着西藏经济大动脉的公路养护人。正是他们,用一双双有力的臂膀托起了西藏自治区经济腾飞的翅膀。

西藏公路养护队伍伴随着西藏自治区公路的延伸不断成长,创造了"人在路上,路在心上;养路为业,道班为家;艰苦创业,无私奉献;甘当路石,奉献终身"的西藏养路工人精神,涌现出"全国最美养路工人"及自治区级"劳动模范"达娃,"109道班"、加加"铁姑娘班"、青藏公路24工区等一批先进集体,以全国劳动模范巴恰、节节、小多吉,优秀共产党员扎朗,全国三八红旗手巴卓玛为代表的英模典型,谱写了一曲曲无私奉献的动人乐章,丰富和发扬了"老西藏精神",这是时代精神的重要组成部分和具体体现。

西藏公路建养较早以及特定的工作性质决定了西藏大部分工区、道班远离城镇,工作生活条件十分艰苦。养护单位长期以来存在着道班工人吃水难、用电难、吃菜难、看电视难和子女上学难、子女就业难的"六难"问题。中央第三次、第四次西藏工作座谈会后,中央有关部委和对口支援省市也加大了对西藏交通的援助力度。在交通部的倡导下,全国550万交通职工开展了向西藏养路职工送温暖活动。交通部及全国29个省、自治区、直辖市和计划单列市于1995和1996两年投资3190.4万元,为西藏养路工人援建156座道班房。交通部还专项投资775万元,为道班配套安装了电视卫星地面接收装置和柴油发电机,极大地改善了西藏养路工人的工作和生活条件。2001年,交通部再次动员全国交通系统,开展"援助西藏公路机械活动"。交通部直属单位和全国交通系统40个单位,共援助资金2944万元,为西藏公路养护部门捐赠养护机械75台(套)和一批笔记本电脑,极大地增加了西藏公路养护的科技含量,减轻了工人的劳动强度。

蓝天白云下,碧水青草间,也往往有雪山的陪伴。在或蜿蜒、或平直的"生命线"上,时而闪烁着那么一抹"橘红",跳跃在人们的视线里。他们,就是用辛勤的汗水维护着人们脚下"坦途"的养路工。

一、109道班:天下第一道班

109道班,即西藏自治区青藏公路管理分局安多公路养护段14工区,被冠以"天下第一道班"的称号。109道班凭什么享有"天下第一道班"头衔?

最高:青藏公路,平均海拔5100m左右,这已是"生命禁区"的高度。海拔5231m的唐古拉山口,是这条雪域天路的最高点。

寒冷:年平均气温-8℃,最低温度达-40℃,一年之中有120天刮八级以上大风。

缺氧:空气中的含氧量不到海平面的一半。有研究显示,一个人躺在唐古拉山口不干活所消耗的能量,便相当于内地负重30kg运动所消耗的能量。

1. 用生命守护"天路"

在青藏公路海拔5231m的唐古拉山垭口段,阳光穿透厚厚的云层,照亮了唐古拉山口不远处的一个小山坳。109道班就坐落在这川流不息的青藏公路旁。许多人以为,青藏铁路的通车极大地缓解了交通压力,却没有想到,这条"天路"本身也是景点。自驾车越来越多,来往车辆平均每天能有4000多辆,而且都是30~50t的重型车辆。

这里的养路工们常年工作、生活在海拔5000多米高的地方,在号称"一年只有一季,一天却有四季"的40km养护路段上,109道班的养路工已传承至第三代。1990年,109道班被交通部授予"天下第一道班"的称号。

因常年在高海拔的地区活动,工作超过5年以上的职工都患有不同程度的职业病,如风湿、高血压等。上工时,每个人身上都备着好几种药片,最管用的还是止痛片。如果吃药都不见效,那就必须送到70多公里外的安多县输液。在高海拔地区,一些小毛病如果不及时治疗,就可能导致生命危险。

在道班工人养护公路的时候,食堂的工作人员也希望给予他们更多的照顾。由于海拔太高,水不容易烧开,养路工即使带着保温杯上路也无法保证能时刻喝上热水,于是,食堂养成了为养路工在开工前后提供一杯热水的习惯。

2. 从不拒绝车辆救援

唐古拉山山口气候多变,特别是每年9月到次年5月期间,突发状况最多。一旦山上下雪,路面就会结冰,从而导致交通堵塞。对于 109 道班来说,保障道路畅通是他们的首要任务,所以,一旦交通不畅,养路工们就要像消防队员一样紧急集结出发,一刻也不耽搁。

一次,一位驾驶越野车的户外玩家为了近距离看雪山,擅自开离主道,陷入了泥沼。109 道班的十几位养路工生拉硬拽,硬是把几吨重的车从泥潭中拖了出来。除了养护公路,109 道班从未拒绝过收到的救援请求。

这里的养护工自发建立了一个临时救助点,是一间不大的平房,布局简单,一个大火炉立在中央,四周挂满了锦旗,为遇到困难的旅人提供氧气、热水、食物、床等帮助。在卧室的白墙上,写满了旅人对道班的感恩之言,足见这间陋室的重要性。据统计,截至 2014 年,这个临时救助站救助逾千人。

3. "道一代"与"道三代"

在养护和救援之余,养路工属于自己的时间很少,因为极寒和偏僻,他们常用集体行动抗拒孤独,经常从道班里传来阵阵笑声。职工们最主要的休闲方式就是每天晚上看两小时的电视节目。除此之外,他们的"娱乐"还有站在院子里闲扯几句,或眺望远方。

事实上,每年道班都会补充不少新人,最多的时候整个道班有近 70 人,是现在规模的一倍。但新人到岗后不出一个月,就会因极度艰苦、恶劣的条件纷纷选择离开,很少有年轻人能坚持下来。

道班里的"老人",比如段长等,大多数都是从十几岁开始就在这里工作,平均工龄都超过了 20 年。昂江木是 109 道班上的"道一代",他 16 岁时就来到道班,从 1962 年一直干到 1992 年。他记得那时的青藏公路还是土路,道班上只有 8 个人,一旦下起大雪,堵个七八天是很正常的事情,还曾有人冻死在山口上。那时,他们吃的都是发霉的糌粑,即便如此,还时常救济过路的驾驶员。

从"道二代"开始,就有不少子从父业的情况。作为养路工的孩子,许多人在道班长大,成人后,也进入了公路系统,被分配到各个道班,"运气好"的会跟自己的父亲分在同一道班,继承父辈的衣钵。

他们淳朴、乐观、豁达,在雪域之巅张扬着生命的力量,诠释着奉献精神。岁月,把工作在唐古拉之巅的艰辛刻在他们脸上;他们,把安全畅通的"天路"刻在过往路人的心里。

二、达娃:"我睡觉都能梦到公路"

达娃出生于西藏山南地区贡嘎县一个农民家庭,自 17 岁开始就在 318 国道通往尼泊尔的"生命线"上工作,一干就是 20 多个年头,橘红色的工作装伴随着他走过春夏秋冬。

正因为如此,他先后获得了多项殊荣,特别是2013年度获得了"全国最美养路工人"及自治区级"劳动模范"荣誉称号,同时在北京被时任交通运输部党组书记、部长杨传堂接见。这就是达娃,他有着平凡的人生,但那些看似波澜不惊的背后,掩盖了他对工作辛勤的付出与对事业深沉的热爱,以及对人生真谛的诠释。

1. 信念,让他坚守

路靠人养,人靠思想。"工作是谋生的手段,事业是人生的追求,把公路养好作为人生事业!"这是达娃一直以来坚守的信念。1989年,达娃被分配到318国道聂拉木公路养护段十九工区,从普通员工到1994年任该路段道班班长,再到2008年组建工区后任工区长,弹指一挥间,20多个年头过去了,当初那个仅有17岁的小伙子如今也变成了大伙挂在嘴边的"老同志"。岁月的流逝改变了他的容貌,不变的是他朴实的作风、严谨的态度和那颗永远年轻的心。

"用脚步丈量公路"是达娃的真实写照。不论在哪个岗位,他都是兢兢业业,事无巨细。特别是任工区长以来,达娃潜心钻研技术,找寻公路整治的方法。没有时间他就在吃饭时向老工友们、老前辈和专家虚心请教并经常夜里攻读专业书籍。他根据"季节性公路病害防治""冬季路面雪毁防治""高寒地区油路的科学养护"等一系列公路科学养护保通方法,很快制定了"引、铺、刮、补"等科学、合理的治理措施。他还带领工区工人利用节假日和休息时间,起早摸黑,住帐篷、顶烈日、冒严寒、战风沙、斗雨天,无偿劳动。他经常用一句话来形容对养路工作的热爱:"我睡觉都能梦到公路!"在达娃看来,养路保畅是他其乐无穷的人生事业。

曾经一位自驾游的外地游客在看到达娃在艰苦的环境中工作时,感叹道:"让我几十年如一日留在山区,我做不到。让我当一名养路工,我更不情愿。达娃和他的工友们以路为家,积极面对困难的心态是非常令人崇敬的。一对比,我感到汗颜和无地自容,我觉得在他们面前显得卑微和渺小。"

2. 责任,让他无悔

在达娃负责的公路段流传着"下雨泥石流,下雪鬼见愁"的民谣,但这并没有使达娃退缩和胆怯。20多年的工作经历,达娃有太多的回忆,有太多的故事。镌刻在这长长"史卷"上永不褪色的一笔,便是责任。

"道虽通不行不至,事虽小不为不成"。达娃把养好公路当成了一种常态、当成一种生活习惯。他所负责的路段虽然长达20km,但总是干净整洁,常年保持"边坡杂草一条线"的标准,同时他与工友们坚持绿化美化路容路貌,在公路两边植树、种草、栽花,营造畅、洁、绿、美的公路交通环境,大家公认他的路段"养得最好"!

2008年,正逢318国道拉孜至定日全线整修改建,为了保障奥运会火炬珠峰传递的顺利进行,确保火炬传递路段的安全畅通,达娃带领该工区 14 名职工,早晚加班抢修保畅,不计报酬。当珠峰火炬传递顺利通过他所管养公路时,达娃会心地笑了,自豪地说:"没想到我也能为奥运会做一些事!"

2012 年 2 月 8 日凌晨,日喀则和阿里地区发生二十年一遇的特大降雪,导致区域内国省干线公路普遍遭受雪灾,人民群众生命财产受到严重威胁。达娃所在的工区所管养的路段是此次降雪最严重的受灾路段。灾情就是命令。达娃没有顾及路段地形复杂、多处为雪崩路段的险情,带领工友们冒着零下 20 多摄氏度的严寒冲进抢险保通的第一线,由于灾害路段平均积雪厚度高达 1.2～2m,加之峡谷路段防护设施多,大小雪崩十余处,给抢通工作带来诸多困难。为了尽快抢通受阻的公路,达娃带头在前,指挥推雪机推雪。往往是这边刚刚疏通的道路,那边又出现了积雪,通了又堵,堵了又通,往返数次。达娃和他的工友们没喝过一口热水、没啃过一口干粮,发梢和眉间早已结成冰凌,手脚冻得失去了知觉,但他们不喊一声疼、不叫一声苦,连续奋战 11 个小时,直至完成抢通任务。

达娃作为党员,在公路养护工作中诠释着"吃苦在前,享乐在后"的信条。辛勤付出的背后,换来的是该公路段连续多年路况率保持在 80% 以上,MQI 值达到 72,这也使他多次被评为日喀则公路分局及聂拉木公路段"先进工作者""优秀共产党员"等荣誉称号。

家人曾看到达娃如此辛苦,劝到:"别太劳累了!"他却说:"养路是我的天职,只要有车从我的路段上过,我就有确保畅通的责任!""选择养路,对我来说,是幸运的,对于当初的选择,我无怨无悔!"

3. 爱心,让他无畏

达娃对于公路养护工作一干就是 20 多年,但他却没有一点厌倦之感,怀着一颗关爱之心,更让他无所畏惧、自得其乐。

在每年的春节、藏历新年期间,由于特殊的气候和地理位置,达娃所在的工区都会降大雪,大雪封住道路是家常便饭的事。每当有行人被堵在了路上,达娃都会把他们接到自己的家中,把自己的房子腾出来给他们住,把自家的糌粑、酥油、米饭端出来让他们吃,而他自己却缩衣节食,忍饥挨饿地去推雪开路。待到路通了,达娃又分文未收,把他们送上了归途。获得帮助的人们眼含热泪地说:"谁能想象得出,在这么一个荒无人烟的地方,竟有如此菩萨般的好人!"达娃往往以"在家靠父母,在外靠朋友"的话安慰他们。

在达娃的内心,有一条不成文的"规矩":职工及职工家属生病,总是自掏腰包购置慰问品,亲自看望。这一习惯,达娃一直坚持到现在。达娃说,工区是一个集体、是一个团队,大家身体好、家庭好,才能把大家紧紧团结在一起,也才能推进养路工作。达娃"上有老、下有小",妻子还是家属,大儿子在家待业,小儿子还在上学,可谁又知道达娃家经济也不宽裕呢?

达娃每年都会抽出时间与工友们谈心,并认真做好记录,建好职工档案,以便在生活中给予他们更贴切的关心和照顾。工区生活苦,条件有限,为不断改善职工的生活环境,他带领工友们,利用空余时间对工区房后和侧面的山地、坡地进行开挖整平,栽上树、种上草,营造良好的工作生活环境。

工区经费有限,他就利用平时养护清扫沿线垃圾时捡拾易拉罐、饮料瓶变卖,用于为工区职工买床垫、家具等。

除了日常养护,达娃还要抓好维稳工作,时刻警惕破坏活动,每逢敏感日和重要节庆日,还要安排人员守桥,他经常主动放弃休息日,抢着帮家有困难的职工值班。每逢春节、藏历新年,在工区留守次数最多的也是他,他常说:"我是工区长,我不留谁留?"达娃的真心付出换来的是领导、工友和群众的尊重和信任,换来的是美丽顺畅的坦途。达娃这样可爱的养路工人,也不自觉成了最美公路中浓墨重彩的风景。

第四章
交通援藏干部群体及典型

1994年8月,中共中央、国务院下发的《关于加快西藏发展,维护社会稳定的意见》中指出,交通运输以公路为主,重在骨干道路的整治、维护和建设,力保常年畅通。1995年1月11日,时任交通部部长黄镇东在全国交通工作会议上,号召全国交通运输系统认真贯彻落实中央第三次西藏工作座谈会精神,由此开启了交通行业对口援藏的宏大序幕。

1995年,交通部决定,18个省市交通部门分别对口支援西藏7个地市,西藏交通从此开启了大跨越的序幕。之后,全国交通系统逐步建立起了渠道畅通、进出有序、政策较为完善的对口支援工作机制。

中央第四次、五次西藏工作座谈会后,交通运输部对西藏给予特别关注,从人才、技术、项目、资金、感情等方面重点倾斜,全国交通运输系统对西藏交通运输事业发展给予倾情帮助,大力支持,为推进西藏交通运输跨越式发展贡献了全行业力量。一是时任交通运输部党组书记、部长杨传堂,先后2次会见西藏自治区主要领导,举行交通发展座谈会,签订会谈纪要,采取有力措施,推进西藏交通实现新跨越。历任部领导黄镇东、张春贤、李盛霖、李家祥、翁孟勇、高宏峰、冯正霖、徐祖远、李建波、何建中等心系西藏交通发展,不顾高原反应,多次进藏检查指导援藏工作,推动交通援藏工作纵深开展。二是时任交通运输部副部长刘锷1995年8月率领赴藏工作团,经过22天实地考察,对拉萨至贡嘎机场公路整治工程和中尼公路危桥施工等公路建设项目进行部署。交通运输部26位司局长、49位处长先后进藏考察公路状况,审查设计文件,确定施工方案。时任交通运输部公路司副司长王玉同志,20多年来先后19次进藏,长途跋涉1.6万km,对川藏、青藏、中尼、邦昌、墨脱等公路主干线进行实地踏勘,为这些公路整治改建工程设计、立项、建设等方面做了大量的工作,付出了艰辛的努力。三是交通运输部从机关、部属单位选派7批37名援藏干部,其中厅级干部7名,处级干部30名,支援西藏交通运输厅及直属单位工作。同时,针对西藏交通建设管理方面存在的难题,委派67名交通运输部有关专家组成团队,每年定期进藏开展技术攻关,破解西藏交通建设技术瓶颈。选派西藏交通运输厅5名同志到部机关挂职锻炼,协调32名西藏交通运输系统专业技术干部分赴内地10多个省市公路在建项目跟班培训。四是对口支援的18个省市76名省部级领导和39名企业负责人进藏考察指导交通运输发展工作,积极承诺援藏项目,加快落实援藏资金,确保交通援藏工作政策措施落到实处。

7批次200多名援藏人员把那西藏当成第二故乡,以高度责任感和使命感认真履行自己的职责,尽心尽责做好援藏工作。每位援藏干部刚一进藏,到达援藏单位后,不顾路途辛劳,不顾高原反应带来的不适,他们做的第一件事,就是要深入基层,调查研究,了解情况,制订援藏计划。他们深入交通企业,到各公路养护生产一线进行调研,他们深入所管养的养护段、道班,和道班工人一起拉家常,了解他们工作、生活情况……

每个援藏人员都是英雄,这个平均年龄不到40岁的群体,大多数是家里的顶梁柱,援藏对他们而言,不仅意味着责任、信任和担当重任,也意味着许多舍弃和无私奉献。在这个群体中,我们能看到这个行业的精神气质和核心价值观,他们中间涌现出了交通运输部副部长冯正霖同志这样的优秀领导干部、全国劳动模范陈刚毅同志这样的优秀先进个人和先后两次援藏的吴春耕同志……他们不仅成为全国交通运输系统的旗帜,也成为全国交通行业核心价值体系的典范。

20多年来,有的交通援藏干部留在了西藏继续贡献,有的回到了原单位;有的援藏时不是交通系统的干部,后来成了交通系统的干部;有的援藏时是交通系统的,后来去了别的岗位,不管怎样,他们对西藏的那份感情一直没变。他们在与当地各族干部群众情深义重的交往中,把自己的身心浸润在西藏大地上,留下了一个个众人传颂的故事,这些故事是援藏的记忆,也是交通援藏精神的光辉写照。

一、冯正霖:雪域高原的优秀使者

冯正霖曾于1995—1998年援藏三年,他对西藏有着特别强烈的感情。冯正霖说,在西藏,作为西藏交通建设的一员,我们自身也得到心灵的净化、精神的升华。

当时的冯正霖是交通部公路管理司养护管理处处长,长期从事公路养护管理工作。进藏后担任交通厅副厅长,分管公路养护。冯正霖在西藏的三年,那时西藏正由计划经济向市场经济转变,交通系统也正改变指令性。不断引入市场机制,青藏公路在进行第二期整治,川藏公路拉萨到林芝段在铺设油路,这样的背景下,西藏的养护工作"三年三大步"。第一年是"标规路"建设,即"标准化养护,规范化管理",提高了公路的抗灾能力。以"标规路"工程为龙头,全面促进公路路况质量和规范化管理水平的提高,从1996年到1997年,就完成"标规路"450km。第二年,"文明样板路"建设,将目光投向了道班和道班工人的文化素质、岗位形象。第三年是养护运行机制的改革,从人事、用工、分配制度等入手,使西藏的公路养护管理进入了符合科学运行机制的轨道。在公路基本建设方面,建立并初步形成了公路市场运行机制,抓好重点工程,确保项目顺利实施。

冯正霖力主深化青藏路"高原多年冻土路基路面典型结构研究"的科研课题,促成了西安公路交通大学、交通部第一勘察设计院和中科院兰州冰川冻土研究所联合攻关,以改变青藏线连年沉陷、翻浆的状况。增加公路管理中的科技含量,在交通部科技司的支持下,组织完成了青藏公路拉萨到格尔木段桥梁管理系统推广应用,拉泽公路路面管理系统推广应用。1997年,西藏大中修工程合格率达到百分之百。

在川藏线,养路工们说,冯厅长是交通系统活着的孔繁森。虽然冯正霖像孔繁森一样把自己全身心投入西藏,将自己的工作经验和才智学识带到西藏,但他不是神仙,也不是孔繁森,他和其他援藏干部一样,是交通部派往雪域高原的优秀使者,是西藏和内地的一座桥梁,他们给西藏带去了新观念、新技术,也传递着西藏的新信息、新动态,使决策者可以洞察西藏,从而做出及时有力的决断。

1995年,交通部倡议开展"为西藏养路工人送温暖"活动,援建西藏的危旧道班,共捐款3945万元,建立道班房157座,总建筑面积4万多平方米,围墙1万多米。1995—1997年,交通部每年向西藏投资5亿元以上,用于青藏公路整治工程。川藏公路整治改建工程,昌都至邦达公路建设工程,中尼公路危桥改建工程,新藏巩固"一线三桥"的改建兴建工程,改善了西藏几条重要国道的通行能力。3年中,时任交通部部长黄镇东,副部长李居昌、刘鹗先后到西藏考察交通工作,慰问长期在那里工作的干部职工,看望援藏干部,为他们解决实际问题。

2001年,交通部又为西藏捐赠养护机械75台套。2002年,交通部根据西藏缺乏公路工程项目管理人员的实际,成建制支援西藏项目法人管理机构6个,技术援藏42人。此外,交通部及全国交通系统对口支援西藏公路项目管理和技术人员26人。50年来,特别是2000年以来,交通部各级领导就有10多人次到西藏,到最基层、最危险的路段调查研究,把党中央的关怀送到广大交通职工的心坎上。

很难从冯正霖口中问出关于他自己援藏的事情,更不要说是完整的故事。他没有说一句西藏艰苦的话,谈的更多的是交通部对西藏的关心支持,西藏人的淳朴善良和自己心灵的净化。但在西藏交通系统,不论走到哪里,人们都会提到一个名字——冯正霖。

二、杨文银:"老西藏精神"永远激励我

"在雪域高原工作生活的三年经历深刻地改造了我,让我真正地成长起来,也让我深切地感悟到什么是'艰难困苦、玉汝于成'。"回忆起镌刻在生命中的援藏生涯,如今的杨文银依然心潮起伏。

1998年,36岁的杨文银时任交通部规划研究院副院长。这一年,他和其他5名技术干部成为交通部派往西藏工作的第二批援藏干部。交通专业科班出身,丰富的行业实践积淀,年轻有为、年富力强,正是去西藏工作的最佳人选。

接到任务前,杨义银从未去过西藏。得知将去西藏工作三年,心中既有期盼,也有几分忐忑。被任命为西藏交通厅副厅长,分管公路规划、建设、养护等重要工作,他期盼自己

可以充分发挥专业特长,为西藏交通发展做些实实在在的工作;志忑则是听说西藏条件艰苦、交通基础发展滞后,对自己肩上的担子到底有多重心里没底。

出发前,时任交通部部长黄镇东亲自为杨文银等 6 名援藏干部送行。他清楚地记得黄部长细致入微地分析了援藏任务的重要性,提出了工作和生活要求,鼓励他们尽快融入当地环境,发挥专长开展工作,第一批援藏干部冯正霖向他们分享了援藏经验。部领导的勉励和前辈的经验坚定了杨文银到西藏做好工作的信心。

1998 年 6 月,杨文银正式到西藏履任,开始了他的援藏生涯。这一年,恰逢全国加快公路基础设施建设,而西藏交通欠账之多超乎想象,西藏与内地经济发展的差距之大可谓天壤之别,全区公路建设、养护、管理工作异常繁重。杨文银心头沉甸甸的,此时他才真正地领会了交通部派出专业技术背景的干部援藏用意之深、任务之重。

为了尽快适应环境,进入角色,杨文银坚持不用药物和吸氧对抗初到西藏时的高原反应,强忍头痛、胸闷、食欲差、倦怠、眩晕、心率快等各种不适,让身体通过自然调节,进入"缺氧运行"状态。

不仅缺氧,高原气候与内地差别很大,即使六七月份,昼夜温差也很大。杨文银白天冒着烈日与当地干部一起四处调研,晒得脱了一层又一层皮,晚上窝在宿舍里裹着被子阅读各种资料,度过一个又一个不眠之夜。

半年后,杨文银被烈日风霜磨砺成了"老藏",皮肤黝黑的他偶尔到拉萨集市上,会有藏族群众用藏语跟他打招呼,为此他很开心。

"援藏不是做官,而是做事,我们要做的事太多了。缺氧,不缺精神;艰苦,不降工作标准。"杨文银说,责任感和使命感成为他克服一切困难,高标准、严要求开展工作的强大动力。

在西藏工作,尤其是交通人,要具备超强的体力和精力,但还不够,还要随时经受自然灾害、突发事件,甚至是生死考验。

"雪域高原的青山绿水、蓝天白云净化了我的灵魂。"杨文银感谢西藏的艰苦环境令他强壮了骨骼、磨炼了意志、锤炼了身心,令他学会了用积极乐观的态度、饱满的热情、昂扬的斗志去对待事业和人生。

杨文银动情地说:"三年援藏,令我成长,在我后来的人生道路上,我始终感到没有什么战胜不了的困难,因为,'老西藏精神'一直并将永远激励我。"

三、常行宪:两次援藏 10 万 km

"我三年翻越唐古拉山 70 多次,青藏公路上的每个道班我都去过。"常行宪自豪地说,这可能是一项援藏干部至今没有打破的纪录。常行宪是交通部第三批、第四批援藏干部的领队,原交通运输部公路科学研究院副院长。2001—2006 年,他连续两次赴西藏工作。六年里，他奔波于雪域高原上的几乎每一条公路、每一处工地，指挥完成了青藏公路格尔木至拉萨段整治改造工程，保障了青藏铁路建设的物资运输重大需求。

2001年，常行宪时任人民交通出版社副社长。这年4月，他接到交通部通知，成为交通援藏第三批干部，任西藏交通厅副厅长，分管公路建设、养护、管理等工作。

"去了项目办才知道'艰巨'俩字咋写。"常行宪刚到西藏不久，就被任命为青藏公路格尔木至拉萨段整治改建工程"总指挥"——项目管理办公室主任。

虽然经过几十年的建设与发展，国家先后投资进行了两期升级整治，但青藏公路长期饱受多种病害的"折磨"，通行能力一直较低，无法满足因建设青藏铁路而骤然增加的运输需求。为此，交通部决定对青藏公路格尔木至拉萨间779km病害严重的路段进行全面整治。

青藏公路整治改建路段要翻越昆仑山、可可西里山、开心岭、唐古拉山、申格里贡山等，沿线平均海拔4500m以上，最高处海拔5231m，含氧量仅为内地的50%。

常行宪感到压力山大："技术方面，我们必须解决好多年冻土、高寒缺氧、生态脆弱三大关键性难题。另有一个特殊难题，是从没遇到过的，按交通部的要求，整治改建工程要实现'改建施工和保通同步进行'，这大大增加了项目管理难度。"

常行宪说，青藏公路格尔木至拉萨段整治改建工程是交通部直管项目，也是西藏首个实施"项目法人负责制"的公路工程项目，对促进西藏交通建设规范化、标准化意义重大。

动工前，常行宪召集项目设计、施工、监理等有关负责人和项目办所有工作人员，开了一个不同寻常的动员大会。他在会上强调："这项工程意义重大，全国瞩目，以前的施工理念和方法在这次工程中是行不通的。"所谓"行不通"，是指未实施"项目法人负责制"时存在于建设过程中的各种不规范现象，在这次整治改建工程中绝对行不通。

常行宪在项目部还引进了一批科研人员，在工程建设中，大力推行新技术、新材料的应用。通过采用高标号改性沥青，使高寒地区沥青路面低温抗裂性有了提高；首次使用热棒技术，解决了冻胀、融沉等问题，保障了多年冻土地基的稳定；首次设置了碎石坡面，对治理路基纵向裂缝起到了关键作用……

开工一段时间后，常行宪还促成项目办与青藏铁路建设指挥部建立了长效协调机制，双方定期召开碰头会沟通信息，商议解决青藏铁路和青藏公路施工中的重要问题。

"在西藏工作那几年我跑了10万km，跑遍了西藏境内所有的公路。"常行宪说，"经过大家的共同努力，全区七个地市（州）都通了公路，交通初步形成网络化。"

四、吴春耕：想为西藏做点实实在在的事

20世纪90年代中期，大学毕业以后，吴春耕成为国家各部委选派到西藏锻炼的100名优秀大学生之一。3年援藏之后，进入交通部工作，之后历任部公路司公路管理处处

长、路网管理处处长,曾被中央国家机关工委授予"中央国家机关优秀青年贡献奖"等荣誉称号,被交通运输部和人事部授予"全国交通系统先进个人"。2013年,他再次西上雪域,成为新时期交通援藏的又一典型。

1995年8月,大学刚刚毕业的吴春耕放弃了进修研究生的机会,怀着满腔热情,随第一批援藏干部进藏,成为西藏自治区交通厅一名普通的机关工作人员。吴春耕用了两年时间,跑了西藏74个县中的49个县,累计行程近5万km,掌握了大量的第一手材料。

看到西藏与内地交通事业发展的巨大落差后,吴春耕下定决心要为这片土地的交通事业发展贡献自己的绵薄之力。第一次在西藏工作的三年里,他跟着当时的厅领导,特别是与时任副厅长、交通部援藏干部冯正霖同志一起,在西藏全面引入实施公路建设项目合同管理制度,制定了西藏公路施工承包合同、施工监理合同、公路工程勘察设计合同三个标准合同范本,并在两年半内组织签署了24个相关合同,实现西藏公路建设项目管理的历史创新和规范化管理。同时,还在西藏成立了工程技术专家咨询组,积极协调行业专业技术力量,为西藏公路建设奠定了良好的技术基础。

"对于西藏,我个人始终有一种情结、一种情怀、一种责任。"吴春耕说。

再一次援藏,吴春耕已从当年的意气青年成长为一名成熟的党的交通干部。近20年的工作经验和全国性的视野告诉他,西藏的交通是全国交通网络的"短板",是西藏经济社会发展的"瓶颈"。吴春耕深知,这次进藏身负重任,任务艰巨,他必须迎难而上,努力用自己的实际行动和工作业绩为西藏交通事业的发展增砖添瓦。

为了心中的那一份责任,进藏3年,吴春耕加强学习调研,多次深入现场,实地调研,全面了解情况,研究形成了"强联动、建机制、抓项目、出成效、兴技术、育人才"的援藏工作理念和工作思路;圆满完成"十二五"规划内43个项目立项审批并落实中央投资322亿元;筹备召开交通援藏工作会议和纪念川青藏公路通车60周年座谈会,起草《关于推进西藏交通运输科学发展若干意见》,为西藏交通运输发展争取有效的政策支持;组织开展科技支撑西藏交通运输科学发展专项行动,积极推动国家重点行业实验室在西藏落地,将拉林高等级公路生态旅游科技示范路纳入部级示范工程……在西藏的每一天,他不忘初心。

"两路精神"是60年来几代交通人,特别是西藏交通人通过建设养护管理川青藏公路劳动实践中不断积累丰富形成的宝贵精神财富。习近平总书记曾用24个字对它进行高度概括——一不怕苦、二不怕死、顽强拼搏、甘当路石、军民一家、民族团结。吴春耕和所有西藏交通部门的同志都对这24个字深有感触。

3年间,在吴春耕无数次下乡调研的途中,他都能看到交通系统的职工们奋战在一线。他们已经看不出藏族、汉族的差别。平时大家修路、架桥、养护、保通都在一起,活是一样干,皮肤也晒得一样黑,用着一样的语言沟通交流,这种看不出藏汉的融合和和谐深深感动着他。

"西藏是特别讲民族团结的地方,尤其在我们交通系统。"吴春耕常常感慨。援藏干部三年是一期,但三年援藏、一生情缘,能够留下一辈子的记忆。有位援藏干部说过一句话:百年修得同船渡,千年修得共枕眠,万年修得上高原。无数个失眠的夜晚,吴春耕喜欢写点文字,留几句小诗,诉说的是他对西藏浓浓的情谊——

采桑子·援藏二十年
二十年对口援藏,
共建羌塘,
人和民强,
格桑花下牛羊壮。
大会堂再传佳音,
号角吹响,
人心所向,
汉藏携手谱华章!

五、陈刚毅:干,就一定要干出个样儿来

陈刚毅,全国道德模范,是行业内广为人知的援藏技术干部,湖北省交通规划设计院高级工程师。在他的两次援藏工作中,先后担任西藏山南地区泽当镇湖北大道项目部总工程师和国道214线西藏角笼坝大桥建设项目法人。在角笼坝大桥施工期间,身患结肠癌,他顶住病魔摧残的巨大压力,术后7次化疗,4次进藏,出色完成工程建设任务,用忠于职守、不畏艰险的信念,演绎了生命对事业的忠诚,谱写了一曲交通人负责任、勇担当的赞歌。

陈刚毅是践行"三个代表"重要思想、落实科学发展观、体现共产党员先进性的模范,是全国交通系统工程技术人员的楷模。

2001年初,湖北省交通规划设计院接到任务,在西藏山南地区援建一条湖北大道。陈刚毅得知消息,第一个报了名。组织决定,由他出任总工程师兼工程技术部主任,带领设计院14名技术骨干,于当年4月15日奔赴西藏,组成湖北大道项目部。靠着陈刚毅对工作的这种"认真"和"严格"的管理,湖北大道创造了当时西藏城市道路史上技术标准最高、建设管理最规范、质量监理最到位、各项资料最完整等十个第一,被交通部评为全国公路建设优质工程,被山南人民称为雅砻江畔的"无字丰碑"!

2003年4月7日,陈刚毅第二次来到了西藏,这次是为了角龙坝大桥。一下飞机,他就埋头扎进工作里。他的"拼命三郎"精神感动了同事,大家积极工作。到6月上旬,角龙坝大桥项目办圆满完成了招标任务,被西藏自治区交通厅称赞为在同批9个援藏项目中"质量最好、效率最高、提交资料最及时最完整",而陈刚毅居然瘦了11斤。

为了保证工程万无一失,陈刚毅对每个施工环节都精心组织,一丝不苟。正是由于他严格把关,角笼坝大桥才成为全藏的样板工程。大桥的4个锚塞体,技术上本来允许有2mm的定位误差,但他们基本实现了零误差。就在角笼坝大桥工程顺利展开,陈刚毅全身心投入到大桥建设中时,命运给了他一个严峻的考验。几年的高原生活和长期超负荷的工作,他的身体越来越差。

2004年2月,他被诊断患了结肠癌,而且已经到了中期。为了不给他增加精神压力,家人向他隐瞒了病情,告诉他患的是肠道息肉,开完刀就没事了。可陈刚毅听了之后,还跟医生商量说就先开点药带回工地去,等工程结束了再回来开刀。2月底,陈刚毅接受手术,切除了肿瘤和20cm的结肠。手术后第三天,要尽快回到工地的他心急如焚,妻子实在不忍心说出了实情。在得知病情真相的那一刻,陈刚毅惊呆了!背着人,他悄悄流下了眼泪。

2004年5月8日,带着病魔、带着妻子、带着执著,陈刚毅进藏了。陈刚毅到了工地,就把心思放到工作上去了,心情也好多了,像个没生过病的人。但妻子知道,化疗在他身上产生了一些不良反应,有时候到了难以忍受的地步。陈刚毅有时忍着疼痛跟妻子说:"希望我命大,希望老天能让我把这个工程干完,代价再大我也愿意;如果真的有什么不测,那就按医生说的,让我当烈士吧。"

这次进藏,陈刚毅一待就是半个月。陈刚毅提出的在锚碇围岩中注浆并在锚碇后增加预应力锚索的方案,解决了在复杂地质岩层中采用隧道式锚碇建桥的技术难题,而且也开创了在高原、高寒地区破碎性岩层中修建大跨度隧道式锚碇悬索桥的先例。

2004年7月,忍受着化疗后一波高过一波的痛苦,陈刚毅第二次进藏。9月,做完第六次化疗后的第二天,陈刚毅第三次回到角笼坝。陈刚毅每天都吃住在工地上。他组织开展"大战一百天",抢在冬季来临前,完成锚塞体混凝土浇灌、大桥主缆架设、吊索安装等重要工序。

2005年8月3日,大桥竣工了。这座总投资1.1亿元,主跨345m的大桥,成为当时西藏地区跨径最长、技术难度极大的特大桥,是当时名副其实的"西藏第一跨"。

Record of Highway Construction in
Xizang
西藏公路建设实录

第七篇
公路建设项目

第一章
国道 109 线西藏段

平时所说的青藏公路,是国道 109 线(北京—拉萨)的一部分,起于青海省西宁市,止于西藏自治区拉萨市,全线平均海拔在 4000m 以上,是世界上海拔最高、线路最长的沥青路面公路,也是目前通往西藏里程最短、路况最好且最安全的公路,被称为"世界屋脊上的苏伊士运河"。该路段全长 1140km,最大行车速度 60km/h,共修建涵洞 474 座,桥梁 60多座,为国家二级公路干线。由于路况较好,一年四季均可通车,是目前 5 条进藏线路中最繁忙的公路。虽然该路段海拔高,但起伏平缓,适用于各种车辆。

青海西宁至格尔木段,翻越日月山、橡皮山、旺尕秀山、脱土山等高山,跨越大水河、香日德河、盖克光河、巴西河、青水河、洪水河等河流,长 782km。从青海省第二大城市格尔木市出发,翻越四座大山——昆仑山(4700m)、风火山(4800m)、唐古拉山(垭口海拔 5150m)和念青唐古拉山;跨过三条大河,通天河、沱沱河和楚玛尔河,平均海拔 4500m,其中西藏境内 547km。穿过藏北羌塘草原,在西藏自治区首府拉萨市与川藏公路汇合。目前,该段路的黑色化率已达 100%。

第一节 初 建

一、格尔木至可可西里段

1949 年 11 月 23 日,毛泽东在致彭德怀的电报中提出以西北为主进军西藏和经营西藏,并指出:"由青海去西藏的道路据有些人说,平坦好走。"自此,从祖国大西北向西藏修筑一条公路的设想不断被提及,周恩来、彭德怀等中央领导几次部署和过问,经历 4 年多时间,终于由西藏运输总队完成探路任务并开始施工。

1951 年 8 月,西北军区进藏部队(十八军独立支队)奉命从兰州出发。部队从兰州乘汽车到柴达木盆地东南边缘的香日德后,便没有公路了,只能改为骑马和步行进藏。西北军政委员会交通部派工程师邓郁清和部队的刘述祖、谭思聪两名测量员,随军担任公路勘测工作。路线方位基本上从东北走向西南,穿越青海中南部水草泥沼地带。

1952 年秋,西藏工委驼运总队向香日德老百姓了解到,解放前有商贾马帮由香日德西行至格尔木后,再折向南行,越昆仑山、唐古拉,经黑河(那曲)去拉萨。

1953年2月28日,中共中央统战部部长李维汉主持会议研究青藏线路,政务院副秘书长、统战部副部长徐冰,交通部公路总局局长潘琪和西藏的张国华、范明参加。张国华、范明提出另选青藏公路新线的意见。西藏运输总队成立后承担了这项任务。

1953年8月21日,王宝珊和慕生忠先派舒秋萍、王廷杰、刘玉生、张承绅探通了香日德至格尔木的路线。10月,运输总队开始往西藏运粮,基本上是沿西藏工委驮运总队的路线走向。又确定由任启明带领一支木轮大车队探路。探路队总共约30人,由任启明主管全盘。1954年1月23日,任启明到达藏北重镇——黑河,青藏公路线路终于探通。

慕生忠接到电报后,去北京找到张国华和范明,一同向彭德怀汇报了探路的情况和修建青藏公路的意见。关于经费问题,彭德怀让写个报告转呈周恩来。1954年2月27日,张国华、范明给周恩来写了报告。

1954年5月9日,西藏运输总队派24名技术人员、1200名驼工,从西北军区调10名工兵,编成6个工程队由慕生忠和任启明指挥。5月10日,施工队伍从格尔木出发,11日,在昆仑山下艾芨里沟破土开工。6月,西北交通部调工程师邓郁清到青藏公路负责工程技术和测量设计工作。1954年7月30日,公路修到了可可西里,仅用了79天,筑路大军就修通了300km公路。这一胜利使慕生忠和筑路勇士倍受鼓舞。

按慕生忠"力争以最短的时间,最快的速度,修出一条'急造公路'",以及任启明按"平、直、近、硬"标准进行修筑的要求,施工时路基基本维持原地貌,即"就地爬",不做大填挖,车道中心3m以内必须填铺砂石夯压坚实,条件较好地段加铺宽2.5m的砂砾路面,纵坡一般不大于10%,平曲线半径不小于15m,路基宽度在平原和丘陵地带为6m,越岭线及傍山道减为4m,跨越河流、溪沟尽量不修桥涵。由于炸药数量有限,开山工具不足,除个别地段绕道外,一般沿正线进行施工。

公路修至离开格尔木73km戈壁荒滩边缘一深沟处必须架桥时,邓郁清与工兵战士、部分石工召开"诸葛亮"会,由陕西籍石工郝维汉打石窝插桥桩,用皮尺按勾股弦定理在引道中心线上定测两岸桩位线。桥采用东北松木、圆木和少量钢筋铅丝,3天时间架设完毕,桥取名为"天涯桥"。

从天涯桥前进20多公里经纳赤台到昆仑山口80多公里,公路沿格尔木河道弯曲修筑,昆仑山下西大滩属冲淤的扇形滩地,夏季昆仑山上冰雪融化,公路易被冲毁。

进入昆仑山区高寒地带后,是冻胀的小土丘,只能填不能挖,同时不能在上坡取土,在下坡取土也要远离路基50m以外。

昆仑山至唐古拉山300多公里的宽广地域,有长江源头三条支流之一的楚玛尔河,河宽80m,水深60cm,流速2m/s,河底坚硬。选择100多米的宽滩,用沙柳编成笼子,装上石头,筑起透水路堤,在行车道上铺垫石头,加宽河床以降低水位,过水路面长达160m,汽车可缓行通过。

楚玛尔河至可可西里(又名五道梁)60多公里,梁上较平坦,汽车可通行,梁与梁间,夏秋成河,冬春干涸,修路时正当夏季,无法通车,必须用填充物铺筑过水路面或设置涵洞。由于当地无石料,施工时到6km以外搬运石头,并用麻袋装上修筑路基。1954年7月27日,公路通到可可西里。

二、可可西里至拉萨段

根据慕生忠的部署,工程队从可可西里向南修筑,1954年9月3日到达长江源头主要支流沱沱河。河道宽1060m,水面宽283m,最深处水位1.4m,流速4.8m/s,河底为泥沙。第四工程队召集20名班长和有经验的工人实地踏勘,确定分流地点,测定路线,标出路基平面位置。分流工程进行5天,河槽最深处水位降至1m,流速减到3.1m/s。采用羊皮筏子,装沙袋由上游就位固定,再把筏子拉翻倒出沙袋,10月3日下午5时合龙,形成5m宽、400m长的淌水路堤。然后在路堤两边每隔2m插一根驼杆,用麻绳连接沙袋、石片交叉网络,固定路堤。10月13日上午进行试车,安全通过。

公路过了开心岭,跨通天河,翻越小唐古拉山,沿通天河支流布曲河,公路修到温泉。连续紧张筑路数天后,工程进展到唐古拉山口。唐古拉山工程北坡长23km,除山脚有1km盘旋道外,其余缓坡弯曲上行,地面横坡一般为20%;南坡长16km,地面横坡一般为50%,路基土方多为砂夹石。海拔5000多米、长40km的越岭线,是青藏公路最高点,施工难度大。

10月20日,公路修至唐古山口,慕生忠发电向彭德怀做了汇报。29日,工程队伍进展到唐古拉山以南地带,西北军区工程兵二团和100辆汽车参加施工,加快了工程进度。10月31日,打通桃儿九山,前进到安多买马,翻越4800多米高的申克里功山(安多拉)。

施工队和工兵部队劈开申克里功山,过翻浆地段。11月11日,公路通车至黑河(今那曲)。过黑河,公路伸展到念青唐古拉山脉的尕勤拉山和拉陇尕木山,然后进入当雄草原,约20天后,公路进至羊八井。羊八井河,流水湍急,很难涉渡,年逾半百的老红军任启明带头下水施工,筑起透水路堤,汽车顺利通过。指挥部派张炳武到拉萨汇报工作。

中共西藏工委、西藏军区和西藏地方政府共同协商,于11月21日成立青藏公路筹备处,要求全体筑路员工和部队严格遵守民族地区的风俗习惯,修筑公路不准占用寺院、佛塔等建筑物。地方代表、当地头人和青藏公路筹备处共同协商,设立供应站,规定购买牛粪、草料或其他物品必须在双方自愿原则下进行,不准抬高市价和抢购。修筑公路,如要占用耕地,须经有关方面协商,按议价付款。

12月2日,施工队伍进入冈底斯山脉堆龙河谷长15km的羊八井石峡。为了康藏、青藏公路同时通车拉萨,西藏军区从康藏公路调工兵八团一个营从南往北修,西北军区工兵二团和工程队从北往南修,同时施工,经过10天艰苦奋战,打通石峡。与此同时,西藏军区一五五团从拉萨向羊八井抢修公路。

羊八井石峡打通后进入农业区,在定线和设立供应站的过程中得到堆龙德庆宗本(相当县长)的支持和帮助,对占用的部分耕地,以青稞、茯茶、糖点、烟酒、大米等实物偿付。

1954年12月15日下午2时,青藏公路修至拉萨,全长约1200km,工期为214天,国家投资230万元,实际竣工决算250万元(不包括中央军委调给修建青藏公路的工兵团、汽车、机具、帐篷等军费开支和西藏运输总队经费中的部分支出)。

三、格尔木至敦煌段

1954年5月,西藏运输总队派人察看格尔木至敦煌路线,彭德怀指示敦煌经大柴旦至格尔木路段,由西藏运输总队试修。10月,慕生忠派可可西里转运站站长齐天然带人修筑敦煌至格尔木的公路,敦煌400名民工、阿克赛200名民工参加施工。12月5日,从敦煌开始施工,经过6天劈山填挖,11日越过祁连山脉当金山口,进入花海子盆地,每日前进30km左右。往南进入长1.7km的盐碱滩,即用盐块铺垫通过。接着公路通过察尔汗盐湖,跨盐湖31km、碱滩35km,12月26日到达格尔木,至此,敦煌至格尔木600km公路粗通。1955年,交通部投资62万元进行整治,1956年6月基本完工。

第二节 整治与改建

这条路在从建设开始就一直伴随着各种整治和改建,并成立相应的机构负责此事。

1955年,青藏公路管理局在格尔木成立,慕生忠被任命为青藏公路管理局局长、党委书记,中国人民解放军青藏公路运输指挥部总指挥。

1955年3月9日,国务院全体会议第七次会议通过《关于有关西藏交通运输问题的决定规定》:设立青藏公路管理局,负责管理青藏公路格尔木至拉萨段的运输和养护工作。西藏工委根据国务院精神和交通部的具体规定,在格尔木组建成立了青藏公路管理局,在沿线相继设立了8个养护段(纳赤台、五道梁、雁石坪、安多、黑河、羊八井、大柴旦、花海子),并逐步建立了道班,形成了青藏公路初步养护体系,当时管养路段南至西藏拉萨,北至敦格公路(甘肃阿克赛县)南疆路口,全长1546km。

1957年10月26日,青藏公路管理局扩大改组为青藏公路交通运输局。1959年12

月30日,撤销青藏公路交通运输局,原该局所属各段归西藏公路管理局直接领导,在格尔木成立养路科,管理唐北五个养护段。

1966年1月11日,经交通部批示,敦格公路南疆路口至格尔木路段,格尔木至唐古拉山顶路段移交青海省交通厅管理养护,西藏公路局花海子、大柴旦、纳赤台、五道梁、雁石坪养护段移交青海省交通厅。

1980年1月1日,青藏公路格尔木至唐古拉山顶路段移交西藏交通厅管养,并在格尔木成立临时接管组。1982年10月,经自治区人民政府批准成立了西藏公路管理局格尔木养护总段。1988年8月,撤销格尔木养护总段,成立青藏公路局,管辖格尔木至拉萨段公路,1996年10月更名为青藏公路管理分局,2011年1月更名为青藏公路分局至今。现青藏公路分局管养格尔木至拉萨段1130.814km(其中青海境内592.7km),设纳赤台、五道梁、雁石坪、安多、那曲、当雄6个公路养护段,17个工区,2个养护保通点。

随着西部大开发的深入,青藏公路也发生着日新月异的变化。作为西藏路网规划"三纵"中的一纵,青藏公路在西藏路网上担负起了更加重要的作用;同时,作为国家"五纵七横"国道主干线之一,青藏公路经过数次大规模改建整治,行车条件不断改善,行车时间大大缩短。改建后,格(尔木)拉(萨)段的行车时间,由20世纪50年代的15天缩短至目前的12小时,且通行运输能力成倍增长。

青藏公路历经多次大规模改建,也曾作为援藏工程进行改建。1955—1958年修筑了砂砾路面,1972—1985年,按照1972年《公路工程技术标准》的二级公路进行了全线改建,在原砂砾层上铺筑干压碎石基层和4cm沥青碎石面层。1991—1999年,进行了一、二期整治工程、零星病害整治工程以及羊八井至拉萨段、拉萨出口路段的改建工程。2002—2004年再次按照二级公路技术标准实施改建,应急性地提高了路面和桥涵的承载能力,巩固多数路段路基稳定的建设成果。2008—2010年实施了改建完善工程,整治了遗留问题,维修了破损路面,整治了沿线环境,进一步完善了道路安全和服务设施。青藏公路的改建工程极为艰巨,尤其是在海拔高的多年冻土地区铺筑沥青路面,实属史无先例。

一、"八五"之前

(一)第一次改建

1953年3月下旬,交通部在兰州召开座谈会,就青藏公路改建工程做出了决定,由青藏公路管理局以自营方式修建,交通部第五设计分局担任测量设计,公路总局第五工程局第二工程处为主要参与力量。

1955年3月,慕生忠在北京接受交通部关于组建青藏公路管理局和青藏公路改建的任务,慕生忠立即组织实施,先雇佣1000名工人开往工地。5月10日,慕生忠和副总工程师徐松荣到格尔木指挥施工。

交通部公路总局第五工程局二处(简称五局二处)2000多人参加施工,其中有工程技术人员96人。青藏公路管理局抽调一批技术干部派到二处各工程队加强技术力量,抽调几名行政干部到二处各工程队任分队长。1956年,青藏公路管理局从甘肃、青海、河南等省招收民工,大部分配属二处各工程队施工。第一季度5400人,第三季度5948人,同时五局二处成立两个工程队,第四季度达8116人。

1956年4月,青藏公路改建工程在小南川以北、五道梁至沱沱河、开心岭至温泉、唐古拉地区陆续开工。

交通部第五设计分局选定的安多至那曲线路经过反复查勘比较,决定改为翻越申克里功山线路,挖方工程较大,但缩短了路线。羊八井至拉萨线路在改建中也有多处改线,其中石峡路线由南岸改到北岸。

交通部五局桥工队和210名民工及一部分木工担负沿线部分大、中型木桥和道班房建筑,分别修建三岔河、通天河、楚玛尔河3座木桥和沱沱河钢筋混凝土大桥。

为避免在高寒地区施工,1956年冬天,将六队转至拉萨至羊八井地段,其余各队均转至格尔木南北。1957年,由于投资缩减,五局二处施工队调整为5个工程队、1个机械筑路队,承担重点地段施工。工程较易地段由青藏公路管理局成立的6个突击队施工,青藏公路管理局的6名技术干部分别到6个突击队任技术负责人,突击队从甘肃武威、张掖、民勤招收民工1000余人予以补充。

五局二处承担艾芨里沟至纳赤台段21.31km、花海子以北20km至青山口长60km、鱼卡至大柴旦北路面工程长24km、大砂头至盐湖北岸长10km、小柴旦至麻黄沟长31km、盐湖南岸至格尔木长63km、风火山至开心岭长约80km、布曲至唐古拉长89.3km、安多至黑河长144.2km(其中包括申克里功山未完工程和约136km的新路)、黑河至当雄长148km及羊八井至拉萨长90km的改建施工任务。

1957年底,完成所承担的重要地段改建工程,共完成建筑安装工程量2.791万元。之后,五局二处撤出青藏公路,青藏公路未完收尾工程由青藏公路管理局6个突击队和各养护段继续施工。

青藏公路管理局突击队中第一、第二突击队共同承担西大滩部分改建工程,后来第一突击队转至昆仑山垭口以北至乱石沟施工,第四突击队担负昆仑山垭口至不冻泉段施工,第二、三、五、六突击队依次担负自乱石沟以北至格尔木和格尔木以北的青山口至鱼卡的67.6km施工任务。

格尔木至拉萨段全线共建木桥137座,全长2270余米,桥型结构基本为木排架墩台,跨径4~4.5m简支梁桥及6~8m简支木叠梁桥。沱沱河桥是青藏公路第一座钢筋混凝土大桥,设计最大流量为880m^3/s,上部构造为装配式T梁,跨径11m,24孔,下部构造为茹拉科夫柔性钢筋混凝土桩,断面$(35 \times 30) cm^2$,打入深度6.8~15m,荷载为汽—13,拖—60,全长273.46m,于1958年9月竣工通车。昆仑桥位于斜水河上,是青藏公路上第一座净跨15m半圆形混凝块砌筑拱永久性桥梁。到1958年末,青藏公路第一次改建工程结束。改建后,从南疆公路接线处至拉萨,全线1711.3km,比原线路缩短约90km,线形与路基宽度基本达到老四级路标准,可以行驶拖挂车。

(二)第二次改建

根据1972年编制的初步计划,交通部安排西宁至格尔木段由青海省交通局负责,格尔木至唐古拉山段由交通部基建工程兵八五一大队负责,唐古拉山至拉萨段由自治区交通局(厅)负责。

1978年6月26日,自治区革委会、西藏军区向中共中央报告,建议将青藏公路格尔木至拉萨段整治工程列入国家重点工程,加快整治步伐,力争1980年完成。

1979年12月,交通部在格尔木组建青藏公路指挥所,统一领导八五一团、一〇三团、二九九团施工,施工力量达到13000余人。自治区公路工程局5个工程队和机械队、汽车队先后参加青藏公路施工,共5000余人。1982年3月,交通部经与青海省交通厅、自治区交通厅协商,确定将原武警交通第一总队承担的温泉至唐古拉山口及西藏承担的唐古拉山口至安多段共137km改建工程划给青海省交通厅施工。青海省公路工程局参工人数最多时达8000人,投入到青藏公路温泉至安多段施工。

1. 格尔木至温泉段

1973年,基建工程兵八五一大队进驻格尔木做开工准备。1974年5月,格尔木至三岔河段开工,铺筑沥青路面106.866km,1975年3月竣工。

三岔河至斜水河段中的西大滩前后受地形及道路走向限制,路线从河滩中穿过,常遭水毁。乱石沟至斜水河长43km,进入青藏高原多年冻土区,按弯沉控制进行补强设计,大部分路基填土偏低,保护冻土不够,施工中因缺乏重型压路机械,压实度也未完全达到标准。交通部决定由交通部第一设计院重新进行测设,在西大滩中修建14km挡墙以根治水患,指定由格尔木公路养护总段负责施工。

三斜段完工后,基建工程兵八五一大队向南施工。斜水河至五道梁段长84.2km,多年冻土上限深1.5~3.5m,地下水距地仅0.8~1.2m,冻结层水分充足,土壤多为粉砂土及粉质亚黏土,是青藏高原多年冻土的腹心地区。五道梁经通天河至温泉段长189km,中间的可可西里山、风火山及开心岭等处为低山丘陵区,属亚高山草甸,多有草皮覆盖,土质为粉质砂砾土、粉状亚砂土和亚黏土,路基大部采用远运料填筑。其余为高平原区,呈半干旱稀疏草原,土质多为砾石,间有细砂及细亚砂土,路基大都就地取土填筑。边施工边通车。

1979年初,一〇三团到达工地,分布在通天河至温泉段,基建工程兵全部进入多年冻土地区施工,到1980年底,共铺沥青路面240km。

1980年,部队施工线长达217km,维持行车的便道长达140余公里,行车困难,严重影响进藏物资运输。针对这一情况,自治区交通厅厅长汤化东、交通部兵办政工组组长吴国录分别带领工作组,会同基建工程兵青藏公路指挥所副政委刘玉虎、参谋长孙广仓等经实地调查研究,向交通部和西藏自治区人民政府递交《关于青藏公路施工期间确保通车的简要报告》,经三方共同研究,采取有效措施,确保运输畅通。

1981年1月,交通部在北京召开青藏公路改建工程座谈会,分析病害原因,会议要求加强施工管理和质量检查,成立施工监理组,把好质量关。路基必须要分层填筑、分层碾压。

1982年5月29—31日,交通部在格尔木召开青藏公路施工、运输协调小组第一次会议,会议由交通部党组成员、协调小组组长伍坤山主持。会议确定1982年青藏公路安排投资9500万元,施工总人数17000人,施工时间145天,必须完成路基173km,铺沥青路面123km,做到运输、施工两不误。6月22日至7月1日,青藏公路77道班、风火山、沱沱河、开心岭、通天河等处连续几天下雨降雪,先后阻车近1000辆,到7月3日上午,仍有约350辆车被困。青藏公路指挥所主任孙传平及时调集机械车辆,组织救助。自治区交通厅副厅长益西达瓦、青藏兵站部副部长王满洲等送食物药品到阻车现场,进行慰问救护。

1983年1月24—26日,交通部在北京召开青藏公路施工、运输协调小组第二次会议。会议提出一要坚持"质量第一"的观念。进度与质量发生矛盾时,应坚决服从质量。要求设计单位对尚未铺油和尚未施工的路段再进行一次复查和修改设计,对保护冻土不够的,采取补救措施。特别强调路基填土必须坚持分层填筑,分层碾压,严格按设计要求施工,上道工序不合格,下一道工序不施工。二要处理好施工与通车的关系,需修便道的路段必须修好维护好便道。不能修便道的路段,采取半边施工半边通车,尽量缩短施工周期。

1983年秋,通天河至温泉段改建工程100km竣工。10年中,这支施工部队共有248人身负重伤或患病致残,39人长眠在青藏高原。

2. 温泉至安多段

温泉至安多137km,属连续多年冻土区,冻结层地上水及地下水发育且土质较细,全段平均海拔最高,呈高山荒漠景观。青海省交通厅公路工程局严格按设计施工,注意远离路基取土和侧向保护,加宽护坡道,增设了一些截水沟和排水沟,对热融滑塌边坡用草皮、浆砌片石铺砌保护,以及采取必要的重力式挡墙支撑,严格分层填土、分层碾压。施工同时,注意对便道的维护和半幅施工、半幅通车。

唐古拉山至安多段路面基层有级配砾石、干压碎石、级配砂砾掺石灰等类型。面层为4cm沥青碎砾石+1cm沥青砂封面。

117道班原桥墩台处于泉水和冰丘地基上,由于冻胀融沉造成上部结构扭曲歪斜,壅冰漫过桥面,改建中另建新桥。

1983年7月下旬,自治区交通厅组织公路设计院、公路工程局、公路管理局,邀请交通部第一设计院武民、中科院兰州冰川冻土研究所吴紫汪等9名工程技术人员,组成青藏公路唐南段调查组,对改建工程进行调查,调查组形成《唐南多年冻土地区青藏公路改建工程中几个急待解决的问题》报告,认为青藏公路唐古拉至四道梁间长285km多年冻土路段中,未按保护冻土设计或保护冻土高度不够的约55~60km,季节冻土区路基偏低的约20~25km,共有75~85km不符合要求。调查组提出5条建议:①对设计有问题的施工路段,立即组织力量,查清冻土地质条件,修改设计;②已铺筑沥青路面但又存在严重工程隐患的路段,根据问题的轻重,采取加强防护,增添排水措施,以延长其使用寿命;③尽快成立工程质量监理机构;④坚持路基竣工一年后铺筑路面,涵洞工程应采取快速施工法,基础井挖需避开暖季,以免造成多年冻土大量融化,影响工程质量;⑤唐古拉越岭段和桃儿九附近不宜铺筑沥青路面。但是,在实际施工中,唐古拉越岭段和桃儿九附近路段仍铺沥青路面。

1984年,自治区成立20周年43项工程正进入紧张施工期,进藏物资从往年的20多万吨增加到50多万吨,青藏公路昼夜交通量已达1000余辆次,施工与运输的矛盾更突出。4月25—27日,交通部在北京召开青藏公路施工、运输协调小组第三次会议,确定增加保通经费300万元和部分保通工作需要的指挥联络车,要求分段包干,各负其责,确保运输。

从6月20日起唐古拉山连降大雪,因施工和行车扰动,导致多年冻土融化翻浆,1000多辆汽车受阻,几千名旅客受困。经各方组织力量投入救急抢险,于6月25日疏通。1985年6月,温泉至安多段改建工程竣工。

3. 拉萨至安多段

1977年,交通部投资200万元,自治区交通局借款200万元,进行工程前期工作。按照交通部提出主要改善行车危险和病害地段,原路线基本不动或少动,加铺沥青路面的精神,自治区交通局(厅)本着加快速度,讲求实效,充分利用原路,就地取材,按8~10年使用寿命设计施工的原则,对拉萨至羊八井段(简称拉羊段)进行施工测量,编制施工图。自治区公路工程处完成拉萨至德庆66km的测设,其余路段由自治区公路设计院负责。自治区交通科研所与工程四队组成小型测量组,对西郊油库至马区路段进行调查,测定路基弯沉值。根据调查和弯沉测定资料,对其中松软翻浆的10个路段做了补强设计。

1978年2月,自治区公路工程处从拉萨向羊八井施工,并派工作组驻拉羊段工地指挥。12月初,由自治区公路工程处三队整修路基,四队、五队从拉萨西郊油库至羊八井铺筑宽6m的沥青表面处治路面76km。

1979年4月13日,自治区交通局(厅)在当雄召开青藏公路工程技术座谈会,强调必须按二级路标准保质保量完成改建工程任务,决定由自治区交通科研所、公路设计院和公路工程处派员组成工地试验组,承担工地试验工作。1980年,投入改建工程总人数逐步增加到4840人。同年秋天,全长100km的羊八井—吉卡段改建工程竣工。

1981年1月27日,自治区交通厅召开科研、设计、施工、养护各部门负责人会议,贯彻交通部《青藏公路改建工程座谈会纪要》精神,并规定开放行车一年后,对已完成的路基进行弯沉测定和全面检查,必须达到设计要求,铺筑面层须经指挥部批准后,方可施工。4月,自治区交通厅副厅长张如珍兼任青藏公路油路指挥部指挥长,自治区公路工程局的机关科室搬驻工地,进行现场办公。9月,吉卡至谷露段长53km改建工程竣工。

1982年,自治区公路工程局第一工程队由墨脱公路调到青藏公路施工,参工人数达5000多人,进入谷露至那曲段施工。

施工中,自治区公路工程处第四、第五工程队将施工路段中的24道涵洞发包给澎波农场施工,其中22道不能使用。自治区交通厅对此进行通报批评,并规定以后不允许将工程发包给无技术力量、不懂得操作规程的队伍施工。已完工的唐古拉山以南段,不符合二级公路技术标准而沥青路面仍完好的路段暂时不再改建,但为保证路基稳定及路面质量而必须增加的防护和排水等工程可列入调整概算。自治区公路设计院对有关路段设计和概算进行了修改和调整,青藏公路油路指挥部随即组织力量进行了补救。

1983年7月,谷露至那曲段已铺沥青路面66km,那曲至安多段完成路基120km。121~118道班有21km地质不良,采用手摆块石基层,其余115km在级配砂砾基层上加铺8cm厚机轧碎石层,面层有26km为4cm厚厂拌沥青碎(砾)石路面,其余为4cm厚厂拌沥青碎砾石混合料和中粒式沥青混凝土。

1985年,西藏的施工队伍完成拉萨至安多段的全部改建工程返回拉萨后,又从拉萨出发,返修14km不合格的公路。

4.竣工验收

1984年,根据国家计委要求,由青海省交通厅、西藏自治区交通厅、解放军总后军交部和中科院兰冰所及部分科研、设计、施工人员共同组成青藏公路工程质量检查组,由交通部公路局副局长杨盛福负责,于1984年7月23日至8月4日对青藏公路格尔木至拉萨段的工程质量进行了检查,检查组认为5~7年会出现路基路面破坏,建议尽早制订整治方案。

1985年2月4日,交通部在北京召开青藏公路施工、运输协调小组第四次会议,要求青藏公路改建工程务必于1985年6月底前全线竣工。

青藏公路格尔木至拉萨段改建工程,完成路基土石方1314万 m^3,新建桥梁34座长6578m,新建涵洞1314道长14840m,防护工程7.4万 m^3,各类沥青路面868.3万 m^2。

1985年8月初,武警交通指挥部主任伍坤山率领工作组来拉萨,准备竣工验收工作。8月20日,由国家计委副主任王德瑛任主任委员,交通部副部长王展意、总后军交部部长李伦、青海省副省长吴承志、自治区副主席江措为副主任委员的青藏公路第二次改建工程格尔木至拉萨段国家验收委员会在格尔木听取自治区交通厅总工程师杨宗辉的初验报告,审阅了工程验收文件资料,并对沿线进行检查。委员会认为,12年的工程实践表明,在高海拔、低纬度的多年冻土腹部地带,水文、地质、气象极复杂的世界屋脊上,修建标准较高的沥青路面,技术上是可行的,工程总体是成功的。路线方案正确,线形布置合理,桥涵设置适当,路面结构组合较好。施工单位在高山缺氧,气候恶劣,在边施工、边保通车运输的困难条件下,长年奋战在世界屋脊上,不断提高技术水平,做到了路容整齐,线形平顺,主体工程和工程整体强度符合设计要求。存在的主要问题是部分地段路面平整度较差,某些冻土段尚有热融沉陷现象。根据国家对工程竣工验收的有关规定,工程质量总评为良好,并确定从1985年9月1日起正式交付使用。

1985年8月26日,国家验收委员会在拉萨剧场举行验收签字仪式。全国人大常委会副委员长阿沛·阿旺晋美和自治区党委书记伍精华、自治区人大常委会主任热地、自治区主席多杰才旦等出席签字仪式。

青藏公路第二次改建工程自1974年动工兴建,连续时间长达12年,在1985年全线竣工验收时,有24%早期铺筑的路面已到了使用末期,由于运输车辆荷载日趋增大,汽车超载严重。全段大部分路线穿过多年冻土区,受多种自然和人为因素的影响,部分路基、路面破坏严重。原有桥梁荷载标准低(设计荷载多为汽—13、拖—60),大部分上部构造为板、梁结构,部分结构由于使用时间长,已经破坏,满足不了正在发展的交通运输要求。

1986年4月,武警交通第一总队,按照交通部第一设计院的设计,开始对斜水河至五道梁段长31.5km严重病害路段重新改建,同时改建沱沱河大桥。

二、"八五"至"九五"期间

(一)第一期整治工程

1991年3月,交通部决定整治青藏公路。第一期整治工程概算为85055万元。5月15日,成立青藏公路第一期整治工程指挥部,自治区交通厅厅长黄铎群任指挥长,交通部第一设计院副院长周纪昌、武警交通第一总队总队长黄光顺等为副指挥长,邀请中科院兰冰所吴紫汪为指挥部成员。同时,自治区交通厅委托交通部第一设计院承担青藏公路整治工程监理任务。

青藏公路整治工程(第一期工程)(含试验路段和楚玛尔河大桥)位于青藏公路(格尔木—拉萨段)西大滩(K2864)—芒隆拉山(K3689)段,经西大滩、昆仑山、五道梁、可可西里、风火山、二道沟、沱沱河、通天河、唐古拉山、四道梁、芒隆拉山。根据交通部第一设计院建议，第一期整治工程总体施工路段划分为西大滩至风火山共14段，累计长136.8km，由武警交通第一总队一支队施工；风火山至唐古拉山共14段，累计长95km，由青海省路桥公司施工；唐古拉山至四道梁共8段，累计长105km，由自治区公路工程公司施工；楚玛通部以〔1991〕交工字610号文批复了楚玛尔河大桥初步设计。1991年8月1日，楚玛尔河大桥及其引道改线工程开工。1993年8月，交通部副部长李居昌沿青藏线视察第一期整治工程施工现场，并为楚玛尔河大桥竣工剪彩。

青藏公路第一期整治工程按二级公路标准，实际完成339.3km。其中，试验路8.16km，病害路段整治331.1km。通过整治，主要冻害地段路况得到改善，全线桥涵通过能力提高，一般行车速度，小车可达80km/h，货车50～60km/h。工程于1991年8月1日开工，1996年8月20日完工。西藏交通厅质监站于1996年8月23日至9月1日对青藏公路整治工程（一期工程）进行了工程质量检验评定。总后军交部、成都军区后勤部、兰州军区后勤部、青海省交通厅、西藏自治区计委、交通部基本建设质量监督总站等单位组成竣工验收委员会，对青藏公路格尔木至拉萨段第一期整治工程实施竣工验收。1996年9月27日，签署竣工验收鉴定书。工程总费用85055万元，新增资产价值73826.8万元。

本工程的建设依据为：

(1)交通部〔1991〕交计字239号文《关于青藏公路整治工程（第一期工程）设计任务书的批复》；

(2)交通部〔1991〕交工字610号文《关于青藏公路整治工程试验路段和楚玛尔河大桥初步设计的批复》；

(3)交通部交计发〔1992〕861号文《关于青藏公路整治工程修订设计任务书的批复》；

(4)交通部交工字〔1993〕13号文《关于青藏公路整治工程（第一期工程）初步设计的批复》。

工程设计标准为一般二级公路标准。最小平曲线半径：平微区250m，山重区100m；最大纵坡：平微区7m，山重区7m；路面宽：平微区10m，山重区8.5m。新建或改建桥涵设计荷载：汽—20，挂—100。桥面宽度：净—9m+2×0.5m（安全带）。设防地震烈度：Ⅶ度。

工程建设内容包括路基工程287.03km，路面工程339.3km（其中试验路8.16km，加铺路面52.3km），3座大桥534.52延米，中小桥45座，涵洞442道，沿线段道房建设854万元，计18296m^2，养护及施工机械购置2962.9万元（其中武警施工机械购置1050万元）。主要材料实际消耗：钢材2085t，木材5745m^3，水泥70392t，沥青17450t。工程实际征用土地26500m^2（草场）。

交通部在青藏公路第一期整治工程中，根据青藏公路的战略地位和艰苦的环境，为改善道班养路工人的生活和工作条件,提高科学养路水平和机械化程度,减轻道班工人的劳动强度,专项安排青藏公路沿线部分危房改造、养路机械配备和沿线标志、里程碑等安全设施项目,投资2823.7388万元。

(二)第二期整治工程

1993年8月,交通部副部长李居昌赴藏考察时就青藏公路的整治和存在的问题与自治区政府、交通厅领导交换意见时指出:"青藏公路第一期整治工程要力争用两年时间保质保量完成剩余工程,同时在这两年期间把第二期整治的内容、整治的路段以及投资规模等抓紧初设并经过论证,争取列入'九五'计划,继续整治的前期工程工作方案争取在1994年底完成"。

1996年8月,青藏公路第二期整治工程开工,交通部批准概算为59252万元,以集中为主,突出西大滩、五道梁、风火山、唐古拉、四道梁五大重点区。武警交通第一总队承担90.86km,青海省路桥公司承担35.77km,西藏公路工程总公司承担76.98km。工期3年,完成大中型桥梁10座663.08m,小桥14座297.6m,涵洞328道4846.65m,以及防护工程和沿线养护配套等设施。1999年9月竣工后,公路达到二级公路标准。

西藏交通厅质监站于1999年9月10日进行交工前的质量检验评定,青藏公路二期整治工程建设项目质量等级评定为优良。

该工程建设依据为交通部交公路发〔1997〕14号文《关于青藏公路整治工程(第二期工程)初步设计的批复》。

青藏公路整治工程(第二期工程)工程分布在青藏公路格尔木至拉萨万宝沟(K2840+600)至羊八井(K3779+400)之间。共整治35段计203.12km,按一般二级公路标准改建,铺筑沥青路面,新建桥涵设计荷载为:汽—20、挂—100。

全线所需主要材料核定为:木材919m^3;钢材1418t;水泥52191t;沥青11515t。

青藏公路第二期整治工程的建设单位为西藏交通厅建设处。工程设计任务由交通部第一公路勘察设计院承担,工程分4个合同标段,分别由西藏天路交通股份有限公司、武警交通一总队一支队、青海省路桥总公司及青藏公路管理分局承建。工程的监理任务由交通部第一工程勘察设计院和西藏公路勘察设计院承担。

青海省公路桥梁总公司:工程起点为通天河(K3199+860.42),终点为雁石坪(K3242+193.94),共4段计35.77km的路基工程、路面工程、防护工程、桥涵工程及设计文件所含的段外工程。

武警交通第一总队:国道109线青藏公路万宝沟(K2840+600)至沱沱河(K3156+140.91)段。按一般二级公路技术标准进行改建,新建桥涵设计荷载采用汽车—20级、挂车—100。

西藏公路工程总公司:工程起点为雁石坪(K3245+700),终点为羊八井(K3779+400),共15段计76.98km的路基工程、路面工程、防护工程、桥涵工程及设计文件所含的段外工程。按一般二级公路技术标准进行改建,新建桥涵设计荷载采用汽车—20级、挂车—100。

(三)零星整治工程

零星整治工程规模为60.74346km,共19段。工程技术标准仍遵循青藏公路第一、二期整治工程所采用的技术标准和设计原则。沥青混凝土面层油石比采用7%,路面面层集料压碎值控制在25以下。新路基施工前必须先破坏原有旧油路面。

预算金额64054023万元,不列建设单位管理费和定额编制管理费。对3km以上相对集中且能形成规模的整治路段,要求单独编制预算,其费率标准不变。将二期工程未列的K3410+995小桥及其前后300m路段增列为一个整治段落,会同超投资控制数的长4.5km路段,作为该工程的预备项目,单独编制预算。

主要材料消耗:水泥11342t;沥青3051t;丁苯橡胶母体366t;PA-1型抗剥落剂15t;钢材47t。

本工程于1997年5月开工,工期3年(1997—1999年),按设计文件编制的年度计划分年度实施。

1. 1997年度工程

青藏公路零星整治工程1997年度工程分布在国道109线风火山北侧(K3062+000)至羊八井(K3802+500)范围内,共整治10.71173km/7段,铺筑沥青混凝土路面,包含全部整治段落的路基工程(含排水防护工程)和中小桥及涵洞工程。整治工程采用二级平微区公路技术标准,路基宽10m,路面宽7m;桥涵设计荷载为:汽车—20级、挂车—100。

青藏公路零星整治工程1997年度施工任务分布于4个管养区段,7个施工段落,布线长达700km,共整治73808m²/10.544km,工程项目包括路面工程(沥青混凝土路面)、路基工程(含排水防护工程)和中小桥及涵洞工程,沿途地质情况复杂,冻土条件有富冰、多冰冻土、深季节性冻土和季节性冻土。

2. 1998年度工程

施工单位:西藏公路工程总公司。负责总计47.606km的路基工程(含防护工程)和中小桥及涵洞工程,铺筑沥青路面。

三、"十五"和"十一五"期间

(一)改建拉萨至羊八井段

青藏公路拉萨至羊八井段66.4km,路基基本"顺地爬行",20多年均未实施全面整治。交通部第一设计院按二级公路标准设计,铺筑沥青路面,概算 3.97 亿元。施工中,因寒冷地区及高辐射等因素,在沥青混凝土混合料中增加稀释剂、抗剥落剂和丁苯橡胶,对沥青进行改性处理。改建工程由西藏天路交通股份有限公司和武警交通第一总队一支队共同承建。羊八井至拉萨段公路建设实行全封闭施工,西藏天路交通股份有限公司首先建成林周保通工程。改建工程于 2000 年 4 月 15 日开工,2005 年竣工。

羊八井至拉萨公路起于青藏公路 K3800+000 羊八井镇西北的日则农吉,经羊八井、德庆蒙嘎、玛乡、扎希康、达兴、加如,止于拉萨市西郊的潘多,与青藏公路 K3866+300 相连,全长 66.377km,初步设计总概算核定为 396748595 元。

全线采用二级公路标准改建。其中,K3800+000(起点)~K3806+000 段长 6.000km,设计行车速度 80km/h,路基宽度 10.0m;K3806+000~K3825+300 段长 19.377km,设计行车速度 40km/h,路基宽度 8.5m;K3825+300~K3866+300 段(终点)长 41.000km,设计行车速度 80km/h,路基宽度 12.0m。设计行车速度变更点应选择在能够明显判断路况变化而需要改变行车速度的位置,并应设置过渡段和相应标志。

全线桥涵设计车辆荷载采用汽车—20 级、挂车—100,地震基本烈度以羊八井为界,起点至羊八井为Ⅷ度区,羊八井至终点为Ⅶ度区。其余技术指标应符合《公路工程技术标准》(JTJ 010—97)规定值。

为确保本项目施工期间青藏公路的畅通,另建自桑日(青藏公路 K3747+090)经旁多、林周至拉萨市纳金路的保通公路,全长 172.382km,与本项目同步实施。

保通公路采用四级公路标准建设,路基宽度 7.0m。其中,K0+000(起点)~K93+000 段和 K133+000~K172+382(终点)段共长 132.382km,为山岭重丘区,设计行车速度 20km/h;K93+000~K133+000 段长 40km,为平原微丘区,设计行车速度 40km/h。

新建桥涵设计车辆荷载采用汽车—20 级、挂车—100;改建利用桥涵设计车辆荷载采用汽车—15 级、挂车—80,地震基本烈度Ⅶ度。其余技术指标应符合部颁《公路工程技术标准》(JTJ 001—97)规定值。

(二)青藏公路整治改建工程

该工程为青藏铁路施工期青藏公路整治改建工程、青藏公路格尔木至拉萨段整治改建工程。

中央实施西部大开发战略,青藏铁路建设期大量人员、材料、混凝土预制件、施工机具设备、生活供应等物资的运输,都依赖于青藏公路,一方面使公路的交通量大大增加,交通组成大型化,另一方面,也给公路路面和桥涵的承载能力带来严峻的荷载考验。青藏公路历经 40 多年艰难而漫长的修建、改建、整治历史,已基本达到二级公路标准,但由于它穿越青藏高原腹地高海拔、低纬度的多年冻土区,沿线自然条件极为恶劣,冻土环境独特而复杂,以及其他多方面的原因,导致部分路段行车条件较差,部分桥梁承载能力不足,整体通行能力较低,尚不能适应青藏铁路建设期施工运输和进出藏运输的双重需求。

青藏铁路建设期青藏公路整治改建工程即是在上述背景下提出来的,其工程可行性研究报告和初步设计分别于2001年7月和8月由中交第一公路勘察设计研究院编制完成,国家计委计基础〔2001〕1761号《国家计委关于青藏公路格尔木至拉萨段整治改建工程可行性研究报告的批复》、交通部交公路发〔2001〕622号《关于青藏公路格尔木至拉萨段整治改建工程初步设计的批复》先后对本项目作了审批。

青藏公路整治改建工程北起青海省格尔木市(K2749+300),南至西藏拉萨羊巴井(K3799+506),全长1050.21km,整治改建路段累计长779.06km,全线技术标准为二级公路。工程对承载能力不适应或存在不同程度缺损的三岔河、沱沱河、通天河、那曲、谷露等大桥、雅玛尔河北桥等中桥、格水渠等小桥予以整治改建,对可能导致断通或存在缺损的涵洞予以整治改建。另外对其他零星地段的防护、排水等工程病害进行整治和完善。同时,在现有交通设施基础上完善标志、标线、里程碑和百米桩等管理设施;新建桥梁设置钢筋混凝土防撞护栏,并在路堤填高4.0m以上的路段设置钢筋混凝土护柱。

工程项目总投资1221540753.00元。所需资金全部由国家投资,其中,车购税61077万元,国债58500万元。项目总工期为两年,2002年5月由交通部下达开工令,2003年10月底完工。其中,2002年重点建设南山口—二道沟段,2003年重点建设二道沟—拉萨段。项目于2005年10月通过交通部组织的竣工验收,工程质量等级评定为合格。

该工程建设依据为:

(1)2001年9月6日,国家计委计基础〔2001〕1761号文《国家计委关于青藏公路格拉段整治改建工程可行性研究报告的批复》;

(2)2001年10月30日,交通部交公路发〔2001〕622号文《关于青藏公路格拉段整治改建工程初步设计的批复》;

(3)2001年12月18日,交通部交公路发〔2001〕756号文件。

整治路段设计标准为二级公路,其主要技术指标为:设计行车速度:平原微丘区80km/h,山岭重丘区40km/h;路基宽度:平原微丘区10m,山岭重丘区8.5m;路面宽度:7m;新建或改建桥涵设计荷载:汽车—20级,挂车—100;设计洪水频率:大、中桥1/100,小桥、涵洞1/50;桥梁净宽:大、中桥9m。在公路路线走向、路基宽度等方面仍执行1972年部颁《公路工程技术标准(试行)》,排水、防护、路面、桥涵等其他方面则执行部颁《公路工程技术标准》(JTJ 001—97)。

整治后的青藏公路格拉段达到朝发夕至的效果,其通行能力达到了最好水平,得到了社会各界的一致好评,可以说在满足青藏铁路建设需求的同时,也满足了西藏各族人民生活和经济发展的要求,提高了国道主通道的功能要求。经过这次整治,也为西藏的社会经济发展创造了巨大的效益。在 2001 年,青藏公路货物运输的平均运价为 0.45~0.48 元/(t·km),2003 年 10 月整治结束时运价大幅降低为 0.28 元/(t·km),2004 年经过公路超限运输的大力整治,运价略有上扬,但仍然维持在 0.31 元/(t·km)。运价的降低,为进藏物资的运输提供了方便,也为西藏的物价稳定起到了良好的作用。

整治改建路段累计长 779.06km,其中路面补强 642.57km,重修路基路面 136.402km,新建大桥 1151.08 延米/6 座,中桥 699.01 延米/11 座,改建小桥 841.06 延米/35 座,新建涵洞 112 道,利用涵洞 26 道,加固涵洞 131 道,新建大、中桥局部改线 18.1km。

青藏公路整治改建工程共划分有 11 个施工合同段,各合同段起讫桩号及主要工程量见表 7-1-1。

青藏公路整治改建工程合同段信息　　　　表 7-1-1

合同段	起讫桩号	整治路段累计长度(km)	主要工程项目
第一合同段	K2749+300~K2800+230	50.930	加铺 5cm 面层 25.7km;加铺 9cm 面层 25.23km;小桥 2 座;涵洞及其他工程和沿线设施
第二合同段	K2802+270~K2850+000	36.048	加铺 9cm 面层 34.81km;三岔河 Ⅱ 中桥;小桥 2 座;涵洞及其他工程和沿线设施
第三合同段	K2850+000~K2962+900	90.571	加铺 5cm 面层 19.281km;加铺 9cm 面层 53.93km;严重变形路段基路面 17.36km(不含热棒);谷露大桥及改线段段 1.03km 路基;那曲大桥及改线段段 1.52km 路基;小桥 9 座;涵洞及其他工程和沿线设施
第四合同段	K2962+900~K3097+300	116.585	加铺 5cm 面层 47.82km;加铺 9cm 面层 40.85km;加铺 5cm+8cm 面层 6.8km;严重变形路段基路面 19.98km;三岔河大桥及改线段段 0.84km 路基路面;雅玛尔河北大桥及改线段 1.4km 路基路面;小桥 3 座;涵洞及其他工程和沿线设施
第五合同段	沱沱河大桥 K3151+700~K3153+930	2.23	沱沱河大桥及改线路段路基
第六合同段	通天河大桥 K3195+750~K3197+980	2.23	通天河大桥及改线路段路基
第七合同段	K3103+833~K3295+000	99.582	加铺 5cm 面层 35.80km;加铺 9cm 面层 42.93km;加铺 5cm+8cm 面层 3.2km;严重变形路段基路面 12.791km;雅玛尔河南中桥及改线段 1.1km 路基路面;小桥 6 座;涵洞及其他工程和沿线设施
第八合同段	K3295+000~K3439+000	125.590	加铺 5cm 面层 75.33km;加铺 9cm 面层 31.80km;严重变形路段基路面 11.95km;扎加藏布、捷布曲等 4 座中桥及改线段 6.24km 路基路面;小桥 7 座;涵洞及其他工程和沿线设施

续上表

合同段	起讫桩号	整治路段累计长度（km）	主要工程项目
第九合同段	K3444+000～K3578+000	93.631	加铺5cm面层30.45km；加铺9cm面层61.2km；当曲、彩曲等2座中桥及改线路段0.46km路基路面；那曲大桥改线路段1.52km路面；小桥5座；涵洞及其他工程和沿线设施
第十合同段	K3584+000～K3689+000	98.805	加铺5cm面层40.02km；加铺9cm面层51.05km；严重翻浆路段路基路面6.7km；谷露大桥改线路段1.1km路面；小桥2座；涵洞及其他工程和沿线设施
第十一合同段	K3689+000～K3799+506	67.317	加铺5cm面层5.22km；加铺9cm面层11.15km；严重翻浆路段路基50.156km；拉曲、帕努河、帕努河北等3座中桥及改线路段0.79km路基路面；小桥1座；涵洞及其他工程和沿线设施

本项目没有国家征用的土地，均为施工单位临时用地，故全由各标段施工单位和当地政府签订用地协议。

该项目的法人单位为青藏公路整治改建工程项目管理办公室。法人资格审查单位为西藏自治区交通厅。设计单位为中交第一公路勘察设计研究院。质量监督单位为西藏自治区交通厅质量监督站。全线划分为11个施工合同段，各合同段2002年3月陆续进场备料，项目办于3月18日在青海省格尔木组织召开了开工前技术交底会，就项目的实施和任务要求以及施工过程中的程序化管理和本项目设计要点做了全面的部署和明确的告示。青藏公路整治改建工程项目中标信息见表7-1-2。

青藏公路整治改建工程项目中标信息　　　　表7-1-2

合同段	中标单位
总监办	北京华路捷公路工程技术咨询有限公司
第一驻地办	四川国际工程监理公司
第二驻地办	河北华达监理公司
第三驻地办	北京华路捷公路工程技术咨询有限公司
第一合同段	西藏天源路桥有限公司
第二合同段	青藏公路管理分局拉萨工程队
第三合同段	西藏天路交通股份有限公司
第四合同段	武警交通第一支队
第五合同段	西藏天怡路桥工程有限责任公司
第六合同段	西藏天润工程建筑有限公司
第七合同段	武警交通第二支队

续上表

合 同 段	中 标 单 位
第八合同段	武警交通第一支队
第九合同段	山西路桥建设总公司
第十合同段	铁道部第二工程局第五工程处
第十一合同段	西藏天怡与公路二局联合体

其中第一至第六施工合同段施工单位和全线公路标线、标志牌等交通工程施工单位因工期太紧，由厅长办公会议提前议标确定。

青藏公路整治改建工程所有施工合同均签订为总价承包合同，原则上不产生变更。但本项目勘察设计完成后，2001年11月中旬昆仑山地区发生8.1级大地震，对青藏公路格尔木至五道梁区间造成严重破坏；加上青藏铁路开工建设以来交通量急剧增加，铁路地材运输普遍超载，显著加快了青藏公路既有病害的破坏进程，使得原测设阶段拟定的处理方案已不能适应急剧恶化的路况。根据交通部的安排意见，中交一院对部分病害路段进行了设计方案的调整，形成了《青藏公路整治改建工程应急保通工程（变更）设计》，并于2003年由交通部交公路发〔2003〕303号文批复。全线共计发生变更96段，包括调整路面整治方案、增设桥涵、完善排水系统、增设便道等主要工程内容，变更增加建安费投资145226096元。

沥青路面强烈的吸热作用导致多年冻土人为上限下移，是青藏公路多年冻土区路基病害的根本原因之一。本项目在总结多年来的科研成果和工程实践的基础上，采用EPS隔热板（聚苯乙烯泡沫塑料）、片石通风路基等阻热技术，并首次将无外加动力的冷冻技术应用于冻土路基，设计采用无芯重力式热管（即热棒）或碎石边坡冷却路基。

在勘测过程中，广泛采用光电全站仪、航测数化地形图、红外测距枪等先进技术，提高测量效率和精度，在设计过程全部采用先进的计算机辅助设计（CAD）系统，大大提高了绘图精度和质量。

四、"十一五"期间

格尔木至拉萨段改建完善工程

2002—2005年是青藏铁路的建设高峰期。由于运输车辆，特别是铁路施工地材运输、大件物资运输量急剧增大，致使青藏公路交通量猛增，交通组成大型化。如格尔木至雁石坪路段在2002年5月—7月，日平均交通量达4257辆，个别路段达10000辆。在交通量组成中，铁路建设重型施工车辆占40%，社会重型车辆占12%，社会一般货运车辆占43%，轻型车辆占5%。大件运输、大型拉运地材的工程车辆70%超载，平板车单车最大总重达95t，对青藏公路造成的损坏极大，加快了公路病害恶化的速度，且对部分2002—

2004年青藏公路整治段造成了新的破坏，直接影响了青藏公路的正常通行。

为确保青藏铁路建设期青藏公路的安全畅通，满足铁路建设施工期内的特殊交通需求，2002—2004年，西藏自治区交通厅对青藏公路格尔木至羊八井段1051km范围内约781.412km的路段进行了整治改建，目标为"应急性地提高路面和桥涵的承载能力，确保公路路基不出现大的变形破坏，从而巩固多数路段路基稳定的成果"。但限于资金、工期等众多因素的限制，还有近300km路段未进行整治改建。这些路段多为一、二期整治的路段，零星分布在青藏公路沿线，基本达到了使用年限，路基病害突出，路面及桥涵破损严重，亟须进行维修改建。

青藏铁路建成通车后，青藏公路一方面要继续承担客货运输任务，另一方面还要承担为铁路集散客货的任务，所以青藏公路的运输任务仍然巨大。但这条公路的部分路段由于受超重车辆大件运输碾压影响，除了没有整治的300多公里外，原来整治过的路段又出现了不均匀沉降、翻浆、路基变形等病害。另外，青藏公路沿线生态环境脆弱，公路安全和服务设施不完善，这种情况严重影响到对铁路的配套服务和公路功能的发挥。因此，为了充分发挥各种运输方式的互补作用，也为了更好地发挥青藏铁路的效益，继续对青藏公路进行整治完善是非常必要的。

青藏高原有"世界屋脊"和"世界第三极"之称，不仅是我国，也是世界大气候的调节器，是我国和南亚地区的江河源和生态源，是世界生物物种的一个重要起源和分化中心。青藏高原生态环境不仅构成本地区社会经济发展的自然基础，影响社会发展和居民生活质量，而且还影响着邻近地区以及更广泛地区生态环境的变化。

从总体情况来看，青藏高原的生态环境十分脆弱。在历次整治改建中，虽然贯彻了环境保护的思想，但受资金投入的限制，仍有环保措施不到位的地方。同时由于青藏公路建设环境的特殊性，筑路材料缺乏，运输条件非常有限，在历次改建整治过程中基本在公路两侧取土，部分路段未能及时回填，遗留了许多未恢复的取土坑，地表裸露、水土流失现象较为严重。这不仅直接影响了沿线自然环境的景观效果，而且也人为破坏了沿线自然植物的生长环境，甚至危害到路基的稳定。

基于青藏高原环境保护的重要性和青藏公路沿线环境现状，交通部、国家环保总局及西藏自治区从可持续发展的角度出发，非常重视青藏公路的环保问题，要求将青藏公路建设成"环保绿色旅游通道"。为此，在本次完善工程中将环境整治工程也作为主要内容纳入其中。

青藏公路格尔木至拉萨段改建完善工程位于青海格尔木至西藏自治区拉萨(K2749+000～K3880+000)，途经西大滩、不冻泉、五道梁、沱沱河、雁石坪、安多、那曲、当雄至拉萨西郊出口。青藏公路格尔木至拉萨段全长1131km，本次改建完善工程累计路段长534.688km，其中整修路基(路面)136.45km，补强路面393.743km，以桥代路2.307km，改线新建2.182km,加固、维修桥梁18座,同步对路基影响范围内的环境景观进行恢复和改善。工程性质为改建完善,原批准概算为1299072060元,无调整概算。竣工决算为119736.84万元,其中,建筑安装工程投资106298.60万元,设备及工具器具购置费3009.44万元,其他基本建设费10428.80万元。

本次完善工程的主要路段及内容:

(1)2002—2004年青藏公路整治改建工程中没有涉及的路段。

(2)虽然包括在上次青藏公路整治改建中(进行加铺路面或重修路基路面),但由于青藏公路沿线恶劣的气候与复杂的工程地质条件,再加上青藏铁路建设期间的特殊荷载作用等因素影响,路基路面已破坏的路段。

(3)青藏公路格尔木至拉萨段沿线环境整治。

(4)部分养护配套设施的建设与购置,包括养护工区、养护段房屋设施及养护机具等。

工程于2008年12月5日开工,2010年12月4日完工。西藏自治区交通工程质量安全监督局于2013年10月21日至11月13日对青藏公路格尔木至拉萨段改建完善工程进行了质量鉴定,工程质量鉴定得分为81.15分。2013年11月29日至12月25日西藏自治区交通运输厅组织了该项目的竣工验收。按照《公路工程竣(交)工验收办法》规定,竣工验收委员会对青藏公路格尔木至拉萨段改建完善工程程进行了竣工验收,竣工验收工程质量评分为84.19分,评定工程质量等级为合格。

青藏公路格尔木至拉萨段改建完善工程的建成,极大地改善了当地群众的出行条件,促进了区域经济的发展,改善了西宁至拉萨公路网现状,提高了公路通行能力,为全面贯彻落实国家西部大开发战略部署,提高区域道路服务水平、巩固边防、推进西藏跨越式发展和长治久安具有十分重要的作用。项目总体实现了安全、通达、舒适环保的总体要求。

该工程的建设依据为:

(1)发改交运〔2007〕2134号《国家发展改革委关于青藏公路格尔木至拉萨段改建完善工程可行性研究报告的批复》;

(2)交公路发〔2007〕721号《关于青藏公路格尔木至拉萨段改建完善工程初步设计的批复》;

(3)交公路发〔2008〕494号《关于青藏公路格尔木至拉萨段改建完善工程施工图设计的批复》。

全线按二级公路标准建设,其中,K2749+300~K3806+000段长1056.7km,设计速度80km/h,路基宽度10m,路面宽度7m;K3806+000~K3825+300段长19.3km,设计速度40km/h,路基宽度8.5m,路面宽度7m;K3825+300~K3880+000段长54.7km,设计速度80km/h,路基宽度12m,路面宽度9m。全线新建桥涵设计汽车荷载等级采用公路—Ⅱ

级,利用原有桥涵仍维持汽车—20级、挂车—100设计车辆荷载标准。

该工程的工程量为:路基(路面):路基土石方179.5万m^3,铺筑沥青混凝土路面529km,路面垫层225.78万m^2,水稳基层211.32万m^2。防护工程:SNS柔性防护网4.08万m^2,浆砌防护3.98万m^3,排水设施32.55km/38处。桥梁、涵洞:大桥2484.47m/2座,中桥191.98m/2座,小桥130.2m/5座,涵洞2515.39m/144道。临时设施:标线42510.12m^2,标志398块,波形护栏104.08km,里程碑、界碑5655块。养管设施:养管设施工程总面积16127.44m^2/7处。主要材料实际消耗:木材1522m^3;水泥70837t;钢材7324t;改性及石油沥青53728t。

该工程实际征用土地36.407亩。

第二章
国道 214 线西藏段

在国家干线公路网中,国道 214 线西藏段,即平时所说的滇藏公路西藏段,是国道 214 线西宁至澜沧公路的重要组成部分。在古代,这里是"茶马古道"的起初路段。在西藏境内的国道 214 线,是西藏自治区规划的"三纵、两横、六个通道"骨架路网中的第一纵向干线,是西藏沟通云南省的唯一陆上通道,也是西藏连接青海省的第二条公路通道。该路段南起云南大理下关,经中甸、德钦、盐井,到达西藏芒康,与国道 318 线(川藏公路南线)相交,是 7 条(按《国家公路网规划(2013 年—2030 年)》)进藏国道中里程最短且海拔最低的路。该路初建于 1950 年。1981 年,国家将滇藏公路、川藏公路南线芒康至邦达、川藏公路北线昌都至邦达、昌都至青藏两省区交界处多普玛列为 214 国道的组成部分,西藏境内长 773km。至"十二五"末,该路段黑色化率为 100%。

第一节 初 建

云南省大理市至西藏芒康县段全长 715km,途经云南省大理、剑川、丽江、中甸、德钦进入西藏昌都地区的盐井。德钦至盐井 113km 为澜沧江沿江线,悬崖陡壁、岩堆、塌方多,工程艰巨,其中 K541～K551 段建大桥跨到澜沧江西,绕避 10km 的地震集中区,再建大桥返回东岸。

盐井至芒康段 111km,除盐井附近 18km 外,其余全处于海拔 3000m 以上,其中 15.3km 在海拔 4000m 以上,由云南省第六工程团施工。盐井至芒康段共完成土石方 342 万 m^3,大桥 2 座,越过海拔 4380m 的红拉雪山垭口。

滇藏公路 1950 年 8 月开工,1973 年 10 月全线贯通,实际施工工期为 11 年半,国家投资 5527 万元。1973 年,交通部派公路局副局长王展意组织滇藏两省、区和成都、昆明两军区验收,同意交付使用,并明确滇藏公路西藏境内 119km 由西藏昌都地区交通局管理养护。昌都至甲桑卡长 210km。1980 年后,昌都地区交通局组织力量陆续建成简易公路。

第二节 整治与改建

自改革开放以来,全线进行了数段整治、改建,本书予以详略不同的记录。

一、"九五"之前和"九五"期间

(一)昌都至邦达机场公路扩建配套工程

昌都至邦达段公路改建工程为邦达机场扩建配套工程。1994年7月,西藏自治区交通厅向交通部呈送《昌都至邦达机场公路工程可行性研究报告》,并申请立项。1995年,交通部批复立项修建。昌邦公路改建工程(K4+000~K130+529)共计126.529km,分两个施工段:K4+000~K69+000段为武警交通一总队二支队施工段(武警段);K69+000~K130+529段为昌都地区施工指挥部施工段(地方段)。昌都公路管理分局承担段、工区和分局机关房新(改)建及养路机械购置和沿线标志牌、里程碑安装等安全设施项目。全线监理单位为西藏交通厅公路管理局监理部。

该项目建设依据为交通部公路发《关于昌都至邦达机场公路初步设计的批复》(〔1996〕424号),西藏自治区交通厅设计院《214国道昌(都)邦(达机场)公路段两阶段施工图设计》,西藏自治区交通厅交路合同字〔1996〕002号《昌都至邦达机场公路改建工程施工承包合同》。

昌邦公路改建工程起自邦达机场,终于昌都东大桥,施工全长126.6km(其中三级路67.79061km,四级路58.80135km),全段沥青路面125.88896km,混凝土过水路面0.509km,简易砂砾土路面0.194km。全按三、四级公路技术标准改建;K4+000~K34+000段为平原平微区三级公路;K34+000~K69+000段为山岭重丘区四级公路;行车速度:20~60km/h,新建桥涵设计荷载采用汽车—20级、挂车—100。沿线安全设施为标志、标志牌预制安装;服务设施为工区、段部、分局房屋新(改)建以及配套机械购置、绿化工程。K4+000~K34+000段、K34+000~K69+000段路基宽度和路面宽度见表7-2-1。

昌都至邦达机场公路扩建配套工程路基、路面宽度表　　　　表7-2-1

序　号	起讫桩号	路基宽度(m)	路面宽度(m)
1	K4+000~K34+000	8.5	7.0
2	K34+000~K69+000	6.5	4.5

在整个施工过程中,施工方严格按照交通厅公路规划设计院提供的《施工图设计》精心组织施工,对施工中出现的与设计不符或其他原因(地基承载力不足、淤泥、地下水丰富等)需进行变更设计时,施工方严格地按照监理程序,以施工规范为基准,拿出初步变

更设计方案后上报监理工程师,并与监理工程师一道对施工中出现的实际问题进行实地勘探,做出既经济又符合设计要求的变更设计方案,然后又依照监理程序,经监理工程师下达变更指令后,施工方组织所需人力、物力、机械设备后申请施工。在变更工程与完成变更工程方面,施工方尽量做到费用经济和设计合理的统一。在监理工程师的指导和监督下,施工方依照监理工程师下达的指令,对本段工程根据所需情况做了多项目多处变更。从变更后的实际情况来看,变更工程后既清除了工程隐患,又保证了工程质量,并加快了工程进度。

(二)甲桑卡至谢尕拉公路工程

该项目的建设起点位于多普玛,终点位于类乌齐县国道317线和国道214线的交点处。全长129.4km范围内,新建多普玛至甲桑卡断头路24.4km和甲桑卡至类乌齐约35km左右重点病害整治及全线木桥涵的改建(因受投资限制,全线新建涵洞控制在136道以内),总投资5000万元,包干使用。工期为1998年10月至2000年10月,工期两年。全线平面、纵断面采用三级公路技术标准,横断面采用四级公路技术标准。新建桥涵设计荷载标准采用汽—20,挂—100;新建桥梁采用净-7+2×0.25m安全带,桥下净空满足排洪要求,新建涵洞与路基同宽,进出水口采用一字墙加锥坡的形式,以利今后提高等级时接长利用。

路基全线采用四级公路技术标准,路基宽6.5m。路面为简易路面,结构形式为面层10cm碎砾石加石屑或级配碎石掺砂砾石+20cm砂砾基层,宽度为3.5m。

该线建成后,拟设置道班养护,全线考虑5座道班房,投资100万元,配置部分养护机械,投资40万元,两项投资控制在140万元以内。

二、"十五"和"十一五"期间

(一)邦达机场至邦达兵站公路改建工程

改建工程起自邦达机场,接已改建完成的昌都至邦达机场公路,经邦达草原、邦达镇,止于邦达兵站接国道318线,公路里程桩号K1445+550～K1489+960,全长44.41km。

该工程建设依据为交通部交规划发〔2001〕719号《关于国道214线邦达机场至邦达兵站公路改建工程可行性研究报告的批复》及交通部规划研究院交规路函字〔2001〕227号《关于报送〈国道214线邦达机场至邦达兵站段改建工程可行性研究报告审核意见〉的函》。

改建工程主要包括改善线形,拓宽路基,完善排水及防护设施,铺筑沥青路面。国道214线邦达机场至邦达兵站公路的路线平、纵面线形设计标准均遵照交通部颁《公路工程技术标准》(JTJ 001—97)、《公路路线设计规范》(JTJ 011—94),按照三级平微区公路进行设计。设计行车速度采用60km/h,路基宽度采用8.5m。桥涵设计车辆荷载采用汽车—20级,挂车—100,个别地段可因地制宜,部分技术指标可适当降低。平面线形与纵坡密切配合,同时注意大多数横断面的经济合理,避免路线过于曲直、纵坡起伏过大,或造成大填大挖,又避免随弯就弯,只求纵坡平顺,造成线形过于弯曲。全线共计平曲线交点85个,平均每公里交点1.9个,最小平曲线半径130m,共计8处,最短平曲线长度109.39/1处,最小缓和曲线长度50m。主要技术指标见表7-2-2。

邦达机场至邦达兵站公路改建工程主要技术指标表　　　表7-2-2

指标名称	单位	改建	备注
公路等级	—	三级	
设计行车速度	km/h	60	
路基宽度	m	8.5	
路面宽度	m	7.0	
不设超高最小半径	m	1500	
一般最小半径	m	200	
极限最小半径	m	125	
最大纵坡	%	6.0	折减2%
桥涵设计荷载		汽车—20级,挂车—100	
路面设计计算标准轴载		BZZ—100	

国道214线邦达机场至邦达兵站公路改建工程按三级公路标准进行测设,由于该段公路修建于1952年,为老六级下限技术标准的低等级公路,至今未进行过大、中修,公路平面随弯就弯,纵面起伏频繁,局部线形较差。为配合实际地形布线,少扰动上边坡,尽量避免诱发新的病害,对特殊困难地段采用适当降低个别技术指标。经实地勘察,老路走向明确,地形较平缓,地质灾害不严重,大部分路段可充分利用旧路较好平面线形,局部采取裁弯取直改善线形并拓宽路基而满足技术标准。

根据该路所在地理位置、使用功能及建设规模,地形、地质的特点,提出本次改建的目标,通过改建提高公路等级和技术标准,提高抗灾能力,缩短行车时间,降低运输成本,在加强养护的条件下,确保公路畅通。

(二)多普玛(青藏管养界)至类乌齐公路整治改建工程

2006年11月,国道214线西藏多普玛至类乌齐段三级沥青路整治改建工程(2004年11月1日开工,全长113.76km)建成通车,这标志着国道214线西藏多普玛至类乌齐段不再是"断头路"。该路段的整治完工使西藏昌都到青海西宁的路程比绕行国道318线经波密、林芝、拉萨、那曲、格尔木到西宁缩短1000余公里,比走国道317线经类乌齐、那曲、格尔木至西宁缩短800余公里。该路段也是西藏通往青海等西北省区的又一大通道,将极大发挥国道214线的整体效益,促进藏东昌都的资源优势转化为经济优势。

国道214线从青海西宁至云南磨憨,西藏多普玛至类乌齐段北起青藏两省区公路管养界多普玛,南至西藏类乌齐县城,途经甲桑卡、吉多、类乌齐、桑多4个乡镇,全长116.1km,路况一直较差。其中甲桑卡至多普玛30多公里路段山高谷深,公路滑坡、塌方、泥石流等灾害频发,一年勉强通车时间不足3个月,实际成了"断头路"。

整治改建工程施工单位积极采取措施,既保护了高原脆弱的生态环境,又为当地农牧民增加了宝贵的耕地。据统计,工程共利用弃方造田数十亩,支付农牧民劳务费近2000万元,得到了当地农牧民和政府的广泛赞誉。

该工程建设依据为交通部交规划发〔2003〕548号《关于国道214线多普玛(青藏管养界)至类乌齐公路整治改建工程可行性研究报告的批复》,批复日期为2003年12月8日;交通部交公路发〔2004〕297号《关于国道214线多普玛(青藏管养界)至类乌齐公路整治改建工程初步设计的批复》,批复日期为2004年6月8日;西藏自治区交通厅藏交发〔2004〕179号《关于国道214线多普玛(青藏管养界)至类乌齐公路整治改建工程施工图设计的批复》,批复日期为2004年7月19日。本工程批准概算3.61亿元,全额国家投资,工程投资严格控制在概算批复内。

主要工程量:路基土石方工程:191.79万 m^3;路面工程:天然砂砾垫层88.24万 m^2,水泥稳定砂砾基层78.83万 m^2,沥青混凝土面层74.79万 m^2;桥梁工程:新建中桥587.36m/6座,新建小桥92.52m/4座;涵洞工程:盖板涵279道;防护工程:浆砌防护工程21.83万 m^3;排水工程:各型排水设施5.55万m;交通工程:中心标线7319m^2、标志牌194块、里程碑114块、公路界碑594块。

本工程主线按山重区路三级公路整治改建,设计行车速度30km/h,路基宽7.5m,路面宽6.0m。桑多连接线和老类乌齐过境线按平微区三级公路标准整治改建,并按市镇道路指标进行整治,设计行车速度60km/h,路基宽度分别为8.5m和13.8m,路面宽度分别为7.0m和11.4m,桥涵与路基同宽。新建桥涵设计车辆荷载采用公路—Ⅱ级。

本工程参建单位见表7-2-3。

普玛(青藏管养界)至类乌齐公路整治改建工程参建单位一览表　　　　　表7-2-3

建设单位		西藏交通厅重点公路建设项目管理中心
设计单位		中交第二勘察设计院
监理单位		北京华路捷公路工程技术咨询有限公司、内蒙古交通建设监理咨询有限公司
施工单位	A标	青海路桥建设股份有限公司
	B标	西藏武通路桥工程处
	C标	四川武通路桥工程局
	D标	四川武通路桥工程局第三工程处
	E标	厦门寰宇警英路桥工程股份有限公司

续上表

施工单位	F标	中铁二局第五工程有限公司
	G标	西藏天地工程建设有限公司
	H标	西藏天宇交通有限公司

根据《公路工程质量检验评定标准》(JTG F80/1—2004),西藏自治区交通工程质量安全监督局于2014年8月5日对国道214线年拉山至邦达机场改建工程进行了竣工前质量检测鉴定,形成工程质量鉴定报告,工程质量鉴定得分为85.18分。

2015年4月8日—9日,西藏自治区交通运输厅组织竣工验收委员会对该项目工程实体情况进行实地察看,查阅了工程建设有关文件和竣工验收所需资料,并听取相关单位工作汇报。竣工验收委员会评议认为:本项目经过4年的通车试运营,平、纵线形较为顺畅,沿线除3处水毁路段路基下沉、挡墙损毁外,构造物尺寸及强度基本满足设计要求,外观及使用效果良好。

竣工验收委员会根据质量监督机构的《工程质量鉴定报告》,按照《公路工程竣(交)工验收办法》(交通部令2004年第3号)和《关于印发公路工程竣(交)工验收办法实施细则的通知》(交公路发〔2010〕65号)的规定,对国道214线年拉山至邦达机场公路改建工程质量进行评分,竣工验收工程质量鉴定得分为82.47分,评定工程质量等级为合格。

本项目的建成,改善了当地群众的出行条件,对提高区域道路服务水平、推进昌都的发展和长治久安具有重要的作用。本项目在实施过程中,得到了各级政府的关心和帮助,加之参建单位积极主动协调,使得工程建设的外部环境较好。

(三)芒康至隔界河段改建工程

滇藏公路芒康至隔界河段整治改建工程,是交通部和西藏自治区"十一五"重点公路建设项目。工程起于芒康县城,起点桩号为K1772+649,终于滇藏省界隔界河,终点桩号为K1889+227.95,路线全长114.265km,并建曲孜卡乡支线3.373km。本工程合同工期为2年,工程于2007年2月2日正式开工,至2009年6月12日完工,2009年8月9日交工验收,实际工期为28个月。工程总投资7.69亿元,资金来源为国家全额投资。

该工程建设依据为交通部规划发〔2006〕386号《关于国道214线芒康至隔界河(藏滇界)公路改建工程可行性研究报告的批复》;交通部交公路发〔2006〕571号《关于国道214线芒康至隔界河(藏滇界)公路改建工程初步设计的批复》;藏交发〔2006〕136号《关于国道214线芒康至隔界河(藏滇界)公路改建工程施工图设计的批复》。

工程主线采用二、三级公路技术标准建设,支线采用四级公路技术标准建设。起点K1772+649至一道班(K1776+650)段4.001km采用二级路标准,路基宽12m,设计速度60km/h,其余路段采用三级路标准。一道班(K1776+650)至四道班38.65km段路基宽度 8.5m,设计速度 40km/h。四道班(K1885+300)至终点(K1889+227.95)段 71.614km 路基宽度 7.5m,设计速度 30km/h,均为沥青混凝土路面,荷载标准为汽车—20 级,挂车—100。另建设曲孜卡支线 2.944km 和设计变更芒康县城连接线 1.426km。

工程建设主要内容:土石方 178.5 万 m³;硬化路肩 6.28 万 m³,天然砂砾垫层 43.6 万 m²,碎石土底基层 34.95 万 m²,级配碎石底基层 7.03 万 m²,基层 8.79 万 m²,沥青混凝土面层 936564m²;桥梁工程:新建中桥 539.74m/11 座,新建小桥 134.14m/7 座,盖板涵共 427 道;防护工程:各类防护工程 4.67 万 m³;交通工程:中心标线 46628.49m²,标志牌 342 块,里程碑 117 块,公路界碑 170 块,普通型波形钢护栏 4.8 万 m,加强型波形钢护栏 3.24 万 m。

该工程的参建单位见表 7-2-4。该工程沿线最高海拔 4300m,平均海拔 3277m。冬春两季气候异常寒冷,无法施工。参与施工的武警交通第二支队等 7 家施工单位利用这一时间,合理筹划,积极选址备料、搬迁机械、复测路线、会审图纸、复合现场。项目建设、监理单位紧紧围绕"确保优良工程,争创优质工程"的质量目标,加强现场管理,认真狠抓"质量与进度、施工与保通、工程与环保、建设与养护"的关系,通过大量的前期准备工作,使工程得以顺利完成。

芒康至隔界河段改建工程参建单位一览表　　表 7-2-4

建设单位		西藏交通厅重点公路建设项目管理中心
设计单位		国家林业局昆明勘察设计院
监理单位		四川公路工程咨询监理公司
施工单位	A 标	西藏武通路桥工程处
	B 标	岳阳市通街兴路公司
	C 标	山东天诚市政公路工程有限公司
	D 标	武通路桥工程局第一工程处
	E 标	中交二公局第六工程有限公司
	F 标	四川武通路桥工程局第三工程处
	G 标	西藏云天工程建筑有限公司
	H 标	西藏路安公路防护设施工程有限公司
	I 标	西藏天宇交通有限公司

(四)国道 214 线类乌齐至昌都公路改建工程

国道 214 线类乌齐至昌都公路改建工程起于昌都地区类乌齐县,终于昌都县。主要控制点:第一段起点桩号为 K1210+500,接类乌齐县绕城道路终点,沿紫曲河布线,经过恩达乡、滨达乡,第一段终点桩号为 K1253+650,接隧道进口连接线起点,该段路线长度为 43.747849km(长链 0.597849km);第二段起点桩号为 K1268+100,接隧道出口连接线起点,跨昂曲河,经过俄洛镇,终点为昌都县昌蜀桥北桥头,桩号为 K1304+233.329。2008 年 7 月 6 日开工,2011 年 10 月 5 日完工。竣工决算为 3.07 亿元。其中建筑安装工程投资 2.70 亿元,设备及工具器具购置费用 335 万元,其他基本建设费 3389 万元。

该工程建设依据为交通运输部《关于国道 214 线类乌齐至昌都公路改建工程可行性研究报告的批复》(交规划发〔2007〕628 号);交通运输部《关于国道 214 线类乌齐至昌都公路改建工程初步设计的批复》(交公路发〔2008〕99 号);西藏自治区交通运输厅《关于国道 214 线类乌齐至昌都公路改建工程施工图设计的批复》(藏交发〔2008〕421 号)。

工程改建路段主线长 79.88km,沥青路面 50.9116 万 m^2,路基填方 46.996 万 m^3,路基挖方 65.549 万 m^3,路基防护工程 126816m^3,C20 混凝土 1444m^3;大桥 156.2m/1 座;小桥 244.97m/14 座;涵洞 226 道。拆除桥梁 5 座、涵洞 72 座。连接线 3 处,分别为日阿坡通连接线、俄洛桥连接线与昌都中学连接线。俄洛镇至昌都县森林武警中队支队支队工程 1 处,长 1.78476km,路基土石方 1.74 万 m^3,防护工程 1745m^3,沥青路面 10229m^2,钢筋混凝土盖板涵 8 道。保通工程 2 处,一处是朱角拉山保通工程,全长 25km,桩号 K0+000~K25+000;另一处是经类乌齐绕行马查拉煤矿至加林村,全长 111.2km,桩号 K0+000~K111+200。

全线采用三级公路技术标准,设计行车速度为 30km/h,路基宽度 7.5m,路面宽度 6.5m(6m),平曲线一般最小半径 30m,平曲线极限最小半径 20m,设计洪水频率大桥 1/50,中桥 1/50,小桥涵 1/25,新建桥涵荷载标准采用公路—Ⅱ级,地震动峰值加速度 0.1g(相当于地震烈度为Ⅶ度)。

工程主要参建单位见表 7-2-5。

类乌齐至昌都公路改建工程参建单位一览表　　　　表 7-2-5

建设单位	西藏交通厅重点公路建设项目管理中心
设计单位	西藏自治区交通勘察设计研究院
监理单位	青海省交通工程监理处
施工单位	中铁二局第五工程有限公司
	西藏云天建筑工程有限公司
	四川川交路有限责任公司
	四川顺合工程有限公司

根据《公路工程质量检验评定标准》(JTG F80/1—2004),西藏自治区交通工程质量安全监督局于 2014 年 8 月 5 日对国道 214 线类乌齐至昌都改建工程进行了竣工前质量检测鉴定,形成工程质量鉴定报告,工程质量鉴定得分为 75.64 分。

2014 年 10 月 13 日—14 日,西藏自治区交通运输厅组织竣工验收委员会对该项目工程实体情况进行实地察看,查阅了工程建设有关文件和竣工验收所需资料,并听取相关单位工作汇报。竣工验收委员会评议认为:本项目经过 4 年的通车试运营,平、纵线形较顺畅,除 2 处路基因投资受限,地质条件复杂,造成不同程度沉陷外,构造物尺寸及强度满足设计要求,外观及使用效果良好。

竣工验收委员会根据质量监督机构的《工程质量鉴定报告》,按照《公路工程竣(交)工验收办法》(交通部令 2004 年第 3 号)和《关于印发公路工程竣(交)工验收办法实施细则的通知》(交公路发[2010]65 号)的规定,对国道 214 线类乌齐至昌都公路改建工程质量进行评分,竣工验收工程质量鉴定得分为 75.4 分,评定工程质量等级为合格。

(五)年拉山至邦达机场公路改建工程

国道 214 线滇藏公路(西藏境)年拉山至邦达机场段(简称"滇藏公路年邦段")位于西藏昌都地区境内,是昌都至邦达机场公路的重要组成部分。它北起年拉山北坡山脚[年察公路(X502)与昌都至邦达机场道路岔路口],经察雅县吉塘镇、八宿县益庆乡,南至昌都八宿县邦达机场南侧,与邦达机场至邦达兵站公路起点相接,桩号 K1367+000 ~ K1444+419.553,长约 77.316km。本工程于 2009 年 7 月 6 日开工,于 2010 年 10 月 19 日完工。批准概算 46448 万元,竣工决算 454370710 元。其中建筑安装工程投资 378007645 元,设备及工具器具购置费用 8809350 元,其他基本建设费 67553715 元。

滇藏公路年邦段于 1953 年初开始修建,1954 年底基本建成通车。路线沿着古老的"茶马古道",行进于澜沧江西岸,沿线海拔高程 3135 ~ 4500m,气候、地形、地质等条件复杂多变,地质灾害主要有滑坡、崩塌、泥石流、水毁等,规模较大,危害较严重。特殊艰险的自然条件和特殊困难的修建时期,使得滇藏公路年邦段整体性先天不足,路线指标不能满足三级公路的技术标准。

滇藏公路年邦段从建成至"九五"以前的 40 多年里,基本是维持着最初的粗通状态,虽经过几次局部的整治,但都是灾后恢复性、小局部的整治保通。1996—1999 年间,滇藏公路年邦段曾按三、四级公路技术标准实施改建,改建内容主要是拓宽路基,路面黑色化,将部分临时设施改建为永久性工程,加强了管养体系。通过这次改建,路段技术状况较以前有所改善,但由于受投资限额的控制,一些路段公路等级低、路基宽度不足、防护工程严重短缺、防灾抗灾能力弱等问题未能得到根本解决。改建后虽然道班工人辛勤养护,道路状况和服务水平仍难满足客观需要,一直处于疲于应付的不良状态。

原有公路的主要问题表现为:公路抗灾能力弱,行车条件差,安全无保障,崩塌、泥石流、水毁、路基翻浆、涎流冰、雪害等公路灾害在不利季节时有发生,造成断道阻车,危害车辆行人安全。

作为国家重点公路和西藏自治区骨架公路网重要路段以及昌都至邦达机场专用通道的重要组成路段,滇藏公路年邦段在国道网和区域路网中地位突出,其改建的重要性被提升到了一个空前的高度,凸显必要性和迫切性。

该工程的建设依据为交通运输部《关于国道214线年拉山至邦达机场公路改建工程可行性研究报告的批复》（交规划发〔2009〕199号）；交通运输部《关于国道214线年拉山至邦达机场公路改建工程初步设计的批复》（交公路发〔2009〕377号）；西藏自治区交通运输厅《关于国道214线年拉山至邦达机场公路改建工程施工图设计的批复》（藏交发〔2010〕124号）。

全线采用三级公路技术标准，设计行车速度为30或40km/h，路基宽度7.5m，路面宽度6.5m（6m），平曲线一般最小半径60m，平曲线极限最小半径30m，设计洪水频率大桥1/50，中桥1/50，新建桥涵荷载标准采用公路—Ⅱ级，地震动峰值加速度0.1g（相当于地震烈度为Ⅶ度）。主要技术指标详见表7-2-6。

主要技术指标表　　　　表7-2-6

指标名称	单位	起讫桩号	
		K1367+000～K1414+400	K1414+400～K1444+420
设计行车速度	km/h	30	40
公里里程	km	47.296	30.020
路基宽度	m	6.5+2×0.5	7.0+2×0.75
平曲线最小半径（一般/极限）	m	65/30	100/60
最小纵坡/最小坡长	%	8/100	7/120
竖曲线最小半径（凸形/凹形）	m	400/250	700/450
会车视距	m	60	80
大、中桥设计洪水频率	—	1/50	1/50
路基及小桥涵设计洪水频率	—	1/25	1/25
地震动峰值加速度	—	0.10g	0.10g/0.15g
桥涵设计车辆荷载		公路—Ⅱ级	
桥涵建筑限界		宽：2×3.5m+2×0.75m，净高5m	

全线利用小桥6座，利用涵洞100道，填方23.59万m^3，挖方10.45万m^3，M10浆砌片石6.96万m^3，M7.5浆砌片石边沟2.89万m^3，C20片石混凝土1631.8m^3，大桥1座，中桥1座，小桥10座，涵洞215道，隧道1座，为年拉山隧道，全长1.45km，平面交叉14处。沥青混凝土路面51.99万m^2，水泥稳定碎石基层（20cm）55.86万m^2，级配砂砾底基层20.23万m^2。

（六）昌都至年拉山公路改建工程

该工程位于昌都市昌都县、察雅县。主要控制点：北起昌都镇马草坝大桥西桥头，起点桩号K1321+480。路线自起点沿澜沧江右岸布设，经卡诺镇、加卡乡、捏大桶，止于年拉山北坡山脚［年察路（X502）与昌都至邦达机场道路岔路口］，终点桩号K1367+000，路线主线全长45.305km，连接线2.48km。本工程于2009年7月6日开工，于2010年10月

19日完工。批准概算46448万元,竣工决算454370710元。其中建筑安装工程投资378007645元,设备及工具器具购置费用8809350元,其他基本建设费67553715元。

国道214线滇藏公路(西藏境)昌都至年拉山段(以下简称"滇藏公路昌年段")位于西藏昌都地区境内,是历史上滇藏公路昌都至大理的起始段,是昌都至邦达机场公路的重要组成部分。

改建前的情况及面临的问题类似于国道214线年拉山至邦达机场公路改建工程。

该工程的建设依据为交通运输部《关于国道214线昌都至年拉山公路改建工程可行性研究报告的批复》(交规划发〔2009〕205号);交通运输部《关于国道214线昌都至年拉山公路改建工程初步设计的批复》(交公路发〔2009〕376号);西藏自治区交通运输厅《关于国道214线昌都至年拉山公路改建工程施工图设计的批复》(藏交发〔2010〕117号)。

本项目按交通部颁发的《公路工程技术标准》(JTG B01—2003)、《公路勘测规范》(JTG C10—2007)等国家及部颁标准、规范、规程进行外业勘察设计。根据工可报告,结合现有道路状况,本项目采用三级公路技术标准进行整治改建,根据不同地形和地质条件设计速度分别采用30km/h和40km/h。本项目主要技术指标为路基宽度7.5m,路面宽度6.5m(6m),平曲线一般最小半径60m,平曲线极限最小半径30m,设计洪水频率大桥:1/50,中桥:1/50,新建桥涵荷载标准采用公路—Ⅱ级,地震动峰值加速度:0.1g(相当于地震烈度为Ⅶ度)。填方11.9万m^3,挖方12.2万m^3,M7.5浆砌片石5.8万m^3,C20片石混凝土2.15万m^3,M7.5浆砌片石边沟2.78万m^3,特殊路基处理0.25km,大桥3座,小桥12座,涵洞190道,平面交叉47处,中粒式沥青混凝土面层(5cm)33.5万m^2,水泥稳定碎石基层(20cm)32.3万m^2,级配砂砾底基层4.9万m^2。

该工程参建单位详见表7-2-7。

昌都至年拉山公路改建工程参建单位一览表　　　表7-2-7

建设单位	西藏交通运输厅重点公路建设项目管理中心
管理单位	四川武通路桥工程局
设计单位	西安中交公路岩土工程有限责任公司
监理单位	新疆昆仑工程监理有限责任公司
施工单位	西藏天昶建设工程有限责任公司
	西藏天路股份有限公司
	西藏天源路桥有限公司
	中铁二局第五工程有限公司
	西藏路安公路防护设施工程有限公司

根据《公路工程质量检验评定标准》(JTG F80/1—2004),西藏自治区交通工程质量安全监督局于2014年8月5日对国道214线昌都至年拉山改建工程进行了竣工前质量检测鉴定,形成工程质量鉴定报告,工程质量鉴定得分为88.27分。

2015年4月8日—9日西藏自治区交通运输厅组织竣工验收委员会对该项目工程实体情况进行实地察看,竣工验收委员会根据质量监督机构的《工程质量鉴定报告》,按照《公路工程竣(交)工验收办法》(交通部令2004年第3号)和《关于印发公路工程竣(交)工验收办法实施细则的通知》(交公路发〔2010〕65号)的规定,对国道214线昌都至年拉山段整治改建工程质量进行评分,竣工验收工程质量鉴定得分为85.38分,评定工程质量等级为合格。

(七)昌都至邦达机场公路工程

国道214线昌都至邦达机场公路是昌都地区的公路主通道,是"十一五"最重要的公路建设项目之一,全长123km,按三级公路技术标准设计,修建大桥4座,中小桥梁28座,全长1450m的隧道1座。总投资8.3亿元,由四川武通路桥集团代建。2009年6月项目开工,2010年10月通车。

工程沿途海拔3135~4500m,气候、地形、地质等条件复杂多变,地质灾害频发。"九五"期间,国家曾对昌邦公路进行过整治。在昌都地委、行署以及沿线各级党委、政府和群众的大力支持下,广大工程建设人员顽强拼搏、积极进取,经过16个月的建设,圆满完成了工程建设任务,为昌都解放60周年献上了一份厚礼。该工程通过截弯取直、拓宽路基、增设防护工程、整治公路病害、建设年拉山隧道等工程措施,大大提高了公路等级、安全系数和通行能力,有效改善了昌都地区的公路交通条件。

工程完成后,昌都至邦达机场的实际里程将比过去减少7km,由于路面加宽、公路等级提高,以及不再翻越海拔近4km的年拉山等,实际行程平均用时将由过去的3个小时缩短为一个半小时,有效地改善了昌都地区的公路交通条件,进一步促进了昌都地区社会经济发展,为昌都地区全面建设小康社会做出更大的贡献。

第三章
国道 219 线西藏段

国道 219 线(即新藏公路,新疆叶城至西藏拉孜),是国家公路网的重要组成部分,是国家重点公路"纵 13"阿勒泰至拉孜公路的重要路段,是西藏 5 条进藏公路之一,也是西藏阿里地区唯一的对外运输通道。

国道 219 线与国道 315 线相接,途经新疆和田地区皮山县、和田县和西藏阿里地区的日土县、噶尔县、普兰县及日喀则地区的仲巴县、萨嘎县、昂仁县,止于西藏日喀则地区的拉孜县,与国道 318 线相连,全长 2100km。其中,西藏境内段长 1445km(根据《国家公路网规划(2013 年—2030 年)》为 3483km,此处按之前的规划历程)。目前,该段路的黑色化率达 100%。新藏公路距中印、中尼边界平均距离约 70km,其中最近距离约 30km、最远距离约 130km。

国道 219 线西藏段位于西藏南部,属高原亚寒带半干旱气候区,气候寒冷、风沙大、空气稀薄、昼夜温差大,沿线风积沙、水草湿地、雪害及泥石流等病害较多。除了少部分地区有居民外,其余基本为无人区,施工条件极差,环境恶劣。

2001 年 12 月 24 日,国道 219 线新藏公路西藏段移交武警养护管理。西藏交通厅、新疆交通厅、武警交通二总队签订了《新藏公路西藏段接养协议书》,决定于 2002 年 1 月 1 日开始,将新藏公路西藏段正式移交武警交通二总队组建的新藏公路机械化养护支队接养。具体接养路段情况为:原由新疆维吾尔自治区交通厅养护管理的国道 219 线两区交界点至巴嘎段 733km,以及西藏自治区省道 207 线巴嘎至普兰段 104km,共计 837km,由新疆维吾尔自治区交通厅移交西藏自治区交通厅养护管理;国道 219 线两区交界点至萨嘎县城油库段 1271km 及西藏自治区省道 207 线巴嘎至普兰段 104km,共计 1375km 路段,由西藏自治区交通厅移交武警交通二总队养护管理。

第一节 初 建

1954 年初,新疆维吾尔自治区交通厅组建勘测总队,对叶城至普兰路线进行实地踏勘调查,选定叶城到阿里噶大克路线。1955 年,交通部派出测量队按照桥涵、构造物暂以便桥便道通车的粗通原则开展前期工作,公路全长 1179km,投资 1613 万元。公路由交通部第五工程局承建,并与新疆交通厅、新疆军区后勤部联合组成新藏公路修建指挥所。工程总体安排采取分段施工逐段前进,做完一段通车一段。

新藏公路沿线地质情况比较复杂,沿线翻越昆仑山脉10个雪山达坂(垭口),海拔4000m以上的线路有915km,海拔5000m以上的线路有130km,多为干燥粉沙土,填筑路堤松软不稳定,施工中采取超宽路基并铺砌大卵石加固;永冻土开挖后融化泥泞,边坡坍塌频繁,采取加铺片石和砌筑片石挡土墙保温,加挖排水沟渠。本段工程于1956年4月正式开工,1957年10月5日建成通车。

1958年,交通部和新疆维吾尔自治区人民政府逐年投资对其进行改善,处理病害,提高标准,增建和改建永久式桥梁,经过两年修缮,于1960年初,将新藏公路延伸250km到中尼边境的普兰县。

新藏公路拉孜至普兰巴噶尔段全长818km,翻越12座山,跨8条河,经过沙漠、沼泽等地质不良地段。工程项目修建指挥部由西藏公路工程处副处长张如珍任指挥长,解放军某部政委乔俊良任政委。参加施工的单位有部队工兵营,西藏公路工程处一队、第三测量队、两个民工大队、工程车队和部队的两个汽车分队,约1500人。于1960年3月开工,当年7月竣工。

第二节　整治与改建

一、"八五"之前

1960年4月,国道219线新藏公路西藏段进行了第一次改建整治;1965年进行了第二次改建整治。

1965年1月26日,交通部批准拉孜至普兰公路改造计划,公路标准为老六级,总投资1700万元,由修筑中尼公路的工程队伍承担施工,1967年竣工。共完成工程量土方67万m^3,石方47万m^3,建设大、中、小桥75座1200m,涵洞1600道,共建道班房8000m^2。

拉孜至仲巴段经日喀则交通局小修保养,基本上达到等级公路。仲巴以西的柴河上架设混凝土墩钢架桥。

二、"八五"和"九五"期间

1991—2000年,国道219线新藏公路西藏段进行了第三次改建整治。其中,1994—1996年建成全长205m的拉孜雅鲁藏布江大桥;1997—1999年改建整治巴嘎至仲巴间局部阻车路段60km;1999—2000年改建整治卡嘎至拉孜水毁路段20km。

其中,"九五"期间,交通部投资5000万元,在国道219线仲巴至巴嘎370km范围内新建20km断头路、整治39.5km自然路和新改建"三桥一路"工程(即新建马攸木河、归桑河两座大桥,在狮泉河镇改建狮泉河中桥一座),消除了国道219线的断头路。

通过"九五"期对"三桥一路"等工程的改建整治,通行条件大大改善,但仍有主要桥梁未架设、重点病害路段未整治,雨季仍达不到通车的目的。为此,西藏自治区交通厅曾向交通部申请,在"九五"后两年再投资3500万元,解决如下3个问题:①架设噶尔河中桥一座,桥长85m(含引道2km);②重点整治拉孜—卡噶55km范围内25km沿河水道路;③重点整治狮泉河—巴嘎间350km范围内重点病害路段(含非建不可的小桥涵洞)。以上3个问题解决后,拉孜—狮泉河(1100km)"通"的问题可基本解决。界山达坂—狮泉河(400余公里)目前由新疆季节性机动养护,尚能通车。

"九五"期间,新藏公路"通"的问题基本解决。

巴嘎至仲巴段新建整治工程

国道219线巴嘎至仲巴段新建整治工程(又称"三桥一路"工程)分布在国道219线巴嘎(K1355+200)至仲巴(K1706+600)352km范围内,新建19.54km断头路,重点整治32.31km自然路,共计23段51.85km的路基工程,包括防护工程(浆砌片石护坡27m,干砌护岸248m)、小桥涵工程(涵洞14道,小桥13座)及2座中桥加固,不包括段道房、金属标志牌建设和设备购置部分。按三级公路技术标准进行新建整治;新建桥涵设计荷载采用汽车—20级、挂车—100。除多孔小桥和跨径在10m以下的小桥外,其余单孔小桥上部构造均利用中尼公路拆换下的钢板梁配以钢筋混凝土网格式桥面,桥面净宽(6+2×0.25)m。

本工程分布在国道219线新藏公路巴嘎(K1355+200)至仲巴(K1706+600)之间,其中狮泉河桥位于阿里地区狮泉河桥镇。建设单位为西藏自治区交通厅,监理单位为西藏公路勘察设计院。

1. 路段工程

巴嘎至仲巴段新建、整治路段工程,共计26段58.06km,其中新建25.75km,整治32.31km,由青海省路桥总公司西藏经理部承建。于1997年5月开工,1999年10月完工。经西藏自治区交通厅质监站于1999年11月6日—7日进行交工前的质量检验评定,该建设项目工程质量评定得分为75.52分,质量等级为合格。

2. 三桥工程

马攸木大桥和归桑河大桥新建工程位于阿里地区,国道219线仲巴至巴嘎之间,分别跨越马攸木藏布和来乌藏布两河,桥位中心桩号分别为K1499+350和K1594+600。

马攸木桥全长104.04延米,5×20m钢筋混凝土T形梁桥,单排双柱式墩台,明挖扩大基础。归桑河大桥全长124.04延米,5×20m钢筋混凝土T形梁桥,单排双柱式墩台,钻孔灌注桩基础。两座大桥共228.08延米,桥面净空均为净(7+2×0.25)m安全带,桥梁设计荷载均为汽车—20级、挂车—100。

马攸木大桥桥头引线长0.8km,归桑河大桥桥头引线长5.12km,两桥合计引线长5.92km,均采用四级公路山岭重丘区技术标准。

狮泉河中桥位于西藏阿里地区狮泉河镇,全长85.176延米;4×20m钢筋混凝土T形梁桥,单排三柱式墩台,钻孔灌注桩基础;桥面净空为(12+2×1.5)m人行道;设计行车速度为80km/h;桥梁设计荷载:汽车—20级、挂车—100。桥头引道采用二级平微区公路技术标准,长207.5m,路基宽12m,水泥混凝土路面。

归桑河大桥(124.04m)和马攸木大桥(104.04m)由武警交通一总队二支队承建,狮泉河中桥(85.18m)由阿里地区交通局承建,于1997年5月开工,1998年10月完工。经西藏自治区交通厅质监站于1997年10月27日至11月3日进行交工前的质量检验评定:归桑河大桥工程质量评定得分为88.28分,工程质量等级为优良;马攸木大桥工程质量评定得分为91.06分,工程质量等级为优良;狮泉河中桥工程质量评定得分为85.88分,工程质量等级为优良。

3.卡嘎至拉孜段水毁整治工程

卡嘎至拉孜段有34.2km路线布设在河滩上与山坡脚的河岸边,每年夏季水毁严重,常有淤堵现象,冬季涎流冰上路,行车极为困难。交通部同意自治区交通厅《关于219国道续建重点整治水毁路段的立项报告》,列入"九五"建设计划。按四级公路山岭重丘区标准整治,投资4000万元,包干使用。

整治任务分别由西藏天路交通股份有限公司及西藏交通实业发展总公司分3个标段承担,工程监理委托自治区公路设计院负责,2000年10月10日竣工。国道219线卡嘎至拉孜段水毁整治工程及噶尔河中桥经过各施工单位两年的共同努力,于2000年9月底将合同工程量全部完成。

三、"十五"期间

"十五"期间,西藏自治区将该线列入公路建设计划,进行路线重点整治,全面提高抗灾能力,解决"畅"的问题,以期实现从交通上解放阿里人民,发展阿里经济,提高阿里人民的生活水平,促进该区局势的稳定。

2004年11月,国务院批复了《新藏公路建设方案》,确定全线改建整治的目标为:从2005年开始,用10年左右时间,实施改建整治、加强养护管理、增强抗灾能力、提高公路等级、改善行车条件,在无大型自然灾害的情况下,实现新藏公路正常季节全线畅通,不利季节保障通车。批复西藏境内建设规模为1445km,另有支线104km,全线按三级公路技术标准建设,工程估算投资 65.27 亿元,由国家全额投资。

(一)狮泉河至昆沙段改建工程

1. 工程概况

国道 219 线狮泉河至昆沙公路改建工程起点位于西藏阿里地区狮泉河镇南出口(K1058+862),终点位于阿里地区昆沙乡那不如村 4km 处(K1138+862),全长 80km,投资达 2.54 亿元。该项目于 2002 年 4 月 20 日正式开工,同年 9 月 20 日改建完工。

2. 技术标准

K1058+862~K1066+900 段为平原微丘区二级公路,采用 15cm 天然级配砂砾底基层、22cm 水泥稳定基层、5cm 沥青混凝土面层;K1066+900~K1091+200 段、K1117+500~K1138+862 段为山岭重丘区三级公路,K1091+200~K1117+500 段为平原微丘区三级公路,采用 15cm 天然砂砾底基层、22cm 水泥稳定基层、4cm 沥青混凝土面层。

3. 主要工程量

全线共有小桥 10 座,涵洞 125 道,路基土石方 135.16 万 m^3,沥青混凝土面层 53.22 万 m^2,水泥稳定基层 57.12 万 m^2,天然级配砂砾底基层 61.02 万 m^2,排水工程 121893m^3,防护工程 1.89 万 m^3 及交通安全设施。

4. 参建单位

该建设项目共分成 A、B、C 三个主体工程施工标段和一家交通安全设施施工标段。A 标段(K1058+862~K1096+000 路基标)由青藏公路管理分局拉萨工程队承建;B 标段(K1096+000~K1138+862 路基标)由中铁十四局集团公司承建;C 标段(K1058+862~K1138+862 路面标)由西藏天路交通股份有限公司承建;交通安全设施由西藏天宇交通有限公司承建。全线所有建设内容的监理任务均由长安大学监理公司承担,设计任务由西藏交通厅公路勘察规划设计院承担。

(二)国道 219 线狮泉河至昆沙公路改建工程

1. 工程概况

国道 219 线狮泉河至昆沙公路改建工程,起点(K1058+862)位于阿里地区狮泉河镇南出口,终点位于那不如村 4km 处(K1138+862),全长 80km,投资 2.4216 亿元。

2. 技术标准

K1058+862~K1066+900 段为平原微丘区二级公路,采用 15cm 天然级配砂砾底基层、22cm 水泥稳定砂砾基层、5cm 的沥青混凝土面层;K1066+900~K1091+200 段、K1117+500~K1138+862 段为山岭重丘区三级公路;K1091+200~K1117+500 段为平原微丘区三级公路,采用15cm天然砂砾底基层、22cm水泥稳定砂砾基层、4cm沥青混凝土面层。

3. 主要工程量

全线共有小桥10座,涵洞125道,路基土石方1351595m³,沥青混凝土面层532184.47m²,水泥稳定砂砾基层571177.4m²,天然级配砂砾底基层610221.8m²,排水工程121893m³,防护工程18899.3m³及交通安全设施。

4. 参建单位

该建设项目共分成A、B、C三个主体工程施工标段和一个交通安全设施施工标段。A标段(K1058+862～K1096+000路基标)由青藏公路管理分局拉萨工程队承建;B标段(K1096+000～K1138+862路基标)由中铁十四局集团公司承建;C标段(K1058+862～K1138+862路面标)由西藏天路交通股份有限公司承建;交通安全设施由西藏天宇交通工程有限公司承建。全线所有工程建设的监理任务由长安大学监理公司承担,设计任务由西藏交通厅公路勘察规划设计院承担。西藏自治区交通厅质监站按照交通厅的总体部署和藏交项管〔2003〕102号文件的要求,于2003年10月12—17日,对该工程建设项目的工程实体质量及内业资料进行了检查、检测和评定。

四、"十一五"和"十二五"期间

国务院批准的西藏自治区"十一五"规划项目方案中,新藏公路(西藏境)有8个子项目,估算总投资38.69亿元。经请示国家有关部委,将规划中的区界(新藏界)—红土达坂—日土段2个子项目调整至"十二五"初期实施,"十一五"期调整增加巴嘎—马攸木—帕羊—老仲巴—达吉岭4个子项目,调整后的"十一五"总投资达46.73亿元,比原规划投资增加约8亿元。截至2010年12月,国道219线新藏公路西藏段日土至拉孜全线已提前实现黑色化。

"十二五"期间,西藏实施了国道219线区界—红土达坂—日土两段整治改建工程,并根据阿里昆沙机场通航需要,对狮泉河至昆沙路段80km按二级、三级公路改建和路面处治。

需要特别指出的是,从"十五"至"十二五"期间,西藏自治区对国道219线西藏段基本实施了全线改建整治。为维持路线的完整性,本小节并未严格按照各合同段开工或竣工时间记录,而是根据合同段划分和路线走向进行实录。这一阶段的主要工程项目如下。

(一)国杰至桑桑段改建工程

国道219线新藏公路国杰至桑桑段改建工程属新藏公路西藏境内末段,位于西藏自治区萨嘎和昂仁县境内,起点位于萨嘎县加加公路段22道班(K1912+000),路线向东沿革洛雄藏布、日阿藏布高原宽容区布设至昂仁县切热乡,翻越索比亚拉山,海拔5078m(为全线最高点),沿如青曲前行至17道班(K1961+250),其后地形平坦、开阔,至K1961+300后沿坡脚前行,至K1972+600后路线进入日阿藏布峡谷段,路线长约9km。至K1980+750后,左转沿勤拉果沟前行,在K1988+000翻越结拉山口,后沿向果俄沟行至K1994+200,其后地形又转平坦、开阔,属高原宽谷地区地形,路线终点位于K2019+500,东距桑桑镇11道班约5km,路线全长107.45km。该项目主线工程于2006年5月30日开工,2009年12月3日竣工。

项目初步批准概算总投资为4.77亿元,其中:建安工程费用3.99亿万元;设计费用2514.93万元;监理费用1195.56万元;建设单位管理费用639.42万元;其他费用3490.67万元。实际完成投资4.217亿元。其中用于水保防护工程投资9564.2万元,占实际总投资的23%。

该项目建设依据的主要文件有:国家发改委《关于国道219线新藏公路国杰至桑桑段改建工程可行性研究报告的批复》(发改交运〔2005〕2723号);国家水利部《关于国道219线新藏公路国杰至桑桑段水土保持方案复函》(水函〔2003〕111号);国家环保局《关于国道219线新藏公路国杰至桑桑段改建工程环境影响报告书审查意见的复函》(环审〔2003〕160号);交通部《关于国道219线新藏公路国杰至桑桑段改建工程初步设计的批复》(交公路发〔2006〕116号);西藏国土资源厅《关于认定〈国道219线新藏公路(西藏境)国杰至桑桑段改建工程建设用地地质灾害危险性评估报告审查意见〉的通知》(藏国土〔2004〕52号);西藏交通厅《关于国道219线新藏公路国杰至桑桑段改建工程施工图设计的批复》(藏交发〔2006〕122号);中交第一公路勘察设计研究院《国道219线新藏公路国杰至桑桑段改建工程两阶段施工图设计》。

国道219线新藏公路国杰至桑桑段改建工程全线(含仲巴支线)采用三级公路标准。其中K1944+500~K1995+612段,设计行车速度30km/h、路基宽7.5m、路面宽6.5m。K1912+000~K1944+500及K1995+612~K2019+5006两段,设计行车速度40km/h、路基宽8.5m、路面宽7.0m,平曲线最小半径30m,最大纵坡6%,最短坡长100m,设计荷载公路—Ⅱ级,桥梁设计汽车荷载:公路—Ⅱ级,桥面净宽(7+2×0.25)m。

该工程的主要工程数量:挖路基土方25.76万m^3;填土82.41万m^3;排水13.29万m^3;路基防护18.38万m^3;软基8.64万m^3;新建大桥555.4m/4座、新建小桥202.3m/11座;利用桥55.05m/5座,涵洞249道;沥青混凝土路面75.39万m^2。底基层82.02万m^2,基层80.13万m^2,硬路肩1.66万m^2,土路肩4.27万m^2,波形梁2.13万m,标线7028.6m^2,路缘石2903.6m,面层75.39万m^2。

该项目实际征用土地2480.3亩(31.83公顷)。

该参建单位如下:该项目经交通厅批准组建了国线新藏公路国杰至桑桑项目建设单位。法人为西藏交通厅重点公路建设项目管理中心。其主要职能是国道219线国杰至桑桑项目的征地、拆迁和工程质量、进度、费用、安全、水保、环保、保通以及施工各方之间进行全面协调、管理工作。项目管理办公室下设总工办、工程部、计划合约部、后勤等部门,项目财务由交通厅项目中心财务部直管。

2006年5月初进行封闭式评标,根据专家的评选意见,评标结果中标的施工单位见表7-3-1。

国杰至桑桑段改建工程施工单位一览表　　　　　　表7-3-1

序　号	合　同　段	单　位　名　称
1	A	西藏交通实业发展总公司
2	B	路桥集团第一公路工程局厦门工程处
3	C	中铁二局股份有限公司
4	D	四川武通路桥工程局第三工程处
5	E	厦门环宇警英路桥工程有限公司
6	F	四川川交路桥有限责任公司
7	G	西藏路安公路防护设施工程有限公司
8	H	西藏天宇交通有限公司
9	监理单位	重庆中宇工程咨询监理有限责任公司
10	设计单位	中交第一公路勘察设计研究院有限公司
11	监督单位	西藏自治区交通厅公路基本建设工程质量监督站

(二)昆沙至门士段改建工程

新藏公路昆沙至门士段项目起点位于阿里地区噶尔县昆沙乡那不如村东南方向4km处(桩号K1138+862.00),高程4540.63m,终点为噶尔县门士乡东10km亚尔钦曲河(桩号K1259+560.00),高程4483.23m,全长120.7km,考虑长短链实际里程为120.27km,主要为路线线形改建、提高路面等级、完善排水、交通安全防护等工程。

本项目于2006年6月1日开工,2007年10月项目完工,2007年11月项目交工验收。批复工期为2年,实际工期为17个月。

该项工程为国家全额投资项目,批复概算金额为4.07亿元,工程投资严格控制在概算批复之内。

国家发改委以发改交运〔2005〕2724号文件批复了《国家发展改革委关于国道219线新藏公路昆沙至门士段改建工程可行性研究报告的批复》;交通部以公路发〔2006〕118号

文件批复了《关于国道219线新藏公路昆沙至门士段改建工程初步设计的批复》;西藏自治区交通厅以藏交发〔2006〕121号文件批复了《关于国道219线新藏公路昆沙至门士段改建工程两阶段施工图设计的批复》。

本改建工程按三级公路标准修建,其中K1138+862~K1148+200段、K1192+360~K1206+000段及K1217+400~K1259+560段设计行车速度为30km/h,路基宽度7.5m,路面宽度6.5m;K1148+200~K1192+360段及K1206+000~K1217+400段设计行车速度为40km/h,路基宽度8.5m,路面宽度7m。全线汽车荷载采用公路—Ⅱ级,其余设计标准符合部颁《公路工程技术标准》(JTG B01—2003)规定。

该工程的建设单位为西藏交通厅重点公路建设项目管理中心;其他主要建设单位见表7-3-2。

昆沙至门士段改建工程施工单位一览表　　　　表7-3-2

序　号	合　同　段	单　位　名　称
1	A	中铁二十局集团有限公司
2	B	西藏天润工程建筑有限公司
3	C	西藏天源路桥有限责任公司
4	D	西藏交通实业总公司
5	E	中铁二局股份有限公司
6	F	西藏武通路桥工程处
7	G	西藏云天工程建筑有限公司
8	G1	西藏天宇交通有限公司
9	G2	西藏路安公路防护设施工程有限公司
10	监理单位	福建省交通工程监理有限咨询公司
11	设计单位	西藏自治区交通厅公路勘察规划设计院

(三)日土至狮泉河段整治改建工程

国道219线新藏公路狮泉河至日土段整治改建工程起点位于狮泉河镇西南方约4km处,与国道219线的狮泉河至门士段公路上连接,起点桩号K0+000,该路途中翻越拉梅拉山口,终点位于日土县城以北约1.5km处,终点桩号为K133+267,路线总长132.56km(含支线狮泉河出城段3.16km),其中37.167km位于山岭区。

本次改建主要为路线线形改建、提高路面等级、完善排水、交通安全防护等工程。工程为国家全额投资项目,概算总金额为5.1亿元,建安工程合同总价为3.8亿元。实际完成投资4.35亿元。其中用于水保防护工程投资3465万元,占实际总投资的8%。

该项目批准工期为2年,于2006年6月7日开工,2007年11月15日完工通车,2007

年11月28日通过交工验收。

国家水利部于2003年7月以《关于国道219线狮泉河至日土公路改建工程水土保持方案的批复》(水保函〔2003〕88号)批复了该工程水土保持方案。国家环保总局于2003年6月以《关于国道219线狮泉河至日土公路改建工程环境影响报告书审查意见的复函》(环审〔2003〕161号)批复了该环境影响报告书。国家发改委以发改交运〔2005〕2720号《关于国道219线新藏公路狮泉河至日土段改建工程项目可行性研究报告的批复》对该工程项目进行了批准。2006年3月27日,交通部以交公路发〔2006〕117号文件《关于国道219线新藏公路狮泉河至日土段改建工程初步设计的批复》对该工程初步设计进行了批复。2006年5月11日,西藏自治区交通厅以藏交发〔2006〕126号文件《关于国道219线新藏公路狮泉河至日土段改建工程施工图设计的批复》对该工程施工图设计进行了批复。

工程项目按三级公路标准进行整治改建,设计行车速度40km/h,狮泉河镇过境段(桩号K0+000~K5+444.9)和日土县城过境段(桩号K129+000~K131+600)共计7.95km,路基宽度12m,其余路段路基宽度8.5m,在部分条件受限的地段,满足边防使用情况下适当降低标准。全线采用4cm厚SBR改性沥青混凝土面层,20cm厚水泥稳定级配砂砾基层,20cm厚天然砂砾底基层(一般路段)或15cm厚天然砂砾底基层加15cm厚天然砂砾垫层(软基路段)路面结构。桥涵设计荷载为公路—Ⅱ级,平曲线最小半径100m,最大纵坡6.9%。其余设计标准符合部颁《公路工程技术标准》(JTJ 001—97)的规定。

新藏公路狮日段整治改建工程共完成路基挖土方51.49万m^3、挖石方14.88万m^3、借土填方208万m^3、边沟及排水沟3211m、路基防护工程6万m^3、盖板涵70道、圆管涵223道、大桥106延米/1座、中桥66延米/1座、小桥214延米/13座、级配砂砾垫层10.36万m^2、砂砾底基层133.41万m^2、水泥稳定级配砂砾基层116.9万m^2、沥青混凝土面层99.39万m^2、C20片石混凝土硬化路肩1.68万m^3、预制块路缘石9.57万m、预制硬化路肩11.32万m、公路标线1.24万m^2、里程碑129块、公路界碑1064块,防撞波型梁钢护栏7.96km。

该项目永久性占用土地252.8公顷。其中在原有公路的基础上新增征地176.4公顷,包括林地3.9公顷、荒地154.6公顷、草地17.9公顷。

该工程的主要参建单位如下:西藏交通厅重点公路建设项目管理中心作为项目法人负责工程实施。为加强现场管理,委派机构为国道219线新藏公路狮泉河至日土段整治改建工程项目管理办公室,全面负责该项目准备期和建设期的管理工作。项目办设置总工办、工程部、计划合约部、综合部、财务部在工程质量、进度、投资、安全、环保、水保、保通等方面均按有关管理办法执行。施工单位见表7-3-3。

日土至狮泉河段整治改建工程施工单位一览表　　　　表7-3-3

序　号	合　同　段	单　位　名　称
1	A	四川武通路桥工程局
2	B	西藏天顺路桥工程有限公司
3	C	四川君林工程建设有限公司
4	D	西藏天和工程建设有限公司
5	E	安通建设有限公司
6	F	四川公路桥梁建设集团有限公司
7	交通工程	西藏路安公路防护设施有限公司
8	沿线设施	西藏天宇交通有限公司
9	监理单位	西藏天鹏工程监理咨询有限责任公司
10	设计单位	四川省交通厅公路勘察设计研究院
11	监督单位	西藏自治区交通厅公路基本建设工程质量监督站

(四)门士至巴嘎(普兰)段整治改建工程

门士至巴嘎(普兰)段公路改建工程分为国道219线门士至巴嘎和普兰支线两段。门士至巴嘎段起自国道219线新藏公路噶尔县门士乡往东15.5km处,止于普兰县巴嘎乡,全长62.9km,按三级公路技术标准建设,沥青混凝土路面。普兰支线段起自普兰县巴嘎乡,与国道219线新藏公路相接,经普兰镇、科加乡,止于斜尔瓦边防站,与尼泊尔界碑前300m处停车场相接,全长108.74km,基本按三级公路技术标准建设,沥青混凝土路面。项目总投资6.4亿元。工程建设分6个路基标段、3个路面标段,共9个标段及2个监理标段。计划工期24个月,于2009年8月完工。

1. 门士至巴嘎段

国道219线是从新疆叶城起,经界山达坂、西藏狮泉河镇至拉孜县境内接国道318线。门士至巴嘎段公路是国道219线的一部分,是西藏公路网中"三纵、两横、六通道"中"三纵"中的一段。同时也是西南地区重要的国防干线,在西藏公路网中占有十分重要的地位。

门士至巴嘎段公路位于西藏自治区阿里地区噶尔县门士乡,东行至15.5km处[接国道219线新藏公路(西藏境)昆沙至门士段公路改建工程终点],海拔4643.56m。由西向东跨越芽玛曲河,经错擦、郭亚淌嘎、南卡巴、德子淌、土穷曲岗、哈尼淌嘎、冈仁波齐("神山")的岔道口仲多,止于终点巴嘎乡(去普兰岔道口),海拔4617.94m,全长62.9km,概算总投资约2.74亿元。

该项目地处高原山间盆地区,地势较平缓,不利于泥石流的发育和分布。路线区的冲洪积层岩性以卵、砾石土为主,仅局部地段有细砂土、粉土分布,冬季有雪害。由于所经路段地形地貌地层岩性地质构造差异不大,其工程地质条件基本相同。改建前,该项目段有季节性冻土3处、水毁10处、翻浆13处、公路沿线各类病害(不含局部路段雪害)共计26处。

本项目工期交通部批准为2年,计划于2007年8月28日开工,2009年9月15日全线完工通车。由于受汶川地震影响,各单位劳动力缺乏、水泥等主要材料的进场受到限制而影响整体计划的实施,使项目工期延长至2009年9月30日。

门巴公路改建工程全部由国家投资,交通部批准概算2.73亿元。实际完成投资2.65亿元。其中用于水保防护工程投资1181.03万元,占实际总投资的4%。

国家水利部于2006年10月26日以水保〔2006〕150号文件《关于国道219线新藏公路门士至巴嘎段公路改建工程水土保持方案的批复》批复了该项目水土保持方案。西藏自治区环境保护局于2005年11月3日以藏环发〔2005〕221号文件《关于国道219线新藏公路(西藏境)门士至巴嘎段整治改建工程环境影响报告书》批复了该项目的环境影响评价报告书。国家发改委以发改交运〔2007〕904号文件《国家发展改革委关于国道219线新藏公路门士至巴嘎段改建整治工程可行性研究报告的批复》,对该工程项目进行了批准。2007年8月7日,交通部以发交公路发〔2007〕402号文件《关于国道219线新藏公路门士至巴嘎段改建整治工程初步设计的批复》对该工程初步设计进行了批复。8月10日,西藏自治区交通厅以藏交发〔2007〕210号文件《关于国道219线新藏公路(西藏境)门士至巴嘎段改建整治工程两阶段施工图设计的批复》对该工程施工图设计进行了批复。

改建工程原则采用部颁《公路工程技术标准》(JTG B01—2003)的三级公路技术标准,起点K1259+560至终点K1321+543.904,设计行车速度30km/h,路基宽度采用7.5m,路面宽度6.5m,新建桥涵荷载标准采用公路—Ⅱ级。采用沥青混凝土路面。

项目的主要工程数量:完成土方173.25万m^3;石方6693m^3;防护工程1.56万m^3;大中小桥286.54m/7座;涵洞1072.25m/123道;沥青混凝土路面41.86万m^2。

国道219线新藏公路(西藏境)门士至巴嘎段改建工程项目全线永久占用土地82.54万m^2,移动光缆2处,电信光缆3处。对所占的土地、草场、动迁的房屋、电力电信线路等全部按国家和自治区政府制定的标准给予了补偿。

为了使国道219线新藏公路门士至巴嘎段改建工程的项目管理规范化、制度化,避免管理工作中的盲目性、随意性,该项目实行了项目法人责任制。本工程的项目法人为西藏自治区交通厅重点公路建设项目管理中心,现场委派管理机构为国道219线新藏公路门士至巴嘎段改建工程项目管理办公室,全面负责该工程项目的工程建设管理工作。项目办设项目负责人、总工；下设工程技术部、计划合约部、财务部、综合部等部门。

门巴公路工程由西藏自治区交通公路勘察设计院设计；西藏自治区交通厅质监站负责监督。

门巴公路工程实行施工监理制，监理单位为福建省交通工程监理有限咨询公司。门巴公路全线分为6个施工合同段，通过邀请招标选择了6家施工单位。A合同段是西藏天源路桥公司；B合同段是西藏天昶建设工程有限责任公司；C合同段是西藏天怡路桥工程有限责任公司；D合同段是西藏天路股份有限公司；E合同段是西藏天宇公司；F合同段是西藏路安防护设施工程有限公司。

2. 普兰支线

普兰支线即国道219线巴嘎至普兰(斜尔瓦)公路。巴嘎至普兰(斜尔瓦)公路作为国道219线新藏公路的一条支线，是"西部大开发"战略提出后，近二十年西藏交通公路规划网的"三纵、两横、六通道"中的六通道之一，也是西藏西南部一条重要的国防边贸通道。

普兰支线改建工程位于西藏自治区西南部、阿里地区南部，起点位于巴嘎乡(K0+000)，与国道219线新藏公路相接，路线起于巴嘎乡，途经康萨、沃尔泽、色日阿、多日阿拉、仁贡、德拉林、吉让、以及普兰镇、赤德、兴巴、曲马淌、甲新、党各落、岗芝、细德、科加乡等村镇，终点(K107+313.709)位于斜尔瓦边防站，与尼泊尔界碑往前300m停车场相连，路线全长108.74km(含支线)，概算总投资约3.68亿元。

该项目原则上按部颁《公路工程技术标准》(JTG B01—2003)三级公路标准实施改建。巴嘎乡至科加乡(K0+000.00~K98+204.30)采用三级公路标准，设计行车速度30km/h，路基宽度7.5m，行车道宽度6.5m；科加乡至斜尔瓦(桩号K98+204.30~K107+313.709)采用四级公路标准，设计行车速度20km/h，路基宽度6.5m，行车道宽度6m；圣湖玛旁雍错连接线(桩号K0+000.00~K1+560.00)采用三级公路标准，设计行车速度30km/h，路基宽度7.5m，行车道宽度6.5m。全线桥涵设计荷载标准采用公路—Ⅱ级。采用沥青混凝土路面。

普兰支线改建项目完成的主要工程数量：土方91.33万m^3；石方4.52万m^3；防护工程6.03万m^3；大中小桥103m/2座；涵洞1682.63m/203道；沥青混凝土路面73.03万m^2。

该项目于2007年7月25日发出投标邀请书，8月10日开标，8月10日评标，8月18日发出中标通知书。本项目设3个路基合同段(A、B、C)、2个路面合同段(D、E)；1个监理合同段。中标施工单位：A标为新疆昆仑路港工程公司；B标为西藏天润工程建筑有限公司；C标为四川武通路桥工程局第三工程处；D标为武通路桥工程局第一工程处；E标为西藏天顺路桥工程有限公司。中标监理单位：西藏圣通路桥监理咨询有限公司。

(五)桑桑至拉孜段改建整治工程

国道 219 线新藏公路桑桑至拉孜段改建整治工程位于西藏自治区昂仁县和拉孜县境内。路线起于昂仁县桑桑镇西约 6km 处(国道 219 线 K2019+500),接已改建整治完工的国道 219 线新藏公路国杰至桑桑段终点,由西向东经桑桑镇,沿多雄藏布河谷,翻越嘎拉山和帮拉山至卡嘎乡,再翻越昂拉山,然后沿扎曲、拉孜沟,经浪错湖、森格隆村、那布西村,跨雅鲁藏布江后,止于拉孜县查务乡(国道 219 线 K2139+877.58),接已整治改建的国道 318 线中尼公路拉孜至老定日岗嘎段,全长 118.94km。

该项目批复工期为 2 年,于 2008 年 9 月 10 日开工建设,2010 年 6 月主体工程完工,2010 年 12 月 4 日通过交工验收。

该工程为国家全额投资项目,概算总金额为 5.53 亿元,建安工程合同总价为 3.83 亿元。实际完成投资 4.77 亿元。其中用于水保防护工程投资 8723 万元,占实际总投资的 18%。

国家水利部于 2003 年 8 月以《关于国道 219 线国杰至拉孜段公路改建工程水土保持方案的复函》(水保函〔2003〕111 号)批复了该项目水土保持方案。国家环保总局于 2003 年 6 月以《关于国道 219 线国杰至拉孜段公路改建工程环境影响报告书审查意见的复函》(环审〔2003〕160 号)批复了该环境影响报告书。国家发改委以发改交运〔2007〕3175 号文件《关于国道 219 线新藏公路桑桑至拉孜段改建整治工程项目可行性研究报告的批复》对该工程项目进行了批准,由西藏自治区交通公路勘察规划设计院设计。2008 年 5 月,交通运输部以交公路发〔2008〕107 号文件《关于国道 219 线新藏公路桑桑至拉孜段改建整治工程初步设计的批复》对该工程初步设计进行了批复。9 月份西藏自治区交通运输厅以藏交发〔2008〕332 号文件《关于国道 219 线新藏公路桑桑至拉孜段改建整治工程施工图设计的批复》对该工程施工图设计进行了批复。

该项目全线采用三级公路技术标准,设计行车速度为 30km/h,路基宽度 7.5m,路面宽度 6.5m,其中桑桑镇过境段(桩号 K2025+100~K2025+720)和卡嘎乡过境段(桩号 K2087+540~K2087+780)共计 0.86km 路段,路基宽度采用 10m,路面宽度采用 8.5m;全线采用 4cm 厚 SBR 改性沥青混凝土面层,20cm 厚水泥稳定级配砂砾基层,22cm 厚天然砂砾底基层路面结构。平曲线一般最小半径 65m,平曲线极限最小半径 30m,缓和曲线最小长度 25m,竖曲线极限最小半径 250m,最大纵坡 7%(考虑高原折减等因素),桥梁净宽(7+2×0.5)m,设计洪水频率:小桥 1/25,大、中桥 1/50,新建桥涵荷载标准采用公路—Ⅱ级,设计标准符合部颁《公路工程技术标准》(JTG B01—2003)中规定。

国道 219 线新藏公路桑桑至拉孜段改建整治工程全长 118.94km。路基填方 85.94 万 m³,挖方 75.93 万 m³,利用方 72.96 万 m³,防护工程 13.5 万 m³,排水工程 9.6 万 m,桥梁总计65座(维修利用大桥205.4m/1座,新建中桥1226.92m/25座,新建小桥684.24m/33座,维修利用小桥113m/6座),涵洞4516.66m/398道,沥青混凝土路面81.4万 m^2,水泥混凝土路面0.53万 m^2,波形梁护栏2.33万延米,标线7335.34m^2,标志牌150块,里程碑119块,公路界碑682根,减速让行标线28.76m^2,平面交叉13处。

本项目永久性占用土地139.56公顷。该项目在原有公路的基础上新增征地69.78公顷,其中耕地1.63公顷,天然草地68.03公顷,建设用地(宅基地)0.12公顷。

本项目的参建单位如下:西藏交通运输厅重点公路建设项目管理中心作为项目法人负责工程实施,西藏交通运输厅重点公路建设项目管理中心为加强现场管理,委派机构为国道219线新藏公路桑桑至拉孜段整治改建工程项目管理办公室,全面负责该项目准备期和建设期的管理工作。项目办设置总工办、工程部、计划合约部、综合部、财务部在工程质量、进度、投资、安全、水保、环保、保通等方面均按有关管理办法执行。设计、施工、监理、监督等参建单位情况见表7-3-4。

桑桑至拉孜段改建整治工程　　　　　　　　　　　表7-3-4

序号	合同段	单位名称
1	A	西藏天路股份有限公司
2	B	西藏天润工程建筑有限公司
3	C	西藏天和工程建设有限公司
4	D	西藏云天工程建筑有限公司
5	E	西藏天源路桥有限公司
6	F	西藏武通路桥工程处
7	交通工程	西藏天宇交通有限公司
8	监理单位	西藏天鹏工程监理咨询有限责任公司
9	设计单位	西藏自治区交通公路勘察规划设计院
10	监督单位	西藏自治区交通运输厅公路基本建设工程质量监督站

(六)达吉岭至国杰段改建整治工程

新藏公路达吉岭至国杰段位于西藏日喀则地区萨嘎县境内,起点为日喀则地区萨嘎县达吉岭乡以北13.5km处,桩号为K1805+200,平均海拔高程约4545m。路线在K1818+500处穿过达吉岭乡,沿加大藏布江支流萨曲河东行至29道班,在K1833+707处南跨萨曲河,翻越查藏拉山,沿加布河,南行至萨嘎县,沿雅鲁藏布江主流宽谷马泉河,行至K1870+000后折向东北进支沟纳塘簸,沿愧拉山东坡展线至愧拉山垭口,终点为国杰22道班(桩号K1912+955),海拔高程4923m。路线全长107.76km。工程批准工期为2年,于2009年7月15日开工建设,2010年9月30日竣工,2011年12月28日完成交工验收。

工程为国家全额投资项目,概算总金额为4.518亿元,建安工程合同总价为3.67亿元。实际完成投资4.441亿元。其中:建筑安装工程投资3.8亿元,设备及工具器具购置费用609.38万元,其他基本建设费4528.95万元。其中用于水保防护工程投资3721.9万元,占实际总投资的8%。

该项目核准批复的主要文件有:国家水利部《关于国道219线新藏公路达吉岭至国杰段改建整治工程水土保持方案的复函》(水保函〔2009〕296号)、国家发展改革委员会《关于国道219线新藏公路达吉岭至国杰段改建整治工程可行性研究报告的批复》(发改基础〔2009〕291号)、交通运输部《关于国道219线新藏公路巴嘎至达吉岭段改建整治工程初步设计的批复》(交公路发〔2009〕494号)和西藏自治区交通厅《关于国道219线新藏公路达吉岭至国杰段改建整治工程施工图设计的批复》(藏交发〔2010〕300号)。

该项目设计行车速度30km/h,路基宽度7.5m,最大纵坡7%,最短坡长140m,桥梁设计荷载为公路—Ⅱ级,桥面净宽(7.5+2×0.5)m、(11+2×0.5)m。全线按三级公路设计,全长107.76km,其中中桥44m/1座、小桥486.72m/18座。项目实际征用土地935.86亩。

该工程共挖土方33.12万m^3,挖石方29.78万m^3,填方1600389.96m^3,人工清理边沟土方23160.00m^3,小桥17座,涵洞259道,排水工程3605400延米,防护工程891991.9m^3,沥青混凝土面层70.43万m^2,路面水泥稳定基层81.83万m^2,路面级配砂砾底基层95.32万m^2,C20混凝土路缘石18.72万m,C20混凝土硬化路肩3.39万m,热熔型涂料路面标线6590.22m^2,单柱式交通标牌439个,公路界碑1078个,里程碑108块,波形梁护栏1.52万m,F形混凝土护栏464m,突起路标2234个,减速振荡标线468m^2。

全部工程共消费木材1213m^3、水泥5.54万t、钢材827t、石油沥青577t、改性石油沥青4900t、炸药20t。

该项目征地拆迁工作在日喀则地区及萨嘎县国土资源局、萨嘎县人民政府和沿线各乡镇的大力支持下,负责征地拆迁工作人员做了大量细致的普查登记、丈量核算、合同签订、落实补偿等相关工作,确保了公路建设的顺利,国道加宽永久性征地935.86亩,征地费用233.965万元,《土地征用协议书》合同编号为藏交项达国字〔2010〕01号。

该工程参建单位如下:西藏交通厅重点公路建设项目管理中心作为项目法人负责工程实施,项目管理中心为加强现场管理,委派机构为国道219线新藏公路达吉岭至国杰段改建整治工程项目管理办公室,全面负责该项目准备期和建设期的管理工作。项目办设置总工办、工程部、计划合约部、综合部、财务部在工程质量、进度、投资、安全、水保、环保、保通等方面均按有关管理办法执行。建设管理单位为西藏自治区交通运输厅重点公路建设项目管理中心;施工单位见表7-3-5。

达吉岭至国杰段改建整治工程施工单位一览表　　　　表7-3-5

序　号	合　同　段	单　位　名　称
1	A	西藏天路股份有限公司
2	B	西藏天怡路桥工程有限责任公司
3	交通工程	西藏天宇交通有限公司
4	监理单位	西藏天鹏工程监理咨询有限责任公司
5	设计单位	西藏自治区交通公路勘察规划设计院
6	监督单位	西藏自治区交通厅公路基本建设工程质量监督站

(七)巴嘎至达吉岭段改建整治工程

国道219线新藏公路巴嘎至达吉岭段改建整治工程位于阿里地区普兰县和日喀则地区仲巴县、萨嘎县境内,属国道219线西藏境内的一段。路线起于阿里地区普兰县巴嘎乡(新藏公路K1342+895.198),接国道219线新藏公路门士至巴嘎段,经霍尔、公珠、纽克则、马攸木新桥、帕布勒、休古嘎布、霍尔巴、帕羊、珠珠、老仲巴、拉藏、如角,止于日喀则地区萨嘎县达吉岭乡以西14.2km处(新藏公路K1805+686.545),接国道219线新藏公路达吉岭至国杰段。

该项目工程于2009年9月1日开工,2010年9月30日完工。

项目批准概算投资为17.71亿元。工程竣工决算为15.8亿元,其中建筑安装工程投资14.29亿元;设备及工具器具购置费用1605.17万元;其他基本建设费136.79万元。

国家发展改革委员会以《国家发展改革委关于国道219线新藏公路巴嘎至达吉岭段改建整治工程可行性研究报告的批复》(发改基础〔2009〕1977号)批准立项。2009年11月9日,交通运输部以交公路发〔2009〕494号批复了《关于国道219线新藏公路巴嘎至达吉岭段改建整治工程初步设计的批复》。2010年9月17日,西藏自治区交通运输厅以藏交发〔2010〕279号)批复了《关于国道219线新藏公路巴嘎至达吉岭段改建整治工程两阶段施工图设计的批复》。

该项目设计行车速度30km/h,路基宽7.5m,最大纵坡7%,最短坡长140m,桥梁设计荷载为公路—Ⅱ级,桥面净宽(7.5+2×0.5)m、(11+2×0.5)m。全线采用三级公路技术标准进行改建整治,路线全长428.73km,全线分4段建设:其中,巴嘎至马攸木新桥段长137.11km;马攸木新桥至帕羊段长75.41km;帕羊至老仲巴段长112.54km;老仲巴至达吉岭段长103.67km。

该工程参建单位见表7-3-6。

巴嘎至达吉岭段改建整治工程参建单位一览表　　　　表7-3-6

合同段	管理单位	设计单位	监理单位	施工单位
巴嘎至马攸木新桥段	西藏自治区重点公路建设项目管理中心	中交第二公路勘察设计研究院有限公司	西藏圣通路桥监理咨询有限公司	西藏武通路桥工程处 西藏天顺路桥工程有限公司 西藏天地工程建筑有限公司 西藏路安公路防护设施施工有限公司 西藏天宇交通工程有限公司
马攸木新桥至帕羊段				新疆昆仑路港工程公司 西藏天和工程建设有限公司 西藏武通路桥工程处 西藏路安公路防护设施施工有限公司 西藏天宇交通工程有限公司
帕羊至老仲巴段				西藏武通路桥工程局第一工程处 西藏云天工程建筑有限公司 西藏路安公路防护设施施工有限公司 西藏天宇交通工程有限公司
老仲巴至达吉岭段		西藏自治区交通公路勘察规划设计院	四川国际工程监理有限公司	西藏天顺路桥工程有限公司 西藏天地工程建筑有限公司 西藏路安公路防护设施施工有限公司 西藏天宇交通工程有限公司

1. 巴嘎至马攸木新桥段

国道219线新藏公路巴嘎至马攸木新桥段整治改建工程位于西藏自治区的西南部，西起阿里地区普兰县境内的巴嘎乡，东至日喀则地区与阿里地区交界的马攸木新桥，全长137.54km。路线大致呈西北至东南走向，路线穿过西藏自治区阿里地区所辖的普兰县巴嘎乡、霍尔乡两乡镇。该工程为国家金额投资项目，项目预算金额约5亿元。项目合同工期为24个月，于2009年7月1日开工，2010年9月30日项目完工，2011年9月30日项目交工验收。

该项目路线采用三级公路标准进行改建，设计行车速度30km/h，路基宽度7.5m，路面宽度6.5m；桥涵设计汽车荷载采用公路—Ⅱ级标准，其他技术指标按照部颁《公路工程技术标准》(JTG B01—2003)执行。该项工程共完成路基土石方224.46万m^3；防护工程6.06万m^3；中桥235m/5座；小桥147m/7座(包括3座利用小桥)，涵洞2710.8m/240道；沥青混凝土面层90.11万m^2；C30水泥混凝土面层6175m^2；波形梁防撞护栏1.78万m；标志牌60个。永久性征地309.82万m^2。

2. 马攸木新桥至帕羊段

国道219线新藏公路马攸木新桥至帕羊段整治改建工程位于西藏自治区的西南部，

属于国道219线新藏公路的一部分,路线接拟建巴嘎至马攸木新桥段止点(桩号K1477+800),利用现有马攸木新桥跨越马攸藏布后一路向东,路线翻越色尔共垭口,沿杰马央中曲左岸经拿若、拉克昌、拉格架后,达到本项目止点帕羊(桩号K1553+300),全长75.41km。

该项目为国家金额投资项目,项目预算金额为3.74万元。项目合同工期为24个月,于2009年7月1日开工,2010年9月30日完工,2011年9月30日交工验收。

2009年7月29日,国家发改委批复了发改交运〔2009〕1977号文件《国家发展改革委关于国道219线新藏公路巴嘎至达吉岭段改建整治工程可行性研究报告的批复》。2009年11月6日,交通运输部以交公路发〔2009〕494号文件《关于国道219线新藏公路巴嘎至达吉岭段改建整治工程初步设计的批复》批复了项目的初步设计。2010年9月17日,西藏自治区交通运输厅以藏交发〔2010〕279号文件《关于国道219线新藏公路巴嘎全达吉岭段改建整治工程两阶段施工图设计的批复》对施工图设计进行了批复。

路线采用三级公路标准进行改建,设计行车速度30km/h,路基宽度7.5m,路面宽度6.5m;桥涵设计汽车荷载采用公路—Ⅱ级标准,其他技术指标按照部颁《公路工程技术标准》(JTG B01—2003)执行。

工程完成路基土石方227.83万m^3;防护工程5.22万m^3;桥梁288m/5座(其中包括加固大桥106m/1座、新建小桥26m/1座,新建中桥156米/3座);涵洞1639.25m/141道;排水工程3412.8m^3;天然砂砾底基层(25cm厚)58.67万m^2;水泥稳定砂砾(20cm厚)53.46m^2;透层53.46m^2;沥青混凝土面层(4cm厚,AC-16F SBR改性沥青)48.92m^2;Gr-B-4E型392m;波形梁钢护栏6436m;标志牌12个。该路段永久性征地71.25m^2。

3. 帕羊至老仲巴段

工程完成路基土石方219.09m^3,防护工程23424.97m^3,桥梁271m/8座(其中包括加固中桥180m/2座、新建小桥91m/6座),涵洞2285.5m/191道,沥青混凝土面层73.27万m^2,C30水泥混凝土面层3423.3m^2,波形梁钢护栏9340m,标志牌33个。该路段永久性征地106.41万m^2。

4. 老仲巴至达吉岭段

工程完成路基挖方41.68万m^3;填方145.92万m^3;借方108.94万m^3;防护工程9.06万m^3;排水工程2.02万m^3;沥青路面88.82万m^2;水泥路面0.76万m^2;中桥235m/5座;小桥143m/7座;涵洞3188.05m/292道,波形梁钢护栏(加强型)1.02万m;F型钢筋混凝土护栏307m;里程碑104个;公路界碑1037个;路面标线6343.35m^2。该路段永久性征地14.89万m^2。

(八)界山达板(新藏区界)至日土段改建整治工程

国道219线新藏公路北起新疆维吾尔自治区叶城县,南至西藏自治区拉孜县,总体呈南北走向,全长2143km。本项目路线起点位于原国道219线旧路桩号K649+200处,与新疆境国道219线柯克阿特达坂至区界段终点相接,终点位于西藏境国道219线K928+480.135处,与已整治的国道219线日土至狮泉河段起点相接。全线共7处断链,累计长链158.384m,累计短链349.802m。路线实际设计长度277.089km。本项目主要对路基、路面、桥涵、隧道进行修复整治。区日段工程为国家全额投资项目,批复概算总金额约14.68亿元。项目建设工期为3年,于2011年8月16日开工建设,2013年10月25日全线完工。

该项目由国家发展改革委以发改建基础〔2011〕1036号文件批准立项,交通运输部以交公路发〔2011〕617号文件批复了初步设计,西藏自治区交通运输厅以藏交发〔2012〕409号批复了施工图设计。

工程采用三级公路标准,设计行车速度30km/h,路基宽7.5m;红土达坂至班公错湖岸段(K758+750~K895+700)和班公错湖岸至日土段(K920+400~K926+480.135)设计行车速度40km/h,路基宽8.5m,全线设计汽车荷载为公路—Ⅱ级,设计洪水频率为大中桥为1/50;小桥、涵洞、路基为1/25。其余指标按部颁《公路工程技术标准》(JTG B01—2003)及其他有关规范条文执行。

该项目实际征用土地2997.9亩。全线挖土石方83.45万m^3;填土石方611.57万m^3;防护工程16.73万m^3;特殊路基33.15万m^3;面层194.82万m^2;水稳基层193.21万m^2;底基层251.72万m^2;硬化路肩56万m,中桥1072.78m/16座;小桥690.58m/24座;涵洞614道;隧道362m/3座;停机坪2处。

该项目法人为西藏自治区重点公路建设项目管理中心,现场设置国道219线新藏公路(西藏境)区界至日土段改建整治工程项目管理办公室负责项目的管理工作。业主方自行进行项目管理,办理本项目各类相关手续;工程招标(包括施工、监理、材料选购等);项目施工阶段的建设管理(开工至竣工验收阶段);项目缺陷责任期的管理;工程质量监督委托与施工安全监督委托;负责组织项目交工验收、参加竣工验收;负责组织环保验收、档案验收等其他专项验收;配合项目审计,配合项目竣工决算;搞好建设环境协调工作。项目办主任为项目负责人,下设技术负责人、工程部、合约部、财务部、综合部,对设计、监理以及全线各施工单位进行工程管理。

设计单位为中交第一公路勘察设计研究院有限公司。监理为全一标段,监理单位为铁科院(北京)工程咨询有限公司,合同价3500万元。本项目共划分7个路基合同段、5个路面合同段,各合同段基本情况见表7-3-7。

界山达板(新藏省界)至日土段改建整治工程施工单位一览表

表 7-3-7

合同段	施工单位	工程内容	起讫桩号	长度(km)	合同价(元)
第一标段	西藏天怡路桥工程有限责任公司	路基、桥涵等工程	K649+200～K686+000	36.806	137707745
第二标段	西藏天源路桥有限公司		K686+000～K730+000	44.004	137995446
第三标段	西藏喜马拉雅工程建设有限公司		K730+000～K774+000	43.655	130591188
第四标段	西藏天润工程建设有限公司		K774+000～K825+000	51	79799689
第五标段	西藏天和工程建设有限公司		K825+000～K875+000	50.100	58253131
第六标段	新疆昆仑路港工程公司(八支队)		K875+000～K910+000	34.995	87812070
第七标段	四川欣通公路工程部(三支队)		K910+000～K926+480.135	16.528	119803805
第八标段	西藏天路股份有限公司	路面	K649+200～K711+000	61.810	89307128
第九标段	武通路桥工程局第一工程处(一支队)		K711+000～K774+000	62.655	82803565
第十标段	西藏天地工程建设有限公司		K774+000～K825+000	51	65918580
第十一标段	西藏天昶建设工程有限责任		K825+000～K875+000	50.100	64793286
第十二标段	西藏武通路桥工程处(二支队)		K875+000～K926+480.135	51.523	95805917

第四章
国道 317 线、国道 318 线西藏段

川藏公路原名康藏公路，起于原西康省省会雅安，终点位于拉萨。1955 年 10 月 1 日，国务院撤销西康省建制，交通部决定将康藏公路改称川藏公路。川藏公路以成都为起点，经雅安、康定，在新都桥分为南北两线：北线（属现国道 317 线）经甘孜、德格，进入西藏昌都、邦达；南线（属国道 318 线）经雅江、理塘、巴塘，进入西藏芒康，后在邦达与北线会合，再经八宿、波密、林芝到拉萨。北线全长 2446km，沿途最高点是海拔 4916m 的雀儿山；南线总长 2149km，途经海拔 4700m 的理塘。南北两线间有昌都到邦达的公路（169km）相连。目前，两条路的黑色化率为 100%。

第一节　初建及养护

沿川藏公路进藏，从东到西依次要翻过二郎山、雀儿山、色季拉山等 14 座海拔在 5000m 以上的险峻高山，跨越大渡河、金沙江、怒江、澜沧江等汹涌湍急的江河，横穿澜沧江、通麦等 8 条大断裂带。沿线塌方、滑坡、飞石、雪崩、泥石流频繁，几乎集中了世界公路建设史上的所有病害，被称为"世上最危险的公路"。南线因路途短且海拔低，所以由川藏公路进藏多行南线。

一、建设情况

1950 年春，中国人民解放军第十八军遵照中央人民政府和平解放西藏的方针，在西南局、西南军区及西藏工委直接领导下，一面进军、一面筑路，到 7 月下旬，前指及先遣部队已先后进入甘孜地区。公路也从雅安修过二郎山，向甘孜方向延伸。1950 年 8 月 26 日，公路提前修到甘孜。12 月 1 日，公路修到甘孜以西 90 余里的马尼干戈。

1951 年春天，一支勘察队由甘孜出发，经过大量全面踏勘比较，历时 1 年 4 个月，完成了康藏公路的选线踏勘任务。

当勘察队员交出从甘孜到昌都的路线蓝图，继续向西踏勘时，一场大战雀儿山的硬仗又打响了。在机场施工的部队，除留少数为工程扫尾外，两个师机关各率两个团，顶着刺骨寒风，披着满身雪花，先后踏上了风雪弥漫的雀儿山。五十三师的工区在雀儿山西侧，

师部住在西台站。五十四区的工区在雀儿山东侧,跨过雀儿山顶,师部住在东台站。历尽艰险,筑路大军终于在年底打通了雀儿山,于1952年向新年献了礼。在伟大而艰巨的康藏公路修筑过程中,还打通了像雀儿山这样艰险的达马拉、加皮拉、矮拉、叶拉、色季拉等10余座雪山。

1952年11月21日,实现西藏昌都通车后,西南军政委员会交通部和西藏工委、西藏军区党委为保证1954年把公路修到拉萨,决定把昌都到拉萨的路段分成东西两段同时施工。东段从昌都往西修,由后方部队和西南公路工程局第二施工局担任。西段由拉萨往东修,由进驻拉萨的部队和藏族民工担任,并成立了西南公路工程局第一施工局,局长为程培兆,在西藏工委和西藏军区党委直接领导下进行工作。

1953年1月,西藏工委、西藏军区和原西藏地方政府,联合成立了筑路委员会。由西藏工委副书记、西藏军区政委谭冠三任筑路委员会主任,噶伦索康·旺清格来、军区参谋长李觉、军区政治部主任刘振国为副主任,负责领导西线的筑路工程。下设西线筑路指挥部,由田宝瑚、苏桐卿、阎志春和原西藏地方政府官员吞巴堪穷任正、副指挥长。李传恩、杨军、程培兆先后任政治委员。驻拉萨部队参加筑路的是一五五团和军炮兵营,还有来自西藏48个宗(相当于县)的万余藏族民工和杨宗挥、陈庭礼等工程技术人员。早日把公路修到拉萨,成了藏汉军民的共同愿望。

1954年11月27日,东西两线筑路大军,胜利会师巴河大桥。

1954年12月25日,康藏公路和青藏公路同时通车拉萨。毛泽东主席、朱德总司令、邓小平政委、贺龙司令员都亲笔题词祝贺。《人民日报》《工人日报》《中国青年报》《光明日报》等报都为此发了社论。中央人民政府交通部把康藏公路列为部管4条国道之一。

在艰苦卓绝的筑路岁月里,11万藏汉军民挖填土石3000多万 m^3,造桥400多座,被称为世界筑路历史上的壮举。

如今,川藏公路在西藏新的路网规划中再次扮演了重要的角色。在西藏"两横三纵六个通道"的规划中,川藏公路北线的德格—狮泉河以及南线的巴塘—巴嘎部分,分别是新路网的"两横"。随着西部大开发的深入,青藏铁路开通,青藏公路全面修缮,川藏公路所承担的交通压力也在逐渐减轻。川藏公路已成为一条重要的国防战略公路和旅游爱好者的探险观光公路。

二、养护机构设置情况

1955年3月9日,国务院全体会议第七次会议通过了《关于有关西藏交通运输问题的决定规定》,在西藏交通局下设立康藏公路管理局,负责管理康藏公路金沙江以西至拉萨的运输和养护工作,共设12个养护段,拉开了川藏公路养护管理工作的帷幕。后经多次体制改革和机构调整,川藏公路南北两线均由西藏自治区公路局下设公路分局和武警交通养护部队承担养护管理任务。

1955年10月康藏公路改为川藏公路,1957年7月撤销康藏公路管理局,并根据中央指示放弃林芝至扎木路段,昌都至岗托路段交四川省交通厅管理养护。

1959年10月拉萨至林芝段恢复通车,由西藏公路局负责管养。

1960年5月扎木至林芝段通车,成立了扎木养护段,负责东至83道班、西至113道班公路养护工作。

1962年9月西藏公路局撤销,拉萨公路养护总段成立,管养扎木以西的川藏公路,扎木以东路段由昌都交通局管养。

1962年12月昌都至扎木段恢复通车,昌都交通局设立白马养护段负责管养,同时江达、妥坝两个养护段由昌都交通局接管。

1980年3月恢复成立西藏公路管理局,直管川藏公路的墨竹工卡、百巴、八一养护段和扎木机械化养护队。

1990年1月成立昌都、林芝养护总段,昌都养护总段管养川藏北线岗托至邦达、川藏南线竹巴笼至然乌路段,共长1002km,原由昌都交通局管养的江达、昌都、竹卡、左贡、白马5个养护段移交给昌都养护总段接管。林芝养护总段管养川藏公路然乌至拉萨大桥段,共长763km,原西藏公路管理局直属墨竹工卡、百巴、八一养护段和扎木机械化养护队及川藏公路81、82道班均移交林芝总段接管。

1996年11月武警交通川藏公路机械化养护支队成立武警交通第四支队,管养川藏南线竹巴笼至东久段782.5km路段。林芝公路总段改名为林芝公路管理分局,管养东久至拉萨大桥路段502.95km,2011年1月更名为林芝公路分局至今。2013年3月武警交通第四支队更名为武警交通第二支队至今。

当时林芝公路分局管养东久至拉萨大桥路段502.95km,设墨竹工卡、工布江达、八一3个公路养护段,21个工区(道班),养护职工544人;武警交通第二支队川藏南线竹巴笼至东久段782.5km路段,设3个大队,共有养护官兵700余人。

三、病害与整治研究

川藏公路的病害调查和整治研究历史较长,几乎没有间断。早在公路建成初期的1954年,当时的西南交通部就组织过专门的考察队对全线病害进行过普查。

为科学、有据地整治川藏公路灾害,解决川藏公路的断通问题,在1960—1987年间,交通部曾先后安排11次公路设计、科研和地质学有关部门对全线重点地段进行过灾害调查或专题考察。但是,由于受当时环境、方法和资金的限制,只能对全线病害的分布、性质、类型、规模和机理作定性的研究,多属普查或考察性工作。

1987年由交通部、地矿部、成都军区后勤部和四川、西藏交通厅组成的联合调查组对川藏公路全线进行了踏勘调查,编写了《川藏公路整治调查报告》。在此基础上,1988年8月,两省(区)和成都军区向国家计委、交通部和中国人民解放军总后勤部呈报了联字〔88〕第1号《呈报川藏公路整治项目建议书》。

1989年5月,交通部和总后勤部向国家计委报送了《关于川藏公路整治工程项目建议书的审查意见》。1991年6月,国家计委在《关于川藏公路整治工程项目建议书批复》中批准立项。

1990年3月—1992年3月,据交通部指令,交通部第一公路勘察设计院对川藏公路全线进行了工程可行性研究。系统地提出了川藏公路整治改建的目标、原则和技术标准,以及整治改建工程的建设规模,并结合川藏公路的具体情况,规划安排了全线各区段整治改建工程项目的实施序列,为川藏公路整治改建工程方案的技术可行性、实施可能性和经济合理性奠定了良好的基础。与此同时,川藏公路整治工程纳入了国家"八五"计划和"九五"计划。

1994年10月10日—11月7日,交通部为进一步落实中央第三次西藏工作会议的精神,由交通部公路管理司组织部直属一院、二院、规划院、武警交通指挥部和武警交通一总队参加的"川藏公路专家考察组"对川藏公路进行了全线现场考察。考察组在沿途考察和广泛座谈、询访和征求意见的基础上,编写了《川藏公路(南线)病害整治工程考察报告》(以下简称"94考察报告"),报告对《川藏公路病害整治工程可行性研究总报告》提出的川藏公路整治改建的目标、原则、技术标准、建设规模和实施序列等一系列构思进行了再认识,并结合川藏公路的实际情况,提出了川藏公路整治改建的指导性原则,对亟待整治的工点和区段提出了建设性实施方案。

20世纪90年代,山地灾害研究单位对川藏公路(西藏境)重大泥石流、滑(崩)塌进行了重点调查和专题研究。

2001年11月15日—2002年5月,根据《关于国道318线川藏公路(西藏境)整治改建工程方案研究委托书》的精神,中交第一勘察设计研究院受西藏自治区交通厅委托,对川藏公路(西藏境)整治改建工程方案进行研究,以期从宏观上把握今后川藏公路整治改建的指导思路、目标、原则、标准、规模、主要技术方案、投资、实施序列等重大问题。最终编制完成了《国道318线川藏公路(西藏境)整治改建工程方案研究报告》。

第二节 "八五"之前的重要修复与整治

一、拉萨至林芝段修复工程

青藏公路交通运输管理局拉萨办事处组建临时桥工队,在百巴养护段配合下,于

1959年6月动工,10月恢复通车,共修复26座桥梁和几百道涵洞,填补了路基。

二、昌都至扎木修复工程

1959年10月,四川省交通厅第一工程处二、三、四队奉命调藏组成昌都交通局第一工程处,担负修复川藏公路昌都至扎木段全长480km的任务。

1959年11月开工,当年12月14日恢复通车,修复桥梁14座、道班房29栋、改善公路10多公里。之后继续清理水毁、塌方路段,加宽路基,改善路面。1962年底,昌都至扎木段公路修复工程完工。

三、扎木至林芝段修复工程

1959年10月15日,西藏公路局派出踏勘组察看林芝至扎木段的路况,并向中共西藏工委筑路委员会做了汇报。11月13日,中共西藏工委筑路委员会决定由塔工分工委(今林芝地委)、西藏公路局和驻藏部队某部联合组成川藏公路恢复工程指挥所,当地驻军负责人李久盛任指挥长,西藏公路局局长杨文廉任副指挥长。同时,以四川交通厅第一工程处一、五工程队和桥工队为基础组成西藏公路局公路工程处第四、第五工程队和桥工队,部队工兵营、分工委动员当地民工1000人,组建川藏公路恢复工程大队,担负林芝至扎木段的恢复工程任务,于12月5日施工。12月13日下午,渡船因载人过多,船行至河中下沉,30余人落水,大多数不幸遇难。1960年5月1日,由桥工队修复的通麦大桥竣工通车。同时卡达大桥和通德桥也修复竣工。

四、林芝至然乌水毁工程

20世纪60年代,川藏公路各种公路病害陆续暴露,尤其是林芝至然乌段水毁严重,难以维持车辆正常通行,自治区筹委交通处决定对水毁路段进行恢复和整治。

1964年初,西藏公路勘察设计总队进行测设,列入施工计划38段,改线8km。施工单位有西藏公路工程处、扎木养护段及交通部第四公路工程局第一工程处(简称交通部四局一处)。另动员民工1500多人参加。

整治中,拉月大塌方西800m处的小桥和帕隆西2km处的小桥改建为钢筋混凝土平板桥,曲尼玛防泥走廊外侧下方加建石砌挡墙,帕隆以西路基3处缺口处木结构半旱桥改建为钢筋混凝土半旱桥。

东久河与帕隆藏布江汇口处东久河上游约250m处"老虎嘴"设计为39m长隧道,1966年9月开始由交通部四局一处施工,但施工中因岩石滑坍,负责开凿隧道的罗鸿齐牺牲,隧道掘进几米后随即停工,仍按原路绕山嘴作两道钢筋混凝土旱桥通过。建桥后弯急路狭,会车时车厢常被岩石挂损,之后又多次加固改善。

加马其美沟桥桥长4m,通车后,泥石流不断发生,改建为30余米的双排单层贝雷架桥,由于桥台基础不断被冲刷掏空,后用钢丝绳将贝雷架吊起,保住钢架桥,车辆沿山修便道绕行。1964年初测设时,决定将公路线位下移30m,改线1500m,架双排双层长54m的贝雷架维持交通。但建成不久被冲毁,公路又改回原来线位。

加隆坝东桥设计为单孔净跨30m T梁桥,为抗御泥石流冲刷,桥台设计为钢筋混凝土扶壁式,基础埋深8m,开挖工程量大。1965年一次泥石流淤积河床冲击台背。为防泥石流继续壅高顶托桥面,决定暂不作永久式上部构造,架设双排单层贝雷架维持交通。

索瓦卡原公路线位低,洪期常受冲刷。1964年,将公路线位提高30~40m,改线3.2km。

古乡冰川口线路沿扇形石海边缘采用便道通过,1964年11月23日,中共西藏工委副书记夏辅仁视察古乡冰川途经索瓦卡时,步行察看塌方现场,突然发生坍塌,夏辅仁被飞石击中头部,不幸殉职。

中坝冰川泥石流沟,由扎木养护段改建为15m跨平桥。密密流沙地段长100余米,干旱季节,流沙愈为严重。整治时将公路线外移10余米。然乌至东久段作临时性木笼护坝、保坎、桥涵。

五、邦达至林芝段整治工程

1962年10月,交通部党组会同中共西藏工委向中央建议,于1964—1970年对川藏公路逐年投资进行整治,主要进行根治病害、稳定路基、改建桥涵的整治工作。

1964年10月,中共西藏工委副书记郭锡兰、自治区筹委交通处副处长汤化东与交通部副部长肖民、交通部公路工程管理局副局长张润田商定,青藏、川藏两线基建工程测设和施工均由交通部直属公路单位承担,自治区筹委交通处向交通部上报《川藏公路改建工程整体设计任务书》,交通部将设计任务交由交通部驻武汉第二公路勘察设计院(简称"交通部第二设计院")承担。

1965年10月,参加中尼公路施工的交通部机械筑路队和四川桥工队转移到川藏公路。1970年,交通部第四公路工程局第一工程处整编为中国人民解放军基建工程兵八五二大队(简称"基建工程兵八五二大队"),分布在白马、然乌、扎木、通麦、林芝等处,开始对川藏公路进行整治。

1972年,交通部决定由交通部第二设计院牵头,西藏、四川交通部门派员参加,对川藏公路全线进行调查,形成《川藏公路调查报告》,并对川藏公路西藏境内段提出整治处理意见:①甲皮拉、达马拉山脊线由于海拔高、冰雪阻路,下山线形不良,建议改线由妥坝沿金珠河至扎曲河到昌都,长约105km,比原线路缩短里程约8km。②年拉越岭线在原路基础上改建,不宜打隧道。③业拉下怒江长44km,高差1921m,路窄,回头弯道多,需改建。④牛踏沟有7处雪崩,每年4~5月份大量积雪由河对岸数百米高处崩落而下,堵塞河道,埋没公路深达5~8m,仅依赖推土机推雪维持交通,须进一步研究处理方案。⑤古乡冰川泥石流为害严重,建议沿扇形堆积区下缘通过。⑥对拉月大塌方建议采用在上下游各建桥梁的南北混合线方案。⑦米拉经次旁拉改线后可缩短里程7km,但次旁拉海拔较米拉高280m,改线意义不大,仍采取对原路线加宽改善。⑧由于国防需要,建议根据路线病害大小、影响运输轻重、工程难易,区分轻重缓急,仍由基建工程兵八五二大队继续完成邦达至林芝的整治。

1975年6月,波密县普降大雨,中坝地区冰川泥石流和山洪一并暴发,截断河道,近10km路基被冲毁成河床。基建工程兵八五二大队700多名官兵在4h内全部赶到60km的水毁现场,将几百名被洪水围困的群众抢救到安全地带。正在松宗帮助工作的交通部公路局副局长王展意组织基建工程兵八五二大队和在当地的交通部第二设计院的工程技术人员进行勘设,拟定抢险方案,12名战士翻山越岭,把200箱炸药背运到工地,炸开被泥石流堵塞的河道。经过部队官兵11个日夜的奋战,提前抢通公路,受到交通部电令嘉奖。基建工程兵八五二大队从组建到1978年底,在川藏公路竹巴笼至海通、邦达到林芝576.5km的路段上进行整治,共投工126万个,整治路基232.8km,修建和改建大桥412m/5座,中桥338m/9座,小桥809m/57座,修建涵洞3631m/417道,累计完成投资6041万元。在这段公路整治中共有58名干部战士牺牲。

1969—1977年,基建工程兵852大队对部分路段及工程艰巨地段,按老六级公路技术标准进行了改建,并将部分临时性桥涵改建成永久性工程,道路技术状况有所改善。

由于受当时社会历史条件、复杂的自然环境条件和特殊的技术经济条件等因素的综合制约,川藏公路沿线大部分路段都采用低位布线,技术标准低,抗灾功能脆弱,后遗病害甚多。80年代中后期,随着全球气候异常,沿线各种地质营力日趋活跃,各类地质病害频繁发生,阻车断道时间逐年增长。特别是1978年基建工程兵852大队撤离以后,路况急剧下降。

20世纪80年代初至90年代初的10年间,养护部门尽了最大努力来维持通车,但在恶劣的自然环境条件下,加之投入养护的人力、物力及财力的不足以及其他因素的影响,川藏公路几乎处于半瘫痪状态。

六、拉萨至达孜段

拉萨至达孜段长22.69km。1985年,交通部投资1000万元进行整治,自治区公路工程局承担施工任务,按《公路工程技术标准》二级公路技术标准整治,铺筑沥青路面。于1985年11月1日开工,1986年6月25日竣工。

第三节 "八五"之后国道 318 线西藏段的整治与改建

一、"八五"至"九五"期间

1988 年 12 月，自治区交通厅编制《1991—2000 年西藏自治区公路交通发展规划》，并编入《西藏自治区经济社会发展战略设想（行业篇）》。1991 年 6 月，国家计委下发《关于川藏公路整治工程项目建议书》文件立项。这些项目涵盖了这条公路上的几十个塌方、泥石流路段，还包括多个路段的沥青路面改建工程。

1994 年中央第三次西藏工作座谈会确定实施对口援藏政策。1994 年 8 月，根据交通部的公路发展规划，结合自治区国民经济发展对交通运输的需求，初步拟定公路建设长期设想和中近期规划。经过几次修订，形成西藏自治区"三纵两横六通道"公路建设规划。

西藏公路建设规划的指导思想是重点加强现有公路的整治、养护和管理，在保证通车的前提下，同时提高公路等级，建成以"三纵两横六通道"为主骨架的国防、边防和省道、县乡公路网，以适应国防、边防和自治区经济建设和社会发展需要。

根据规划，"八五"期间，以整治、改善、提高、管好、养好、用好现有公路为主，确保中心，突出重点，即以青藏、川藏、中尼公路为主，抓紧省道、边防公路和口岸客运站的建设，兼顾县乡道路，一共投资 17 亿元。

"九五"期间，采取整治、改造、提高和新建相结合的办法，全面整治 5 条国道和边防公路，接通断头路，确保青藏公路常年通车，其他干线公路在特大自然灾害的情况下保持畅通，基本完成公路网络建设，构建起立体交通框架，投资 400 亿元，并实施"标规路"工程 1000km。

随着国民经济和全国公路建设的迅速发展，鉴于川藏公路的特殊地位和重要作用，1991 年 6 月，国家计委在《关于川藏公路整治工程项目建议书批复》中批准立项，经过 1990—1992 年 3 年全面系统的川藏公路整治改建的前期工作，从 1991 年起，以中坝段水毁整治工程为序幕开展了川藏公路（西藏境）的全面整治改建。本次整治改建以治理病害、提高技术等级、实施保通措施为主要内容。

在"八五"及"九五"期间相继对川藏公路 825km 进行了病害整治，改建和铺筑黑色沥青路面，极大地提高了川藏公路的抗灾能力，显著改善了行车条件。G318 川藏公路（西藏境）全长 1286km，至 2001 年底，10 年整治改建路段累计 825km/9 段，占 64%，在建的整治改建路段 24km/2 段，占 2%，其余未经整治改建的路段累计长 437km/8 段，占 34%。

其中已整治改建的 825km 路段，技术标准基本达到三级公路标准（设计行车速度

30km/h),整体抗灾能力较强;路面黑色化路段累计620.5km。其余204.5km中,部分因其他原因未铺黑色路面,部分为整治铺筑后毁坏;桥涵设计荷载基本达到汽车—20级、挂车—100标准,个别旧桥(涵)仍为汽车—15级、挂车—80标准;多数路段行车条件较好,桥涵通过能力适应。

1991—2001年整治期间,对西藏境内存在的重大灾害均未整治,仍采取了临时性保通措施。现存的重大灾害有森格宗冰川泥石流、米堆冰川泥石流、古乡冰川泥石流、"102"滑坡、迫龙沟冰川暴水泥石流、迫龙天险、拉月大坍方等等。2000年扎木弄沟滑坡,堵塞易贡藏布江,人工溃泥石流堤坝后导致通麦大桥及其下游几公里长的公路荡然无存。这些灾害都是已经暴发过的特大型灾害,其共同特点是规模大、暴发频率低、突发性、形成因素复杂、难以预测、暴发后危害极大,常形成堵江成湖—溃坝—水毁的灾害链,影响范围广。对这些灾害先后进行过专题调查研究,但限于对其认识、预测的程度及上述的特点,一直都没有治理,这些灾害仍将威胁着川藏公路,严重制约着全线的畅通。

"八五""九五"期间,川藏公路建设是以"延长通车时间,改善行车条件"、基本实现东通西畅为主要目标而展开的。"延长通车时间"是指通过加强对重点病害路段的整治和加强重点病害路段的保通工作来延长通车时间,"改善行车条件"是指通过对重点病害路段的整治和对地质条件较好路段进行"路面黑色化",改建提高公路等级,特别是路面的等级标准,提高汽车行驶速度、缩短行车时间,增加行车的安全舒适感,并贯彻了"整治与养护并重、整治与提高并重"的整治原则。

项目管理中推行了项目法人制、招投标制、监理合同管理制,同时实行了项目管理援藏、技术援藏,内地部分省市交通行业三层强有力的技术管理人员主持,或参与川藏公路整治改建项目管理工作。项目管理体制的改变与创新,促使了工程质量的提高,保证了工期,为今后川藏公路的整治改建积累了丰富的管理经验。

(一)病害整治工程

"八五""九五"期间,病害整治路段先后实施了海通沟段、如美沟段、嘎玛沟段、怒江西—八宿西段、牛踏沟—中坝、中坝—松宗段、105道班(东久)—鲁郎共7段约229km。

(二)国道318线八一镇过境线

318国道八一镇过境线以路堤结合的形式沿河堤走。从K4229+0.00开始,沿正西方向到下水主管道出水口处,拐弯后沿河堤到八一桥头,再沿大桥上游河堤穿过部队菜地,到八一桥西端与原设计G318线相汇合,总长约6km。

过境线设计的技术要求:工布口以上1.7km,按城市道路标准设计,道路宽26m,两边各4m人行道,各8m车行道,中间2m为绿化隔离带。其余4.3km路段,为9m宽水泥混凝土路面。同时在工布路口、建设路口、福建路口及八一大桥头与已规划完成的路段衔接。其余路段按现场实际与排水高程综合起来设计。

(三)中坝水毁整治工程

川藏公路中坝段水毁整治工程位于藏东南高山峡谷区,新构造运动活跃,断层发育,垂直高差大。岩石主要为花岗岩、页岩和辉长岩等。土壤为碎(砾、块)石砂土。河床断面呈"V"形,河道弯曲狭窄。

1988年7月15日84道班附近,米堆湖因巨大雪崩而溃决,迫龙藏布河水猛涨,K836～K879路段发生特大水毁,大部分路段荡然无存,致使43km路段遭到严重破坏。1990年12月18日,交通部[90]交工字688号文件《关于川藏公路中坝段整治工程初步设计文件的批复》提出:"整治规模为K836～K879之间43km中特别严重的15段水毁公路地段,长22.44km;其他路段进行路面整修"。

本段整治工程由于地处特殊不良地质地段和复杂的气候条件,每年进入雨季后洪水严重威胁路基,加之山坡陡峻,岩石崩塌、流沙、雪崩剧烈,滑坡、泥石流频繁爆发,经常中断交通,给施工带来极大的困难。

本段公路整治起点K0+000为藏公路K336+000(84道班西侧),起点设计高程3951.07m,路线沿帕隆藏布北岸下行,途经密密村、中坝兵站、五尺淌、然拉根、阿西乡,中间跨越拉普弄巴、同普弄巴、莫如弄巴、沙龙巴等小河。终点K42+333.90为川藏公路K378+380,终点设计高程3499.77m,路线全长42.45226km。由西藏自治区交通厅公路规划设计院设计,武警交通一总队三支队和林芝养护总段机化队承担施工任务,于1991年4月20日正式开工建设,1992年7月完成主体工程。中坝段整治工程武警交通一总队三支队承包金额为48683829元。林芝养护总段机化队承包金额为5800843元(其中包括道班房及养护机具购置费)。建设单位管理费、勘察设计费、科研试验费、监理费等费用共计4441634元,该项工程总投资为58926306元。

该工程的建设依据为①交通部[90]交计字357号《关于川藏公路中坝段整治工程设计任务书的批复》;②交通部[90]交工字688号《关于川藏公路中坝段整治工程初步设计文件的批复》;③自治区计划经济委员会计经基字[91]134号《关于川藏公路中坝段整治工程开工报告的批复》

中坝段整治工程施工图设计为重点整治43km中特别严重的15段23.49803km水毁路段,其他15段18.95423km路段进行路面整修。本段工程采用三级公路技术标准,桥涵设计荷载为汽车—20级、挂车—100,路面18cm厚的泥结碎石路面,其中路基厚度10cm,面层厚度8cm。

本段路基设计高程为路中线高程,路基宽7.5m,路面宽6.0m,路肩宽0.75m,路拱横坡3%,路肩横坡4%,平曲线半径小于350m时设置超高缓和曲线,缓和曲线25m长,采用积雪寒冷地区标准。该工程的工程量见表7-4-1,主要材料核定为:木材606m³,钢材253t,水泥8189t。

15段整治工程起讫桩号及长度表 表7-4-1

序 号	起 讫 桩 号	长度(km)	备 注
1	K0+200~K1+580	1.38000	
2	K2+020~K5+000	2.98000	
3	K5+800~K6+167.64	0.38000	
4	K7+500~K8+640	1.14000	
5	K9+00~K15+460	6.51846	
6	K16+800~K16+210.09	0.44000	
7	K17+000~K18+360	1.86162	
8	K19+340~K20+500	1.16000	
9	K21+980~K24+808.04	2.82000	
10	K26+360~K27+000	0.64000	
11	K28+100~K28+500	0.40000	
12	K29+000~K29+740	0.74000	
13	K33+540~K34+260	0.72000	
14	K34+800~K35+000	0.20000	
15	K40+240~K42+333.90	2.11795	
合计		23.49803	段外18.95423km

(四)牛踏沟至古乡段改建工程

川藏公路牛踏沟至古乡段改建工程起自川藏公路牛踏沟(桩号K822+170),止于川藏公路古乡(桩号K968+086),不计已整治的中坝段,全长103.23km,分布在波密县境内,海拔在3000m左右,地震烈度Ⅶ~Ⅷ度。

川藏公路牛古段改建工程位于藏东南高山峡谷区,新地质构造运动活跃,断层发育,垂直高差大。地处特殊不良地段和复杂的气候条件,每年进入雨季后洪水严重威胁路基,加之山坡陡峻,岩石崩塌、流沙、雪崩剧烈、滑坡、泥石流频繁爆发、经常中断交通。1992年西藏自治区交通厅向交通部申请对川藏公路牛踏沟至古乡段进行改建。

交通部以交计发[1992]114号文件批准立项,由交通部第二公路勘察设计院完成一阶段施工图设计。此后,交通部以交计发[1993]1121号文件下达了1993年投资计划,1996年4月以交公路发[1996]395号文件对《川藏公路牛踏沟至古乡段改建工程初步设计》进行批复,核定概算17966万元。

由于该段改建工程设计概算批复较晚,为保证该段改建工程早日投产,西藏自治区交通厅经过认真研究,安排武警交通一总队三支队、林芝公路管理分局机械化养护队和西藏交通实业发展总公司承担施工任务,委托西藏交通科研所(1993年)和西藏公路勘察设计院(1994—1996年)承担施工监理任务,由厅质量监督站进行工程质量监督。并按交通部每年下达的投资计划安排年度施工任务,以藏交路字〔1993〕142号文件发出《关于川藏公路牛踏沟至古乡段整治工程开工的函》,于1993年4月开工建设。1996年10月竣工,1996年12月通过了交通厅组织的交工验收。同年,加马其美沟大桥西岸防护工程亦整治完工。

该工程的建设依据为:①交计发〔1992〕114号《关于川藏公路牛踏沟至古乡段改建工程设计任务书的批复》;②交公路发〔1996〕395号《关于川藏公路牛踏沟至古乡段改建工程初步设计的批复》。

全线按山岭重丘区三级公路技术标准改建,路基宽度7.5m,路面宽度6.0m,特殊困难路段适当降低标准,路基宽采用6.5m,路面宽5.5m。波密县城过境路段2km水泥混凝土路面,路基宽为12.0m,路面宽为9.0m。新建桥涵设计荷载标准为汽车—20级;挂车—100,利用桥涵设计荷载标准为汽车—13级,拖车—60。

(五)加马其美沟大桥防护工程

川藏公路加马其美沟大桥防护工程,交通部以交公路发〔1996〕965号文件《关于川藏公路牛踏沟至古乡段变更设计及加马其美大桥防护工程设计的批复》批复,共计投资424万元。该工程于1996年5月开工建设,1997年12月进行了交、竣工验收,工程质量等级评定为优良。

(六)林芝至达孜段路面黑色化改建工程

川藏公路达孜至林芝段改建工程全长400km。自1997年3月分为达孜至米拉山、米拉山至工布江达、工布江达至林芝三段先后开工。

达孜至米拉山段全长125.5km,地形、地质条件较好,筑路材料丰富,施工图设计预算10376万元,平均每公里造价为82.68万元。路基工程于1997年3月开工建设。达孜至米拉山段,由拉萨市人民政府负责整治改建,对路基土石方工程、防护工程、小桥涵工程实行总承包。武警交通第一总队一支队负责路面35km,其余由青藏公路管理分局拉萨工程队、山南地区工程队、青海省路桥总公司分段施工。于1998年5月开工,2000年11月竣工。

米拉山至工布江达段122.56km,路基土石方工程、防护工程、小桥涵工程,由林芝地区行署组成工程指挥部实行总承包,武警交通第一总队一支队、二支队、西藏天路交通股份有限公司施工,监理单位为青海省公路工程咨询监理处。于1999年9月开工,2000年11月竣工。由于米拉山顶12.59km,海拔高,地质复杂,气候恶劣,施工难度大,暂维持砂石路,观察一段时间后,由武警交通第一总队二支队进行改建。该工程建设依据为西藏自治区交通厅藏交路字〔1998〕007号文件《关于对川藏公路工布江达至米拉山段改建工程初步设计的批复》。全线按三级公路技术标准进行改建,新建桥涵设计荷载标准采用汽车—20级、挂车—100。

工布江达至林芝段全长150.68km,地形、地质、水文条件复杂,筑路材料(路面砂砾级配材料)缺乏。特别是该路线大多为沿溪线,防护工程较多,工程量大且艰巨。施工图设计预算为20146万元,平均每公里造价为133.7万元。路基土石方工程、防护工程、小桥涵工程由林芝地区行署组成工程指挥部实行总承包,由西藏公路工程总公司、福建第二公路工程公司、成都市第七建筑公司、西宁市政公司等26个单位施工。于1997年4月20日开工,路面铺筑、安全设施及保通工程于1998年5月开工,1999年9月竣工。达孜至林芝段路面黑色化改建工程参建单位见表7-4-2。

林芝至达孜段路面黑色化改建工程参建单位一览表　　　表7-4-2

建设单位	西藏自治区交通厅	
监督单位	西藏交通厅质监站	
设计单位	交通部第一公路勘察设计院、西藏交通厅设计院	
监理单位	西藏交通厅科研所、青海交通厅监理处	
施工单位	林芝—工布江达段,150km	由林芝行署组成工程指挥部,领导林芝、工布江达两县组织民工完成
	工布江达—米拉山段,125km	路基工程由林芝行署工程指挥部组织林芝、工布江达两县群众实施
	米拉山—达孜段125km	由拉萨市人民政府组成工程指挥部,领导墨竹工卡、达孜两县民工和拉萨市政工程公司完成
	K4358~K4361,3km	江油双流建筑公司
	K4356~K4358,2km	双九建筑公司
	K4354~K4356,2km	新西南建司
	K4338~K4349,11km	福建工程公司
	K4333~K4336,3km	华夏公司
	K4331~K4333,2km	交通实业公司
	K4321~K4331,10km	西藏公路工程总公司
	K4314~K4321,7km	青达公司
	K4296~K4305,10km	成都七建司
	K4285~K4290,5km	四川机械化公司拉萨市公司
	K4262~K4264,2km	江津市建司
	K4248~K4262,14km	航空港建司
	K4210+524~K4213+000,2.476km	达孜建安公司
	K4213~K4220,7km	林芝公路工程总公司

(七)林芝至工布江达段改建工程

该工程位于林芝地区,起点为林芝桥东约 700m 处,终点为工布江达县县城东风桥头以西 200m 处(K4360+999.17),全长为 150.68km,施工项目为全段的路基工程包括防护工程和小桥涵工程及中小桥加固,不包括安全设施和环境保护工程项目。

工程按山岭重丘区三级公路技术标准改建,一般路段路面宽 6m。路面面层采用 3cm 沥青混合料,路面基层采用 15cm 水泥稳定砂砾,底基层采用 20cm 级配砂砾。其中 K424+383.68~K4276+604.33 段路面宽度为 5.5m,采用手摆片石基层,填隙碎石调平层。过境线与过水路面设计为水泥混凝土路面,基层为水泥稳定砂砾基层。新建桥涵设计荷载采用汽车—20 级、挂车—100。

该项目的初步设计工作由交通部第一公路勘察设计院承担。1996 年 8 月 28 日,西藏自治区交通厅以藏交路字〔1996〕382 号文件批复了川藏公路林芝至工布江达段改建工程初步设计,同意"林芝至工布江达段改建工程起自林芝桥东 700 余米处,途经百巴,止于工布江达县县城东风桥头以西 200 多米处,全长 150.68km。同意全段采用山岭重丘区一般三级公路标准改建。特别困难路段,为避免诱发新的病害,视实际情况经过技术经济论证后,可适当降低个别技术指标""同意全线新建桥涵设计车辆荷载采用汽车—20 级、挂车—100。原有桥涵设计车辆荷载达到汽车—13、拖车—60,且结构完好的,可酌情加固利用或完全利用。"此外,"鉴于该段公路依山傍水,沿线地形地质条件复杂,水深流急,河床摆动大,同意初步设计原则维持原有公路线位不变,平面上以加宽利用为主,局部路段裁弯取直;路基外侧填空补缺,增设下挡墙,路基内侧清理坡面,适当支挡。整治工程的重点是路基防护排水工程。"

随后,交通部以交函公路〔1996〕106 号文件《关于川藏公路林芝至工布江达改建工程初步设计审查的函》,同意西藏自治区交通厅对川藏公路林芝—百巴、百巴—工布江达段整治改建工程初步设计进行审查,并就技术指标和设计手法、路面结构及厚度、排水和桥涵工程、路线地形图设计等方面提出了具体的建议。

《川藏公路林芝至工布江达及达孜至米拉山段改建工程施工监理合同》于 1996 年 12 月 17 日签订。根据此文件,该工程项目委托青海省公路工程咨询监理处承担施工监理任务,由黄名富高级工程师担任总监理工程师,行使《施工监理合同》所赋予的权力和责任。委派林芝公路管理分局阿牛工程师为建设单位代表(即业主代表),负责建设单位在工地与施工、监理、驻地设计代表的协调工作。业主代表对工程的任何决定,必须通过总监理工程师,并符合合同的规定。

1997 年 3 月 13 日,西藏自治区交通厅以藏交路字〔1997〕063 号文件批复了川藏公路林芝至工布江达段改建工程施工图设计文件,"同意本段工程施工图设计采用三级公路的技术标准。本工程建设规模为150.68公里""取消施工图设计文件中的百米桩项目""郎嘎泥石流处治施工图设计方案除做过水路面外,取消其他附属工程""依据施工图预算,本工程预算核定总金额为197565446元"。

1998年4月8日,武警交通一总队、西藏公路工程总公司分别签订了第一二、第三四标段的施工合同。

(八)怒江隧道西口至八宿段整治改建工程

怒江隧道西口至八宿段整治改建工程全长41.8km(包括王排桥工点段1.2km,仲沙桥工点段0.5km),由武警交通第一总队三支队承担施工,由交通部第一设计院承担工程监理。于1997年5月开工,1999年10月竣工。自治区交通厅成立交工验收组进行验收,工程质量评定为优良。

(九)冷曲河段病害整治工程

该工程按三、四级公路技术标准整治42.6km,批准概算24044万元,计划工期为1997—1999年。于1997年5月开工建设。1997年交通部下达投资7000万元。

(十)东久段病害整治工程

鲁郎—东久—茶场公路29km病害整治、改建和东久7段17.9km病害整治,由自治区公路工程总公司承包施工,1997年冬开工,2000年完工。同年,通麦大桥至帕隆沟段9.7km改建工程和"102"滑坡群2号滑坡2km保通工程(含古乡冰川整治)相继完工。工程总概算核定为29220118元。

川藏公路(国道318线)东久段K4116+400~K4153+200之间36.8km范围内整治17.96814km/7段的水毁路段,其重点是泥石流、滑坡、坍塌、碎落等病害的整治,工程内容主要为全段的落基工程(含防护排水工程)、小桥涵工程和安全设施工程(不包括金属标志牌和里程碑),约定工期:1997年5月至1998年10月。1997年2月21日,交公路发〔1997〕98号文《关于川藏公路东久段病害整治工程初步设计的批复》同意该工程。

病害整治工程采用山岭重丘区三级公路技术标准。路基宽度7.5m,过水路面宽6m。新建桥涵设计荷载为汽车—20级、挂车—100,加固利用桥涵荷载标准为汽车—15级,挂车—80。

路线基本维持原有公路线位,平面局部裁弯取直,纵面适当顺坡,完善排水系统,路基内侧清理坡面,适当支挡,外侧填空补缺,沿河水毁段增设护岸挡墙等总体整治设计原则。

国道318线东久段K4116+400~K4153+200之间36.8km的水毁路段范围内对其泥石流、滑坡、坍塌、碎石等病害进行重点整治,共计17.9681km/7处;涵洞334.75延米/

44道,加固利用小桥6m/1座,过水路面330m/6处,主要工程项目为路基土石方和防护排水工程以及沿线安全设施等。主要材料实际消耗:木材300m³,钢材29t,水泥4327t,沥青3t。

(十一)波密县境内路面黑色化改建工程

川藏公路波密县境内路面黑色化改建工程(K933+800~K968+086.83)位于川藏公路波密县境内。线路全长34.287km,在经整治成型的路基上铺筑沥青路面。项目批准单位:西藏自治区交通厅。工程按一般三级公路技术标准进行改建,路基宽度7.5m(路面宽度6m);特殊路段按四级公路技术标准,即路基宽度6.5m(路面宽度5m)。新建桥涵设计荷载采用汽车—20级、挂车—100。

(十二)八宿县境内和芒康县境内路面黑色化改建工程

工程地点位于昌都地区八宿县、芒康县。八宿县境内20km含县城过境水泥路面,但不做设计,芒康县境内30km。平均每公里造价控制在85万元左右。

八宿县过境公路改建9.5km,武警交通第一总队三支队承担施工任务,交通部第一设计院川藏公路整治工程监理部负责监理,实行全过程施工监理,1999年开工,2000年竣工。工程内容包括路基工程、路面工程、桥涵工程、防护工程等。全线按三级公路技术标准进行改建,新建桥涵设计荷载标准采用汽车—20级、挂车—100,路面为沥青混凝土路面。

芒康县过境公路改建工程29.95km,由武警交通第一总队二支队施工,1999年2月开工,2000年5月完工。本工程项目技术标准采用三级公路,沥青表处路面设计。原桥涵荷载标准已达到汽车—15级、挂车—80,且使用情况良好的可不改建。改建桥涵载重标准为汽车—20级,挂车—100,路面为沥青混凝土路面。

(十三)左贡县境内路面黑色化改建工程

川藏公路左贡县境内路面黑色化改建工程位于川藏公路G318线左贡县境内K3572+000~K3652+649.04段之间。线路全长80.649km,主要为路基工程、路面工程、桥涵工程、防护工程等。全线按三级公路技术标准进行改建,新建桥涵设计荷载标准采用汽车—20级、挂车—100,路面为沥青混凝土路面。该工程由武警交通第一总队二支队进行施工,于1998年7月投入200人,100台机械、车辆,2000年8月竣工。经过验收,合格率100%,优质率87.2%,被自治区交通厅评为优质工程。

(十四)海通沟、如美沟、嘎玛沟整治工程

海通沟、如美沟、嘎玛沟整治工程属国道318线西藏境内突出病害段落,尤其是嘎玛沟泥石流病害是川藏公路全线规模最大、破坏最严重的地段之一,为特大泥石流病害。由交通部第一设计院进行调查、勘测,并根据交通部《关于调整川藏公路"九五"建设计划和投资安排意见》,三沟整治工程分两期实施,"九五"期间整治为第一期,通过整治改建提高公路的抗灾能力,改善整体行车条件,实现保通,按山岭重丘区三级公路技术标准,"先三后四"的原则设计,整治里程60.7km,投资37900万元。

海通沟、如美沟、嘎玛沟整治工程由西藏天路交通股份有限公司和武警交通第一总队二支队、三支队分别承包,海通沟整治里程33.9km,如美沟整治里程6.6km,嘎玛沟整治里程20.2km。工程监理由交通部第一设计院负责,2000年5月开工,2001年竣工。

二、"十五"期间

2002年5月,中交第一公路勘察设计研究院受西藏自治区交通厅委托完成了《国道318线川藏公路(西藏境)整治改建工程方案研究报告》的编制。报告指出,从1991年至2001年底,10余年间G318川藏公路(西藏境)未经整治改建的437km路段,技术标准参差不齐、灾害程度各异、整体抗灾能力脆弱;部分路段平纵线形不良且欠规范,路基宽度4～8m不等,防护工程不够完善且功能较差,路面为砂石路面;部分桥涵设计荷载基本为汽车—15级、挂车—80标准,且数量偏少,泄洪能力不足;多数路段行车条件恶劣,桥涵通过能力适应性较低。

截至2001年底,G318川藏公路(西藏境)全线未经整治的主要地质灾害共计420处。其中:滑坡17处,崩塌95处,泥石流124处,冰雪害68处,水毁116处。路段地质灾害综合评价:极严重路段23km,严重路段86km,一般路段418km。

川藏公路整治改建的总目标是:通过10年多的整治改建使全线技术标准基本达到三级,部分路段改建达到二级公路及以上标准,已有的地质灾害基本得到治理,公路整体抗灾能力增强,行车条件显著改善,总体服务水平显著提高,在加强养护管理的条件下,实现无特大型地质灾害爆发情况下,具有较高行车安全度和舒适性的正常畅通。

(一)冷曲河段沥青路面工程

川藏公路整治改建工程冷曲河段沥青路面工程位于昌都地区八宿县境内,全长23.09761km,主要为路面改建(沥青路面)、排水防护工程等。项目批准单位:交通部。建设依据:交公路发〔2001〕410号文。

(二)色季拉山段改建工程

国道318线色季拉山段整治改建项目地处藏东南隆起高原,属中高山山区地形,路线所经最低处海拔3160m,最高处海拔3360m,相对高差200m。起于鲁郎兵站K4147+000

处,接已整治的川藏公路拉月茶场至鲁朗段,经鲁朗,翻越色季拉山,止于林芝县城东南115道班K4210+931处,与已改建的川藏公路林芝至达孜段相接,全长63.760km。工程内容为:改善路线平、纵面线形,整治路基病害,完善桥涵和路基、路面及防护、排水工程。2002年6月16日开工,建设工期为16个月,缺陷责任期为12个月。该工程施工图预算核定为277982308元,项目总投资3.0985亿元。

该工程建设依据为:西藏自治区交通厅2002年5月10日藏交发〔2002〕368号《关于川藏公路色季拉山段改建工程施工图设计的批复》。

全线采用三级公路技术标准改建,设计行车速度30km/h,路基宽度7.50m,桥涵路基同宽。新建桥涵设计车辆荷载采用汽车—20级、挂车—100;对已建桥涵设计车辆荷载标准达到汽车—15级、挂车—80,且结构完好者,同意予以利用。其余技术指标符合部颁《公路工程技术标准》(JTJ 001—97)规定值。

(三)八宿至牛踏沟段整治改建工程

八宿至牛踏沟段整治改建工程起于西藏八宿县城白马镇西K3799+000(川藏公路南线里程桩号,下同),接已改建冷曲河至八宿段,经扎西则、吉达、仲沙、安久拉、然乌,止于八宿与波密县交界处的牛踏沟(K3898+020),与已改建牛踏沟至古乡段相连,扣除已改建完成的王排桥(1.228km)和仲沙桥(0.51km)区段,本项目实际整治改建工程全长97.282km。项目总工期(自开工之日起)两年。施工图预算核定为32950516元。

该工程建设依据为西藏自治区交通厅2002年6月2日印发的《关于川藏公路八宿至牛踏沟段整治改建工程施工图设计的批复》。

全线采用三级公路技术标准建设,设计行车速度30km/h,一般路基宽度7.50m。其中吉达乡、然乌镇及然乌湖旅游区段共长5.545km,路基宽度采用9.0m;然乌沟段长2.992km,地形狭窄,岩体破碎,加宽改造十分困难,路基宽度采用6.5m。桥涵与相应各区段路基同宽。

全线新建桥涵设计车辆荷载采用汽车—20级、挂车—100。已建桥涵设计车辆荷载标准达到汽车—15级、挂车—80,且结构完好,可予利用。地震基本烈度:K3799+000～K3890+300段为Ⅶ度、K3890+300～K3898+020段为Ⅷ度。其余技术指标符合部颁《公路工程技术标准》(JTJ 001—97)规定值。

(四)田妥至怒江隧道西口段整治改建工程

田妥至怒江隧道西口段整治改建工程起于左贡县田妥乡K3653+860(318国道里程桩号,下同),经邦达兵站,翻业拉山,穿嘎玛沟,止于怒江隧道西口K3753+690。扣除在建嘎玛沟段(K3722+100～K3742+250)长20.150km,本项目整治改建工程全长

79.220km。项目总工期(自开工之日起)两年。工程初步设计总概算核定为398075517元。

该工程建设依据为:2002年6月19日交公路发〔2002〕256号《关于川藏公路田妥至怒江隧道西口段整治改建工程初步设计的批复》。

全线按三级公路技术标准建设,其中起点至邦达兵站段长41.803km,设计行车速度60km/h,路基宽度8.5m;邦达兵站至终点段(不含嘎玛沟段)长37.417km,设计行车速度30km/h,路基宽度7.5m,桥涵与相应各区段路基同宽。全线桥涵设计车辆荷载采用汽车—20级、挂车—100。已建桥涵设计车辆荷载标准达到汽车—15级、挂车—80,且结构完好,可予利用。全段地震基本烈度为Ⅶ度。其余技术指标符合部颁《公路工程技术标准》(JTJ 001—97)规定值。

(五)川藏公路中坝兵站至松宗段改建工程

国道318线中坝兵站至松宗段改建工程,位于西藏林芝地区波密县境内,是连接川、藏两省区的国道主干线中的一段。工程起点位于中坝兵站大门口往东约500m处,为国道318线K3931+000处,路线所经过区域属雅鲁藏布江流域,路线沿其支流帕隆藏布江顺流而下,经过玉璞乡、松宗集镇,终点与波密县境内路面黑色化改建工程相衔接,桩号K3967+820,路线全长36.82km,起点高程3200m,终点高程3070m。主要控制点:中坝兵站、玉璞乡、松宗镇。初步设计概算批复为:9998.7万元,资金全为国家投资。

中松项目于2002年10月8日开工,在建设、设计、施工、监理、监督等单位和部门的共同努力下,于2004年5月15日完成全部合同工程。

该工程建设依据为:①交通部2002年3月20日交规划发〔2002〕94号《关于川藏公路中坝兵站至松宗段改建工程可行性研究报告的批复》;②交通部2002年6月19日交公路发〔2002〕257号《关于川藏公路中坝兵站至松宗段改建工程初步设计的批复》。

全线采用三级公路山岭重丘区技术标准。设计行车速度30km/h,路基宽7.5m,路面宽6m。设计荷载:汽车—20级、挂车—100。地震烈度:Ⅷ度。

改建工程主要包括改善线形、拓宽路基、完善排水设施及防护设施铺筑沥青路面等。具体工程量见表7-4-3,参建单位见表7-4-4。

川藏公路中坝兵站至松宗段改建工段主要工程数量一览表　　表7-4-3

工程名称	设计数量	竣工数量	增 加	减 少	备 注
路基土石方(m³)	238075	257072	18997		
路面工程(m²)	224250	230145	5895		
防护工程(m³)	51386	56316	4930		
涵洞(m³)	81	87	6		

续上表

工程名称	设计数量	竣工数量	增加	减少	备注
桥梁(座)	6	6	0		
排水工程(km³/km)	14.204/26.527	13.135/24.429		1.029/2.098	
交通工程沿线设施	中心标线3396.21m²,波形梁护栏4981m,标志牌74块,里程碑37块,公路界碑370块				竣工数量与设计一致

川藏公路中坝兵站至松宗段改建工程参建单位一览表　　表7-4-4

建设单位		西藏自治区交通厅重点公路建设项目管理中心
监督单位		西藏自治区交通厅公路基本建设质量监督站
监理单位		西藏天鹰公路技术开发有限公司
设计单位		西藏自治区交通公路勘察设计院
施工单位	第一合同段	西藏天昶建设工程有限责任公司
	第二合同段	西藏天宇交通有限公司

(六)牛踏沟至中坝兵站段整治工程

川藏公路牛踏沟至中坝兵站段整治工程位于西藏林芝地区波密县境内,起于牛踏沟K3898+000,经曲都弄巴、拉普弄巴、雪格弄巴、吴拢弄巴,止于中坝兵站K3932+260,路线全长34.26km。2003年8月8日开工,2004年8月30日完工。2004年5月14日—16日西藏自治区交通厅组织了该项目的交(竣)工验收。

该工程建设依据为:①交通部交规划发[2002]246号《关于川藏公路牛踏沟至中坝兵站段整治工程可行性研究报告的批复》;②交通部交公路发[2003]158号《关于川藏公路牛踏沟至中坝兵站段整治工程初步设计的批复》;③西藏自治区交通厅藏交发[2003]157号《关于川藏公路牛踏沟至中坝兵站段整治工程施工图设计的批复》。

该工程批准概算15248.66万元,其中:建安工程费用11984.2万元,设计费用237.86万元,监理费用186.1万元,建设单位管理费用72.2万元。工程决算14891.78万元,其中:建安工程费用11931.27万元,设计费用237.86万元,监理费用178.21万元,建设单位管理费用181.19万元。

全线采用山岭重丘区三级公路技术标准进行建设,设计行车速度30km/h,路基宽度7.5m,路面宽度6m,平曲线最小半径25m,最大总坡7.3%,地震烈度为Ⅷ级。桥涵设计荷载汽车—20级、挂车—100。

该工程的工程量为路基土石方35.71万m³,砂土路面20.644万m²,过水路面6060m²,浆砌边沟29.72km,小桥65.3m/6座,涵洞624.22m/76道,防护工程17.2997万m³,波形梁护栏6180m,金属标志牌56块。主要材料实际消耗:木材3022m³,水泥3.18万t,钢材404t。实际征用土地1.66亩。

(七)曲水大桥至大竹卡段整治改建工程

曲大段工程,起自西藏自治区拉萨市曲水县境内的曲水大桥北岸,起点桩号 K4703+000,终点桩号 K4822+020,全长 119.02km。路线沿雅鲁藏布江岸边傍山逆江而上,途经曲水县的达嘎乡、茶巴拉乡、色麦乡,尼木县的吞巴乡、尼木大桥、卡如乡、妥峡桥,仁布县的仁布乡、仁布大桥、切瓦乡,跨奴格沙大桥到日喀则市的大竹卡乡。曲大段工程于2003年12月19日经交通部批准开工。由于气候原因,于2004年2月28日正式破土动工,2005年7月20日完工通车,2005年12月20日通过交工验收。

曲大段工程由国家全额投资,交通部批准概算8.29亿元,实际完成总投资为8.0015亿元,其中用于水保防护工程为6260万元,占实际完成投资的8%。

该工程建设依据为:①国家水利部2002年6月18日水函〔2002〕57号《关于四川成都至西藏樟木口岸省际通道中尼公路改建整治工程曲水大桥—大竹卡段水土保持方案的复函》;②国家环保总局2002年8月5日环审〔2002〕197号《关于四川成都至西藏樟木口岸省际通道中尼公路改建整治工程曲水大桥—大竹卡段环境影响报告书审查意见的复函》;③交通部2003年3月21日交规划发〔2003〕87号《中尼公路曲水至大竹卡段整治改建工程可行性研究报告的批复》;④交通部2003年9月1日交公路发〔2003〕354号《中尼公路曲水至大竹卡整治改建工程初步设计的批复》;⑤西藏自治区交通厅2003年10月28日藏交发〔2003〕298号《中尼公路曲水至大竹卡段整治改建工程施工图设计的批复》。

中尼公路曲水至大竹卡段整治改建工程按二级公路技术标准进行整治改建。其中 K4703+000~K4732+000 段为平原微丘区,K4732+000~K4822+020 为山岭重丘区。设计车速为:平原微丘区80km/h,山岭重丘区40km/h;路基宽度平原微丘区12m,山岭重丘区8.5m;桥涵与路基同宽;最大纵坡为7%;桥梁设计荷载为汽车—20级、挂车—100;路面结构为20cm砂砾底基层、30cm水泥天然砂砾基层、5cm沥青混凝土面层;设计地震烈度为Ⅷ、Ⅸ级。其他技术指标符合部颁《公路工程技术标准》(JTJ 001—97)中规定值。

曲大段工程完成路基土石方244.341万 m^3;完成涵洞4613.35m/468道;完成大、中、小桥1414m/35座;完成沥青混凝土路面94.057万 m^2;完成防护浆砌工程4.6965万 m^3;完成水泥混凝土路面2.6万 m^2;完成明洞48m/3道;完成高边坡喷锚防护9.2万 m^2;平交道口13处;全线路侧及平交道口采用乔木、灌木、种草进行绿化;边坡以工程防护为主。

曲大段工程全线永久占用土地133.84 hm^2(1338400 m^2);拆迁电力线路73处;拆迁房屋2980 m^2;拆迁电讯光缆64000m;砍伐林木果树1500株。对所占的土地、林木,动迁的房屋、电力电讯线路等全部按国家和自治区政府制定的标准给予了补偿。

为了使中尼公路曲水至大竹卡段整治改建工程的项目管理规范化、制度化,避免管理工作中的盲目性、随意性,该项目实行了项目法人责任制。本工程的项目法人为西藏自治区交通厅重点公路建设项目管理中心,现场委派管理机构为中尼公路曲水至大竹卡段整治改建工程项目管理办公室,全面负责该工程项目的工程建设管理工作。曲大段工程实行了施工监理制。该项目第一监理合同段由西藏天鹏工程监理咨询有限责任公司承担监理任务;第二监理合同段由湖北中交公路桥梁监理咨询有限公司承担监理任务。

曲大段施工单位如下:A合同段是四川川交路桥有限责任公司;B合同段是西藏天怡路桥工程有限责任公司;C合同段是中铁二局股份有限公司;D合同段是中铁十二局集团有限公司;E合同段是西藏云天工程建筑有限公司;F合同段是江西省路桥工程有限公司;G合同段是中港第二航务工程局;H合同段是成都市路桥工程公司;I合同段是四川武通路桥工程局;J合同段是安通建设有限公司。

该工程由西藏自治区交通公路勘察设计院设计,由西藏自治区交通厅质监站负责监督。

(八)危桥改造

1. 怒江大桥

怒江大桥位于 G318 线 K3753.098 处,于 1972 年修建,为 1 孔 50m 的双曲拱桥,因该桥年久失修且多处出现病害,加之原设计荷载偏低而交通量又逐年增大,为消除安全隐患和提高荷载等级,2003 年对该桥实施了加固措施,并在 2003 年 11 月下旬做了荷载试验,测试结果表明完全满足汽车—20 级、挂车—100 的荷载标准使用要求。

2. 东嘎大桥

东嘎大桥位于 G318 线 K4660+798 处,修建于 1967 年,桥梁全长 101.9 延米,跨径组合为 4 孔,每孔 20 延米的乱石拱桥。1985 年对该桥桥面系进行了维修,2005 年对拉萨河岸 1 号、2 号桥墩进行了混凝土护基加固。

三、"十一五"至"十二五"期间

"十一五"期间,G318 川藏公路西藏境内,除当时已开工建设的竹巴笼至海通沟段外,还规划建设海通沟至东达山段、业拉山至八宿段和牛踏沟至中坝兵站段三个项目。国道 318 线川藏公路 102 滑坡群路段、通麦至 105 道班段和林芝至拉萨段三个项目拟调整到"十二五"进行整治改建,至"十二五"末实现了川藏公路南北两线全部路面黑色化。特别是国道 318 线林芝至拉萨段已纳入自治区公路交通跨越式发展规划,并经自治区人民政府批准开工建设,全线采用一级公路技术标准,总投资 353 亿元,建设里程 397km。

本阶段的整治工程,还包括国道 318 线中尼公路的几个路段。国道 318 线中尼公路

(以下简称"中尼公路")位于西藏自治区西南部。东起中国西藏自治区首府拉萨市,西至尼泊尔王国首都加德满都(K5598+000),全长 960km。其中国内段拉萨至友谊桥(K5386+640)长 748.64km。

中尼公路(西藏境)是西部开发成都至樟木口岸省际公路通道的重要组成部分,同时也是国家重点公路宁波至樟木公路的重要组成部分,在区域公路网中,中尼公路是西藏自治区"三纵两横六通道"主骨架公路规划中的一横、一个通道。中尼公路是我国西部地区通往中亚、南亚各国的国际公路,是沟通拉萨与日喀则、樟木口岸至藏西南地区联系的唯一通道,同时也是重要的国防战略主通道,是藏西南地区的交通命脉。中尼公路自建成以来,对开发边疆、发展旅游和边境贸易,增进民族团结,维护祖国统一,巩固国防,起着十分重要的作用。

中尼公路的整治改建是实施国家西部开发战略、实现西藏经济跨越式发展的根本要求;是促进西藏民族团结、维护西藏社会稳定和祖国统一的重要保证;是建设国防战略主通道和战役交通要道、巩固我国西南边防的必要条件;是建设西部省际公路通道,形成合理的进出藏综合运输通道的战略需要,是强化区域主骨架公路的干线地位、完善既有公路网功能的必由之路;是提高中尼公路抗灾能力和整体服务水平的必然选择。

(一)102 滑坡群完善保通工程

川藏公路 102 滑坡群完善保通工程位于林芝地区波密县境内,属川藏公路西藏境内雅鲁藏布江大转弯东北侧的河谷地带,属一系列滑坡产生、复活、扩大的滑坡群,本项目起点位于 102 东沟桥西桥头,桩号为 AK0+000,终点位于加玛其美桥西侧,桩号为 DK0+752.939,分四个施工段落施工,全长 2739.585m。工程于 2004 年 5 月 20 日开工,2005 年 5 月 19 日顺利完工,2005 年 7 月 26 日完成质监检验评定,2006 年 6 月 28 日交工。工程施工图设计预算批复为 63398973 元,资金由国家全额投资

该工程建设依据为:①交通部交规发〔2003〕469 号《关于川藏公路 102 滑坡群完善保通工程可行性研究报告的批复》;②交通部交公路发〔2004〕195 号《关于川藏公路 102 滑坡群完善保通工程一阶段施工图设计的批复》。

全段采用山岭重丘区三级公路技术标准进行整治改建。设计行车速度 30km/h,路基宽 7.5m,路面宽 6.5m。设计荷载:汽车—20 级、挂车—100。本项目完善保通工程主要包括路线整治、滑坡治理、完善排水、桥头防护等。

该工程分四个施工段落进行整治。工程量为:路基土石方 44030.8m³;天然砂砾路面 13760m²;新建盖板涵 64.31m/8 道;浆砌防护工程 23109.3m³;泥石流挡坝 2061.2m³;波形钢护栏 1068m;排水工程 4126.1m³;拦石网 1440m²。

相关参建单位见表 7-4-5。

102滑坡群完善保通工程参建单位一览表　　　　表7-4-5

建设单位	西藏自治区交通厅重点公路建设项目管理中心
监督单位	西藏自治区交通厅公路基本建设质量监督站
监理单位	中交第一公路勘察设计研究院
设计单位	中交第一公路勘察设计研究院
施工单位	中铁二局股份有限公司

(二)古乡至通麦大桥段整治改建工程

川藏公路古乡至通麦大桥段整治改建工程位于林芝地区波密县境内,起点位于扎木镇至古乡段黑色路面终点,桩号为K4042+750,路线由东向西沿波斗藏布江北岸顺江而下,经过新冰川桥、比通桥、索通桥、加龙坝村、邓东桥、邓西桥、102滑坡群,再经通德桥村至通麦镇,终点距通麦大桥约1km,桩号为K4098+163,路线全长50.067km。本项目整治改建工程主要包括路线整治、完善排水、交通安全防护等。本工程于2004年8月8日开工,于2006年6月30日主体完工。自治区交通厅质监站于2006年9月11日至9月25日完成交工前检测工作。本工程概算152072913元,为全额国家投资,工程投资严格控制在概算批复之内。

该工程的建设依据为:①交通部交规发〔2004〕101号《关于川藏公路古乡至通麦大桥段公路整治改建工程可行性研究报告的批复》;②交通部交公路发〔2004〕299号《关于川藏公路古乡至通麦大桥段整治改建工程二阶段施工图设计的批复》;③西藏自治区交通厅藏交发〔2004〕134号《关于川藏公路古乡至通麦大桥段整治改建工程施工图设计的批复》。

本工程采用山岭重丘区三级公路技术标准进行整治改建,设计行车速度30km/h,路基宽度7.5m,路面宽度6.5m,路面结构为15cm级配砂砾垫层,20cm水泥稳定基层,4cm细粒式沥青混凝土面层,桥涵设计标准为汽车—20级,挂车—100,地震基本烈度Ⅷ度。

该工程参建单位见表7-4-6。

古乡至通麦大桥段整治改建工程参建单位一览表　　　　表7-4-6

建设单位		西藏自治区交通厅重点公路建设管理中心
监理单位		福建省交通工程监理有限咨询公司
设计单位		西藏自治区交通厅公路勘察规划设计院
施工单位	A合同段	西藏天和工程建设有限公司
	B合同段	西藏武通路桥工程处
	C合同段	西藏天源路桥有限责任公司
	交通工程	西藏天宇交通有限公司
		西藏路安公路防护设施工程有限公司

(三)中尼公路日喀则至拉孜段整治改建工程

国道 318 线中尼公路日喀则至拉孜段整治改建工程地处日喀则地区日喀则市及拉孜县境内,起点位于国道 318 线中尼公路西藏自治区日喀则市过境段西端 K4905+700 处,穿越萨迦县吉定镇,翻越加措拉山,终点为拉孜县城外 K5055+500 处,路线全长 149.80km。项目整治改建工程主要为路基、路面、交通、标志标线工程。本工程由西藏自治区交通厅重点公路建设项目管理中心组织实施,于 2004 年 11 月 8 日开工,2006 年 8 月 31 日顺利完工。自治区交通厅质检站于 2006 年 10 月 28 日至 11 月 5 日完成交工前检测。2006 年 12 月 29 日—30 日进行了交工验收。本工程批复概算 8.18 亿元为全额国家投资,工程投资严格控制在概算批复之内。

该工程建设依据为:①交通部交规划发[2003]473 号《关于中尼公路日喀则至拉孜段整治改建工程项目可行性研究报告的批复》;②交通部交公路发[2004]300 号《关于中尼公路日喀则至拉孜段整治改建工程初步设计的批复》;③西藏自治区交通厅藏交发[2004]199 号《关于中尼公路日喀则至拉孜段整治改建工程施工图设计的批复》。

日拉项目采用二级公路标准进行整治改建。工程的主要指标如下:平原微丘区(110.8km)设计行车速度 80km/h;路基宽度 12.0m;路面宽度 9.0m;桥梁净宽 11.0m。山岭重丘区(39.0km)设计行车速度 40km/h;路基宽度 8.5m;路面宽度 7.0m;桥梁净宽 8.0m;桥涵设计标准为:汽车—20 级,挂车—100,地震基本烈度Ⅶ度。

该工程的工程量为路基土石方 233.6378 万 m^3,大桥 2 座,中桥 50 座,涵洞 502 道,浆砌工程 40.8804 万 m^3,排水工程 11.2144 万延米,防护工程 33.99 万 m^3,滑坡治理 1 处(热萨大滑坡);沥青混凝土路面 124.97 m^2,水泥混凝土路面 4.66 万 m^2,水泥稳定基层 133.53 万 m^2,天然砂砾底基层 187.5 万 m^2,硬路肩 12.59 万 m^2,土路肩 24.4 万 m^2;标线 4.6 万 m^2,标牌 337 块,公路界碑 999 块,里程碑 150 块,波形钢防护栏 3.6316 万延米。

该工程的参建单位见表 7-4-7。

中尼公路日喀则至拉孜段整治改建工程参建单位一览表 表 7-4-7

建设单位		西藏自治区交通厅重点公路基本建设项目管理中心
监理单位		广东虎门技术咨询有限公司、重庆市中宇工程咨询监理有限责任公司
设计单位		西藏自治区交通公路勘察规划设计院
施工单位	A 标	中铁二十局集团有限公司
	B 标	北京市海龙公路工程公司
	C 标	西藏天顺路桥工程有限公司
	D 标	武通路桥工程局第一工程处
	E 标	西藏天路交通股份有限公司
	F 标	西藏武通路桥工程处

续上表

施工单位	G 标	山西路桥建设集团有限公司
	H 标	西藏天源路桥有限公司
	I 标	中铁二局第五工程有限公司
	J 标	四川路桥建设股份有限公司
	K1 标	西藏天宇交通有限公司
	K2 标	西藏路安公路防护设施工程有限公司

根据交通部《公路工程质量监督暂行规定》的要求交通厅质监站对本项目进行监督，其间曾多次进行中间质量检查。

监理单位已按照《公路工程质量检验评定标准》(JTG F80/1—2004)从分项工程到分部工程、从分部工程到单位工程、从单位工程到合同段工程进行评定，工程质量综合评定得分92.31分，工程质量等级评定为合格。

（四）拉孜曲夏至老定日岗嘎段整治改建工程

中尼公路拉孜至老定日段改建整治工程，位于西藏自治区日喀则地区拉孜县和定日县境内，是国道318线重要组成路段之一，是西藏自治区最重要的对外出口通道，本项目路线全长126.85km（不含已改建的白坝—鲁鲁检查站8km）。工程于2005年4月28日开工建设，2007年7月31日完成全部路基、路面和交通工程（交通安全设施、标志标线工程）。自治区交通厅质监站于2007年10月11日—20日完成交工前检测工作。2007年12月1日项目交工验收。实际施工工期为27个月，扣除冬休停工期、雨季的影响，有效施工工期为17个月。资金来源为国家全额投资，本项目初步设计批复总概算为495315102元，两阶段施工图预算核定为479583481元。

本项目路线起点位于西藏自治区拉孜县境内的曲夏镇南国道318线K5055+500处，沿查务沟左右布设，傍水依山，逆流而上；翻越5248m的加措拉山后，路线多沿山腰布设、依山傍河直抵定日河盆地区；再沿朋曲河谷而上，经扎果到达路线，终点止于老定日岗嘎乡K5190+334.144处，路线途经拉孜县和定日县。原拉定公路技术等级偏低，路况病害严重，附属设施较差，通车能力差。拉孜至老定日段是中尼公路的重要组成部分，是拉萨通往樟木口岸的重要路段，它的建设对西藏自治区的对外贸易往来和旅游事业的发展，具有十分重要的意义。

该工程建设依据为：①2004年6月22日交规划发〔2004〕330号《关于中尼公路拉孜曲夏至老定日岗嘎段整治改建工程可行性研究报告的批复》；②2004年12月22日交公路发〔2004〕635号《关于中尼公路拉孜曲夏至老定日岗嘎段整治改建工程初步设计的批复》；③西藏自治区交通厅藏交发〔2005〕71号《关于中尼公路拉孜曲夏至老定日岗嘎段整治改建工程施工图设计的批复》。

本项目按三级公路标准进行整治改建,路线全长 126.861km(不含已改建完成的 K5133+059.825~K5141+059.825 段,长 8km)。主要工程内容为路线线形改建、提高路面等级、完善排水、交通安全防护等工程。其中平原微丘区 51.216km(K5055+500~K5057+420 段、K5141+059.825~K5190+334.144 段),路基宽度 8.5m,路面宽度 7.0m,设计行车速度 60km/h;K5131+059.825~K5133+059.825 段,长 2km,白坝乡过境段,按城市道路改建,设计行车速度 30km/h;山岭重丘区 75.645km(K5057+420~K5133+059.825 段),路基宽度 7.5m,路面宽度 6.0m,设计行车速度 30km/h;平曲线一般最小半径:平原微丘区 200m,山岭重丘区 65m;平曲线极限最小半径:平原微丘区 125m,山岭重丘区 30m;最大纵坡:平原微丘区 6%,山岭重丘区 8%。桥涵设计荷载汽车—20 级,挂车—100。大、中桥桥面净宽为 7m,设计洪水频率为大、中桥 1/100,小桥 1/50;地震基本烈度Ⅶ度。

该工程的工程量为路基填方 154.6 万 m^3、路基挖方 36.3 万 m^3;路基防护及排水浆砌工程 17.1 万 m^3;路面工程 82.7 万 m^2;大桥 324.82m/2 座、中桥 65.16m/1 座,小桥 309.6m/16 座;涵洞 2946.37m/303 道;平面交叉 11 处;涎流冰、泥石流、多年冻土路基等不良地质路段约 30.07km。

该工程参建单位见表 7-4-8。

拉孜曲夏至老定日岗嘎段整治改建工程参建单位一览表　　　　表 7-4-8

建设单位		西藏自治区交通厅重点公路建设项目管理中心
监理单位	第一监理合同段	陕西省高速公路工程咨询有限公司,负责路基 A、B、C 合同段和路面 E 合同段的工程
	第二监理合同段	四川省高速公路工程咨询监理事务所,负责路基 D 合同段和路面 F 合同段、全线交通工程
监督单位		西藏自治区交通厅公路基本建设工程质量监督站
检测单位	日常试验检测	各监理、施工单位工地临时试验室和质检部
	外委试验检测	西藏天鹰公路技术开发有限公司、西南交通大学结构工程试验中心、中铁西南科学研究院有限公司工程检验中心和重庆交通科研设计院(重庆公路工程检测中心)
设计单位		中交第一公路勘察设计研究院
施工单位	A 合同段(路基施工单位)	西藏云天工程建筑有限公司
	B 合同段(路基施工单位)	山东省路桥集团有限公司
	C 合同段(路基施工单位)	郑州铁路路桥工程有限公司
	D 合同段(路基施工单位)	中铁二十局集团有限公司
	E 合同段(路面施工单位)	四川路桥建设股份有限公司

施工单位	F 合同段(路面施工单位)	西藏天源路桥有限公司
	G 合同段(交通工程安全设施施工单位)	西藏路安公路防护设施工程有限公司
	H 合同段(交通工程标志标线工程施工单位)	西藏天宇交通有限公司

(五)拉萨至日喀则段整治改建工程

国道318线拉萨至日喀则段采用二级公路标准,其中拉萨至曲水段建成于1984年,大竹卡至日喀则段建成于1992年,两段公路均不同程度地存在病害,部分桥涵承载力偏低,对通行情况造成一定影响。

曲水至大竹卡段长119km,由交通部《中尼公路曲水至大竹卡段整治改建工程可行性研究报告的批复》(交规划发〔2003〕87号)、《关于中尼公路曲水至大竹卡段整治改建工程初步设计的批复》(交公路发〔2003〕354号)批准进行整治改建,总投资82964.927万元。工程于2005年7月完工,2007年12月通过竣工验收。

大竹卡至日喀则段长76km,建成于1992年,经过长达18年的运营,部分路段的路基、路面、桥涵、排水工程也已出现了各种病害。该段公路由交通运输部《关于国道318线大竹卡至日喀则公路初步设计的批复》(交公路发〔2010〕236号)批准进行整治改建。

本项目位于西藏日喀则地区境内,起点位于大竹卡西侧的K4822+020(接中尼公路曲水至大竹卡段公路整治改建工程终点),途径日喀则市的联乡、年木乡、江当乡、边雄乡,终点位于日喀则市东郊的K4897+851.102(接日喀则市城区东郊水泥路起点),路线全长约75.828km,同步建设联乡等支线共计约8.39km。本工程于2010年6月28日开工建设,至2011年6月20日完工通车,2011年12月9日完成交工验收。该项目为国家全额投资,批准概算为413829199元,其中建安费为334013956元,实际完成投资3.77亿元,其中用于水保防护工程投资为1275万元,占实际完成投资的3%。

该工程建设依据为:①国家水利部2008年9月8日水保函〔2008〕265号《国道318线大竹卡至日喀则公路改建工程水土保持方案的复函》;②原国家环境保护总局2008年2月14日环审〔2008〕50号《国道318线大竹卡至日喀则公路改建工程环境影响报告书的批复》;③交通运输部2010年1月7日交规划发〔2010〕23号《关于国道318线中尼公路大竹卡至日喀则段改建工程可行性研究报告的批复》;④交通运输部2010年5月24日交公路发〔2010〕236号《关于国道318线中尼公路大竹卡至日喀则段改建工程初步设计的批复》;⑤西藏自治区交通运输厅2010年9月17日藏交发〔2010〕282号《关于国道318线中尼公路大竹卡至日喀则段改建工程施工图设计的批复》。

本项目采用二级公路技术标准改建整治,设计速度60km/h,路基宽度10m,行车道宽度8.5m(7.0m+2×0.75m),路肩宽度2×0.75m(硬化路肩)。采用沥青混凝土路面。全线桥涵车辆荷载标准采用公路—Ⅱ级,支线采用四级公路技术标准。设计标准符合部颁《公路工程技术标准》(JTG B01—2003)中规定。

该工程的工程数量为:路基土石方1198027m³;中粒式沥青混凝土路面694789m²;边沟、排水沟14301m;防护工程100458m³;新建中桥89.04m/2座,新建小桥37座,加宽利用小桥20m/2座;新建盖板涵173道,接长利用盖板涵85道,支线涵洞37道;波形梁防撞护栏35703m,标志牌88个。

全线永久占用土地2187.4亩。工程的参建单位见表7-4-9。

大竹卡至日喀则段改建工程参建单位一览表　　　　表7-4-9

序　号	合　同　段	单　位　名　称
1	A	新疆兴达公路工程部
2	B	青海省正平公路桥梁工程集团有限公司
3	C	武通路桥工程局第一工程处
4	交通工程	西藏天宇交通有限公司
5	监理单位	四川国际工程监理有限公司
6	设计单位	西藏自治区交通公路勘察规划设计院
7	质量监督单位	西藏自治区交通厅公路基本建设工程质量监督站

西藏交通厅重点公路建设项目管理中心作为项目法人负责工程实施,项目中心为加强现场管理,委派机构为国道318线中尼公路大竹卡至日喀则段改建工程项目管理办公室,全面负责该项目准备期和建设期的管理工作。项目办设置总工办、工程部、计划合约部、综合部、财务部,在工程质量、进度、投资、安全、水保、环保、保通等方面均按有关管理办法执行。

(六)中尼公路聂拉木至樟木段整治改建工程

国道318线聂拉木至樟木段整治改建工程位于日喀则地区聂拉木县境内。路线起点位于江岗村,起点海拔高程4034m,接整治改建的国道318线老定日至聂拉木段,路线沿波曲河一路而下,蜿蜒盘旋于深山峡谷之间,经卡如浦道班、聂拉木县城、过三道线、康山桥、曲乡道班,跨707沟,穿友谊隧道,再跨丁仁布沟和思源沟,穿过跌水明洞,止于樟木镇北,海拔高程2470m,与整治改建的国道318线樟木至友谊桥段相连,路线全长40.017km。聂樟项目于2007年4月1日开工,2009年12月15日通过交工验收。项目由国家全额投资,国家投资批准概算335421042元。实际完成投资335100611元,其中用于水保防护工程投资为9100万元,占实际完成投资的27%。

该工程建设依据为:①国家水利部水保函〔2006〕120号《关于国道318线中尼公路聂

拉木至樟木段整治改建工程水土保持方案的复函》;②交通部交规划发[2006]381号《关于国道318线中尼公路聂拉木至樟木段整治改建工程可行性研究报告的批》;③交通部交公路发[2006]569号《关于国道318线聂拉木至樟木段整治改建工程初步设计的批复》;④西藏自治区交通厅藏交发[2006]135号《关于国道318线聂拉木至樟木段整治改建工程施工图设计的批复》。

该工程设计标准为三级公路;路基宽度采用7.5m,其中聂拉木县城过境段为10m;路面宽度采用6.5m,其中聂拉木县城过境段为9.0m;桥涵设计荷载标准为公路—Ⅱ级;设计行车速度为30km/h,其中聂拉木县城过境段为60km/h。

该工程的工程数量(含变更)为路基土石方26.485万m^3,水泥混凝土面层30.76万m^2,防护、排水及病害整治工程15.388万m^3,大桥248m/3座,中桥106.12m/3座,小桥90.84m/5座;涵洞工程187道,隧道(整治利用)58m/1座,明洞133m/2座,半隧洞1288m/28处,加强型波形钢护栏21554m,各类警示、标示、指示牌100个。

该工程的参建单位见表7-4-10。

中尼公路聂拉木至樟木段整治改建工程参建单位一览表　　表7-4-10

监理单位		西藏圣通路桥监理咨询有限公司
监督单位		西藏自治区交通厅公路工程质量监督站
检测单位		西藏天鹰公路技术开发有限公司
设计单位		中交第一公路勘察设计研究院有限公司
施工单位	A合同段(路基施工单位)	西藏喜马拉雅工程建设有限公司
	B合同段(路基施工单位)	西藏天润工程建筑有限公司
	C合同段(路基施工单位)	西藏武通路桥工程处
	D合同段(路面施工单位)	西藏天地工程建设有限公司
	E(A)合同段(交通工程施工单位)	西藏路安公路防护设施工程有限公司
	E(B)合同段(交通工程施工单位)	西藏天宇交通有限公司

西藏自治区交通厅重点公路建设项目管理中心作为项目法人负责工程实施,项目管理中心为加强现场管理,委派管理机构为国道318线聂拉木至樟木段整治改建工程项目管理办公室,全面负责该项目准备期和建设期的管理工作。项目管理办公室设有项目负责人、总工程师;设有工程部、计划合约部、财务部、综合部4个部门。在工程质量、进度、投资、环保、保通等方面均按有关管理办法执行。

(七)中尼公路定日岗嘎至聂拉木段改建工程

国道318线中尼公路定日岗嘎至聂拉木段改建工程起于定日县岗嘎镇(K5191+380),止于聂拉木县(K5332+537),主线全长141.15km。同步建设的门咔唛村、普日村、门布乡三条支线长2.285km,樟木至友谊桥段改建工程长7.52km,累计全长150.95km。

定聂公路于2008年4月20日开工,2010年1月18日通过交工验收。

该工程为国家全额投资项目,概算总金额为4.75亿元,实际完成投资4.67亿元,其中用于水保防护工程投资为5977万元,占实际完成投资的13%。由于该项目地处高海拔地带,树木、草皮无法栽种成活,故设计未考虑边坡绿化。

本工程的建设依据为:①国家水利部2007年6月水保函〔2007〕166号《关于国道318线中尼公路定日岗嘎至聂拉木段改建工程水土保持方案的复函》;②交通部2007年9月4日交规划发〔2007〕472号《关于国道318线中尼公路定日岗嘎至聂拉木段改建工程可行性研究报告的批复》;③交通部2007年12月5日交公路发〔2007〕699号《关于国道318线中尼公路定日岗嘎至聂拉木段改建工程初步设计的批复》;④西藏自治区交通厅2008年4月8日藏交发〔2008〕103号《关于国道318线中尼公路定日岗嘎至聂拉木段改建工程施工图设计的批复》。

该工程按三级公路标准建设,路基宽7.5m,路面宽6.5m,沥青混凝土路面(18cm级配砂砾底基层,20cm水稳砂砾基层,4cm改性沥青面层)。樟友段实施的是水泥混凝土路面(22cm厚),部分纵坡超限路段采用30cm厚浆砌块石面层,按四级公路改建。桥涵设计荷载为公路—Ⅱ级。其他技术指标符合部颁《公路工程技术标准》中规定值。

定日岗嘎至聂拉木段改建工程主线全长141.15km,支线工程长2.285km,樟木至友谊桥段改建工程长7.52km。包含路基、桥涵、路面、其他工程及沿线设施等。路基土石方155.57万m^3,浆砌排水工程长119.78km,浆砌防护9.15万m^2,铅丝笼防护2130m^3,片石混凝土防护6500m^3,砂砾底基层109.13万m^2,水泥稳定基层89.285万m^2,沥青混凝土路面93.8万m^2,水泥混凝土路面5.21万m^2,预制混凝土路缘石276.6km。设置了防撞波形梁钢护栏41124m,混凝土护墩796m,安全警示标志118个,标线12021.28m^2。全线共有小桥31座,新修中桥4座(A标1座,B标2座,C标1座),加固利用中桥2座,涵洞344道。

该工程的参建单位见表7-4-11。

中尼公路定日岗嘎至聂拉木段改建工程参建单位一览表　　表7-4-11

序　号	合　同　段	单　位　名　称
1	A	西藏天润工程建筑有限公司
2	B	西藏天路股份有限公司
3	C	西藏武通路桥工程处
4	标志标线	西藏天宇股份有限公司
5	安全设施	西藏路安公司
6	监理单位	西藏天鹏工程监理咨询有限公司
7	设计单位	中交第一公路勘察设计研究院
8	质量监督单位	西藏自治区交通厅公路基本建设工程质量监督站
9	信息化管理服务单位	重庆博恩科技(集团)有限公司

西藏自治区交通厅重点公路建设项目管理中心作为项目法人负责工程实施,项目管理中心为加强现场管理,委派管理机构为国道318线中尼公路定日岗嘎至聂拉木段改建工程项目管理办公室,全面负责该项目准备期和建设期的管理工作。项目管理办公室设有项目负责人、总工程师;并下设工程部、计划合约部、财务部、综合部4个部门。在工程质量、进度、投资、水保、环保、安全、保通等方面均按有关管理办法执行。

(八)竹巴笼海通沟兵站段整治改建工程

竹海公路于2008年6月29日开工,2010年5月17日完成全部合同工程内容。主路线起于芒康县竹巴笼乡,与金沙江大桥西藏岸桥头平交口相接,起点里程桩号为K3359+610.604。沿金沙江右岸南下至K3360+600折向西,进入金沙江支流西曲河左岸逆流而上,于K3365+300设西曲河中桥跨河至右岸继续上行,至K3391+000路线左转进入金沙江二级支流灵芝河右岸逆流而上,终于海通沟兵站东约1.3km处,终点桩号为K3406+040。路线总长46.394km。工程内容主要包括治理病害、改善路线平纵面线形、实施路基和桥涵工程、完善排水及防护设施、铺筑沥青路面、增设必要的安全设施等。主体工程实现通车,2010年7月1日通过交工验收。该工程为国家全额投资项目,概算总金额为3.88亿元,实际完成投资3.737亿元,其中用于水保防护工程投资约为9910.92万元,占实际完成投资的27%。

本工程的建设依据为:①国家水利部2006年6月5日水保函〔2006〕271号《关于国道318线川藏公路(西藏境)竹巴笼至海通沟兵站整治改建工程水土保持方案的复函》;②国家发展和改革委员会2007年11月26日发改交运〔2007〕3162号《国家发展改革委关于国道318线川藏公路(西藏境)竹巴笼至海通沟兵站整治改建工程可行性研究报告的批复》;③交通运输部2008年5月15日交公路发〔2008〕80号《关于国道318线川藏公路(西藏境)竹巴笼至海通沟兵站段整治改建工程初步设计的批复》;④西藏自治区交通厅2008年10月15日藏交发〔2008〕390号《关于国道318线川藏公路(西藏境)竹巴笼至海通沟兵站段整治改建工程施工图设计的批复》。

该工程全线共计路基土石方20.16万m^3,浆砌防护工程15.83万m^3,排水边沟44247m,滑坡治理7处,明洞4道总长275m,中小桥5座,涵洞102道,沥青混凝土路面31.55万m^2,水泥稳定碎石基层31.29万m^2,级配砂砾底基层34.43万m^2,水泥混凝土面板11532m^2,混凝土硬化路肩10714.4m^3,波形梁钢护栏39470m。

本工程的参建单位见表7-4-12。

西藏自治区交通厅重点公路建设项目管理中心作为项目法人负责工程实施,项目管理中心为加强现场管理,委派管理机构为国道318线川藏公路(西藏境)竹巴笼至海通沟兵站段整治改建工程项目管理办公室,全面负责该项目准备期和建设期的管理工作。项目管理办公室设有项目负责人、总工程师;并下设工程部、计划合约部、财务部、综合部4个部门。在工程质量、进度、投资、环保、安全、保通等方面均按有关管理办法执行。

竹巴笼海通沟兵站段整治改建工程参建单位一览表　　　　表7-4-12

监理单位	湖北中交公路桥梁监理咨询有限公司
施工单位	四川武通路桥工程局
	安通建设有限公司
	四川省富力实业建设有限公司
	西藏创美绿化工程有限责任公司

(九)牛踏沟至中坝段整治改建工程

本项目路线起点位于波密县和八宿县交界处的牛踏沟,起点桩号为K3898+000;路线沿额贡藏布江右岸布设,顺流而下与"八宿—牛踏沟段"起点相接,中间经过米美村,至终点中坝兵站,与已建的"中坝—松宗段"项目起点相接,项目终点里程桩号为K3932+032.025,路线全长34.03km。本项目是川藏公路的一段,也是昌都地区通往拉萨的重要通道。合同工期为12个月,2010年4月8日开工建设,2011年11月8日完成全部合同工程内容,2011年12月7日完成交工验收。本项目批复概算1.42亿元,为国家全额投资。实际完成投资1.374亿元,其中用于水保防护工程投资约为3981.95万元,占实际完成投资的29%。

本工程建设依据为:①国家发展改革委员会发改基础〔2009〕2703号《国道318线川藏公路(西藏境)牛踏沟至中坝段整治改建工程可行性研究报告的批复》;②交通运输部交公路发〔2010〕95号《国道318线川藏公路牛踏沟至中坝段整治改建工程初步设计的批复》;③西藏自治区交通运输厅藏交发〔2010〕347号《关于国道318线川藏公路牛踏沟至中坝段整治改建工程施工图设计的批复》;④国家水利部印发水保函〔2009〕150号《国道318线川藏公路牛踏沟至中坝段整治改建工程水土保持方案的复函》;⑤国家环保总局环审〔2008〕552号《国道318线川藏公路牛踏沟至中坝段整治改建工程环境影响报告书的批复》。

工程建设主要内容包括:铺筑沥青路面,治理坡面溜砂等地质病害,对前期工程完成后发生的损坏进行修复,完善防护支挡工程、排水及交通安全等设施。全线采用三级公路技术标准建设,设计速度30km/h,路基宽度7.5m。其余技术指标按《公路工程技术标准》(JTG B01—2003)执行。

主要建设内容为路基、路面、桥涵和交通安全设施等。其中:路基土石方97345m³,防护工程49245m³,排水工程31622m³,砂砾底基层25.4715万m²,水泥稳定基层22.9412万

m², 沥青混凝土路面 21.6940 万 m², 水泥混凝土路面 7755m², 培土路肩 3110m, 小桥 92.3m/6 座, 涵洞 77 道, 棚洞 210m/1 座, 主动防护网 38100m²。F 型混凝土护栏及波形梁护栏 19640m, 单柱式交通标志 78 个, 里程碑 34 个, 公路界碑 682 个, 热熔型涂料路面标线 3055m²。本工程的参建单位见表 7-4-13。

牛踏沟至中坝段整治改建工程参建单位一览表　　表 7-4-13

设计单位	中交第一公路勘察设计研究院有限公司	
监理单位	西藏天鹰公路技术开发有限公司	
检测单位	西藏天鹏工程监理咨询有限责任公司	
质量监督单位	西藏自治区交通厅公路基本建设工程质量监督站	
施工单位	牛中整治改建工程	朝阳建设集团有限公司
	牛中整治改建工程安全设施	西藏路安公路防护设施工程有限公司

国道 318 线川藏公路牛中段公路整治改建工程项目法人为西藏自治区交通运输厅重点公路建设项目管理中心, 为切实加强项目管理, 现场设立国道 318 线川藏公路 (西藏境) 牛踏沟至中坝段整治改建工程项目管理办公室。项目管理办公室下设计划合约部、工程技术部、综合部、财务部四个职能部门, 选派了一批政治坚定、业务娴熟、能够履职尽责的专业技术人员常驻施工一线, 履行项目法人赋予的现场管理职责。

(十) 业拉山至八宿段整治改建工程

本项目路线起点为国道 318 线田妥乡至怒江隧道西口段整治改建工程项目业拉山沥青路面终点处, 里程桩号为 K3711+973.80, 由东向西经过同尼村、嘎玛村、怒江隧道、林卡乡等, 西止于川藏公路八宿县境内路面黑色化改建工程项目八宿县白玛镇巴东村西端, 项目终点里程桩号为 K3798+977.861, 全长 87.01km, 是川藏公路的一段, 也是昌都地区通往拉萨的重要通道。项目合同工期为 12 个月, 2010 年 4 月 8 日开工建设, 2011 年 11 月 12 日完成全部合同工程内容, 2011 年 12 月 7 日完成交工验收工作正式进入试运营期。本项目批复概算 1.949 亿元, 为国家全额投资。实际完成投资 1.945 亿元, 其中用于水保防护工程投资约为 1341.13 万元, 占实际完成投资的 7%。

该工程建设依据为: ①国家发展改革委员会发改基础〔2009〕2704 号《国道 318 线川藏公路 (西藏境) 业拉山至八宿段整治改建工程可行性研究报告的批复》; ②交通运输部关于交公路发〔2010〕96 号《国道 318 线川藏公路业拉山至八宿段整治改建工程初步设计的批复》; ③西藏自治区交通运输厅藏交发〔2010〕386 号《国道 318 线川藏公路 (西藏境) 业拉山至八宿段整治改建工程施工图设计的批复》; ④国家水利部水保函〔2008〕243 号《国道 318 线川藏公路业拉山至八宿段整治改建工程水土保持方案的复函》。

全线采用三级公路技术标准建设, 设计速度 30km/h, 路基宽度 7.5m。穿越城镇路段适当增加路基和路面宽度。地质复杂、工程艰巨路段,在保证行车安全和满足军事装备通行最低要求的前提下,部分技术指标适当降低。全线技术指标按《公路工程技术标准》(JTG B01—2003)执行。

工程建设主要内容为路基、路面、桥涵和交通安全设施等。其中:路基土石方246853m^3,防护工程16812m^3,排水工程10283m^3,砂砾底基层9000m^2,水泥稳定基层57.9564万m^2,沥青混凝土路面22.24万m^2,水泥混凝土路面1.7961万m^2,硬化路肩135009m,桥梁136.98m/5座,涵洞1348.9m/143道,F型混凝土护栏3170m,波形梁护栏17758m,单柱式交通标志439个,里程碑87个,公路界碑100个,热熔型涂料路面标线6406.49m^2,突起路标2234个,减速振荡标线468m^2。

业八项目征地拆迁及协调工作全权委托八宿县人民政府负责。本次整治占用建设用地1489.6亩。

本工程的参建单位见表7-4-14。

业拉山至八宿段整治改建工程参建单位一览表　　　　　　表7-4-14

设计单位	西藏自治区交通公路勘察规划设计院	
监理单位	西藏天鹏工程监理咨询有限责任公司	
检测单位	西藏天鹰公路技术开发有限公司	
施工单位	业八整治改建工程	四川华建路桥集团有限公司
	业八整治改建工程安全设施	西藏路安公路防护设施工程有限公司

建设单位为交通运输厅重点公路项目管理中心,为强化业主单位对项目的监控职能,项目中心在施工现场组建了国道318线川藏公路(西藏境)业拉山至八宿段整治改建工程项目管理办公室,项目管理办公室下设计划合约部、工程技术部、综合部、财务部四个职能部门,选派了一批政治坚定、业务娴熟、能够履职尽责的专业技术人员常驻施工一线,履行项目法人赋予的现场管理职责。对项目工程质量、进度、投资、安全、水保、环保、保通等方面全面负责。

(十一)海通沟兵站至东达山段整治改建工程

海东项目路线起于海通沟兵站(原公路里程K3406+000)桩号为K3406+040,路线止于东达山西桩号为K3575+640,主线全长168.90km。同时将川藏公路左贡段(K3576+940~K3622+510.726)5处局部病害治理作为段外工程纳入本项目一并建设,合计里程176.617km。工程建设主要内容为路基、路面、桥涵及沿线设施。2009年10月15日正式开工建设,2013年10月完成全部路基、路面和交通工程。2013年10月15日至10月21日甘肃省公路工程质量试验检测中心完成交工验收前的工程质量检测工作,西藏自治区交通工程质量安全监督局出具了检测意见。海通沟兵站至东达山段改建工程为国家全额投资项目,概算总金额为8.5亿元。

本工程建设依据为:①国家发展和改革委员会发改建基础〔2009〕3170号文件;②交通运输部交公路发〔2010〕348号文件批复初步设计;③西藏交通运输厅藏交发〔2011〕37号批复施工图设计。

全线采用三级公路技术标准,设计行车速度为30km/h,路基宽度7.5m,路面宽度6.5m,平曲线一般最小半径65m,平曲线极限半径30m,缓和曲线最小长度25m,竖曲线极限半径250m,最大纵坡7%(考虑高原折减等因素),桥梁宽度:净-7+2×0.5,设计洪水频率:小桥1/25,大、中桥1/50,新建桥涵荷载标准采用公路—Ⅱ级,路面为沥青混凝土,地震基本烈度为Ⅶ度。

工程实际征用土地数1393.28亩。该工程的参建单位见表7-4-15。

海通沟兵站东达山段整治改建工程参建单位一览表   表7-4-15

合同段	单位名称	起讫桩号	长度(km)	合同价(元)
设计	中交第一公路勘察设计研究院有限公司	K3406+040~K3575+640及左贡以西五个工点	176.617	
监理	重庆中宇工程咨询监理有限责任公司	K3406+040~K3575+640及左贡以西五个工点	176.617	17500000
第一标段(路基、路面施工)	西藏天源路桥有限公司	K3406+040~K3459+500	53.313	126494551
第二标段(路基、路面施工)	西藏天路有限公司	K3459+500~K3487+100	27.022	146238773
第三标段(路基、路面施工)	四川武通路桥工程局第三工程处	K3487+100~K3531+000	43.966	180038255
第四标段(路基、路面施工)	西藏武通路桥工程处	K3531+000~K3622+248.309(含段外5个工点)	52.316	188104415
第五标段(路基、路面施工)	西藏路安公路防护设施工程有限公司	K3406+040~K3622+510.726	176.617	21361850

根据《公路工程质量检验评定标准》,质量综合评定得分为89.6分。5个合同段单位工程质量等级全部为合格,质量等级评定为合格。

(十二)通麦至105道班段整治改建工程

国道318线川藏公路(西藏境)通麦至105道班段整治改建工程路线起自波密县通麦镇以西1.5km处,起点桩号K4091+140,途经通麦大桥、飞石崖、小老虎嘴、迫龙沟、排龙乡,止于105道班,终点桩号K4111+665.18,路线全长20.578km。建设内容主要包括路基工程、路面工程、桥涵工程、隧道工程、绿化及环境保护工程,并完善排水和防护设施等。项目总工期(自开工之日起)3年。两阶段施工图设计预算核定108981.28万元。其中建筑安装工程费91413.56万元,设备及工具、器具购置费1243.25万元,工程建设其他费用13150.26万元,预备费3174.21万元。

工程新建特大桥2座、总长度998m,中桥3座、总长度144m;隧道4座、总长度4449m,工程概算10.9亿元,于2012年10月12日开工建设,2015年12月25日完工。

本工程建设依据为:①藏交发〔2010〕134号《国道318线川藏公路(西藏境)通麦至105道班段整治改建工程可行性研究报告预审意见》;②西藏自治区交通运输厅2013年4月27日下发的《关于国道318线川藏公路(西藏境)通麦至105道班段整治改建工程两阶段施工图设计的批复》。

全线按三级公路技术标准进行改建,其中隧道和特大桥设计速度40km/h,其余路段设计速度30km/h;路基宽度7.5m,路面宽度6.5m,隧道净宽9m,特大桥桥梁宽度采用12m。桥涵设计荷载采用公路—Ⅱ级,其他技术指标按《公路工程技术标准》(JTG B01—2003)中的有关规定执行。

建设的主要内容包括:治理沿线地质病害,修建完善的防护支挡工程、排水工程、桥梁工程、隧道工程及交通安全设施等,铺筑沥青路面。路基挖土石方220597m^3,沥青混凝土路面102049m^2,特大桥1043延米/2座、中桥65.396延米/2座、小桥69.04延米/4座、涵洞2203.43延米/59道,防护工程136491m^3,排水工程10282.6m^3,平面交叉2处,滑坡891m/7处,隧道4451m/4座。

2015年11月28日,川藏公路(西藏境)通麦至105道班段整治改建工程的控制工程之一通麦特大桥,作为单项工程顺利交工。

通麦特大桥是川藏公路(西藏境)通麦至105道班段整治改建工程上的一座特大桥,跨越易贡藏布江,桥位位于易贡湖下游14km,易贡藏布江与帕隆藏布江交汇处上游约300米。桥位处河谷较狭窄,河床比降大,水流湍急,河床侧蚀及底蚀强烈。

结合两岸的地形、地貌条件,综合考虑两岸边坡的稳定性及接线情况,根据初步设计的批复意见,本桥主跨采用256m的单塔单跨悬索桥结构,两岸锚碇均采用重力式地锚。成都岸锚碇处于山体斜坡地带;拉萨岸锚碇设置在崩塌体前缘,靠近河心侧。索塔顶设置主索鞍,边跨主缆经塔顶主索鞍后通过散索套进入成都岸锚碇前锚室,主跨主缆经散索鞍后进入拉萨岸锚碇前锚室。全桥在主跨共设置25对吊索,为使拉萨岸前锚室与位于桥头小半径的路面不干扰,降低散索鞍位置,将18~25号吊索设置在钢桁加劲梁下弦。桥梁跨径布置为256m(钢桁架加劲梁),桥梁全长256m。

2016年4月13日,通麦至105道班段整治改建工程正式通车。

(十三)102滑坡群整治改建工程

102滑坡群整治改建工程全长3.42km,新建大桥1座、全长50m;隧道1座、全长

1731m,工程概算总金额3.7亿元。该项目于2012年8月18日开工建设,2015年8月17日完工。

据统计,自2012年7月开工以来,102滑坡群先后出现坍塌30余处,累计清方数量6.2万m^3,阻断交通266天(次),滞留过往人员近3000人(次)。从20世纪90年代开始,国家每年都要投入大笔资金用于滑坡群的整治,但都属临时性措施,始终没有根治。后经专家多次现场勘察论证,确认在滑坡群平行方向打一隧道,才能使该路段得到彻底治理。2012年9月,全长1731m的102隧道开工建设,历经隧道大量突水、突泥等病害过程,采用长导管全断面注浆、隧道纵向设置双侧排水沟等施工工艺,终于在2014年12月10日贯通,桥连隧、隧接桥,气势雄伟壮观。

2015年11月,102滑坡群主体工程已经完工,交通附属设施也已经安装完毕。其中,102滑坡群中的2号滑坡处通过打隧道的形式,完全避开了发生滑坡密集的地方。另外,施工方对3、4、5、6号滑坡处进行了加固。

2016年4月13日,已建成的国道318线川藏公路102滑坡群整治改建工程正式通车。

(十四)林芝至拉萨段整治改建工程

川藏公路林芝至拉萨段,位于西藏自治区林芝地区和拉萨市境内。该路段自建成通车以来,相继对本路段进行了整治和改建,特别是"九五""十五"期间,进行了路面黑色化改建,使道路交通运输条件有了明显的改善。但是,受当时投资因素的限制,沿线仍存在公路地质病害,防护工程设置不足,且年久失修,道路整体抗灾能力差。随着交通量的不断增长,大吨位车辆明显增多,沥青路面损坏严重。

该项目起点位于林芝地区林芝县以东2km处,桩号为K4212+000,经林芝县、八一镇、百巴镇、巴河镇、工布江达县、太昭村、金达镇、加兴乡、松多镇、米拉山垭口、日多乡、墨竹工卡县、达孜县,止于拉萨大桥,桩号为K4638+000,长406km。另同步实施拉萨市绕城公路约20km,路线全长426km,计划投资约25.5亿元。

该项目拟采用二级公路技术标准进行改建。沿线主要地质病害有碎落坍塌、高危边坡、泥石流、水毁、涎流冰等。

国道318线林芝至拉萨段公路改造一期工程,包括林芝八一至工布江达(林芝段)和墨竹工卡至拉萨(拉萨段)两个合同段。其中,林芝段路线全长152km,拉萨段路线全长64km。项目于2013年5月23日开工,2015年9月9日项目完工。

二期工程拉林高等级公路工布江达至墨竹工卡段项目起自工布江达县城西约10km处,与已建成的国道318线林芝至工布江达段终点相接,起点桩号K4356+075.665,经江达乡、太昭古城、金达镇、松多乡、日多乡、扎西岗乡,止于墨竹工卡县城东侧,接已建成的墨竹工卡至拉萨段,终点桩号 K4453+256.977,路线全长 163.776km。项目于 2015 年 11 月启动招投标,于 2016 年 1 月开工建设,计划工期 18 个月。其中,二期改造工程工布江达至米拉山段全长 99.1km,2016 年 1 月开工建设,2017 年达到通车条件。

(十五)生态恢复与赤斑羚生态环境建设试点工程

川藏公路生态恢复与赤斑羚生态环境试点工程实施范围为川藏公路(G318)色季拉山至东久 K4130+000~K4187+000 段,涉及路线全长 57km。建设内容主要包括客土喷播、人工栽植,设置限速和警示标牌等工程项目。项目总工期(自开工之日起)1 年。两阶段施工图设计预算核定 1999.56 万元。费用从交通运输部年度投资计划中安排,项目投资控制在批复预算范围之内。其中,建筑安装工程费 1686.18 万元;工程建设其他费用 255.14 万元;预备费 58.24 万元。

该工程建设依据为:西藏自治区交通运输厅 2013 年 4 月 28 日藏交发〔2013〕141 号文件《关于川藏公路生态恢复与赤斑羚生态环境建设试点工程两阶段施工图设计的批复》。

工程内容为:①植被恢复工程。采用客土喷播、人工栽植等技术进行边坡植被恢复,恢复路段边坡总长 4.77km,面积 6.98 万 m^2,框架梁生态恢复辅助措施 1.13 万 m^2,栽植乔木和灌木 7475 株。②赤斑羚保护工程。为加强野生动物保护,川藏公路(G318)K4130+000~K4187+000 段设置 18 处限速和赤斑羚保护警示标志。

(十六)中尼公路至绒布寺公路养护工程

该项目起点位于切村以北国道 318 线中尼公路拉定段 K5144+350 处,终点位于距珠峰大本营 7.8km 处绒布寺 K94+300,路线全长 92.845128km(短链 1454.872m)。起点高程 4304.544m,垭口高程 5198.18m,终点高程 4981.83m。

路线沿现有的通往珠峰大本营公路蜿蜒上行,经过切村(K4+000),翻越觉吾拉山垭口。然后路线沿老路盘旋下山,在扎西宗乡路线折向西沿扎嘎藏布曲左岸布线,再经过巴松和曲宗,到达本段路线的终点绒布寺 K94+300。

本段公路路线的主要控制点为国道 318 线里程桩号 K5144+350(起点)、切村、扎西宗、巴松、曲宗、绒布寺(终点)。

国道 318 线中尼公路至绒布寺公路养护工程按四级公路技术标准进行养护整治,全长 92.840128km,全线转角点 467 个,平均 5.03 个/km。最大纵坡 8.127%/1 处。曲线间最短直线长 3.21m。桥梁 11 座,其中小桥 8 座(重建 1 座,加固利用 2 座,完好利用 5 座,中桥 3 座,加固利用)。涵洞:加固加宽利用 246 道,重建 7 道,新建 21 道。

(十七)中尼公路至曲宗公路路面处治工程

本项目路线由北向南,沿朋曲河、扎嘎藏布河逆流而上,起点位于距定日县城约10km,接国道318线中尼公路(K5144+350)平交口,向南沿朋曲河右侧河岸阶地展线、经切村翻越觉吾拉山,过扎西宗乡、班定村、曲宗村、加本桥,终点至绒布寺,路线全长92.3km。

中间控制点主要有:切村、觉吾拉山垭口、卧龙村、扎西宗乡、班定村、曲宗村。沿线所经主要河流:朋曲河、弄曲河、扎嘎藏布河。

拟建公路原为四级砂石路面,本次路面处治工程总体原则为在原有路基基础上进行路面黑色化工程,项目路线起点与国道318线中尼公路(K5144+350)相接,在K47+920处与扎西宗至岗嘎镇乡村公路交汇,在K50+560处与扎西宗至嘎玛沟四级公路相交,在K76+735处与绒布寺至岗嘎镇公路相交。本项目与《西藏日喀则地区公路网规划》相符合,与现有路网结构有良好的衔接关系。

拟建项目路线所经区域除翻越觉吾拉山外,其余地段地势较平坦,因此在确定技术标准时,布线上充分利用老路,全线设计速度采用20km/h,路基宽6.5m。桥涵与路基渐变,桥涵荷载标准采用公路—Ⅱ级。

根据本项目的地形地貌特点,全线共设平曲线458个,平均交点为4.96个/km,平曲线占路线总长32.3%,最大纵坡7.96%/1处,凹、凸形竖曲线最小半径500m,变坡点390个,变坡点数4.23个/km。本项目在过去整治改建中,部分路段因受地形制约,纵坡和最小平曲线半径超限,曲线间直线长度难以达到规范要求。如果强求所有指标满足规范要求,则对老路扰动较大,会产生太多的大填大挖路段,因此为了节省投资,保护生态环境,本次路面处治与工可提出的方案一致。在设计中尽量充分利用老路,完善交通安全设施,满足车辆和行人的出行安全。

项目建设规模:主线路基填方219770m³;挖方226511m³。防护工程69498.07m³,其中M10浆砌片石47934.67m³、C20片石混凝土21563.4m³。排水工程34502.388m³,总长为61896.553m。路面工程630200m²,其中连接线工程路面47549m²。桥涵:中小桥335.12m/11座,其中新建中桥132m/2座、拆除重建66.12m/3座、加固利用119m/5座、完全利用18m/1座;涵洞277道,其中新建21道、重建79道、加固利用120道、完全利用33道、波纹管涵21道、钢筋混凝土箱涵3道;裸洞30m/1座。路线交叉:平交7处。交通安全设施:波形护栏31498m,其中新增14367m、拆除利用17131m,地名标志牌26个、指示标志3个、警告标志128个、限速标志20个、主要著名景区标志2个、旅游标志1个、急弯告示4个;里程碑92个、公路界碑685个;标线6087.21m²。其他工程:连接线工程8.035km,其他工程所需金额为1617.8594万元。

根据本项目的特点,该项目建设工期1年。本次初步设计总投资为36792.1103万元,与工可估算相比多2.7326万元,其中本次初步设计列入其他工程费1617.8594万元,与工可估算相比多693.667万元。

为提高测量精度、测设质量和工作效率,本项目初步设计中广泛应用了新技术和计算机辅助设计:①控制测量采用GPS技术;②桥位线轴控制测量采用GPS;③应用路线CAD系统BZD-ROAD加强版设计软件设计;④桥梁设计采用了桥梁通CAD程序;⑤计算机成图率100%。

第四节 "八五"之后国道317线西藏段的整治与改建

国道317线川藏北线(西藏段)成都至那曲公路是《国家重点公路建设规划》的重要组成部分,是西藏自治区"三纵两横六通道"骨架公路网北横线岗托至狮泉河公路的重要路段,也是昌都地区通往那曲、拉萨、阿里等地(市)的通道之一。该路段起点位于川藏两省区界金沙江大桥桥北,经岗托、同普、江达县、青尼洞、妥坝至昌都,穿昌都城区后经俄洛桥、类乌齐县、丁青县、巴青县、索县,终点止于那曲镇。其中,昌都至类乌齐段为国道214线与川藏北线的共线路段,共线段长110.5km,川藏北线(西藏境)的实际里程为947.9km。

自2001年至2013年,该段路共实施了4次大规模整治改建。

青藏铁路通车后,该公路成为那曲至昌都沿线地区通向青藏铁路的客货集散主通道,公路经过昌都地区的昌都、类乌齐、丁青三县和那曲地区的巴青县、索县和那曲三县,并可有效辐射昌都地区边坝、洛隆两县和那曲地区比如县,总辐射人口50多万,占全区总人口的18%,面积达8.38万km^2。该区域内土地资源、动植物资源、矿产资源、旅游资源、森林资源都很丰富,具有很好的开发前景。到2007年,由那曲火车站经317国道至昌都镇仅有754km,从成都至昌都镇则为1283km。但由于该段公路通行条件极差,昌都地区目前大多数进出藏客货运输仍通过四川公路网来完成,运输线路长,成本高。

截至2007年6月底,川藏公路北线(西藏境)公路中妥坝至昌都段111km已整治改建,江达至妥坝段119km在建中,岗托至江达段87km已列入"十一五"规划。昌都以西的路段除昌都至类乌齐段列入"十一五"规划纳入国道214线中建设外,其余路段均未纳入"十一五"规划中。2009年10月夏曲卡(夏比交叉口)至那曲段开始整治改建,该路段地处青藏高原羌塘高寒区,平均海拔在4300m,路段所经过的江古拉山海拔4700多m,所经过区域为多年冻土层,施工难度极大,并且公路原为四级公路,路面标准低,部分路段的路基高度严重不足,被冲刷沉陷,排水设施不足,防护支挡工程匮乏,沿线桥涵构造简易,行车条件极差,严重制约着那曲地区沿线四县社会经济的发展。整治改建工程彻底改变了夏曲卡至那曲公路的面貌。

"十一五"期间,在国家的大力支持下,巴青至那曲段266km进行路面黑色化改建工程,类乌齐至巴青段按砂石路面改建。巴青至夏曲卡至那曲段路面黑色化改建工程约10亿元,类乌齐至斜拉山至巴青段砂石路面改建工程约10亿元,合计20亿元。

"十二五"期间,对川藏公路北线三个重点路段进行改建,主要包括珠角拉山隧道及连接线新建段,昌都至丁青段,斜拉山至巴青段,工程以改造路基、实现路面黑色化为重点。改造建设路段共长386km,全面实现黑色化路面。北线与南线路相比,路程有所缩短。2011年11月13日,川藏公路北线夏曲卡至那曲公路全线铺油、整治改建主体工程完工,这一路段的行车时间由原来的5小时缩短至2小时。

(一)妥坝至昌都改建工程

本段改建起点在西藏昌都地区妥坝乡,起点桩号K343+350接川北线K1186+350;起点高程3900m。终点接西藏昌都镇四川桥东岸214线邦昌路起点(K1319+000)。终点桩号K454+312.80,终点高程3203m,全线设计里程110.949km。起终点高差697m,全线沿妥曲、热曲、扎曲河岸布设,途经妥坝镇、郁岭乡、折恩多、日通乡、如意乡、昌都镇等几个主要乡镇。本项目2001年9月23日开工,2004年11月竣工,建设工期为3年。本项目合同总投资3.787亿元,全部由国家投资建设。

妥昌公路地处西藏东部高山峡谷区,横断山区北部,地处可可西里三江地震带,震级低,区域稳定性好,妥昌公路地处高原温带半干旱区,气候条件好、日照好,年平均气温7.5℃,干湿季分明,雨量主要集中在5月—10月,年平均降水量472.9mm。沿线经过的河流属澜沧江水系,水量较丰富,河床不大,冲刷较小。沿线片石、砂石添石料储量丰富,料场分布均匀,沿线水源丰富,但电力短缺。该路段工程地质、水文地质条件复杂,滑坡、塌方、泥石流、积雪等自然灾害频发,施工季节性强,施工难度较大。

该工程的建设依据为:①交通部交公路发〔2001〕495号文件;②西藏交通厅公路勘察规划设计院藏文设字〔1999〕年31号《关于下达国道317线妥坝至昌都改建工程勘测设计任务书》;③西藏自治区交通厅藏交建字〔1999〕44号《关于"国道317线妥坝至昌都段公路改建工程可行性研究报告"的批复》。

妥昌公路改建工程是将原有乡村道路改建为黑色化三级路,按三级公路山岭重丘区标准建设,设计速度为30km/h。路基宽度7.5m(特别困难地段6.5m,过境段8.5m),路面宽度6m(特别困难地段5.5m,过境段7m),昌都过境段长2.0km采用山岭重丘区二级公路标准建设,在特别困难路段,平、纵、横技术指标适当降低,以确保公路安全。桥涵荷载为汽车—超20级、挂车—100。最小缓和曲线长25m;最大纵坡7%;桥涵荷载汽车—超

20级、挂车—100;桥面净宽与路基同宽。

本工程的工程量为路基土石方3178978m³,路面1028278m²,桥梁工程877m/21座,涵洞工程3644.03m/396座,防护工程560826m³,公路标线7882.5m²,标志314块,里程碑111块,公路界221块。

国道317线妥坝至昌都改建工程征地拆迁工作全权委托昌都地区交通局办理,昌都地区交通局顺利完成了全线的征地拆迁工作,沿线征用土地1497690m²。本项目参建单位见表7-4-16。

妥坝至昌都改建工程参建单位一览表　　　　　　　表7-4-16

监督单位		西藏自治区交通厅公路基本建设工程质量监督站
建设单位		西藏自治区交通厅重点公路建设项目管理中心
监理单位		四川国际工程监理公司、西安公路交大建设监理公司
设计单位		西藏公路勘测规划设计院
施工单位	A标	西藏天路交通股份有限公司
	B标	四川路桥建设集团有限公司
	C标	山西省路桥建设总公司
	D标	中国人民武装警察部队交通第三支队
	E标	中国人名武装警察部队交通第二支队
	交通工程	西藏天宇交通有限公司

(二)夏曲卡至比如县城通县油路改建工程

西藏那曲地区夏曲卡(G317线)至比如县城通县油路改建工程起点为那曲地区比如县夏曲卡镇瓦塘乡(国道317线黑昌公路K1886+550处),向南沿瓦热沟东侧而上,经过氧气塘村后翻越王千拉垭口,途经王千村、嘎线村,顺那沟而下至那沟出口跨越恰则河,沿恰则河东岸南下到达塘乡,然后顺怒江北岸,过茶曲乡、娘达沟口,止于娘曲乡接比如县城市政道路。路线全长125.365km,其中改线新建路线长41.654km;旧路利用改建路线长83.710km。核定全线管理及养护房屋建筑面积3200m²,占地20亩(13333.33m²)。工程按照施工图设计总预算核定为3.9亿元。

本项目改建工程建设目标,一是通过病害整治提高公路的整体抗灾能力;二是通过对路线、路基、路面、桥涵改建提高公路总体服务水平。项目总工期(自开工之日起)两年。

本工程建设标准为西藏自治区交通厅2004年2月9日藏交发〔2004〕8号文件《关于那曲地区夏曲卡(G317线)至比如县城通县油路改建工程施工图设计的批复》。

根据交通部对初步设计的批复,本项目按三级公路技术标准建设,设计行车速度采用30km/h,路基宽度7.50m,桥涵与路基同宽。全线桥涵设计车辆荷载采用汽车—超20级、挂车—100,地震基本烈度Ⅶ度。其余指标应符合部颁《公路工程技术标准》(JTJ 001—

97)规定值。但因地形地质条件复杂,工程实施对沿线自然生态环境影响较大的局部特殊困难地段,在保证车辆行驶安全的前提下,为避免诱发新的地质病害和投资控制,经技术经济论证,路线平、纵、横技术指标可适当降低,确保安全。

(三)岗托至江达公路段整治改建工程

建设里程长114.277km(不含已建角笼坝大桥及引道2.2875km),主要为路线线性改造,路面等级提高,完善排水设施,设置交通安全防护工程等。2007年2月2日正式开工建设,2009年8月9日交工。交通部批复本项目的概算金额为76941.6万元,由国家全额投资。

本工程的建设依据为:①2006年7月24日交通部以交规划〔2006〕386号文件对可行性研究报告的批复;②2006年10月20日交通部以交公路发〔2006〕571号文件对初步设计的批复;③2006年12月21日西藏自治区交通厅以藏交办发〔2006〕136号文件对施工图设计的批复。

工程起点K1772+649至一道班(K1776+650)段4.001km采用二级公路标准,路基宽12m,设计速度60km/h,其余路段采用三级公路标准,一道班(K1776+650)至四道班38.65km段基宽度8.5m,设计速度40km/h,四道班(1885+300)至终点(K1889+227.95)段71.614km路基宽度7.5m,设计速度30km/h,均为沥青路面,荷载标准为汽车—超20级,挂车—100。另建设曲孜卡支线2.944km和设计变更芒康县城连接线1.426km。

主要工程量为,路基土石方工程土石方1785225m^3;路面工程:硬化路肩62732m^3、碎石土底基层349514m^2、级配碎石底基层70329m^2、基层878723m^2、沥青混凝土面层936564m^2;桥梁工程:新建中桥539.74m/11座、新建小桥134.14m/7座;涵洞工程:盖板涵共427道;防护工程:各类防护工程469600m^3;交通工程:中心标线46628.49m^2、标志牌342块、里程碑117块、公路界碑170块、普通型波形钢护栏48024m、加强型波形钢护栏32358m。

工程主要参建单位见表7-4-17。

岗托至江达公路段整治改建工程参建单位一览表　　　　表7-4-17

监理单位		四川公路工程咨询监理公司
建设单位		西藏自治区交通厅重点公路建设项目管理中心
设计单位		国家林业局昆明勘察设计院
施工单位	A合同段	西藏武通路桥工程处
	B合同段	岳阳市通街兴路公司
	C合同段	山东天诚市政公路工程有限公司
	D合同段	武通路桥工程局第一工程处

续上表

	E合同段	中交二公局第六工程有限公司
	F合同段	四川武通路桥工程局第三工程处
施工单位	G合同段	西藏云天工程建筑有限公司
	H合同段	西藏路安公路防护设施工程有限公司
	I合同段	西藏天宇交通有限公司

(四)局部路段改线工程

昌都地区丁青县巴登水电站是由自治区发改委批准实施的水利建设项目。该项目建成后,国道317线K1627+490～K1628+990段1500m公路将位于淹没区内。为保证国道的正常通行对该段公路进行改线。

西藏自治区交通厅2007年5月15日印发《关于国道317线局部路段改线的批复》。改线路段采用三级砂石路标准进行设计、建设,注意保证公路线形顺畅,走向合理,桥涵、防护工程设置恰当,路基稳定可靠。同时,考虑到电站库区蓄水的影响和为今后国道317线的改造预留建筑限界,公路线位应适当提高。根据《中华人民共和国公路法》第44条规定,改线所需的全部经费由电站建设方承担。

(五)夏曲卡至那曲公路改建工程

国道317线夏曲卡至那曲公路改建工程位于西藏自治区那曲地区那曲县和比如县境内,属国道317线西藏境内的一段。路线起于国道317线与省道303线岔道东侧,接拟改建的国道317线巴青至夏曲卡公路,经布龙居委会、夏曲卡镇后,顺下秋曲河右岸阶地展线,逆藏曲河蜿蜒而上,经达庆翻越江古拉垭口(海拔4824.39m)至孔玛乡后,再翻越八雀拉垭口(海拔4818.43m)、脱哥拉垭口(海拔4636.73m),止于那曲县那曲镇东(浙江东路水泥混凝土道路东端),接市政道路,路线全长125.179km。该项目总工期(自开工之日起)两年。工程施工图设计预算核定为468037622元,较交通运输部批准初步设计概算468628910元减少591288元。

该工程建设依据为:①交通运输部交公路发[2009]752号《关于国道317线夏曲卡至那曲公路改建工程初步设计的批复》;②西藏自治区交通运输厅2010年6月12日印发的《关于国道317线夏曲卡至那曲公路改建工程施工图设计的批复》。

工程全线按三级公路技术标准进行改建,设计速度30km/h,路基宽7.5m,路面宽6.5m;夏曲卡镇(K1886+900～K1890+500)和孔玛镇(K1938+000～K1939+800)两段城镇过境段路基加宽为8.5m,路面宽7m;桥涵设计汽车荷载全部采用公路—Ⅱ级标准,其他技术指标符合交通部《公路工程技术标准》(JTG B01—2003)中的有关规定。

路基路面:K1861+000～K1925+300、K1937+500～K1939+900、K1964+300～

K1985+853.674 三段干燥或中湿路段采用 4cm 厚细粒式 SBR 改性沥青混凝土面层、20cm 厚水泥稳定砂砾基层和 20cm 厚级配砂砾底基层的路面结构;K1925+300~K1937+500、K1939+900~K1964+300 潮湿路段采用 4cm 厚细粒式 SBR 改性沥青混凝土面层、20cm 厚水泥稳定砂砾基层、26cm 厚级配砾石底基层和 20cm 厚天然砂砾垫层的路面结构。

(六)丁青至斜拉山整治改建工程

国道 317 线(西藏境)丁青至斜拉山整治改建工程起自丁青县城西,接正在整治改建的国道 317 线类乌齐至丁青段,途经色扎乡、尺牍镇、巴达乡,接正在改建整治的国道 317 线斜拉山至巴青段,路线全长 110.726km。同步建设丁青西连接线 2.16km。项目总工期(自开工之日起)3 年。两阶段施工图设计预算核定 1791585301 元。其中建筑安装工程费 1474242755 元,设备及工具、器具购置费 42768656 元,工程建设其他费用 222391794 元,预备费 52182096 元。

该工程建设依据为:①交通运输部交公路发〔2013〕921 号《关于国道 317 线(西藏境)丁青至斜拉山整治改建工程初步设计的批复》;②西藏自治区交通运输厅 2015 年 9 月 29 日下发的《关于国道 317 线(西藏境)丁青至斜拉山整治改建工程两阶段施工图设计的批复》。

工程主线及丁青西连接线采用三级公路技术标准建设,设计速度 30km/h,路基宽度 7.5m,对于地质复杂、工程艰巨路段,在保证行车安全的前提下,个别技术指标可适当降低。色扎乡、尺牍镇、巴达乡三处过境段路基宽度采用 10m。新建斜拉山隧道采用二级公路技术标准建设,设计速度 40km/h,隧道净宽 9m。全线桥涵设计荷载采用公路—Ⅱ级,其他技术指标按《公路工程技术标准》(JTG B01—2003)执行。

工程充分利用有利地形和现有道路进行改建,因地制宜、兼顾环保,完善排水和加强防护措施,提高公路抗灾和通行能力,降低工程建设对当地环境带来的负面影响。

本工程路基土石方挖方 79.3147 万 m^3,填方 69.3638 万 m^3;防护工程 34.9087 万 m^3,排水工程 7.0294 万 m^3;沥青混凝土路面 69.4232 万 m^2,水泥路面 4.1565 万 m^2;新建大桥 265.04m/2 座,中桥 884.74m/13 座,小桥 364.12m/16 座,修复利用旧桥 32m/1 座,涵洞 300 道;新建隧道 4088m/1 座,新建养护工区 1 处,隧道管养站 1 处,隧道变电所 2 处。

(七)昌都以西段整治改建

国道 317 线西藏昌都以西段是《国家重点公路建设规划》第 10 横成都至那曲公路的重要组成部分,是西藏自治区"二纵两横六通道"骨架公路网北横线昌都岗托(川藏界)至阿里狮泉河的重要组成部分,是昌都地区通往那曲、拉萨、阿里等地区的重要公路通道,在军事上既是战略腹地的重要军事机动通道,又是川藏公路的战略迂回线路。

青藏铁路通车后,国道317线西藏昌都以西段公路成为那曲至昌都沿线地区通往青藏铁路的客货集散主通道,该路段经过昌都地区昌都、类乌齐、丁青三县和那曲地区巴青、索县和那曲三县,并可有效辐射昌都地区边坝、洛隆两县和那曲地区比如县,总人口50多万,占西藏全区总人口的18%,面积8.38万km²,区域内土地资源、矿产资源、畜产资源、旅游资源、森林资源、动植物资源、都很丰富,具有很好的开发前景。

国道317线昌都以西段公路全长754km,是在特殊历史时期和特定技术条件下修建的,沿线气候、地形、地质条件复杂。昌都以西段需整治改建路段长约633km,估算总投资39.7亿元(不含昌都至类乌齐段97km,珠角拉山隧道1座3980m,该段与214国道重合,其整治改建工程项目已列入214国道西藏段"十一五"建设规划项目中)。

第一段,类乌齐到丁青段,全长141km,估算总投资约为8.3亿元,按三级公路技术标准改建,拟在2008—2010年实施。

第二段,丁青至斜拉山段,全长124km,斜拉山隧道1座长3300m,估算总投资11.6亿元,按三级公路技术标准改建,拟在2009—2011年实施。

第三段,斜拉山至巴青段,全长102km,估算总投资5.2亿元,按三级公路技术标准改建,拟在2010—2011年实施。

第四段,巴青至夏曲卡段,全长142km,估算总投资7.8亿元,按三级公路技术标准改建,拟在2009—2011年实施。

第五段,夏曲卡至那曲段,全长124km,估算总投资6.5亿元,按三级公路技术标准改建,拟在2009—2011年实施。

国道317线昌都以西路段途经类乌齐、丁青、巴青、索县、夏曲卡、那曲等城镇时,过境或绕城公路采用二级公路技术标准,路基宽度12m。为尽快落实公路建设投资,尽早改善国道317线的通行条件,从2001年就开始分段对国道317线开展可行性研究工作。

第五章
拉萨至贡嘎机场高等级公路

拉萨至贡嘎机场高等级公路是西藏第一条高等级公路,是西藏和平解放60周年献礼工程,为"十一五"新增重点公路建设项目。于2009年4月28日开工,路线全长37.8km,工程由国家投资15.9亿元。

拉萨至贡嘎机场高等级公路全线采用一级公路技术标准,双向四车道,设计速度80km/h,从拉萨市区到贡嘎机场的行车时间缩短半小时,全线免费通行。公路起于拉萨市柳梧新区世纪大道,经柳梧开发区、才纳乡,终点位于"两桥一隧"拉萨特大桥南桥头,路线基本沿拉萨河南岸布设,总体走向由东向西,经过区域分属拉萨市的堆龙德庆、曲水两县,自东向西与青藏铁路延伸线——拉萨至日喀则铁路处在同一走廊带上。

第一节 初　　建

1955年冬,西藏交通局成立不久,开始研究和管理西藏地方交通工作。在干部少和技术力量很薄弱的条件下,着手修建拉萨至泽当公路。拉萨至泽当公路,经曲水、贡嘎、扎囊至泽当,是通向山南地区的一条干线,全长192km,于1956年夏测设完毕,随即于8月初开工修建,投资300万元。

第二节　整治与改建

一、"八五"之前拉萨至贡嘎公路改建

拉萨至贡嘎的公路,是拉萨通向西南、东南广大地区和边境口岸的必经之路,它连接机场,更是西藏走向全国、走向世界的交通要道,随着经济建设、国防事业的发展和社会进步,尤其是社会主义市场经济大潮和旅游业的兴起,贡嘎航空港交通量急剧增长,中外客商受够了这条公路的颠簸之苦,不足百公里的路,竟要艰难地行驶五六个小时。因此,对这条公路进行改建,提高标准,势在必行。

公路交通部门对改造通往机场的公路十分积极,在青藏公路铺筑沥青路紧张施工期间,就将拉贡公路改建工程提上日程。1982年9月10日,自治区人民政府决定地方财政投资改建拉贡公路。由交通厅为建设单位,公路工程局全权负责施工,拉萨市和山南地区沿线附近各县动员民众,按"以工代赈"性质参工。当月,交通厅给公路设计院下达了测设任务书,要求1983年提交全部设计文件。

1982年12月25日,时任自治区交通厅副厅长张如珍等带领工程技术人员到拉萨河南岸下游的协荣村,攀登波基拉山,调查踏勘拉萨至机场段公路改线的可能性。因为现行公路85余公里,若从市中区算起有100km远,路线绕一个大弯。设想改线方案,由现行公路的37.6km处,架一座约500m长的大桥,过拉萨河,在波基拉山凿一条长约2000m的隧洞,再架一座长约1500m的大桥跨过雅鲁藏布江,到贡嘎机场,称为"两桥一洞"方案,改线约10km,这样公路可由85km多缩短为48km左右,从市中区算起可缩短到60km以下。初步踏勘发现,隧洞进口与雅鲁藏布江水位落差约40m,如隧道施工结合拉萨河截流引水,可装机发电、灌溉农田,具有开发拉萨河南岸和雅鲁藏布江北岸大片土地、农牧业等资源的综合效益。踏勘以后,调查人员向区党委和人民政府报送了《缩短拉萨至贡嘎机场公路里程的建议》,阴法唐和侯杰批复赞同"两桥一洞"方案,要求在拉贡公路改建中实施。1983年,交通厅又邀请交通部第一公路勘察设计院的专家和西藏公路设计院联合勘测论证,提出了《"两桥一洞"工程可行性研究报告》,当时估算投资为9700万元,但因拉贡公路改建工程,要求1985年必须完工,实施"两桥一洞"的方案,工期不允许,投资也不落实,经交通厅呈述意见,自治区领导同意,拉贡公路先以老路改建,"两桥一洞"方案作为第二期工程实施。

改建工程的标准是拉萨至曲水大桥为二级路,路基宽12m,路面宽9m;曲水大桥至贡嘎机场为三级路,路基宽8.5m,路面宽7m;桥涵载重为汽车—超20级,挂车—100,均铺筑沥青路面。

1983年9月5日,交通厅、财政厅、计经委、建设厅联合召开了拉贡公路改建工程动员协调会议,会期4天,出席会议的有施工、设计和拉萨、山南有关的33个单位82名代表。会议决定山南交通局成立工程指挥部。西藏公路工程局利用冬季青藏公路不能施工,把队伍调至拉贡公路。拉贡公路于1983年11月1日破土开工,1983年冬至1984年春,先后投入施工队和一线工人共11000余人,施工机械480余台,争取1985年底完成主体工程,后改建工程的工期由原计划的1985年年底,提前至1985年5月底,以保证43项工程和自治区20周年大庆筹备工作的公路运输。交通厅号召参工的广大职工、民工、解放军指战员,加快工程进度,将拉贡线修成西藏第一流的公路,向自治区成立20周年献礼。

拉贡公路改建工程指挥部,由时任交通厅副厅长黄铎群任指挥长,53师师长徐明皋、工程局副局长黄宗富任副指挥长,孔繁耀工程师为技术负责人。在指挥部统一领导下,参工的专业队伍、军工、民工共同努力,民族团结,军民合作,战风沙,斗严寒,历时1年零8个月,完成公路改建工程85.222km,其中二级公路57.939km,三级公路26.546km,曲水大桥737m。投工3168265个,机械台班113278个,耗用沥青5606t,钢材372t,水泥4409t,木材1412m³,炸药426t,汽油1201t,柴油1670t;完成路基土石方1114737m³,其中石方为273265m³,防护工程157750m³;完成路面基层手摆片块石及4cm厚的沥青碎石浅贯路面720622m²,其中K0+000~K3+000加铺3cm厚的沥青砂封面29579m²;改建东嘎大桥,加设人行道栏杆,重做桥面;新建中小桥21座,涵洞203道。设置了里程碑、地名牌、指示牌和警告牌等,急弯险段设有护栏和分隔桩;路堤两侧边坡脚外设有2m宽的护坡道绿化带,养护单位和林业部门栽植了行道树。在修路的同时,公路管理局房建队修建了曲水段房和两座工区房,均为楼房,西藏养护段和道班住楼房,这还是首次。拉贡公路改建工程概算为62641707元,单位造价二级路854400元/km,三级路495000元/km,由于专业施工队伍主要是利用青藏公路冬休施工、部队不发工资、民工工资费用较低等因素,节约了资金,工程决算数为5317万元。全部由西藏财政投资,这是当时西藏地方财政为公路工程投资最大的一个项目。

拉贡公路改建工程,按计划于1985年5月30日竣工。5月30日至6月10日,由交通厅主持,有关单位组成验收委员会进行了竣工验收,拉贡公路改建工程被评价为良好工程,并交付管养使用。1985年6月5日,拉贡公路山南交通局管辖的一段贡嘎机场至曲水大桥的26.546km,在贡嘎县举行了竣工验收交接会议。1985年6月29日,在拉萨西郊拉贡公路起点处,拉萨市各族各界隆重集会,庆祝拉贡公路胜利竣工。

二、"八五"期间标准化、美化工程

1990年,西藏交通厅在《全区公路建设项目前期工作安排》中,把拉萨至贡嘎机场公路标准化、美化工程——GBM工程,列为可行性研究的任务。该项任务由西藏公路设计院承担,于1990年12月完成了调查工作,1991年3月,提交了《可行性研究报告》。6月3日,交通厅将《拉贡公路标准化、亮化工程可行性研究报告》报送自治区计经委。10月28日,交通厅主持召开了由计经委有关单位,交通厅有关单位和自治区技术监督局、自治区城乡建设环保局、"一江两河"办公室等12个单位29人参加的论证会议,对GBM工程可行性做了论证评审。11月4日,交通厅向自治区计经委报送了《拉贡公路标准化、亮化工程可行性研究报告审查纪要》。1994年4月6日,自治区计经委对交通厅报的《关于拉贡公路标准化、美化工程项目建议书》作了批复:"拉贡公路全长86.05km,其中二级路57.59km,三级路28.46km,总投资1583万元。"4月19日,交通厅给设计院下达了该项目工程的《设计任务书》,要求在对原已完成的工程可行性研究报告进行补充完善的基础上，一次定测完成一阶段施工图设计文件，于今年5月10日前上报交通厅。

1994年8月，时任交通部刘锷副部长来藏考察工作期间，同自治区领导商定，拉贡公路GBM工程，为西藏自治区30周年大庆的62项工程之一，由交通部投资，并派专家组实地调查确定设计原则，西藏公路设计院负责设计，报部批准。9月，交通部公路管理司派出专家组，对拉贡公路GBM工程进行了现场调查研究，经与西藏交通厅、公路设计院、公路管理局等单位商定的设计原则为：原路基不变动，但对路肩进行硬化处理，嵌砌路肩边缘石；视具体情况增设挡墙等防护工程；整修上下边坡(刷坡)，疏通边沟，部分边坡及边沟进行铺砌，曲水大桥以南个别路段进行稳定处理。路面工程全线罩面搓板、油包等病害地段挖除重做；沉陷、网裂、强度不够地段，局部浅贯处理后再封面；路面平整度较差路段，做2.5cm罩面。桥涵工程，除增加少量涵洞外，对原有桥梁不改建提高，对部分损坏栏杆、安全栅栏、锥坡等做修复。沿线段、道房原则上不新建增加，只进行门面维修粉刷，规范化标写工区名称和路徽等。绿化工程，宜林地段植树种草。沿线交通工程，包括地名标志牌、金属护栏、路面标线等，经部确定由华纬公司负责设计施工。

按照上述原则，西藏公路设计院全线实地测量，编制了拉贡公路GBM工程一阶段施工图设计文件。路线起点为拉萨西郊加油站岔道口，终点为贡嘎机场大门，全长85.553km，其中二级路58.638km、三级路26.915km。工程概算为62732340元。

1994年11月2日，交通部下发对西藏自治区交通厅《关于对拉贡公路一阶段施工图设计文件的批复》：同意拉贡公路整治工程的起止点和长度，全线平纵指标及路基宽度均已满足二三级路标准，整治工程对路线平纵指标及路基宽度不做变动；同意全线采用沥青表处罩面，路面破坏严重路段进行局部挖除、补强，适当增加排水及防护工程，重点修复损毁的挡墙；整修已损坏桥梁栏杆，增设护柱。核定总概算34146996元。该项工程由交通厅为建设单位，请认真履行建设单位职责，施工中加强各项工作管理，严格控制投资，确保工程如期完成。在这个批文中，将原称之"拉贡公路标准化、美化——GBM工程"，改称为"拉贡公路整治工程"。1995年初，交通厅又报告《申请追加拉贡公路整治工程概算》。交通部于1995年6月16日批复：同意全线增加概算12188348元，拉贡公路整治工程调整概算核定为46335344元。

承担拉贡公路整治工程施工任务的是西藏公路工程总公司、武警交通二支队、青藏公路局拉萨工程队和日喀则总段工程队。参工1000多人，各种机械设备200多台，于1995年3月开工。4月8日，自治区人民政府时任副主席杨松，对工程进行了全线检查，并代表区党委、人民政府对参工人员亲切慰问。他特别讲到："拉贡公路作为航空港通往拉萨的区门路，山南、日喀则地区通往拉萨的必经路，自治区30周年大庆62项工程之首，自治区十分重视拉贡公路的整治工程，交通部也给予了高度重视，因此，我们一定要下决心建好这条路。"经过5个多月的紧张施工，拉贡公路整治工程于1995年8月中旬竣工。根据交通部《公路工程竣工验收办法》的规定,由西藏自治区交通厅主持拉贡公路整治工程交工验收工作,包括交通工程设施交、竣工验收一并进行。交通厅成立以时任副厅长颜佳义为组长的交工验收领导小组,由建设、设计、施工、养护、科研、质监单位和自治区有关部门以及中国公路咨询监理总公司的有关单位,共26人组成。经验收检测,全线总评分为89.2分,工程优良率100%,质量等级为优良。其中西藏公路工程总公司得分88.83分,优良率100%,质量等级优良;武警交通二支队得分88.56分,优良率100%,质量等级优良;青藏公路局拉萨工程队得分91.80分,优良率100%,质量等级优良;日喀则总段工程队得分86.90分,优良率100%,质量等级优良;中国公路工程咨询监理总公司(华纬公司)得分94.70分,优良率100%,质量等级优良。经过验收交付养护管理使用,拉贡公路的工程决算为整治工程4635万元、GBM工程520万元,合计5155万元。这项工程基本达到标准化、美化的要求。

三、"十五"期间拉萨至贡嘎机场公路新改建工程(两桥一隧)项目

始建于20世纪60年代的拉萨机场,位于雅鲁藏布江南岸的山南地区贡嘎县境内。拉萨至贡嘎机场公路,南接机场,北连拉萨,享有西藏"区门第一路"之美誉。但该机场距西藏首府拉萨90多公里,且公路技术等级低、路况差,为全国省会城市最远的机场,西藏各族人民一直盼望,缩短拉萨至机场的路程。20世纪80年代初,专家提出,跨越江河,穿越关山,架桥开洞,兴建拉贡机场公路桥隧工程,改善拉萨至机场公路的通行条件。工程地处雅鲁藏布江、拉萨河交汇地带,新建设特大桥两座、长隧道一座,被形象地称为"两桥一隧"工程。

西部大开发中,在党中央的亲切关怀下,国家把"两桥一隧"工程列为交通部和西藏自治区"十五"重点公路建设项目,并于2003年4月26日开工建设。经过建设者28个月的艰苦奋战,2005年8月26日建成通车。这条集自然景观与人文景观于一体的宏伟工程建成使用,极大地改善了西藏首府拉萨至机场的行车环境,为西藏经济、社会跨越式发展和长治久安创造了良好条件。

工程全长13.3km,新建段长10.17km,其中拉萨河特大桥1583.1m,嘎拉山隧道2447m、雅鲁藏布江特大桥3788.1m,改建路段长3.137km。桥隧总长7818.2m,占新建段总长的76.88%。桥梁上部采用先简支后连续预应力钢筋混凝土结构,下部采用双柱式桥墩,灌注桩基础;隧道设通风、照明、通信、消防、监控、供配电、火灾报警、应急电话、避难通道等系统工程。工程总投资6.33亿元,是西藏公路建设史上桥隧工程规模最大、单位造价和科技含量最高的公路建设项目。项目于2003年4月26日开工,经过28个月的施工建设,2005年8月26日建成通车。

拉贡公路新改建工程全线按二级公路标准设计,路基宽12m,路面宽9m,桥涵设计荷

载标准为汽车—超20级、挂车—100。桥梁全宽12m,桥面宽11m。

本工程的主要参建单位见表7-5-1。

拉萨至贡嘎机场公路新改建工程参建单位一览表　　表7-5-1

设计单位	山东省交通规划设计院
建设单位	西藏自治区交通厅
监理单位	重庆市交通工程监理咨询有限责任公司
施工单位	贵州省公路工程总公司
	中铁十二局集团有限公司
	中铁十五局集团有限公司
	路桥集团国际建设股份有限公司
	西藏天路交通股份有限公司
	成都曙光光纤网络有限责任公司

西藏属于高原地区,地质和地理环境有其特殊性。施工人员大胆探索,勇于创新,攻克了高原施工中一个又一个技术难关,新材料、新工艺、新技术被大量应用于工程之中,确保了工程的顺利建设。

在隧道内铺筑露石水泥混凝土路面,难度极大。为攻克这一难题,项目办与长安大学合作,针对青藏高原地区特殊的气候、地理条件,结合嘎拉山隧道路面实体工程,实施了"露石水泥混凝土路面高原地区应用适应性研究",系统研究了露石水泥混凝土路面的原材料、配合比与施工工艺,找到了铺筑露石水泥混凝土路面的最佳比例,首次在青藏高原成功铺筑了2500m的隧道露石水泥混凝土路面,各项功能指标达到了预期的目标。

新材料、新工艺、新技术的广泛应用,提高了嘎拉山隧道、雅鲁藏布江和拉萨河大桥质量。桥梁采用先简支后连续施工工艺,主河道深水段采用钢管桩设平台、钢管沉箱法进行桩基施工,高桩盖梁施工采用剪力销、抱箍法架支模板,桥面加铺专用防水材料,隧道路段铺筑露石水泥混凝土路面,路面桥面采用优质SBR改性沥青混凝土,隧道南北洞门风格各异,凸显出浓郁的民族特色。

"两桥一隧"工程沿线生态环境脆弱,植被异常,项目办与各施工单位签订了《环境保护协议》,编制了《环境保护施工手册》,制定了详细的《环境保护实施细则》,成立了环境保护领导小组,设置了专职环保工程师和环保监督员。要求施工单位严禁越区域占用农田、河滩,不触动原有地形、地貌等,促使各参建方减少对自然环境的扰动和破坏。从人员驻地建设入手,对参与工程建设的单位划定固定的区域,住房建设布局合理、整齐划一,办公、生活区分离,院内硬化、绿化,宜树栽树、宜草种草,驻地绿化面积和质量达到西藏公路建设驻地较高水准。施工现场,不允许看到一个丢弃的塑料瓶、塑料袋等。

为了"两桥一隧"沿线环境"锦上添花",按照交通部批复,实施了绿化美化工程。借助雅鲁藏布江农业灌溉渠道,以高羊茅草坪为基础,以常绿景观树云杉、蜀桧为主调,以沙棘、左旋柳为陪衬,进行组团式丛植、列植,组成一幅山清水秀的高原水乡画图。主线和被交线路排水沟外侧,列植高大的新疆杨为行道树,用沙棘构建路界篱,构成一幅碧波涟漪、蓝天、白云、绿地的高原山水风光。

拉贡公路新建绿化工程,种植乔木8600棵、灌木4.7万株、草坪3.9万m^2。绿化、美化工程,充分体现高原工程所在区位人本特色,达到美化环境、降低噪声、保持水土、涵养生态、舒适旅行的人文景观和自然景观的和谐统一,使西藏"区门第一路"更加靓丽,成为西藏标志性建筑、新的人文旅游景点,体现了人与自然的和谐统一。

四、"十一五"期间拉萨至贡嘎机场高等级公路工程

拉萨至贡嘎机场公路于2009年4月28日举行准备工程开工仪式。各参建单位经过两年多的艰辛努力,于2011年6月30日完成全部路基、桥梁、隧道、路面、绿化、交通设施(防护设施、标志标线)、景观和照明工程。

2011年7月,在西藏自治区和平解放60周年大庆之际,中央代表团为机场公路顺利通车剪彩,结束了西藏自治区没有高速公路的历史。

本项目位于拉萨河下游段,路线起点位于拉萨火车站、柳梧客运站以西1.7km处,接柳梧世纪大道终点,测设桩号K0+000。经拉萨市柳梧开发区、堆龙德庆县柳梧乡、曲水县才纳乡,路线终点位于"两桥一隧"嘎拉山隧道北洞口与拉萨河特大桥南桥头之间,距贡嘎机场约11.5km,路线全长37.837km。本项目为国家全额投资,初步设计批复总概算1590273566元,两阶段施工图设计批复预算1589740558元。

该工程建设依据:项目建议书的审查意见(交通运输部交函规划〔2009〕67号);项目控制性工程提前实施与部分工程实行邀请招标的请示批复(西藏自治区人民政府藏政办发明电〔2009〕69号);项目实行邀请招标的请示批复(西藏自治区人民政府);项目建议书批复(国家发展和改革委员会发改交运〔2010〕1378号);项目可行性研究报告批复(国家发展和改革委员会发改基层〔2010〕2614号);项目初步设计批复(交通运输部交公路发〔2011〕105号);项目施工图设计批复(西藏自治区交通厅藏交发〔2011〕336号)。

拉萨至贡嘎机场公路按《公路工程技术标准》(JTG B01—2003)中的四车道一级公路技术标准设计,设计速度80km/h,双向四车道,整体式路基,路基宽度24.5m,路面宽度21m,路面为沥青混凝土,路面结构形式采用4cmAC-13沥青混凝土+6cmAC-20沥青混凝土+7cmAC-25沥青混凝土+30cm级配碎砾石水泥稳定基层+20cm砂砾底基层,平曲线一般最小半径为400m,平曲线极限最小半径为250m,不设超高的平曲线最小半径为2500m(路拱≤2%),平曲线最小长度为140m,平曲线一般长度为400m,缓和曲线最小长度为70m,最大纵坡(折减值)为4%,纵坡最小坡长200m,凸形竖曲线一般最小半径为4500m,凸形竖曲线极限最小半径为3000m,凹形竖曲线一般最小半径为3000m,凹形竖曲

线极限最小半径为2000m,竖曲线最小长度为70m,竖曲线一般长度为170m,停车视距为110m,路基、大、中、小桥及涵洞设计洪水频率为1/100,特大桥设计洪水频率为1/300,桥涵设计荷载为公路—Ⅰ级,地震基本烈度为Ⅶ度。

该工程的参建单位见表7-5-2。

拉萨至贡嘎机场高等级公路工程参建单位一览表 表7-5-2

项目法人	西藏自治区交通厅重点公路建设项目管理中心
监督单位	西藏自治区交通工程质量安全监督局
设计单位	西藏自治区交通厅公路勘察规划设计院
监理单位	铁科院(北京)工程咨询有限公司
检测单位	甘肃省公路工程质量试验检测中心
独立桥施工单位	中铁八局集团有限公司
	四川武通路桥工程局
路基施工单位	中铁八局集团有限公司
	中铁二局第五工程有限公司
	朝阳建设集团有限公司
	四川武通路桥工程局
路面施工单位	西藏天路股份有限公司
安全施工单位	西藏路安公路防护设施工程有限公司
	西藏创美绿化工程有限公司
	成都育华科技有限公司
绿化环境施工单位	西藏天诚路桥环境工程有限公司
	成都俊宏景观建设工程公司
景观照明施工单位	陕西润丰建设有限公司
LED施工单位	甘肃紫光智能交通与控制技术有限公司

第六章
国道318线林芝至拉萨高等级公路

中央第五次西藏工作会议提出西藏要跨越式发展,交通基础设施需先行的重大战略决策,自治区党委、区政府决定实施交通运输超常规发展战略。国道318线林芝至拉萨段公路改造工程(国道318线林芝至拉萨高等级公路)是西藏自治区通过创新筹融资模式、2013年提前启动实施的公路交通基础设施重大工程,并经国家和西藏自治区发展改革委批准立项的国家重点公路建设项目。

作为西藏"十二五"重点项目之一的拉萨至林芝高等级公路全长409.2km,总投资380亿元,全线采用四车道一级公路标准建设,设计速度80km/h。该路起于拉萨市蔡公堂乡,止于林芝市八一镇。全线共设置八一、八一西、更张、百巴、巴河、工布、江达、太昭、加兴、松多、日多、墨竹工卡、达孜13座互通式立交,并建有互通连接线3km。

全线工程分一、二期进行。一期工程于2013年5月开工建设,2015年9月15日通车运营。二期工程于2016年1月25日开工,截至2017年9月底,除松多隧道外,全线所有工程已完成,基本具备通车条件,9月21日—24日通过交工验收。

该路是西藏"三纵两横六个通道"主骨架公路,是连接藏中、藏东经济带乃至大西南的主通道。项目的建成,对西藏融入成渝经济圈,推进沿线旅游升级,完善产业发展链条,进一步提高区域国省干线快捷通达能力,提升综合运输保障能力具有极其重要的作用。

第一节 一 期 工 程

一、基本情况

一期工程从路线两头开始实施,分拉萨至墨竹工卡、林芝至工布江达两段实施。

拉萨至墨竹工卡段起于墨竹工卡县城东(K4554+800),经过墨竹工卡县城、达孜县章多乡、达孜县塔杰乡、达孜县城、拉萨市城关区蔡公堂乡,在纳金大桥处设纳金互通,继续向西延伸至拉萨市城关区香嘎村(K4620+550),与G318相接,路线全长65.619km。因设计变更,止于拉萨市城关区蔡公堂乡白定村(K4612+571.7),终点与洛卡村至学子大道相接,实际里程57.640km(含断链)。

林芝至工布江达段起于林芝市八一镇真巴村,在八一桥西头与米林机场专用公路平交,经杰麦村、更章乡、百巴镇、巴河镇,止于工布江达县扎西村,全长 152.263km。

一期工程项目批复概算 1121746.4592 万元(林拉一期),属国家全额投资,建安工程合同总价为 305135.074 万元。

二、建设依据

水利部《水利部关于国道 318 线林芝至拉萨段公路改造工程水土保持方案的批复》(水保函〔2014〕101 号)、交通运输部《交通运输部关于国道 318 线林芝至拉萨段改造工程可行性研究报告的审查意见》(交规划函〔2014〕466 号)、国土资源部《关于国道 318 线林芝至拉萨段公路改造工程建设用地预审意见的复函》(国土资预审字〔2014〕195 号)、国家发展和改革委员会《关于国道 318 线林芝至拉萨段改造工程可行性研究报告的批复》(发改基础〔2015〕1893 号)、交通运输部《关于国道 318 线林芝至拉萨段改造工程(一期工程)初步设计的批复》(交公路函〔2016〕272 号)等相关文件。

三、主要技术指标

一期工程建设标准为双向四车道一级公路,设计速度 80km/h,路基宽度 24.5m、21.5m,全线采用沥青混凝土路面,桥涵荷载标准均采用公路—Ⅰ级。其余技术指标按《公路工程技术标准》(JTG B01—2003)执行,主要技术指标见表 7-6-1。

一期工程主要技术指标　　　　　　　　表 7-6-1

序号	指标名称	指标值	采用值
1	公路等级	双向四车道一级公路	
2	设计速度(km/h)	80	
3	路线全长(km)	152.263	
4	路基宽度(m)	整体式:24.5;分离式:2×12.25 整体式:21.5;分离式:2×11.25	
5	最小平曲线半径(m)	一般值:400 极限值:250	700
6	最大纵坡(%)	5	4
7	设计汽车荷载	公路—Ⅰ级	
8	地震动峰值加速度	0.2g/0.15g	
9	设计洪水频率	特大桥 1/300、其他桥涵和路基 1/100	

四、建设情况

(一)拉萨至墨竹工卡段

拉萨至墨竹工卡段主要建设内容包括路基、路面、桥涵、隧道、防护、排水、安全设施、机电、房建、环保景观工程,实际完工里程 57.64km。共计完成路基土石方工程 980.29 万 m^3;沥青混凝土面层 126.259 万 m^2;桥梁 6922.03m/35 座,其中特大桥 3338.6m/2 座,大桥 2253.5m/9 座、中桥 1139.43m/17 座、小桥 190.5m/7 座;隧道 3581m/3 座(含双线);通道 85 道,涵洞 121 道;防护工程 223032m^3;排水工程 64923m。

本项目施工图设计批复的建设工期为 24 个月,实际施工工期为 24 个月。受项目法人委托,项目建设共计用地 4893.914 亩,其中耕地 2068.889 亩,林地 1714.411 亩,草地 947.076 亩,河滩地 93.927 亩,水塘地 5.773 亩,宅基地 4.93 亩,商业用地 58.908 亩。

该段工程参建单位见表 7-6-2。

拉萨至墨竹工卡段参建单位 表 7-6-2

建设单位	西藏自治区重点公路建设项目管理中心
监理单位	铁科院(北京)工程咨询有限公司、北京中通公路桥梁工程咨询发展有限公司
监督单位	西藏自治区交通工程质量安全监督局
跟踪审计单位	中审亚太会计师事务所、重庆恒申达工程造价咨询有限公司
第三方检测单位	广东交通集团检测中心
设计单位	中交第二公路勘察设计研究院有限公司
施工单位	中交第一公路工程局有限公司(土建第一标)
	中铁十二局集团有限公司(土建第一标)
	广东添虹交通工程有限公司(安全设施全一标)
	西藏俊富环境恢复有限公司(路面防裂基布材料采购及施工全一标)
	成都市工业设备安装公司(机电工程全一合同段)
	厦门鹭路兴绿化工程建设有限公司(环保景观全一合同段)
路面技术咨询单位	招商局重庆交通科研设计院有限公司、江苏省交通科学研究院股份有限公司
隧道超前地质预报单位	中铁西北科学研究院有限公司工程检测试验中心

项目于 2013 年 7 月 1 日正式开工建设,经各参建单位的共同努力,于 2015 年 7 月 20 日顺利完工,2015 年 4 月 15 日—12 月 8 日由广东交通集团检测中心完成交工前质量检测工作,并出具了检测报告,西藏自治区交通工程质量安全监督局根据检测报告于 2016 年 3 月 23 日出具了检测意见。

2016 年 11 月 16 日,由西藏自治区交通运输厅建设管理处等组成交工验收小组。验收小组通过听取各参建单位的工作情况汇报,以现场检查工程实体及外观、审查合同执行、工程资料和竣工图表的方式,对国道 318 线林芝至拉萨公路改造工程墨竹工卡至拉萨段(土建、交安)进行了交工验收,并通过了交工验收报告。根据《公路工程质量检验评定标准 第一册 土建工程》(JTG F80/1—2004)对分项工程、单位工程、合同段以及建设项目进行评定,本项目质量综合评定得分为 97.2 分,4 个合同段质量等级全部为合格,故本项目质量等级评定为合格。

(二)林芝至工布江达段

林芝至工布江达段建设内容主要内容包括路基、路面、桥涵、隧道工程并完善排水、防护及交通安全设施等。

本项目建设标准为双向四车道一级公路,设计速度80km/h,路基宽度24.5m、21.5m,全线采用沥青混凝土路面,桥涵荷载标准均采用公路—Ⅰ级。其余技术指标按《公路工程技术标准》(JTG B01—2003)执行,主要指标见表7-6-1。

工程共计完成土建工程:全线路基土石方1532.8万m^3,路面工程301.1万m^2,防排水150.5万m^3,桥梁共21392.7m/72座,隧道两座(八一隧道602.5m、工布江达隧道1267.5m),合单洞长3740m,桥隧比为15.278%,涵洞132道,通道100道,互通区6座。沿线交通安全设施工程:热熔反光标线174567m^2;振动标线4358m^2;波形梁护栏319085m,插拔式活动护栏2470m,轮廓标线27986根;隔离栅314753m;防眩板131991块;百米标2910个;公路界碑1530个;标志牌1246个。

本项目由自治区交通运输厅项目招投标中心统一组织招投标工作,最终确定各设计、施工、监理等单位。西藏自治区交通工程质量安全监督局负责对该项目工程的质量监督。具体参建单位见表7-6-3。

各参建单位基本情况表　　　　表7-6-3

工程监督单位	西藏自治区交通工程质量安全监督局
建设单位	西藏自治区重点公路建设项目管理中心
设计单位	中交第二公路勘察设计研究院有限公司
设计咨询单位	中交第一公路勘察设计研究院有限公司
跟踪审计单位	中审亚太会计师事务所、 重庆恒申达工程造价咨询有限公司
第三方检测单位	广东交通集团检测中心
路面咨询单位	苏交科集团股份有限公司
监控量测单位	招商局重庆交通科研设计院有限公司

各施工、监理单位情况

	标段号	单位名称	资质	合同价(元)
施工单位	土建第一合同段 (K4203+811.658~K4229+430)	中铁二局股份有限公司	公路工程施工总承包特级、隧道工程专业承包壹级	1270855720
	土建第二合同段 (K4229+430~K4264+800)	中铁一局集团有限公司	公路工程施工总承包特级	1108190102
	土建第三合同段 (K4264+800~K4296+000)	中国水电建设集团路桥工程有限公司	公路工程施工总承包特级	1235746766

续上表

各施工、监理单位情况				
	标段号	单位名称	资质	合同价(元)
施工单位	土建第四合同段 (K4296+000~K4324+400)	中铁十五局集团有限公司	公路工程施工总承包壹级	1255400005
	土建第五合同段 (K4324+400~K4356+000)	中交第二公路工程局有限公司	公路工程施工总承包特级、隧道工程专业承包壹级	1226785705
	交通安全设施第一合同段 (K4203+812~K4281+000)	四川京川公路工程(集团)有限公司	公路交通工程(公路安全设施)专业承包壹级	118089312
	交通安全设施第二合同段 (K4281+000~K4356+000)	成都双羽实业股份有限公司	公路交通工程(公路安全设施)专业承包壹级	95404117
	防裂基布采购施工全一标段 (K4203+812~K4356+000)	西藏俊富环境恢复有限公司	环境修复、环境工程材料的研发、应用、销售	71477263
	合计			6381948990
监理单位	第一总监办	西安华兴公路工程咨询监理有限公司	公路工程监理甲级	24000000
	第二总监办	北京华通公路桥梁监理咨询有限公司	公路工程监理甲级、公路工程机电专项	24000000
	第一驻地办	四川公路工程咨询监理公司	公路工程监理甲级、公路工程机电专项	24180000
	第二驻地办	四川公路工程咨询监理公司	公路工程监理甲级	16460000
	第三驻地办	内蒙古交通建设监理咨询(集团)有限公司	公路工程监理甲级	30720000
	第四驻地办	重庆中咨万通工程监理有限公司	公路工程监理甲级	18820000
	合计			138180000

本项目公路主体工程于2013年5月底开工建设,截至2015年7月31日,全线沥青路面、交通安全设施等工程除工布江达隧道外,其余段落圆满铺筑完成,并于2015年9月15日对林芝至工布江达互通段138km投入试运行。工布江达隧道于2015年12月15日圆满贯通,洞内二次衬砌及沥青面层于2016年1月20日全部铺筑完成,所有主体工程由广东交通集团检测中心于2015年8月、2016年2月完成交工验收前的质量检测工作并出具了质量检测报告,西藏自治区交通工程质量安全监督局分别于2015年8月25日、2016年3月21日出具了检测意见,全线主体、交通安全设施质量缺陷整改修复于2016年5月10日全部完成。

经严格控制,本项目共发生设计变更521项,设计变更金额增减相抵后,核增金额60226.3658万元,交安、土建施工合同段签约合同金额累计为638194.8990万元,变更后总价为698421.2648万元(暂估),项目资金有结余。

针对青藏高原特殊地理气候环境下公路沥青路面反射裂缝问题,本项目首次引进"高海拔地区半刚性基层沥青路面防裂基布应用技术",该技术得到了交通运输部重点支持,并在本项目顺利实施,极大地解决了高原特殊地理气候环境下公路沥青路面反射裂缝问题。除此以外,本项目工程均采用已成熟的常规性技术。

第二节 二期工程

一、基本情况

二期工程分工布江达至米拉山、墨竹工卡至米拉山两段。二期工程主要技术指标与一期工程相同,起自工布江达县城西、止于墨竹工卡县城西,全长163.776km,与建成(一期)路段相接。拉萨到林芝的行车时间由原7小时缩短到4小时。工程全线共设工布江达至加兴、加兴至米拉山、米拉山至墨竹工卡3个项目建设驻地指挥部,施工单位11家,监理单位5家。

工布江达至加兴段起于工布江达县城西唐丁新村东侧(与一期工程终点相接),整个线位沿尼洋河谷布设,经娘盖村、朗萨村、皮康村、太昭古城、尼比村、仲村、桑生村、金达镇、加兴村、加兴乡、茶多岗,止于加色村北侧,路线全长59.508km。

加兴至米拉山段路线起于原国道318线137道班附近(接工布江达至米拉山段第四标段终点),止于米拉山北麓(接中铁二局米拉山隧道项目起点),线路全长39.857km。

米拉山至墨竹工卡段起于墨竹工卡县日多乡念村(接米拉山隧道段终点),沿墨竹玛曲河谷进行布线,经过日多乡、扎西岗乡、工卡镇至墨竹工卡县城东(接墨竹工卡至拉萨段起点),路线全长64.497km。

二、建设依据

水利部《水利部关于国道318线林芝至拉萨段公路改造工程水土保持方案的批复》(水保函〔2014〕101号)、交通运输部《交通运输部关于国道318线林芝至拉萨段改造工程可行性研究报告的审查意见》(交规划函〔2014〕466号)、国土资源部《关于国道318线林芝至拉萨段公路改造工程建设用地预审意见的复函》(国土资预审字〔2014〕195号)、国家发展和改革委员会《关于国道318线林芝至拉萨段改造工程可行性研究报告的批复》(发改基础〔2015〕1893号)等相关文件。

三、主要技术指标

二期工程建设标准与一期工程相同,同为双向四车道一级公路,设计速度80km/h,路基宽度24.5m、21.5m,全线采用沥青混凝土路面,桥涵荷载标准均采用公路—Ⅰ级。其余技术指标按《公路工程技术标准》(JTG B01—2003)执行,主要技术指标见表7-6-1。

四、建设情况

工布江达至加兴段公路用地3914.34亩;桥梁桩基1836根、涵洞96道、互通式立交2处、分离式立交66m/1座、通道15道、天桥6道、隧道545m/1座、服务区(停车区)3处。在施工过程中进行了大量的植被绿化、复耕、覆土及使用大量生态毯、生态袋,目标是项目全线绿化率达到100%。

加兴至米拉山段共设隧道2240m/1座(分左右洞);盖板涵322.69m/12道,通道1263.25m/47道,波纹管涵751.5m/40道;设置互通式立交1处;养护站、服务区各1处。

米拉山至墨竹工卡段共设置涵洞104道(含服务区、U形转弯主线涵洞3道),通道62道。设置服务区1处,紧急停车带66处。该段概算总投资46亿元。

相关参建单位见表7-6-4。

二期工程各参建单位基本情况表　　　　表7-6-4

业主单位			西藏自治区重点公路建设项目管理中心
监理单位	米拉山至墨竹工卡段		铁科院(北京)工程咨询有限公司、北京中通公路桥梁工程咨询发展有限公司
	工布江达至米拉山段		深圳高速工程顾问有限公司、西安华兴公路工程咨询监理有限公司、四川省亚通公路工程监理所
监督单位			西藏自治区交通工程质量安全监督局
设计单位			中交第二公路勘察设计研究院有限公司
施工单位	米拉山至墨竹工卡段	一标	沈阳市政集团有限公司
		二标	中交一公局第二工程有限公司
		三标	中铁二十局集团有限公司
		四标	中交第一公路工程局有限公司
	工布江达至米拉山段	一标	中交第二公路工程局有限公司
		二标	中交二公局第四工程有限公司
		三标	中铁十五局集团有限公司
		四标	中铁七局集团有限公司
		五标	中铁十局集团西北工程有限公司
		六标	中交第四公路工程局有限公司
		七标	中铁二局股份有限公司

二期工程于2016年1月25日全线开工。截至2017年6月30日,国道318线林芝至拉萨高等级公路(二期)项目主体工程已完工(除米拉山隧道外)。西藏交通运输厅组织拉萨市、林芝市人民政府以及自治区发改、公安、环保、国土、安监、水利、林业等部门联合初验。

第七章

墨 脱 公 路

西藏林芝地区墨脱县位于喜马拉雅山脉东端著名的南迦巴瓦峰南麓,东邻察隅,西接米林、隆子、错那县,北连林芝、波密县,南与印度接壤。面积3.4万km², 下辖7乡1镇,人口约1万,主要居民为门巴族和珞巴族。墨脱旧称"白马岗",藏语意为"花朵",即鲜花盛开的地方,是西藏最具神秘色彩的地方之一。

墨脱县素有"高原孤岛"之称,绝大多数居民属于门巴族和珞巴族,它丰富的林业、水利和农业资源足以养活大半个西藏。就是这样一个资源富足的地方,由于历史和自然条件等种种原因,长久以来,几乎与外界隔绝,不但自然条件没有得到改变,而且经济建设也基本等于零。墨脱的交通状况长期制约着当地的经济发展和社会进步,墨脱优越的自然条件并未给当地人民带来财富。墨脱人仍守着十分有限的山坡地,沿袭着刀耕火种、狩猎为生的原始农业生产方式,既破坏了当地的生态环境,也无法从贫困落后中解脱出来。墨脱军民所需建设物资、生活必需品、工业产品、医药卫生用品、文化教育用品等,每年几十万斤,都要靠人背、畜驮,政府每年都要动员大量的人员及马匹来组织运输。背夫和马队伴随着崇山峻岭和悬崖峭壁,蹒跚于荆棘丛生、崎岖难行的羊肠小道,来回一趟需七八天乃至十多天,沿途自带食品和炊具。为了体现民族平等、加强民族团结、维护国土完整、巩固国防的需要,墨脱公路的建设十分必要。

第一节 初 建

近几十年来,党中央、交通运输部和自治区一直非常关注墨脱公路的修建。

1965年,拉萨市成立墨脱公路修筑指挥部,拉萨市副市长高松任指挥长。从工布江达、林芝和米林三县动员民工700余人,开始修筑通往墨脱的公路。

工程开工后,首先在帕隆藏布江修建了一座长80m、宽3.5m的简易悬索吊桥,继而开挖路基,试图打通自帕隆老虎嘴,沿帕隆藏布江而下至雅鲁藏布江再通往墨脱的通道,由于施工难度大,故只修筑4km路就停工。其间支出经费80万元,8名人员死亡。

20世纪70年代,自治区决定再次修筑墨脱公路。1975年7月,成立墨脱公路修建指挥部,自治区公路工程处党委书记曹成达任指挥长,参工单位有公路工程处第一工程队、青年筑路队两个大队和驻藏部队一个工兵营,共2000余人。

路线改为从扎木至嘎隆沟,穿过原始森林到嘎隆寺,在K24处有小规模冰川、泥石流和雪崩,K24之后,原设计路线是翻越嘎隆拉山垭口,由于山高、展线坡距短,施工时将路线向东移3km,翻越多热拉山垭口比嘎隆拉山垭口低200m,山体宽阔易布线,设11道回头弯到山垭口K34+400处,为阴山坡,雪崩严重,特别是K24+500处雪崩规模较大。

据中国科学院兰州冰川冻土研究所副研究员谢自楚实地考察,这里的雪崩不亚于阿尔卑斯山雪崩。翻越多热拉山垭口四道弯下至半山台地K36有大小5个湖潭,至K45有反复11个回头弯道,有3处穿过湖口瀑布,全路通过120km无人区,沿途地形复杂,阴雨潮湿。

第一工程队首先修建扎木帕隆藏布江大桥,两个青年筑路大队开山修路,公路跨过嘎隆沟后,顺沟西盘旋而上进入原始森林,之后稍加整治维持通车。

1977年9月,开通翻越多热拉山路,开始在山南侧施工。为加快工程进度,调工兵营承担险要路段。在石崖施工中,一位战士不幸牺牲。为持续施工,自治区交通局要求指挥部在大雪封山前把粮食物资运过山,保证封山后的供应。但尚未运送粮食物资,一场大雪封山路阻,施工队伍从山南侧撤回。自治区党委第一书记任荣召见自治区交通厅负责人汤化东、张如珍,要求不管有多大困难,都要想办法克服,必须抓住时机,设法解决过山后施工队的补给问题,并指派张如珍到工地坐镇指挥。经过动员,各施工队跋越雪山继续施工。粮食采用东北雪地爬犁运输,采用履带式拖拉机牵引。山上连日降雪,为抢运物资过山,指挥部工程组长陈华民带56名突击队员奋勇承担抢运任务,因雪崩,有1名队员牺牲。大雪封路,前方和后方交通中断,只能靠电台和步话机联系。翻过多热拉山,进入嘎隆河谷,此处为水毁、滑坡、沼泽和冰川泥石流路段,公路边修边垮。到1979年,路通至K88处。

1979年7月,自治区交通厅副厅长文国良带领工作组到工地察看,调查了正在施工的路段,认为此公路难以修通。1979年秋,自治区党委书记处书记巴桑从昌都返回拉萨途中,视察了墨脱公路。1980年5月,汽车通到K106处,已修公路却大段被毁。对此,自治区交通厅提出停止修建、维护已修路段的意见。8月23日,自治区人民政府原则上同意。

1980年9月11日夜间,嘎隆藏布江上游两条沟同时暴发大规模泥石流,施工营地所有设施被冲毁。当时,自治区交通厅负责人张如珍陪同自治区副主席侯杰调查墨脱公路修建情况,认为墨脱线路因地质构造复杂,需要重新勘测,必须加大投资,加强专业施工技术队伍。因此,自治区交通厅向交通部提交停建墨脱公路报告。1981年2月,交通部批复同意。停建后,已建公路交养路部门维护。由于雪封崩塌和水毁灾害,养护部门难以维护。1981年6月,自治区人民政府决定放弃养护。6年间,耗资2538万元,牺牲34人,重伤近百人。

1984年,交通部派中国公路规划设计院工程师赵春生、第二公路设计院工程师吴殿康,对墨脱公路进行实地考察和路线可行性方案研究。专家们到墨脱县后,召开座谈会,听取县里意见。由于地势险要,许多地方无路可行,考察工作被迫中止。

1988年夏秋,在林芝地区行署支持下,墨脱县自筹资金50万元,恢复由扎木到K80处路段,每年7月下旬至9月底可以勉强行车。墨脱县在K80处设置转运站,用汽车将物资运到转运站,再组织人力向前背运。1990年,自治区人民政府拨款143万元,交通部补助900万元,续建K80处到墨脱县公路。林芝地区行署派两名副专员担任正、副指挥长,自治区交通厅派工程技术人员指挥和策划施工。自治区交通厅党委书记尕藏贡布和副厅长颜佳义、总工程师林道勋等先后带领工作组前往察看。1993年7月2日,自治区人民政府召开专题会议研究续建墨脱公路事宜。1994年初,接近粗通的公路便道修到墨脱县城。共计完成路基土石方81.7万 m^3,护坡及挡土墙0.97万 m^3,木笼填石保坎1.46万 m^3,水毁抢修22.4万 m^3,架设涵洞及小木桥28座,建成双排单层两跨共长50m的贝雷钢架桥和三排单层一跨45m的贝雷钢架桥,牺牲11人。

1994年2月1日,在扎木举行墨脱公路粗通庆祝大会,由林芝地区行署副专员毛文学主持,自治区领导及有关厅局代表、波密县代表及当地群众共2000多人参加大会。自治区人大常委会副主任龚达希在大会上讲话,自治区交通厅副厅长颜佳义宣读交通部贺电。

第二节　整治与改建

1995—1997年,西藏自治区交通厅投资2000万元开始对墨脱公路进行养护,基本实现了季节性、分段、简易便道通行的目标。

1995年6月8日,自治区副主席杨松召集有关单位负责人,就墨脱公路整治与养护问题进行专题研究,要求进一步采取措施,就公路的整治、改善与养护同时进行,总投资控制在2000万元以内。1995年先安排水毁费70万元,养路费80万元。随后,山南公路工程公司、林芝公路工程公司230名施工人员进驻多热拉山南侧K68处。经过200多天的艰苦努力,整修恢复K62~K89路段计27km。K89处至墨脱县未能一一恢复整治。到2000年,墨脱公路仍然时通时不通。

2000年5月,易贡冰湖溃决再次冲毁墨脱公路多处路段。此后,西藏自治区财政厅、交通厅每年筹措少量资金,实施保通工程,维持墨脱公路每约两个月的间断性便道通行的目标。

从2002年起,交通部等有关部门对墨脱公路的建设进行前期勘察设计,并于2007年立项开展"西藏扎木至墨脱公路建设关键技术研究",努力攻克高海拔、复杂地质地貌、恶劣气候条件下公路隧道建设、地质灾害治理等关键技术中存在的核心技术难题,为彻底整治扎墨公路提供强有力的科技支撑。

2008年9月,总投资9.5亿元、全长117km的扎墨公路被国家正式立项,列入西藏"十一五"重点建设项目。2008年10月,墨脱公路新改建工程作为西藏扩大内需的重点建设工程由国务院批准建设,2009年4月,墨脱公路新改建工程正式开工,交通运输部副部长翁孟勇、时任西藏自治区党委常委、常务副主任白玛赤林出席开工典礼。

一、工程概况

墨脱公路起于波密县扎木镇318国道川藏公路与老扎墨公路的交会处,先后跨越波斗藏布江、金珠藏布江、西莫河等6条江河,经嘎隆寺,以隧道穿越嘎隆拉雪山,经米日和马迪村到达墨脱县城莲花广场,路线全长117.278km。新建嘎隆拉隧道一座,全长3310m,与原翻山路段相比,嘎隆拉隧道方案可缩短里程约24km,且有效避免一般长达半年之久的大雪封山、雪崩等公路灾害对交通的影响。其余路段尽量在原墨脱简易道路的基础上整治改建,新建桥梁1104m/29座、涵洞227道。国家全额投资9.5亿元,建设工期36个月。

二、技术指标

工程根据地形、地质、气候、水文及老路现状,分段采用不同的技术标准和路面结构。波密境起点至隧道进口段22.839km采用四级沥青混凝土路面;隧道段4.722km采用三级水泥混凝土路面;其余89.619km路段为四级公路技术标准,根据不同的气候条件、地质特点分别采用天然砂砾、手摆片石及拳石过水路面。工程主要技术指标见表7-7-1。

墨脱公路工程主要技术指标　　　　　　　表7-7-1

第一段	波密县扎木镇至嘎隆寺(K24)段22.839km	四级路,设计速度20km/h,路基宽6.5m(4.5m),公路—Ⅱ级
第二段	嘎隆寺(K24)至冈戎勒(K52)段4.722km	三级路,设计速度30km/h,路基宽度7.5m,公路—Ⅱ级
第三段	冈戎勒(K52)至墨脱县城段89.619km	四级路,设计速度20km/h,路基宽度7.5~4.5m,公路—Ⅱ级

项目设计建设本着恢复性、保护性、自然式、乡土化、和谐统一的原则,加强生态环境保护、水环境污染防治、水土保持、路侧绿化景观、观景平台及桥梁绿化景观的设计建设理念,力争道路与自然景观的协调一致,最大限度地保护原始景观。本着以人为本的理念,

线路设计了10处观景平台，供游人旅客及驾乘人员停留休息观光。

三、控制性工程

（1）嘎隆拉隧道

全线控制性工程、世界隧道修建史上难度最高的嘎隆拉隧道，贯穿于墨脱县亚热带气候与波密县亚寒带气候交融处的嘎隆拉雪山，处于冰川地貌单元，与通麦—嘎隆寺断裂带近于正交，与马尼翁断裂带近于平行，是世界上断层最多、地应力最高、逆坡坡度最大的高原隧道。

隧道北端位于现代海洋冰川地貌单元，受印度洋暖湿气流影响，降雨量大，冰川堆积物发育，隧道进口紧邻湿地，降雨、冰川融水均迅速形成地下水，极其发育的张性裂隙使隧道地下水极为丰富。建设期先后出现多次无征兆的突涌水现象，最大出水量达 47591m^3/d。

针对现代冰川地区隧道建设关键技术，采用科技创新、动态设计与管理，有效解决了隧道混凝土冬季施工温控技术，冰川堆积地层高压裂隙水注浆堵水技术，高原寒区施工设备选型等技术难题。

隧道出口段冬季施工场地狭窄，长时间积雪，雪崩频发，材料运输困难，严重的自然灾害和困难的施工条件导致隧道掘进经常被迫停工；雨季来临后，由于施工便道长、纵坡大，上边坡多条冲沟发育，存在的水毁及泥石流隐患大大增加了便道维护难度。同时，出口端路线在狭窄的坡面展开6个回头弯，路基工程交叉作业，给施工管理提出了很高的要求。

施工者采用现代冰川地区隧道建设关键技术，利用科技创新、动态设计与管理等手段，有效解决了隧道混凝土冬季施工温控技术，冰川堆积地层高压裂隙水注浆堵水技术，高原寒区施工设备选型等技术难题。

嘎隆拉隧道于2008年9月16日开工建设，2010年12月15日顺利贯通。

（2）西莫河大桥

位于墨脱公路K134+910处的西莫河大桥，结构为4×15m+120m+2×15m钢桁架吊桥、钢筋混凝土连续π形梁。主缆采用跨径120m，垂跨比1/10，两岸锚链锚索斜度均为16°，按对称结构处理，桥面宽8m。大桥采用平行钢绞线束作为主缆索，并采用预应力锚具进行锚固和压花锚头进行复合锚固的新型技术。2011年5月1日，西莫河大桥除附属工程外主桥全部完成。

2013年10月31日，墨脱公路正式全线通车，我国最后一个不通公路的县用公路连通了外面的世界，填补了国内交通建设史上最大的空白，也为其他基础建设奠定坚实基础，将有力地促进墨脱全方位发展。墨脱公路通车是"民族平等、民族团结"的充分体现，实现了"以人为本，和谐发展"的科学理念，更极大提升了墨脱的战略地位，在维护国土完整、巩固国防建设方面提供最基本的通行保障。

四、参建单位

墨脱公路新改建工程于2008年9月8日完成招投标工作后,开始实施施工前准备工作。项目管理办公室配备管理人员18名,驻地设在墨脱县达木洛巴民族乡布洛贡村(老扎墨公路K80处)。设计单位为中交第二公路勘察设计研究院有限公司,分为5个施工合同段:A合同段为西藏交通实业发展总公司,B合同段为四川武通路桥工程局,C合同段为四川武通路桥工程局第三工程处,D合同段为西藏天顺路桥工程有限责任公司,E合同段为西藏天路股份有限公司;2个监理合同段的监理单位分别为铁科院(北京)工程咨询有限公司和西藏天鹏工程咨询监理有限责任公司。

Record of Highway Construction in
Xizang
西 藏 公 路 建 设 实 录

附　　录

西藏公路建设大事记
（1950—2017 年）

1950 年

4月13日，雅安至马尼干戈段公路的修复工程在四川与西康交界的金鸡关破土动工。

10月1日，中国人民解放军第十八军后方司令部康藏工程处在重庆学田湾成立，开始筹备马尼干戈至拉萨的部分公路修建任务。1951年改编为西南军政委员会交通部第二工程局。

12月，中央人民政府政务院决定修筑康藏公路。

1951 年

5月6日，康藏公路马尼干戈至昌都段动工兴建。

5月12日，康藏公路修建司令部成立。

5月31日，人民解放军西北军区部署勘测修建入藏线路的任务。

6月1日，康藏公路大渡河钢索吊桥建成通车。

6月4日，康藏公路飞仙关青衣江钢索吊桥建成通车。

1952 年

4月2日，中共中央西南局、人民解放军西南军区党委指示：在供给方面必须以最大努力赶运一批物资到拉萨地区，抢修康藏公路。

5月5日，根据中共中央西南局、人民解放军西南军区指示，人民解放军西藏军区成立筑路指挥部，由拉萨向东修筑康藏公路。

8月12日，康藏公路修建司令部在昌都召开会议，由陈明义、穰明德主持，选定了昌拉段路线。

9月下旬，中央人民政府驻藏代表张经武建议，从国防、政治、经济和加强民族团结考虑，希望从西北修建一条进藏公路。

10月11日，西南交通部第一工程局工程师刘扬勋带领踏勘队勘察康藏公路南线，找到了冷曲河口，解决了自昌都经怒江天险进入波密路线的走向问题。

11月20日，康藏公路马尼干戈至昌都段建成通车，全长541km。

12月1日,康藏公路西段筑路委员会成立。

1953年

1月5日,中共中央军事委员会批准康藏公路昌拉段走南线,即昌都—邦达—波密—林芝—太昭—拉萨。

2月17日,康藏公路昌都至巴河段动工兴建。

7月1日,昌都地区人民解放委员会在邦达召开支援运输会议。

8月5日,西藏运输总队在兰州成立。

1954年

2月27日,中央军事委员会同意修筑青藏公路。

3月17日,中央财政经济委员会拨款30万元修建青藏公路格尔木至可可西里段。

5月11日,青藏公路在格尔木南昆仑山下的艾芨里沟破土动工修建。

6月8日,康藏公路古乡冰川暴发。部队开挖出的路基,修建起的桥梁、涵洞,遭到严重水毁,五十三师30多位战士牺牲,整个筑路工程一度陷于停顿。

7月4日—12日,康藏公路修建司令部在波密加龙坝召开会议,研究解决水毁问题。

7月18日,青藏公路天涯桥建成通车。

11月27日,康藏公路东、西段筑路大军,在工布江达的巴河桥会师。

12月16日,康藏、青藏两路筑路大军在拉萨西郊会师。

12月25日,康藏公路、青藏公路同时通车西藏自治区首府拉萨。

12月26日,格尔木至敦煌公路建成通车,长600余公里。

1955年

2月24日,国务院批准修筑拉萨—羊八井—日喀则—江孜公路。

3月9日,国务院第七次全体会议通过《国务院关于有关西藏交通运输问题的决定》。

5月11日,青藏公路管理局在格尔木正式成立。

6月1日,康藏公路管理局在昌都正式成立。

9月24日,交通部复电中共西藏工委,同意成立拉亚公路(羊八井经日喀则、江孜到帕里)养护工程处,直属西藏交通局领导。

10月1日,交通部决定,康藏公路改名为川藏公路。起点由雅安改为成都,全长为2416km。

10月2日,中共中央批准用日江公路节余款修筑江孜至帕里公路;11月23日,又批准修筑帕里至亚东公路。

10月23日,交通部西藏交通局正式成立。

1956年

2月2日，黑河至阿里公路踏勘队成立。3月23日，试线通车。

2月23日，交通部就甘肃安西至拉萨公路的测设、施工、养护及运输工作作出决定，指明安西至拉萨公路为进藏物资的主要线路。投资6650.4万元，其中修路费为3800万元，保养场设备投资2850.4万元。

3月26日，中共西藏工委批准成立西藏交通局党组。

3月29日，拉萨至亚东公路通车。

3月30日，交通部公路总局副局长贾炽民到青藏公路视察，会同青藏公路管理局局长慕生忠等一起研究确定，青藏公路改建工程按四级路标准编报设计概算。经交通部审核后，投资3845.2万元。

6月1日，西藏运输局成立。

6月30日，自治区筹委会交通处成立。

9月17日，中共西藏工委向中央报告，建议青藏公路作为西藏的主要运输线路，按四级公路标准设计改建。

9月20日，中国和尼泊尔王国政府签订《中华人民共和国和尼泊尔王国保持友好关系以及关于中国西藏地方和尼泊尔之间的通商和交通协定》，规定在对等的基础上充分利用拉萨—科达里公路和加德满都—科达里公路，以发展两国贸易方面的友好往来。

10月18日，中共西藏交通系统委员会成立。

12月13日，邦达至宁静（芒康）公路动工修筑，昌都地区动员民工2000人参加修路。修筑经费420万元。

1957年

1月9日，拉萨至泽当公路建成通车。

5月，中共西藏工委决定对公路交通实行放弃一线、确保一线的重大调整，放弃川藏公路林芝至扎木段，将主要力量转移到青藏公路并予以加强，确保畅通。昌都至岗托段公路暂请四川省交通厅管理养护及担负昌都地区物资供应运输任务。6月2日，四川省委向中央报告同意接管。

7月1日，中共西藏工委决定，撤销西藏交通局、川藏公路管理局、西藏运输局、拉亚工程处。上述机构和人员，根据实际需要迁往青海省格尔木与青藏公路管理局合并。

8月24日，中共西藏工委决定成立青藏公路交通运输管理局。

10月1日，川藏公路管理局昌都修车厂200多人和机床设备迁至格尔木，与青藏公路保养场合并成立青藏公路交通运输管理局格尔木汽车修配厂。

10月5日，新（疆）藏（阿里）公路通车，由交通部第五公路工程局、新疆交通厅、新疆军区联合组织施工,国家投资1613.6万元。

10月20日,黑河至昌都公路通车,由青藏公路管理局和昌都地区分东西两段同时修建,全长726km。

10月26日,交通部党组同意撤销青藏公路管理局,成立青藏公路交通运输管理局,党委名称改为中共青藏公路交通运输管理局委员会,并于1957年11月1日起使用新名。

1958年

4月,按照中共西藏工委和西藏军区的部署,公路交通部门的段、站、厂、队均建立民兵组织,实行半军事化,劳武结合,坚守阵地,保卫公路。

4月29日,解放军总后勤部、总参谋部决定,将在甘肃省天水的解放军第三疗养院集体转业到青藏公路交通运输管理局。6月16日迁往格尔木,与青藏公路交通运输管理局卫生所合并组成青藏公路交通运输管理局职工医院。

5月,西藏军区从复员转业军人中动员500余人,到青藏公路交通运输管理局参加公路建设。

9月10日,噶大克狮泉河至普兰宗公路建成通车。人民解放军驻阿里部队和部分民工参加修筑,全长250多公里。

9月15日,日喀则至定日县绒布寺公路动工修建。日定公路由国家专项投资修建。1959年3月建成,全长328km。

12月,青藏公路改建工程结束。竣工后,从南疆公路接线处至拉萨,全线1711.3km,比原来缩短约90km,线形与路基宽度基本上达到四级路标准。

1959年

5月18日,江孜修路指挥部成立,抢修江孜至浪卡子、江孜至打隆、江孜至仁布3条公路。1959年底建成通车。

5月,泽当至错那公路建成通车。

6月6日,川藏公路拉萨至林芝段修复工程动工。10月底恢复通车。

8月10日,自治区筹委会交通处决定,调集300余名藏族青年工人组成西藏公路局公路工程处第二工程队。

8月19日,中共西藏工委决定恢复中共西藏交通系统委员会。

8月22日,中共西藏工委批准组建昌都运输机构。

9月11日,拉萨至泽当公路按六级路标准改建。由西藏公路工程处并动员民工2000多人施工,年底完工。

9月17日,交通部决定从陕西、贵州两省各调一个完整的测量队,从四川省调1500人(5个工程队、1个大桥队)进藏工作。

10月27日,川藏公路昌都至扎木段恢复工程开工。由昌都交通局第一工程处承担,全长480km,于当年12月14日恢复通车。

12月5日,川藏公路扎木至林芝段恢复工程开工。1960年5月1日恢复通车。

12月20日,曲水至江孜公路动工修建。1960年3月2日建成通车。

12月27日,自治区筹委会第29次常委会通过《西藏自治区公路养路费征收暂行规定(草案)》。

1960年

5月13日,班戈湖至杜佳里段硼矿区公路改建工程动工。全长110.33km,当年完成。

7月10日,拉(孜)普(兰)公路建成通车,全长818km。

12月5日,昌都至丁青公路通车。

1961年

1月1日,滇藏公路云南德钦至西藏盐井段通车。

1月15日,全区交通工作会议在拉萨召开。

5月,青藏公路111道班至土门格拉煤矿公路建成,全长60.8km。

11月15日,中国政府和尼泊尔政府签订修筑中国西藏日喀则至尼泊尔首都加德满都的公路。

同日,川藏公路上的然乌至察隅公路动工修建,昌都军分区成立修路指挥部,1962年末修至下察隅的沙马。1964年,昌都交通局对然乌至波多段进行测量改善、加宽,年底全线建成。

1962年

7月12日,中共西藏工委批准撤销西藏运输局、西藏公路局。

8月20日,自治区筹委会交通处公路工程处恢复。

9月,自治区筹委会交通处拉萨公路养护总段成立。

9月30日,中尼公路国内段动工。为具体组织施工,由交通部、中共西藏工委、西藏军区、铁道兵等单位派人组成中尼公路(国内段)工程指挥部及指挥部党委。测设路段自日喀则起至友谊桥止,全长488.87km。1965年7月竣工。

10月12日,交通部发出加强青藏、川藏两条公路养护工作的指示。

同日,西藏交通党委办公室、组织部、宣传部撤销。经中共西藏工委批准成立自治区筹委交通处政治部。

10月16日,自治区筹委会交通处驻格尔木办事处党委成立。

1963年

1月15日,中国政府和尼泊尔政府在加德满都签订一项关于修建加德满都至拉萨公路的议定书。

7月12日，自治区筹委会交通处勘察设计总队成立。

10月21日，动工修建拉萨大桥，桥长495.55m，总概算为838.9万元。1965年8月25日建成通车。

1964年

4月，国家第一机构部、交通部、解放军总后勤部、新疆维吾尔自治区交通厅、青海省交通厅组成高原试车队，对在青藏高原行车进行系统测试。

6月23日，川藏、青藏公路通车10周年庆祝活动筹备委员会成立。

7月10日，川藏公路南线竹巴笼金沙江大桥竣工，桥长282.48m。

9月17日，青藏公路通天河钢筋混凝土大桥建成通车。

9月，中共西藏工委、自治区筹委会、西藏军区就有关地方与军队对现有边防公路分工养护发出指示。确定通往边防点各部队驻地的公路支线和边防军用支线的养护，均由军分区（师）驻地部队负责。

12月25日，拉萨市各族各界人士及驻藏部队一万余人集会庆祝川藏、青藏公路通车10周年。

12月底，川藏公路上的通麦至易贡公路改建工程竣工，全长37km。

1965年

1月26日，交通部批准拉孜—普兰公路改造计划。总投资为1700万元，由中尼公路撤下来的工程队伍负责施工。1965年开工，1967年竣工。

3月10日，中共西藏工委决定中尼公路的组织机构编制，在日喀则设交通运输管理局。

7月，位于中国、尼泊尔交界处的中尼友谊桥建成，全长62m。

10月，交通部第四公路工程局第一工程处承担川藏公路重点病害整治及改建工程任务。

10月8日，经自治区党委决定，青藏公路从唐古拉山顶到长草沟段的1047km路线，移交青海省管理养护。同时将唐古拉以北的5个养护段连同现有建制人员、财产一律移交给青海省。

10月18日，撤销自治区筹委会交通处，成立自治区交通厅。

12月24日，自治区交通厅运输局成立。

12月，自治区交通厅公路工程局成立。

同月，由中国科学院兰州冰川冻土研究所和自治区交通厅，联合6家单位共80余人组成冰川泥石流考察队，对古乡冰川泥石流进行历时近两年的实地考察和定位观测。

1966 年

1月1日，自治区党委决定，将昌都地区交通局及所属公路工程处、公路养护段、运输公司、沿途运输站、加油站、监理所、驾训班、招待所等单位，全部划归自治区交通厅领导。

1月，自治区交通厅测设总队改为自治区公路勘察设计院。

1月31日，中共中央、国务院、中央军委向参加修筑中尼公路的全体人员发出嘉奖令。

2月9日，自治区人民委员会批复曲水雅鲁藏布江大桥桥型方案，总投资控制在500万元以内。大桥于2月2日破土开工，8月1日建成通车。

3月5日，中共自治区交通厅委员会成立。

3月，自治区交通厅公路管理局成立。

1967 年

2月，西藏军区对自治区交通厅实行军事管制，成立交通厅军事管制委员会。

5月26日，中尼公路国外段加德满都至友谊桥段竣工。

8月29日，自治区交通厅、交通部交通科学研究院重庆分院等单位共20余人，组成科学考察队，对拉月大塌方进行专题考察。

12月，川藏公路上新建通麦大桥建成通车，桥长181.6m。

1968 年

3月，川藏公路新建巴河大桥通车，桥长155.3m。

1969 年

8月，川藏公路南线竹巴笼至邦达段竣工，全长355km，投资2728万元。

1970 年

4月22日，国务院、中央军委批转解放军总后勤部《关于青藏、川藏线地方运输机构合并到部队的整编方案的报告》。

12月30日，自治区革委会生产指挥组批转交通厅军管会《关于逐渐恢复和发展西藏自治区汽车客运的意见》。

1971 年

2月10日，自治区革委会党的核心小组、西藏军区党委作出"关于开展交通运输大会战"的决定，动员青藏、川藏两线汽车部队抢运进藏物资。

2月24日，自治区革命委员会交通局成立。交通厅军管会相应地改为交通局军管会。交通局成立后，根据自治区革命委员会指示，原自治区邮电管理局的邮政业务和工作人员并入交通局,在交通局内增设邮政处。

4月1日,交通部第四公路工程局一处组建为中国人民解放军基建工程兵第八五二大队。继续在川藏公路邦达至林芝,竹巴笼至海通共576km路段进行病害整治和路基、桥涵改建。

5月25日,自治区革委会批准组建自治区交通局工程团。

7月10日,中共中央指示,青藏线地方运输任务从1971年6月起交部队承担。

1972年

5月25日,解放军总后勤部邀集成都军区、西藏自治区革委会、西藏军区、交通部、总后西安办事处在北京召开青藏、川藏运输工作会议。

8月,林芝地区尼洋河八一大桥建成,桥长526.1m。

8月下旬,恢复西藏驻格尔木汽车运输公司。

8月,林芝至邛多江公路建成,全长469.52km。后因八一镇、岗嘎两处相继建桥,林邛公路改为八一镇与川藏公路相接处为起点,改称八邛公路。

11月20日,恢复拉萨汽车运输公司,同时宣布自治区交通局汽车团撤销。

12月28日,恢复昌都汽车运输公司。

12月29日,川藏公路怒江大桥建成通车,桥长87.77m。

12月31日,自治区革命委员会颁发《公路路政管理的通令》。

1973年

4月,青藏公路科研组成立,由交通部科研院、交通部第一公路勘察设计院、交通部科研院重庆分院、西北铁路科研所、西藏自治区交通局、青海省交通局、解放军基建工程兵第八五一大队(现为武警交通第二支队)派人组成。

6月,自治区交通厅军管会撤销,部队干部归建。

8月11日,自治区革委会颁发《西藏自治区公路养路费实施办法》。

9月22日,岗嘎雅鲁藏布江大桥竣工,桥长416m。

10月,滇藏公路全线贯通,公路南起云南下关,北至西藏芒康县,全长716km。

12月17日,自治区革委会批转区革委会生产指挥组关于全区交通运输座谈会的报告。

12月,川藏公路新建岗托金沙江大桥建成通车,全长159m,由四川省公路设计院设计,四川交通厅一处施工,由昌都地区江达养护段接养。

1974年

12月25日,国家计委同意交通部关于整治改建青藏公路的报告。青藏公路格尔木至拉萨段按二级公路标准改建,铺设沥青路面。

同日,纪念川藏、青藏公路通车20周年庆祝大会在拉萨市劳动人民文化宫举行。

1975年

6月,川藏线波密县中坝地区冰川、山洪、泥石流暴发,近10km路基被冲毁成河床。

7月,扎木至墨脱公路动工修建,全长141km,初步设计概算3296万元,自治区交通局公路工程处组织施工。

8月20日,自治区党委命名拉普公路加加养护段为"工业学大庆"先进单位,《西藏日报》发表题为《向加加养护段学习深入开展工业学大庆运动》的社论。

10月10日,自治区革委会交通局在加加养护段召开"工业学大庆"现场会议,推广加加养护段的先进养路经验。

12月16日,全区交通工作会议召开。

1976年

2月16日,唐古拉山连日大风雪,风力达10级以上,青藏公路108至110道班之间积雪1~2m厚,被阻车辆达1500多辆,阻车4天。

4月30日,《中国政府和尼泊尔王国政府关于中国西藏地方与尼泊尔之间的通商、交通和其他有关问题的协定》从1976年5月2日起延长10年。

8月26日,自治区革委会成立自治区交通运输会战指挥部,9—11月开展运输大会战。

12月9日,拉萨汽车运输公司特种车队成立,承担整件重8t以上和长度8m以上的特种货物运输任务。

12月25日,交通部向国家计委提交《关于青藏公路整治方案调整意见》,建议将原整治方案进行调整。

12月28日,位于扎木至墨脱公路起点、横跨帕隆藏布江的扎木大桥建成,桥长145.52m。

1977年

2月,自治区革委会交通局成立"工业学大庆"办公室。

3月16日—24日,青藏公路科研工作座谈会在重庆召开。会议认为,在海拔4500m以上的高原多年冻土地区修筑沥青路面,是公路修建史上的一个创举。通过试验路的实践,初步证明在气候严寒、空气稀薄、地质条件比较复杂的高原多年冻土地区是能够修建沥青路面的。

7月20日,基建工程兵交通部办公室、交通部第二勘察设计院、解放军总后勤部军交部、四川省交通局、西藏自治区革委会交通局及解放军建字八五二大队等共同组成调查组,对川藏公路南线进行调查。

9月12日,自治区革委会向国务院建议,青藏公路格尔木至拉萨段全线应铺设沥青路面。

11月,交通部全国公路养护工作大检查云、贵、川、藏片区检查组,检查拉亚、日江、拉普、中尼、青藏5条干线各一段,共检查1375km。

1978年

5月,自治区革委会交通局在尼木县召开全区县、社(乡)公路建设经验交流会,各地、市代表110人出席会议。

6月26日,自治区党委、自治区革委会、西藏军区向中共中央报告,要求将青藏公路格尔木至拉萨段整治工程列入国家重点工程,并加快整治步伐。

7月,川藏公路拉月发生大塌方,数公里路基被巨石泥沙掩埋,900辆汽车、近千名群众和干部战士被阻在塌方两端。

11月20日,自治区革委会交通局制发《关于公路汽车运输企业奖励试行办法》。

11月25日,根据国家计委指示,交通部通知青藏公路全线按二级路标准改建,斜水河至安多段也要铺成沥青路面。

12月,青藏公路改建工程拉萨至羊八井铺筑沥青表面处治路面完工。

1979年

3月,自治区革委会交通局改为自治区交通厅。

3月6日,中共中央、国务院批复同意阿里地区的物资供应和运输等问题,仍由新疆负责解决。

6月1日,动工修建热索桥。9月1日竣工,中尼双方代表在桥头中方一侧举行交接仪式,该桥位于吉隆县沙勒南中尼边境上。

10月6日,自治区交通厅车辆监理处成立。

10月,加查雅鲁藏布江钢索大跨径吊桥竣工,桥长174m。

11月12日,自治区人民政府公布《西藏公路路产保护办法》。

12月,基建工程兵青藏公路指挥所(现为武警交通第一总队)在青海省格尔木市成立,统一领导在青藏公路格尔木至温泉段施工的工程队伍。

1980年

1月1日,青海省交通局将青藏公路格尔木以南至唐古拉山口路段交西藏自治区交通厅管养。

3月15日,自治区交通厅公路管理局恢复成立。直接管养国道,统管全区公路养护经费,对各地市交通部门的公路管养进行业务指导。

4月7日,中共中央《西藏工作座谈会纪要》中指出,尽快做到阿里和昌都两地能够经常通行汽车。

7月1日,自治区交通厅通知,凡农牧民公路运输用车辆,免征养路费。

7月10日,人民解放军基建工程兵交通部办公室派出工作组、自治区派出工作组会同基建工程兵青藏公路指挥所,解决青藏公路改建施工期间的通车问题。

12月17日,全区交通、邮电工作会议召开。

1981年

3月30日,交通部在北京召开青藏公路改建工程座谈会,会议形成《青藏公路改建工程座谈会纪要》。

7月,中尼公路上的友谊桥因雪山融化、冰川爆发而被冲走,中尼两国的公路交通中断。山东省交通厅援外办公室承担中尼公路友谊桥的重建任务。1982年11月开工,1985年11月26日竣工通车。

8月,由国家计委、建委、交通部、解放军总后勤部、成都军区后勤部、青海省交通厅、西藏自治区交通厅组成的青藏公路联合调查组,自西宁至拉萨,对青藏公路全线的改建、管、养工作进行全面调查。

9月18日,自治区交通厅下发《关于跨省运输的有关规定》。

10月,由国家计委、建委、交通部、解放军总后军交部、基建工程兵部、成都军区后勤运输部、四川、西藏交通厅组成的川藏公路联合调查组,对川藏公路进行实地调查。

10月16日,自治区交通厅在拉萨召开全区公路工作座谈会。

11月30日,国家计委、经委、交通部联合发出《关于划定国家干线公路网的通知》,青藏公路唐古拉山口至拉萨列入国道109线,滇藏公路经芒康至青藏两省区边界的多普玛列入国道214线,新藏公路界山达坂经狮泉河、仲巴至拉孜列入国道219线,川藏公路岗托经昌都至那曲列入国道317线,川藏公路南线竹巴笼经邦达、拉萨、日喀则至聂拉木列入国道318线。

1982年

3月,为加快青藏公路改建工程,经交通部与西藏自治区交通厅、青藏公路指挥所协商同意,将原武警交通一总队承担的温泉至唐古拉山口及西藏承担的唐古拉山口至安多段共137km改建工程,划给青海省交通厅施工。

7月20日,全区交通工作会议在拉萨召开。会议着重研究全区交通运输经济体制改革问题。

11月30日，全国人大常委会副委员长阿沛·阿旺晋美捐款建造的仲萨大桥举行竣工通车典礼，桥长122m。

1983年

1月24日，交通部召开会议确定"唐南段已完工但线形不符合二级公路技术标准而沥青路面仍完好的路段，暂时不再改建，但为保证路基稳定及路面质量而必须增加的防护和排水等工程可列入调整概算"。

6月25日，自治区人民政府决定改建拉萨至贡嘎机场公路，加铺沥青路面。

6月30日，为做好青藏线进藏物资运输，自治区人民政府办公会议决定成立工作组派驻格尔木，西藏驻格尔木办事处主任詹俊生任组长。

11月5日，自治区纪念川藏、青藏公路通车三十周年筹备委员会成立，帕巴拉·格列朗杰任主任，侯杰、吴昌期任副主任。

11月25日，自治区人民政府批转《关于成立西藏自治区汽车运输总公司的报告》。1984年月1日，运输总公司挂牌成立。

1984年

2月27日，中央第二次西藏工作座谈会安排由四川省帮助建设青藏公路配套工程——扩建7个运输站，投资2000万元；由江苏省帮助建设拉萨客运站，投资902万元。

4月4日，自治区人民政府颁布《关于加强公路路政管理的通告》。

4月25日，交通部在北京召开青藏公路施工、运输协调小组第三次会议。交通部副部长王展意参加会议并讲话，要求各单位用中央领导对青藏公路建设的指示和为西藏人民造福的崇高思想，在保质量、保运输的前提下，力争1985年8月底主体工程完工。

6月5日，自治区交通厅下发《关于贯彻中央六号文件放宽搞活交通的意见》。

7月23日，自治区交通厅召开拉贡公路改建工程协调会。会议决定拉贡公路改建工程的竣工日期由原计划的1985年年底提前到1985年5月，并经西藏军区报中央军委批准调驻藏部队承担34km的改建任务。

7月26日，川藏公路帕隆沟暴发泥石流，冲走钢架桥1座；8月6日傍晚，6位旅客遇难；8月23日，泥石流暴发持续23个小时，淤埋帕隆村和道班房，堵塞帕隆藏布江，冲毁公路6km沟口形成一个长822m、宽407m、厚30m的扇形堆积体，体积约1000万m^3。由当地驻军部队于9月18日抢通。

8月27日，交通部向国家计委报送《青藏公路工程质量检查报告》。

12月1日，达孜悬索吊桥竣工，桥长415m，自治区人大常委会副主任帕巴拉·格列朗杰为大桥通车剪彩。

12月15日，自治区党委、自治区人民政府联席会议研究决定撤销自治区汽车运输总公司。

12月25日,为纪念川藏、青藏公路通车30周年,自治区人民政府决定修建川藏、青藏公路纪念碑。川藏、青藏公路纪念碑镌刻藏汉两种文字的碑文,坐落在青藏公路和川藏公路交接点,碑身刻有胡耀邦题写的"川藏、青藏公路通车纪念碑",纪念碑碑文由书法家舒同书写。

1985年

2月4日,交通部在北京召开青藏公路施工、运输协调小组第四次会议,决定青藏公路改建工程务必于1985年6月底前,全线按设计标准竣工并交付使用。

5月29日至8月24日,川藏公路帕隆沟多次发生泥石流大滑坡。6月18—20日的特大泥石流冲垮钢桥,冲走新建的道班房,吞噬了3台推土机和行驶在帕隆沟东边的79辆满载物资的汽车及沟西边的1辆汽车,堵塞河流,摧毁公路路基十多公里,交通中断。泻下的泥石堆积物有50m高,面积约3平方公里,在帕隆藏布江造成一个十多平方公里的湖泊。

6月,自治区交通厅公路工程局经自治区体改办、计经委、财政厅正式审定为公路施工企业单位。

6月26日—27日,自治区交通厅等单位组成拉贡公路竣工验收委员会,对拉贡公路改建工程进行验收。29日,在拉萨召开隆重集会庆祝拉贡公路改建工程竣工。

8月20日,青藏公路格尔木至拉萨段改建工程竣工验收。

9月5日,川藏、青藏公路通车30周年暨两路通车纪念碑落成,全国人大常委会副委员长阿沛·阿旺晋美、交通部副部长王展意、自治区有关领导和来宾等参加纪念碑揭幕仪式。

1986年

1月1日,自治区计经委通知将运输指令性计划改为指导性计划。

3月8日,全区交通工作会议召开,布置推行承包责任制。

4月25日,自治区交通厅公路基建领导小组成立。

6月25日,川藏公路拉萨至达孜段改建工程(铺筑沥青路面)竣工,全长22.69km。

6月,武警交通第一总队二支队调入中尼公路曲大段,承担改建工程和樟木至友谊桥段保通任务。

12月,青藏公路新建沱沱河大桥竣工,桥长324m。

1987年

2月18日,自治区党委机构改革办公室批复交通厅机构设置,设办公室、政治部、计财处、劳资处、公路处、运输处,编制60人。

2月24日,根据国务院关于监理部门由交通部门移交给公安部门管理的决定,自治区交通厅和公安厅就公路监理部门的移交问题成立交接领导小组,至6月10日交接完毕。

5月,自治区交通战备领导小组成立。

5月,那昌公路丁青至索县段改建工程开工,全长84km,投资9030万元。1991年6月竣工。

6月1日,交通部下发《关于公路运输企业实行承包经营责任制的若干意见》。

7月1日,《西藏自治区公路运输管理条例实施细则》开始执行。

7月13日,自治区人民政府同意交通厅《关于直属企业、事业单位机构设置方案的报告》;成立中国公路桥梁工程公司西藏分公司;将交通厅公路工程局改名为交通厅公路工程公司,并挂"中国公路桥梁工程公司西藏分公司"的牌子。

8月上旬,交通部会同国家计委组织青藏公路的建设、科研、设计、施工、养护等单位,共同对青藏公路进行回访考察,要求西藏自治区交通厅按照养修结合的原则,加强格尔木至拉萨段养护、病害整治,经费来源除财政部专项维护费每年500万元外,交通部每年用车辆购置附加费补助300万元,共计800万元,由西藏包干使用,保持公路路况完好,车辆畅通。关于羊八井至拉萨段,该段在改建时,西藏自治区交通厅为了争取时间(节省投资),虽将工程标准调整降低,但目前仍可继续使用。待路面发生较大破坏或不适应运输需要时,再列入基建计划进行改建。

12月14日,自治区党委机构改革办公室批复交通厅所属事业单位机构编制,公路勘察设计院150人,交通科研所45人,对外挂交通厅公路基建工程质量监督站牌子。

1988年

1月,自治区交通厅公路管理局在全区养护部门逐步推行"三定一包"责任制,定人员、定机料、定经费,包养护质量。

5月18日,自治区主席多吉才让与武警交通一总队负责人就该部队所担负的那昌、中尼公路的建设举行座谈。多吉才让要求部队在保质保量的前提下,力争这两条公路"今年初通,明年竣工"。

6月,墨脱公路再次开工,墨脱县筹集资金50万元,在原已粗通路段进行修建。1989年,自治区人民政府批准续建,拨款143万元。

1989年

4月22日,自治区党委机构改革办公室、自治区编委批复《全区公路体制改革方案》,自治区公路管理局内设5个科室,编制60人。局下设青藏公路局(内设5个科室,编制

1400人,其中局机关60人)、昌都养护总段、林芝养护总段、日喀则养护总段。

6月,中尼公路仁布河大桥竣工,桥长164.58m。

9月1日,金沙江全钢结构吊桥在江达县西邓柯区与四川洛须区交界处建成,桥长152m。

12月6日,中尼公路曲水至大竹卡段尼木河大桥竣工,桥长179.25m。

12月25日,自治区交通厅下发《关于公路建设工程对外承包工程的规定》,从1990年1月1日起执行。

1990年

1月13日,自治区在格尔木召集青藏公路局、交警大队等单位负责人,研究青藏公路管理及养护等方面的问题。

1月15日,全区交通工作会议在拉萨召开,重点研究客货运输市场管理问题。

5月5日,中尼公路妥峡大桥竣工,桥长207.17m,获交通部优秀设计奖和优质工程奖。

5月9日,青海、西藏两省区交通厅在拉萨就青藏公路运输管理问题进行商谈。

6月20日,自治区编委同意将自治区交通厅运输处改名为运输管理处。

8月18日,自治区与交通部交换了关于西藏交通建设的意见。

9月16日,自治区交通厅公路基建工程质量监督站成立。

9月,交通部补助墨脱公路续建,投资900万元。

11月,交通部投资240万元建成自治区交通厅职工学校教学楼、学生宿舍楼。

11月1日,交通部作出《关于命名青藏公路局109道班为"天下第一道班"决定》,命名大会于12月15日在拉萨召开。

12月11日,中尼公路曲水至大竹卡段改线工程竣工,全长119km,铺筑沥青路面,交通部批准工程概算1.02亿元。

1991年

3月18日,自治区计经委、物价局、财政厅、交通厅下发《关于整顿西藏自治区公路货物运价的通知》。

3月,交通部决定整治青藏公路,第一期工程计划整治36段计339km,概算85055万元。

9月,那昌公路丁青至索县段改建工程竣工验收,全长88.4km,交通部批准工程概算10154万元,由武警交通第一、三支队等单位施工。

11月,自治区人民政府成立青藏公路整治工程协调领导小组。

1992 年

1月1日,对西藏农牧民运输用车辆养路费的征收,由1980年7月1日起实行的免征改为按50%征收。

同日,自治区交通厅公路勘察设计院实行事业单位企业管理,停止财政拨款。

5月1日,自治区人民政府批准,自治区交通厅公路征费稽查局挂牌成立,与自治区交通厅公路管理局实行"一套人马两块牌子",局内设征稽科。

11月,中尼公路大竹卡至日喀则段竣工,全长86.5km,铺筑沥青路面,交通批准工程概算8545万元。由西藏公路工程公司、武警交通第二支队施工。

1993 年

1月1日,经自治区人民政府批准,自治区交通厅调整养路费征收标准,从1993年1月1日起执行。

1月1日,自治区交通厅公路管理局试行定人员、定材料工具机械使用、定养路经费,包好路率的"三定一包"责任制。

3月1日,交通部批准西藏自治区交通厅公路勘察设计院具有承担西藏自治区内二级汽车专用公路及以下等级公路工程、大型桥梁、隧道及交通工程的施工监理资格并颁发证书。

5月2日,自治区计经委《关于开放公路运输价格的通知》指出,全区公路运输价格,除抢险、救灾、战备及农业生产资料等重要物资运输价格暂不放开,由物价部门制定运价外,其他物资的运输价格一律放开。放开的运价由委托和运力的需求以及货源的稳定情况等,共同协商定价。

5月8日,西藏客运集团公司在拉萨成立。

7月2日,墨脱公路专题会议在拉萨召开。

7月,自治区财政厅与自治区交通厅签订交通企业从1992年1月1日至1995年12月31日为期四年的承包经营合同。

8月,交通部和解放军总后勤部在北京组织专家审查交通部第一公路勘察设计院关于川藏公路西藏境内《病害整治工程可行性研究报告》,认为"是一份高水平的工程可行性研究报告,为科学决策提供了可靠的依据和基础,可以作为今后川藏公路整治的技术指导文件"。

12月29日,自治区交通厅组成五个治理"三乱"检查组,分别赴青藏、川藏、中尼、拉泽公路开展检查和治理"三乱"工作。参加检查工作的人员共97人,总行程8000多公里,重点检查了运管、征稽和渡口。

1994 年

1月1日,自治区交通厅公路管理局全面实行定公路养护等级、定编制人员、定养路经费,包公路养护质量和管理责任的"三定一包"目标责任制。

2月1日,墨脱公路粗通典礼分别在波密县扎木镇和墨脱县城举行。

6月18日,青藏公路羊八井路段突降暴雨引发大量坡面泥石流,冲毁公路路基8处共计2.2km,受阻汽车500余辆、司机和旅客1000余人,自治区常务副主席杨传堂和交通厅党委书记尕藏贡布前往现场察看水毁公路情况,并同工人一道,冒着大雨,搬石填路长达4h。19日便道通车。

7月,中共中央、国务院召开第三次西藏工作座谈会,确定的援建62个项目中,有交通行业3项,即拉贡公路标准化工程;中尼公路改建7座危桥,总投资11472万元;援建156座道班房。交通部为贯彻中央第三次西藏工作座谈会精神,确定6名工程技术人员援藏工作,每3年轮换一次。

同月,自治区交通厅组织公路工程质量检查组,对在建的日喀则地区东嘎雅鲁藏布江大桥、中尼公路柳区至中贝段改建工程、拉孜雅鲁藏布江大桥、山南地区贡嘎至泽当公路改建工程、娘果雅鲁藏布江大桥、青藏公路第一期整治工程、川藏公路牛踏沟至古乡段整治工程的项目管理和工程质量进行了检查。

8月,《中共中央、国务院关于加快西藏发展,维护社会稳定的意见》中,指出"交通运输以公路为主,重在骨干道路的整治、维护和建设,力保常年畅通"。

同月,自治区交通厅初步拟定公路建设长期设想和中、近期规划,到2020年,建成以"三纵两横六个通道"为主骨架的国防、边防和省道、县乡公路网。

8月31日,交通部副部长刘锷率领赴藏工作团对拉萨至贡嘎机场公路整治工程和中尼公路的危桥施工等公路建设项目进行部署。

10月,交通部派专家组考察川藏公路,并就川藏公路的整治问题进行座谈。

11月15日,中尼公路柳区至中贝段改建工程竣工验收,全长19.8km,铺筑沥青路面。交通部批准初步设计概算为5771.2万元。

11月24日,贡嘎至泽当公路改建工程竣工,全长92.37km,铺筑沥青路面。国家计委和交通部各投资5000万元,共1亿元。

12月25日,川藏、青藏公路通车40周年研讨会在拉萨举行。

1995 年

1月,自治区交通厅公路管理局增设路政管理处。

1月11日,交通部党组认真贯彻落实中央第三次西藏工作座谈会精神,加大援藏工作力度,在全国交通工作会议上提出"全国交通系统开展为西藏养路工人送温暖活动"的倡议。由交通部和28个省市交通部门捐资,为西藏养路工人援建156座道班房。

5月,交通部副部长刘锷在自治区副主席杨松陪同下,考察川藏公路,与成都军区、四川交通厅、西藏交通厅研究确定川藏公路整治工程的原则为"整治与养护并重",国家投资20亿元。

6月8日,自治区副主席杨松召集林芝地区,自治区计经委、交通厅、财政厅,武警交通一总队等有关部门的负责人,就墨脱公路的整治与养护问题进行专题研究。

8月18日,日喀则东嘎雅鲁藏布江大桥竣工,桥长326.7m。

8月,泽当雅鲁藏布江大桥竣工,桥长508m。

8月31日,中尼公路日喀则以西的吉定桥(长100m)、萨迦桥(长185.36m)、曲夏桥(长101.6m)竣工。

9月2日,交通部部长黄镇东视察川藏公路拉萨至墨竹工卡段。黄镇东亲切慰问了道班工人,并对新建的道班房进行了检查。次日视察了交通厅驻拉萨基层运输企业。

1996年

3月24日,川藏公路然乌沟(80至81道班处)发生特大雪崩,20余辆军地汽车、500余名四川民工和藏族群众以及部队官兵被淹没。

6月27日,拉孜雅鲁藏布江大桥竣工,桥长250m。

7月,自治区人民政府批准交通厅"三定"(定机构、定编制、定人员)方案及体改意见。

7月29日,自治区人民政府作出《关于加强公路建设的决定》,规定了"九五"期间公路建设的任务和目标,制定了"九五"期间加快公路建设的优惠政策。

同日,交通部副部长刘锷进藏考察指导西藏交通工作,由格尔木沿青藏公路进藏。

8月16日,自治区交通厅设交通运输管理局,事业编制150名;设公路规费征稽局,事业编制240名,经费来源均为全额拨款,实行收支两条线。

8月,青藏公路第二期整治工程开工,交通部批准概算59252万元。

9月17日,自治区交通厅下发《西藏自治区拖拉机养路费征收、使用管理办法》。

9月27日,青藏公路第一期整治工程竣工,路基整治长度346.8km。

10月,中尼公路日喀则以西的鲁鲁桥(长85.36m)、澎曲桥(长85.36m)、定日桥(长80.3m)、德萨桥(长36.04m)竣工。

10月30日,自治区副主席向阳主持召开川藏公路林芝至达孜段改建工程协调会议。

10月,川藏公路牛踏沟至古乡段103km病害整治工程竣工,投资20642万元。

11月中旬,武警交通川藏公路机械化养护支队在波密挂牌成立,承担川藏公路西藏境内竹巴笼桥至东久段790km公路的养护及保通任务。

1997年

1月8日,全区交通工作会议召开。

4月20日,川藏公路南线达孜至林芝段整治改建项目开始实施,全面开展路基土石方工程、防护工程、小桥涵工程等。

4月,经交通部审核批准,自治区公路勘察设计院由乙级勘察设计单位晋升为甲级勘察设计单位。

5月20日,自治区交通厅发布《西藏自治区交通扶贫公路建设项目管理暂行办法》。

5月,川藏公路南线林芝至竹巴笼段病害治理进入实质性阶段,怒江隧道西口至八宿段整治改建工程开始实施。

7月14日,交通部在拉萨人民会堂隆重举行全国交通系统为西藏养路职工送温暖活动总结验收会议。原定三年的"送温暖活动"提前一年完成,到位资金3965万元,其中,交通部资助775万元,各个省、市、区交通部门和全国公路勘察设计协会资助3190万元,改建了156座道班,总面积4.68万 m^2,围墙1.16m,建卫星地面接收站155座,安装发电设备155台。

8月15日,自治区交通厅在公路管理局召开青藏公路(CBMS)成果验收会。

8月24日,自治区交通厅召开"高原冻土地区路基路面典型结构研究"课题开题会议。

11月,鲁郎—东久—茶场公路病害整治、改建29km与东久7段17.9km病害整治工程开工,投资12922万元。由西藏公路工程总公司承包施工,2000年竣工。

11月—12月,拉萨运输总公司派出352辆车、司助350人,由干部带队运送藏区救灾物资近3000t。

1998年

2月,交通部拨抗雪救灾保通机械专款600万元,解决那曲、阿里、日喀则地区因严重雪灾造成的公路交通断阻问题。

5月,自治区研究川藏公路左贡段改建工程,全长80.65km,铺筑沥青路面,投资1.1亿元,7月动工,2000年8月竣工。

6月下旬,雅鲁藏布江沿线公路遭水毁,全区水毁公路986.5km、桥梁121座、涵洞455道、道班房3080m^2。进行了近3个月的抢险保通,为此,全区投入公路水毁抢险资金2540万元。

同月,芒康县境内拉乌山一带突降百年不遇暴雨,特大泥石流和洪水吞没部分公路,冲毁水泥桥2座,便桥3座,拉乌山11至12道班20km路段有泥石流、塌方、水毁路段106处。2000多名部队、武警和民兵激战了7天7夜抢通了公路。

8月13日,青藏公路162道班峡谷路段因山洪暴发,发生特大泥石流,数吨重的滚石夹杂泥沙涌上公路,交通中断。

9月,自治区人民政府颁布《西藏自治区公路路政管理条例(草案)》。

9月28日,自治区交通厅发布《关于禁止超限、超载车辆在青藏公路(格尔木—拉萨)通行的通告》。

11月,新藏公路仲巴至巴噶路段改建工程竣工,全长60km。

1999年

1月2日,自治区人民政府批准成立西藏天路交通股份有限公司,并于3月29日挂牌。

2月3日,自治区交通厅成立"交通人才工程"专项资金管理委员会,厅筹集"人才工程"专项资金1000万元。

5月20日,自治区交通厅制发《关于加强公路建设质量管理的决定》。

5月,昌都至邦达公路改建工程竣工,全长126.6km,铺筑沥青路面,交通部批准概算22585万元。

6月19日,交通部副部长胡希捷率领交通部和国家计委有关司、处负责人组成的考察团进藏考察西藏公路交通工作。

7月,川藏公路波密县过境公路69.3km改建工程竣工,铺筑沥青路面,投资8492万元。

8月12日,自治区交通厅与云南省交通厅在拉萨就滇藏两省区改建滇藏公路建设问题进行商讨。

9月,川藏公路工布江达至林芝段150.6km改建工程竣工,铺筑沥青路面,投资19807万元。

9月,青藏公路第二期整治工程竣工,累计长达203.61km。

10月,川藏公路怒江隧道西口至八宿段整治改建工程41.8km竣工,投资24867万元。

11月17日,自治区交通厅向交通部呈报《西藏自治区公路发展"十五"计划和2015年设想基本思路》及《2000年债券建设基础计划》。

2000年

2月17日,青海省首条高速公路——国道主干线丹东至拉萨公路平安至西宁段高速公路开工建设。该路段长34.78km。

3月1日,全区交通工作会议召开。

3月,成都—拉萨—聂拉木线,由交通部列为西部开发八条省际公路通道之一。

3月14日，自治区交通厅制发《关于加强公路建设市场管理及确保工程质量的意见》。

4月9日，易贡拉雍嘎布山扎木弄沟发生特大型山体崩塌。

4月15日，青藏公路拉萨到羊八井段改建工程开工，铺筑沥青路面，全长66.4km，总投资3.97亿元。

5月，川藏公路海通沟、如美沟、嘎玛沟整治工程开工，投资37900万元。

5月18日，自治区七届人大第十三次常委会审议通过《西藏自治区道路运输管理条例》，自2000年8月1日起施行。

5月，川藏公路芒康县过境公路改建工程29.9km竣工，铺筑沥青路面，投资4000万元。

5月23日，川藏公路二期整治、改建工程，在东起金沙江畔西至松多的1000km线路上展开，投资近12亿元。

8月4日，经自治区人民政府批准，自治区交通厅为主管全区公路和水路交通行业的自治区人民政府的组成部门。

8月14日，川藏公路八宿县境内怒江隧道西口发生特大型山体滑坡。

9月17日，由武警交通第一总队三支队为主体的突击队，抢通八宿特大山体滑坡，川藏公路冷曲河段恢复交通。

9月25日，自治区交通厅印发《在交通基础设施建设中加强廉政建设的若干意见》。

9月30日，昌都昌津大桥竣工通车。

10月，新藏公路卡嘎至拉孜段34.2km整治工程竣工，按四级公路山岭重丘区标准整治，投资4000万元。

11月，川藏公路达孜至工布江达段248km改建工程竣工，铺筑沥青路面，投资24648万元。

12月19日，中国证监会批准西藏天路交通股份有限公司股票发行上市。

12月21日，川藏公路通麦悬索大桥竣工。

12月28日，《西藏自治区志·公路交通志》初审会议在成都举行。

2001年

6月8日，国道109线那曲镇市区段改造工程开工，3个月后完工并交付使用。

8月25日，全国交通系统援助西藏公路养护机械捐赠仪式在西藏拉萨的布达拉宫广场举行。全国共向西藏捐赠公路养护机械75台套，总价值3100多万元。

9月25日，自治区颁布实施《西藏自治区实施〈超限运输车辆行驶公路管理规定〉办法》。

12月,投资近7000万元的山南地区西环线公路整治工程通过验收,并正式投入使用。山南地区西环线公路整治工程起于泽当镇,经琼结、措美、洛扎、浪卡子4县至拉萨与亚东干线公路接头处,全长420余公里。

2002年

1月,武警交通二总队第八支队正式接管新藏公路西藏段界山达坂至萨嘎县1375km的公路养护管理保通勤务。部队番号由武警交通二总队第四支队改称为武警交通第八支队。

3月25日,自治区交通厅、财政厅、物价局三家联合出台《西藏自治区公路及附属设施损坏赔(补)偿暂行规定》。

4月,青藏公路第三期整治工程动工,对青藏公路格尔木至拉萨间779km病害严重的路段进行全面整治。

6月5日,全国交通行业的50余名工程技术和管理人员奔赴西藏,作为西藏当年计划开工的9个公路建设项目的法人和执行人支援西藏公路建设。

7月,对拉萨至贡嘎机场公路路面进行整治。

10月25日,八一至米林(机场)公路改建工程项目开工建设。工程起点为林芝地区八一镇八一大桥桥头,终点为米林县南伊桥头,总投资3亿多元,总长度约75km,项目建设周期为两年。

12月,第二次全国公路普查工作日前圆满结束。普查结果显示,截至2001年底,西藏公路总里程3.9759万km;路网结构、技术等级、公路密度、通达深度等指标比1979年第一次全国公路普查时都有了明显提高。

2003年

该年,成立公路管理局农村公路管理处,先后出台《农村公路建设项目管理暂行办法》《农村公路工程竣工验收办法》。全年共实施农村公路通达工程106个项目,投资4.3亿元,建设里程1860.64km,解决了25个乡、156个建制村的通达问题。川藏公路南线色季拉山段、中坝至松宗段、牛踏沟至中坝段、八宿至牛踏沟段、田妥乡至努江隧道西口段共续建沥青公路326.1km。

4月30日,拉萨至贡嘎机场公路改建工程(简称"两桥一隧工程")正式开工。

8月,位于滇藏公路昌都地区芒康县盐井乡的角龙坝大桥开工建设。大桥概算投资1.1亿元,属隧道式预应力锚碇悬索桥单跨345m,被称为"西藏第一跨",工程总长2.28km,桥长353m。2005年8月3日通车,投入试运行。

2004年

全年共实施农村公路通达工程104个项目,投资4.9亿元,建设里程1432km,解决了

10个乡、192个建制村的通达问题。全年自治区财政对农村公路养护累计补助1384.035万元,设养农村公路里程达到28981.803km。全年安保工程完成投资3000万元,处治隐患1174处/425.75km。青藏公路第三期整治工程按时完工并顺利通过验收,整治工程补强路面779.19km,新建6座大桥,共长1151.08m、11座中桥699.01m、371个涵洞,新建大中桥局部改线18.1km。滇藏公路多普玛至类乌齐段三级沥青路整治改建工程开工建设,2006年11月工程建成通车。

6月1日,全面启动安保工程,投资1.6亿元,对17条国省干线及3条通县油路重点路段实施了公路安全保障工程,处理病害及安全隐患2300km、12000处。

6月16日,自治区交通厅等6部门联合下发《印发关于在全区开展车辆超限超载治理工作的实施方案的通知》,自治区公路"治超"工作全面展开。

9月,全面启动了全区国省干线公路安全保障工程。

9月,川藏公路迎来通车50周年纪念。

11月20日,江苏省交通系统援建的拉萨市交通局质监试验室建成使用。

2005年

全年共实施农村公路通达工程26个项目,投资4亿元,建设里程1432km,解决了14个乡、102个建制村的通达问题。全年自治区财政对农村公路养护累计补助3211.88万元,设养农村公路里程达到31237.787km。全区安保工程完成投资5008万元,处治隐患1491处/750.028km。

5月1日,中尼开通客运直通车。加德满都至拉萨客运直通车线路全长955km,途经中国西藏的日喀则、樟木等地和尼泊尔的巴拉比斯、塔托巴尼等地。

8月26日,拉萨至贡嘎机场公路改建工程建成通车。"两桥一隧工程"建成通车后,拉萨至贡嘎机场公路由原来的98km缩短为55km。

11月2日,作为西部大开发重点建设项目的青藏公路三期整治工程运行一年之后被评为"优质工程"。

2006年

2月22日,西藏自治区党委书记张庆黎、主席向巴平措与交通部部长李盛霖、副部长翁孟勇,就加快西藏公路建设的有关问题交换意见,签订《关于加快西藏交通发展的会谈纪要》,明确了"十一五"时期西藏自治区公路交通建设目标。

5月,国省道电子地图和农村公路电子地图制作完成,西藏公路交通信息化建设取得重大进展。

6月,国道新藏公路狮泉河至日土段、昆沙至门士段、国杰至桑桑段改建工程同时开工建设。

8月31日,省道306线米林至朗县公路改建工程开工。

10月10日,西藏第一座现代化大型立交桥——拉萨柳梧大桥南引桥主跨钢箱拱成功合龙。这座大型立交桥由北立交桥、主桥和南引桥三个部分组成,总长1660m。

11月29日,《西藏自治区公路条例》经自治区第八届人大常委会第27次会议审议通过。

11月,国道214线西藏多普玛至类乌齐段三级沥青路整治改建工程建成通车。

12月,青藏铁路配套工程拉萨公路主枢纽柳梧客运站主体工程建成。

2007年

1月1日,农村公路管理养护体制改革全面推开,自治区交通行政部门出台了《西藏自治区农村公路管理养护办法》《西藏自治区农村公路养护技术规范》《西藏自治区农村公路养护质量评定标准》等部门指导意见。

1月22日,西藏交通应急通信一期工程完成调试并投入使用。

2月2日,滇藏公路芒康至隔界河段改建工程正式开工。

3月28日,《西藏自治区道路运输管理条例(修订案)》经自治区第八届人大常务委员会第30次会议审议通过。

4月,中尼公路(拉萨至尼泊尔首都加德满都)聂拉木至樟木段整治改建工程正式动工。

5月1日,拉萨柳吾大桥正式通车。

5月,中(拉萨)尼(加德满都)公路定(日)聂(拉木)段144km的三级沥青路改建前期工作全面展开,并动工建设。

6月,自治区交通厅组织开展公路建设综合大检查,从此,每年开展两次公路建设综合大检查成为定制。

7月30日,自治区人民政府下发《关于培育和发展乡村客运市场的意见》,并于当年新开通农村客运班线35条。

9月25日,总投资3.7亿多元的新疆至西藏公路(国道219线)狮泉河至日土段133km油路正式铺通。

10月22日,自治区交通厅召开交通环境保护会议,出台了加强交通环保工作的有关意见。

10月29日,自治区人民政府下发《关于加快乡村公路建设的意见》。

2008年

1月,青藏公路格尔木至拉萨段改建工程开工建设,工程总投资11.59亿元,采用二级公路标准,累计施工路段530多公里。

1月4日,全长157.2m的中尼公路707大桥箱形拱架桥吊装成功。

2月,自治区交通厅农村公路处成立。

5月4日,自治区运管部门和公路交警部门联合制定了《旅游汽车换发专段号牌具体实施办法》。

5月30日,西藏米林至朗县公路黑色化改建整治工程全线贯通。

6月,国道219线巴嘎至拉孜段整治改建工程6个项目同时开工建设,全长656.21km,投资277545万元。

6月29日,川藏公路南线竹巴笼至海通沟段整治改建工程在芒康县正式开工建设。

9月28日,自治区交通厅印发《西藏自治区公路建设市场信用评价管理暂行办法》和实施细则。

10月下旬,西藏各地发生特大雪灾,交通部门积极应对,投入大量人员和机械设备,加强组织指挥,全力开展抢险保通工作,公路交通及时得到恢复。

11月,国家实施税费改革,取消养路费、运管费、客货运附加费。西藏自治区交通厅公路规费征稽局1992年5月组建以来,累计征收养路费22.4亿元。

从该年开始,西藏自治区公路建设试行推广项目代建制管理模式,昌都至邦达机场公路改建工程等6个项目交由四川武通路桥工程局等单位代建。

2009年

4月20日,墨脱公路新改建工程正式开工建设。

4月28日,拉贡机场专用公路准备工程举行开工仪式。

5月4日,自治区交通厅印发《西藏自治区公路工程质量鉴定检测管理暂行办法》。

5月,驻自治区交通厅纪检组、厅监察室选派2名纪检工作人员常驻新藏公路整治改建项目进行廉政监督,西藏交通运输系统正式推行重点公路建设项目纪检人员派驻制。

5月,全区农村公路路政管理试点工作正式推开,覆盖了除阿里以外的全区六个地市。

6月29日,交通运输部副部长翁孟勇率国家交通运输调研组在藏调研。

6月,川藏公路南线拉萨市东西大门沿线环境整治工程开工典礼举行。

7月,国家发展改革委批复了国道219线新藏公路巴嘎至达吉岭段改建整治工程可行性研究报告。

7月7日,自治区交通厅批准省道301线那曲段路基工程立项建设。

8月,国道214线芒康至隔界河段建成投入使用,国道214线西藏段绝大部分路段实现路面黑色化。

同月,川藏公路北线夏曲卡至那曲段公路改建整治工程在那曲镇托古拉山口隆重举行开工仪式。

9月,国道317线那曲至巴青段沥青路改建工程开工。

10月19日,西藏天海集团公司、西藏惠通路桥集团公司同时挂牌成立。至此,交通厅属企业改制工作基本完成。

11月11日,自治区交通厅召开工程建设领域突出问题专项治理活动动员大会。

12月,口岸公路亚东至乃堆拉公路建成通车,亚东边贸通道实现全线路面黑色化。

12月23日,西藏自治区交通运输厅正式挂牌。

2010年

1月20日,中尼公路西藏段全线黑色化改建完成。

4月8日,国道318线川藏公路业拉山至八宿、牛踏沟至中坝兵站,省道201线然乌至察隅公路整治改建工程开工建设。

4月28日,西藏自治区交通出行服务热线96230及应急短信平台正式开通。

5月20日,拉萨河才纳大桥在曲水县开工建设。才纳大桥为拉萨河上第四座公路大桥,大桥长368.2m,接线长1256m,按三级公路技术标准设计建设,计划投资4332.44万元。

7月,西藏首条一级公路——拉萨至贡嘎机场专用公路项目建议书得到国家发展改革委批复,全长约38km。

7月—8月,西藏连续出现极端降雨天气,川藏公路、滇藏公路、中尼公路等多条国省干线公路和农村公路均出现了较为严重的公路水毁,经过全区公路养护职工、武警交通部队官兵和施工人员全力抢险保通,公路交通及时得到恢复。

10月23日,国道214线昌都至邦达公路年拉山隧道建成通车。

10月,新藏公路巴嘎至马攸木、马攸木至帕羊、帕羊至老仲巴、老仲巴至达吉岭、达吉岭至桑桑等段公路主体工程相继建成,新藏公路日土至拉孜段基本完成整治改建,阿里地区行署驻地狮泉河镇至拉萨公路全线黑色化。

10月28日,昌都至邦达机场公路整治改建工程竣工通车。

11月,青藏公路改建完善工程完工,青藏公路格尔木至拉萨段全线达到二级公路技术标准。

12月15日,墨脱公路建设取得了阶段性胜利,控制性工程嘎隆拉隧道顺利贯通,为全线建成通车打下坚实的基础。

2011年

1月,省道306线米林至朗县公路改建工程交竣工验收,正式投入运营。

3月,西藏交通运输确定"十二五"发展的主要目标,公路通车里程达到7万km,5条国道全部实现路面黑色化,实现县县通油路,60%以上的乡镇通沥青(水泥)路,具备条件的建制村、农林场和所有边防站点通公路,依法登记寺庙逐步通公路。着力推进"六化"建设:进出藏公路快速化;干线公路网络化;农村公路黑色化;服务保障系统化;运输管理规范化;交通出行信息化。

6月10日,国道318线中尼公路大竹卡至日喀则段按二级公路设计改建工程全线贯通。

6月23日,中尼公路拉萨至樟木口岸暨拉萨至狮泉河全线油路贯通;曲美至岗巴、狮泉河至革吉、那曲至嘉黎、夏雅至洛隆、朗县至加查、浪卡子至洛扎6个通县油路项目同时开工建设。

7月17日,拉萨至贡嘎机场高速公路正式通车,前来出席西藏和平解放60周年庆祝活动的中共中央政治局常委、国家副主席、中央军委副主席、中央代表团团长习近平,率中央代表团成员出席典礼,并为公路通车剪彩。

8月10日,西藏自治区公路局挂牌成立。

9月1日,交通运输部和西藏自治区人民政府举行了会谈,双方就共同推进西藏交通运输建设和发展达成共识。

11月13日,川藏公路北线夏曲卡至那曲公路全线铺油、整治改建主体工程完工。

11月,"强基惠民公路通达攻坚行动"举行启动仪式,拟投资31.1亿元,建设总里程13385km,2014年前,解决全区669个具备条件的建制村通公路问题;实现963座(处)具备通达条件的寺庙和宗教场所通公路。

2012年

5月,自治区政府主席白玛赤林赴昌都调研,看望慰问昌都养护段二工区养护职工,视察养护职工住宿和生活条件,并实地考察指导昌都公路建设工作。

5月11日—14日,交通运输厅质量安全监督局人员对省道201线古玉至察隅、然乌至古玉公路整治改建工程进行监督检查。

5月14日—29日,交通运输厅派检查组,对国道318线川藏公路海通沟兵站至东达山段整治改建工程、省道303线夏雅至马利整治改建工程等8个国省道公路和昌都地区5个农村公路建设情况进行检查。

5月18日,国道317线丁青县色扎乡、尺牍镇、巴达乡过境公路改建工程开工建设。

6月1日,全区国省干线公路铺装和简易铺装路面路况检测工作正式启动。

6月21日,西藏日喀则地区在色多坚寺举行百座寺庙公路通达工程开工典礼。

6月,根据西藏自治区人民政府《关于西藏自治区公路养护体制改革方案的批复》和区交通运输厅、财政厅、人力资源和社会保障厅《关于印发〈西藏自治区公路养护体制改革方案〉的通知》,从 2012 年起开展了公路养护一线补员工作,以签订劳动合同的方式,分两批解决系统 2088 人就业。

7月3日,川藏公路102滑坡群、通麦至105道班段整治改建工程开工建设。

8月,西藏交通运输厅党委书记赵宪忠向交通运输部领导汇报了西藏加快交通发展的思考和建议。

9月23日,自治区公路局安排部署全区国省干线公路养护与管理检查工作。

12月6日,山南地区江北公路改建、扎囊大桥新建工程开工建设。

12月25日,交通运输部部长杨传堂在京亲切会见西藏自治区日喀则地区岗巴公路段养路工人。在听取西藏交通运输部门负责同志的工作汇报后,杨传堂指出,西藏要实现跨越式发展和长治久安,公路建设必须先行。

2013 年

1月9日,交通运输厅和国家开发银行股份有限公司西藏自治区分行商谈在西藏公路交通建设领域战略合作事宜。

1月,由中交一公局二公司承建的拉萨纳金大桥主桥完成了中跨合龙施工。纳金大桥是拉萨市规划的"第一大桥",也是西藏自治区"十一五"规划的188个重点工程之一。

3月7日,自治区常务副主席秦宜智出席全区交通运输工作电视电话会议。

3月,川藏公路北线斜拉山至巴青段公路整治改建工程开始进行施工、监理公开招标。

4月8日,洛桑江村主席主持召开自治区人民政府第3次常务会议,听取交通运输厅关于编制《公路交通超常规发展方案》的情况汇报。会议讨论决定2013—2020年强力推动西藏公路交通超常规发展,实现"一突三超"总目标:全区公路总里程力争突破11万km,农村公路里程超过7万km,边防公路里程超过5000km,干线公路高等级化里程超过1200km,实现农村公路网络化、国省干线高等级化、边防公路畅通化。

4月25日,交通运输厅召开公路交通超常规发展推进领导小组第一次会议,听取超常规建设实施工作小组赴黑龙江、新疆两省区学习考察情况汇报。

4月29日,自治区人民政府第五次常务会议召开,会议讨论并原则同意《关于公路交通超常规发展的决定》《西藏自治区公路交通超常规发展利用国家开发银行贷款的方案》《关于公路交通超常规项目实行邀请招标的请示》《国道318线林芝至工布江达段和墨竹工卡至拉萨段公路改造工程可行性研究报告有关工作》。

5月23日,林芝至拉萨高等级公路开工建设。

5月,西藏交通运输厅选派中交一公院、中交二公院、中交一公局、中铁二局、国家林业局昆明林勘院24名专业技术干部抵达拉萨。同时,厅派工作组赴重庆交通大学、长安大学、长沙理工大学招录以路桥专业为主的应届大学生22人,其中研究生6人。

7月3日,省道203线雄梅至申扎段公路改建工程举行开工典礼仪式。

7月22日,西藏交通运输厅与国家开发银行西藏分行正式签订国道318线林芝至拉萨段公路改造工程资金合同、协议,贷款总额为45亿元。

8月2日,交通运输部副部长翁孟勇在拉萨看望慰问西藏交通运输干部职工,并就西藏交通运输发展事业与干部职工座谈。

9月10日,国道318线通麦临时性保通大桥恢复通车。

9月,国道317线西藏那曲至巴青段256km沥青路改建工程竣工通车。至此,国道317线黑色化里程占全线的81.5%、西藏境内段的64.45%。

10月31日,墨脱公路正式建成通车,全长117.278km,总投资15.99亿元。

10月,国道219线新藏公路西藏境内,起自界山达坂(新疆与西藏区界),止于拉孜县,全长1436km,按照三级公路标准分段实施整治改建,经过十余年的陆续建设,实现全线沥青路面贯通。

11月,西藏昌都地区昌都镇至沙贡乡公路改建工程项目开工建设。该项目全长38.81km,起于国道214线,终点位于朗加林寺。工程按四级公路标准建设,路基宽5.1m,沥青混凝土路面宽4.5m,设计行车速度为20km/h。

2014年

1月14日,西藏日喀则公路分局聂拉木公路段达娃荣获"全国最美养路工"称号。

4月21日,林芝至米林机场专用公路、贡嘎至山南机场专用公路控制性工程嘎拉山隧道及雅江特大桥招标。

5月6日,省道303线边坝至玉湖公路改建工程开工。

6月1日,贡嘎至泽当机场专用公路控制性工程嘎拉山隧道和雅江特大桥扩建工程开工。

6月19日,拉林高等级公路可行性研究报告通过交通运输部审查。

6月27日,全区农村公路建设推进电视电话会议召开。

7月6日,八一至米林机场专用公路开工建设。

7月26日,川青藏公路通车60周年座谈会在拉萨召开。

7月26日,交通运输部副部长翁孟勇、冯正霖赴青藏公路17工区、羊达治理超限超载检查站、柳梧汽车站调研并看望慰问一线工作人员。

7月27日,交通运输部西藏交通运输工作座谈会在拉萨召开。会议印发了《交通运输部关于进一步推进西藏交通运输科学发展的若干意见》。

7月28日,西藏自治区交通运输厅与交通运输部公路科学院在拉萨签署战略合作框架协议。

8月6日,中共中央总书记、国家主席、中央军委主席习近平近日就川藏、青藏公路通车60周年作出重要批示,要求进一步弘扬"两路"精神,助推西藏发展。

8月7日,西藏自治区党委召开常委(扩大)会议,对深入贯彻落实好习近平总书记就"两路"通车60周年重要批示精神作出部署。

8月11日,贡嘎机场至泽当机场专用公路泽当大桥开工。

8月20日,省道303线白嘎至比如公路改建工程开工。

9月6日,省道303线玉湖至白嘎公路改建工程开工。

10月23日,自治区交通运输厅召开全区农村公路建设工作座谈会。

11月9日,嘎拉山隧道实行封闭式施工。

11月19日,交通运输部在拉萨召开科技支撑西藏交通运输科学发展专项行动启动会。

11月28日,自治区交通运输厅在山南地区乃东县泽当镇召开全区农村公路建设现场会。

12月10日,国道318线102隧道顺利贯通。

12月11日,自治区党委常委、常务副主席丁业现视察贡嘎机场至泽当专用公路嘎拉山隧道和雅江特大桥扩建工程。

12月29日,国道318线川藏公路通麦至105道班段帕隆1号隧道顺利贯通。

12月30日,国道318线中尼公路尼木大桥和年楚河大桥建成通车。

2015年

5月24日,珠角拉山隧道和连接线开工。项目全长8.97km,其中珠角拉山隧道主洞长4.61km,两端接线长4.36km,批复投资8.29亿元。

5月27日,自治区交通运输厅召开西藏路政成立20周年座谈暨表彰大会。

5月31日,贡嘎机场高速公路控制性工程嘎啦山隧道、雅江特大桥贯通。

9月9日,拉萨至林芝高等级公路建成段开通仪式在达孜西互通举办。

11月5日,在林芝市巴宜区拉林高等级公路与米林机场公路交会处,举行林芝至米林机场专用公路通车仪式。

11月26日,国道318线通麦至105道班整治改建项目控制性工程——迫龙沟特大桥顺利合龙。迫龙沟特大桥投资2.8亿元,全长743m,主跨430m,是西藏自治区境内最大跨度斜拉桥,也是国内首座中跨悬拼组合梁+边跨悬浇混凝土梁非对称平衡体系的混合梁式双塔双索面新型斜拉桥,属国内首创。

2016年

1月18日,2016年全区交通运输工作会议在拉萨召开。

4月13日,国道318线川藏公路102滑坡群和通麦至105道班段整治改建工程正式通车。

10月23日,昌都市实现所有乡通公路。

10月28日,西藏自治区人民政府批准实施《西藏自治区省道网规划(2016—2030年)》。

11月17日,嘉黎县忠玉乡至波密县八盖乡公路顺利贯通。该项目全长28km。

2017年

1月1日,拉林高等级公路(二期)工布江达至加兴段项目娘盖村隧道顺利贯通。该隧道位于工布江达县娘盖村,左洞长510m,右洞长545m。

4月6日,西藏自治区路政管理局挂牌成立。

6月,国道318线林芝至拉萨(二期)主体工程完工通过初验。林拉(二期)工程起自工布江达县城西,止于墨竹公卡县城西,全长约236km,采用四车道一级公路全封闭、全立交标准建设,设计速度80km/h。

7月1日,自治区交通运输厅召开庆祝建党96周年暨践行"两路"精神先进典型表彰大会。

9月15日,国道318线日喀则机场至日喀则市公路新改建工程建成通车。该项目起于日喀则机场与国道318线交会处,止于日喀则市联卓村,路线全长40.4km,同步建设机场进场路0.82km、白朗县连接线7.01km、日喀则市区连接线2.66km。主线采用双向四车道全封闭、全立交一级公路技术标准,设计速度100km/h。全线建设桥梁3932.18m/43座、涵洞89道、通道58道。项目总投资23.24亿元。

12月8日,国道349线泽当至贡嘎机场高等级公路通车试运营。本项目沿雅江北岸布设,起点位于山南市泽当大桥北桥头,至贡嘎机场高速公路陇巴互通立交。路线全长89.87km,车购税全额投资49.75亿元。采用一级公路标准建设,双向四车道,设计速度100km/h,路基宽度23m。

后 记

按照交通运输部的部署,在西藏自治区交通运输厅和编委会的领导下,《西藏公路建设实录》编纂工作自2015年7月开始,历经机构建立、确定分工、大纲编订、资料收集、编写实录、征求意见等流程,反复修改,历时三年,于2017年12月形成初稿,于2018年2月完成征求意见,并对稿件又进行了修改和补充,形成终稿。

在该书编纂过程中,交通运输部黄镇东、李彦武等老领导、老专家,交通运输部政策研究室副主任吴春耕(本书编撰期间第二次援藏,任西藏自治区交通运输厅副厅长)、交通运输部公路科学研究院桥梁中心副主任刘刚(本书编撰期间曾援藏,任西藏自治区交通运输厅建设管理处副处长)、西藏自治区交通运输厅办公室主任旦巴加措等提供了众多珍贵资料和宝贵的指导意见建议及支持帮助。西藏自治区交通运输厅办公室、规划处、建管处、财务处、农村处、法规处,区公路局,厅安全与质量监督局、重点项目管理中心和西藏交通勘察设计研究院、区运输管理局等多个单位和部门给予了大量业务指导和大力支持。何宗蔚、项华杰等人在资料收集等各环节做了大量烦琐工作。本书还得到中国公路建设行业协会、中国藏学出版社等单位的帮助和支持,在此一并表达诚挚谢意。

由于本书涉及的资料时间跨度大,很多为纸质档案转录而来,且部分档案保存时间较长和材质问题,在转录过程中少部分难以辨认,加之编者水平有限、时间较紧,书中难免存在差错,恳请读者批评指正。

《西藏公路建设实录》编委会
2018年6月